FUNDAMENTOS DE ESTRATÉGIA

J67f Johnson, Gerry.
Fundamentos de estratégia / Gerry Johnson, Kevan Scholes, Richard Whittington ; tradução: Rodrigo Dubal ; revisão técnica: José Edson Lara. – Porto Alegre : Bookman, 2011.
336 p. : il. color. ; 25 cm.

ISBN 978-85-7780-752-9

1. Administração – Estratégia. I. Scholes, Kevan. II. Whittington, Richard. III. Título.

CDU 005.21

Catalogação na publicação: Ana Paula M. Magnus – CRB-10/Prov-009/10

GERRY JOHNSON
Lancaster University Management School
KEVAN SCHOLES
Sheffield Hallam University
RICHARD WHITTINGTON
Saïd Business School, University of Oxford

FUNDAMENTOS DE ESTRATÉGIA

Tradução:
Rodrigo Dubal

Consultoria, supervisão e revisão técnica desta edição:
José Edson Lara
PhD em Administração pela Universitat Autònoma de Barcelona
Professor do Mestrado Profissional das Faculdades Pedro Leopoldo/MG

bookman

2011

Obra originalmente publicada sob o título
Fundamentals of Strategy, 1st edition
ISBN 0-273-71310-8 (9780273713104)

Capa: *Rogério Grilho (arte sobre capa original)*

Leitura final: *Ronald Saraiva de Menezes*

Editora Sênior: *Arysinha Jacques Affonso*

Editora responsável por esta obra: *Júlia Angst Coelho*

Projeto e editoração: *Techbooks*

Av. Jerônimo de Ornelas, 670 – Santana
90040-340 – Porto Alegre – RS
Fone: (51) 3027-7000 Fax: (51) 3027-7070

Unidade São Paulo
Av. Embaixador Macedo Soares, 10.735 – Pavilhão 5 – Cond. Espace Center
Vila Anastácio – 05095-035 – São Paulo – SP
Fone: (11) 3665-1100 Fax: (11) 3667-1333

SAC 0800 703-3444

IMPRESSO NO BRASIL

Gerry Johnson (BA, PhD) (à esquerda) é professor de gerenciamento estratégico na Lancaster University e Senior Fellow no UK Advanced Institute of Management (AIM) Research. É autor de diversos livros, tem artigos publicados em vários dos principais periódicos de pesquisa e participa regularmente de conferências acadêmicas em todo o mundo. Também faz parte do conselho editorial do *Academy of Management Journal*, do *Strategic Management Journal* e do *Journal of Management Studies*. Sua área de pesquisa envolve a prática de gerenciamento, processos de desenvolvimento estratégico e de mudança estratégica em organizações. Como consultor, trabalha em conjunto com equipes de gerenciamento sênior em questões de desenvolvimento estratégico e de mudança estratégica, em que aplica muitos dos conceitos de *Explorando a Estratégia Corporativa* para ajudar a equipe a questionar e a desenvolver as estratégias de suas organizações.

Kevan Scholes (MA, PhD, DMS, CIMgt, FRSA) (ao centro) é sócio-diretor da Scholes Associates, empresa especializada em gerenciamento estratégico. É também professor visitante de gerenciamento estratégico e ex-diretor da Sheffield Business School, UK. Tem ampla experiência no ensino de estratégia para graduação e pós-graduação em diversas universidades. Além disso, seu trabalho de desenvolvimento de administração corporativa inclui empresas de manufatura, várias empresas de serviços e uma grande gama de organizações de serviços públicos. Scholes tem compromissos regulares fora do Reino Unido, em lugares como Irlanda, Austrália, Nova Zelândia e Cingapura. Atua também como consultor em desenvolvimento administrativo em vários organismos nacionais e é associado ao Chartered Management Institute.

Richard Whittington (MA, MBA, PhD) (à direita) é professor de gerenciamento estratégico na Saïd Business School e Millman Fellow no New College, University of Oxford. É autor ou coautor de oito livros e tem vários artigos publicados. É editor-sênior de *Organization Studies* e participa do conselho editorial do *Organization Science*, do *Strategic Management Journal* e do *Long Range Planning*, entre outros. Ocupou posições plenas ou adjuntas em Harvard Business School, HEC Paris, Imperial College London, Universidade de Toulouse e Universidade de Warwick. Atua em ensino e consultoria para executivos, trabalhando para organizações em toda a Europa, nos Estados Unidos e na Ásia. Sua pesquisa atual trata de prática estratégica e de gerenciamento internacional.

Seja bem-vindo a Fundamentos de Estratégia

A estratégia é um assunto fascinante. Ela abrange a administração completa de todos os tipos de organizações, de multinacionais a empresas iniciantes, de instituições beneficentes a agências governamentais – e muito mais. A estratégia levanta as grandes questões sobre essas organizações: como elas crescem, inovam e se modificam. Na qualidade de um gerente de hoje (ou de amanhã), você irá se envolver na autorização, implementação ou comunicação dessas estratégias.

Nosso objetivo com *Fundamentos de Estratégia* é proporcionar a você uma clara compreensão dos principais assuntos e das principais técnicas de estratégia, além de auxiliá-lo a obter um ótimo resultado final em seu curso. Aqui está a melhor maneira de aproveitar ao máximo esta obra:

- Concentre seu tempo e sua atenção nas áreas fundamentais de estratégia em apenas **10 capítulos cuidadosamente selecionados**.
- Leia os **exemplos** e os **estudos de caso** para melhor compreender como os conceitos de estratégia se adaptam a um contexto facilmente reconhecível do mundo real.
- Siga as **leituras recomendadas** ao final de cada capítulo. Elas foram especialmente selecionadas como fontes acessíveis e valiosas que irão aprimorar seu aprendizado e proporcionar a você uma vantagem extra em seu curso.
- Verifique e reforce sua compreensão dos conteúdos usando **testes de autoavaliação*** e
- Revise os **termos-chave** usando os **eslaides** e o **glossário***.

Desejamos que *Fundamentos de Estratégia* proporcione o que você precisa: uma visão clara e concisa do assunto, ambição para colocar isso em prática e – é claro – sucesso em seus estudos. Também esperamos que você se sinta tão estimulado pelas principais questões de estratégia quanto nós!

Então, comece a ler e boa sorte!

Gerry Johnson
Kevan Scholes
Richard Whittington

* N. de R.: Disponíveis em www.bookman.com.br.

Prefácio

Sobre *Fundamentos de Estratégia*

Temos enorme satisfação em apresentar *Fundamentos de Estratégia*. Baseado no sucesso de *Explorando a Estratégia Corporativa*, esta obra se concentra nos principais assuntos e nas principais técnicas de estratégia. O livro será especialmente adequado àqueles que estejam fazendo cursos de curta duração sobre estratégia – em nível, por exemplo, de graduação, pós-graduação ou especialização; ou talvez estudando estratégia como parte de um currículo mais amplo em ciências ou engenharia.

Os alunos encontrarão aqui as matérias essenciais e poderão se aprofundar em assuntos específicos por meio da consulta ao exemplar *Explorando a Estratégia Corporativa**. Os professores familiarizados com *Explorando a Estratégia Corporativa* irão perceber que as definições e o conteúdo de *Fundamentos de Estratégia* são completamente consistentes, facilitando a realização de cursos que utilizem ambos os livros simultaneamente.

Fundamentos de Estratégia apresenta dez capítulos, com ênfase no que *Explorando a Estratégia Corporativa* denomina "posição estratégica" e "escolhas estratégicas". Em "posição estratégica", *Fundamentos* apresenta os conceitos de análise de ambiente, capacidade estratégica, propósito estratégico e cultura e estratégia. Em "escolhas estratégicas", o livro trata de estratégia em nível de negócios, estratégia em nível corporativo, estratégia internacional e métodos e avaliação de estratégia. O décimo e último capítulo, "A estratégia em ação" discute questões de implementação, como estrutura organizacional, processos de gerenciamento e mudança estratégica.

Tratamentos mais amplos e mais extensos de outros assuntos, como prática e utilização de estratégia, análise mais profunda de "debates-chave", "lentes da estratégia" e "comentários", além de vários outros casos, podem ser encontradas em *Explorando a Estratégia Corporativa*.

Estamos empolgados com o lançamento deste novo volume, *Fundamentos de Estratégia*, acreditando que serão proporcionados os benefícios comprovados de *Explorando a Estratégia Corporativa* a uma quantidade crescente de alunos em cursos de curta duração. Logo após o prefácio, há um guia que mostra como aproveitar ao máximo os recursos e materiais didáticos do livro.

Esperamos que *Fundamentos de Estratégia* proporcione a você benefícios e prazer. Ficamos sempre gratos em receber o seu *feedback*. Você pode entrar em contato conosco por meio dos seguintes *e-mails*:

Gerry Johnson (gerry.johnson@lancaster.ac.uk)
Kevan Scholes (KScholes@scholes.u-net.com)
Richard Whittington (richard.whittington@sbs.ox.ac.uk)

* N. de R.: A sétima edição foi publicada em língua portuguesa pela Bookman Editora.

Agradecimentos dos autores

Muitas pessoas nos ajudaram no desenvolvimento de *Explorando a Estratégia Corporativa*, do qual se origina este novo livro-texto.

Agradecemos especialmente aos seguintes membros do Conselho Consultor por seus comentários valiosos, criteriosos e construtivos.

Anders Soderholm, Umea Universiteit
Antony Beckett, University Of West England
Bruce Millett, University of Southern Queensland
Erik Dirksen, Universiteit Van Amsterdam
Frederic Frery, ESCP-EAP, Paris
Ian McKeown, University of Wolverhampton
James Cunningham, National University of Ireland, Galway
Jamie Weatherston, University Of Northumbria
Jesper Norus, Copenhagen Business School (F)
Jill Shepherd, Simon Fraser University
John Toth, Leeds Metropolitan University
Keld Harbo, Aarhus School of Business
Mary Klemm, Bradford University
Mike Danilovic, Jonkoping Business School
Hans Roosendaal, University of Twente
Rehan Ul Haq, University Of Birmingham
Robert Morgan, Cardiff University
Ron Livingstone, Glasgow Caledonian University
Sarah Dixon, Kingston University
Tina McGuiness, Sheffield University

Também agradecemos aos seguintes examinadores, que forneceram comentários sobre o esboço dos capítulos de *Fundamentos de Estratégia*. Seu *feedback* auxiliou na confirmação da seleção de conteúdo da oitava edição, a fim de garantir que *Fundamentos de Estratégia* fosse adequado às necessidades dos cursos de curta duração para o qual foi planejado.

Declan Bannon, University of the West of Scoltland
Laure Cabantous, Nottingham University
Marko Kohtamäki, University of Vaasa
Olivier Furrer, Radboud University, Nijmegen
Sue Hornibrook, University of Kent
Volker Mahnke, Copenhagen Business School

Além dos mencionados acima, vários outros leitores forneceram recomendações e sugestões adicionais. Agradecemos aos professores – muitos dos quais tivemos o prazer de conhecer em nossos *workshops* anuais – e aos nossos alunos e clientes em Sheffield, Strathclyde, Lancaster e Oxford, e em vários outros lugares pelo mundo, por seu *feedback* inestimável.

Gostaríamos de agradecer aos que contribuíram diretamente com este livro, fornecendo exemplos e estudos de caso, e àquelas organizações que foram suficientemente corajosas para figurar em tais exemplos e estudos. Essas organizações por vezes apresentam dificuldades em responder as perguntas vindas de professores e alunos em relação aos casos; assim, esperamos que respeitem o pedido feito por elas para não serem contatadas diretamente com o fim de fornecer outras informações.

Há vários colegas que gostaríamos de agradecer pelo auxílio em manter-nos atualizados em relação a determinados aspectos do assunto e de áreas relacionadas. Desse modo, muito obrigado a Julia Balogun, John Barbour, George Burt, Stéphane Girod, Mark Gilmartin, Royston Greenwood, Paula Jarzabkowski, Phyl Johnson, Aidan McQuade, Michael Mayer, Jill Shepherd, Angela Sutherland, Thomas Powell e Basak Yakis.

Os agradecimentos se estendem a Christine Reid e Scott McGowan, de Strathclyde, por sua valiosa ajuda com as referências, bem como a Lorna Carlaw, de Strathclyde, e Kate Goodman, de Oxford, por prepararem o manuscrito do livro.

Obtendo o Máximo de *Fundamentos de Estratégia*

Fundamentos de Estratégia se baseia nos pontos fortes estabelecidos por *Explorando a Estratégia Corporativa* e comprovados pela grande procura das várias edições da obra. Uma variedade de recursos foi desenvolvida a fim de permitir que você e seus alunos adquiram o máximo de valor agregado no ensino e aprendizado da estratégia.

- **Recursos pedagógicos importantes**. Cada capítulo apresenta resultados do aprendizagem esperados, definições dos conceitos-chave nas margens das páginas, questões práticas associadas a exemplos da vida real e estudos de caso resumidos ao final, por meio dos quais os alunos podem facilmente aplicar o que aprenderam.
- **Materiais atualizados**. *Fundamentos de Estratégia* baseia-se em *Explorando a Estratégia Corporativa*. Nossas referências são atuais, permitindo que você acesse facilmente as últimas pesquisas. Os casos e exemplos são recentes e se combinam com os interesses e a experiência cotidiana dos alunos.
- **Variação de exemplos**. Esta edição mantém a ampla gama de modelos usados no texto, nos exemplos e nos casos. Colhemos material de todo o mundo, sem focar a América do Norte, e usamos modelos do setor público e do voluntariado, bem como do setor privado.
- **Leiaute e *design* atrativos**. Usamos cuidadosamente cores e fotos para melhorar a clareza e facilitar a "navegação" pelo texto. A leitura do texto deve ser um processo agradável e contínuo.
- **Apoio de ensino e aprendizado.** Você e seus alunos podem acessar recursos adicionais em www.bookman.com.br, dentre os quais, os seguintes:

  Para alunos
  - testes de autoavaliação (em português) para medir o progresso e a compreensão
  - eslaides e um glossário para revisão (ambos em português)

  Para professores
  - um Manual do Professor (em inglês), que fornece um conjunto amplo para apoio didático, incluindo orientações para o uso dos estudos de caso e para tarefas, além de conselhos sobre como planejar um programa usando o texto
  - eslaides com apresentações (em português)

- **Workshop de Professores***. Promovemos um *workshop* anual para facilitar o debate dos principais desafios e soluções no ensino da administração estratégica. Os detalhes sobre os próximos *workshops* podem ser encontrados em www.pearsoned.co.uk/ecsworkshop.
- **Livros-texto complementares**. Além de *Explorando a Estratégia Corporativa*, outros quatro livros-texto, escritos em colaboração com Gerry Johnson e Kevan Scholes, baseiam-se nos temas-chave de *Explorando a Estratégia Corporativa* e os examinam com mais profundidade. A Pearson Education disponibiliza todos eles:

  Exploring Strategic Change (3rd edition, 2008); J. Balogun and V. Hope Hailey
  Exploring Public Sector Strategy (2001); G. Johnson and K. Scholes (editors)
  Exploring Techniques of Analysis and Evaluation in Strategic Management (1998); V. Ambrosini
  Exploring Strategic Financial Management (1998); T. Grundy

* N. de R.: Os recursos relacionados a partir daqui estão disponíveis no site da editora original ou no site do livro (alguns exclusivamente para venda). Sua distribuição pode ser interrompida sem aviso prévio.

Apresentações em Eslaides

No site da Bookman Editora (www.bookman.com.br) os professores e alunos cadastrados vão encontrar arquivos de eslaides com apresentações capazes de auxiliá-los no planejamento e no estudo da disciplina.

As apresentações oferecem um resumo das capítulos, reproduzindo os trechos mais importantes e as figuras e gráficos que merecem destaque na exposição em sala de aula.

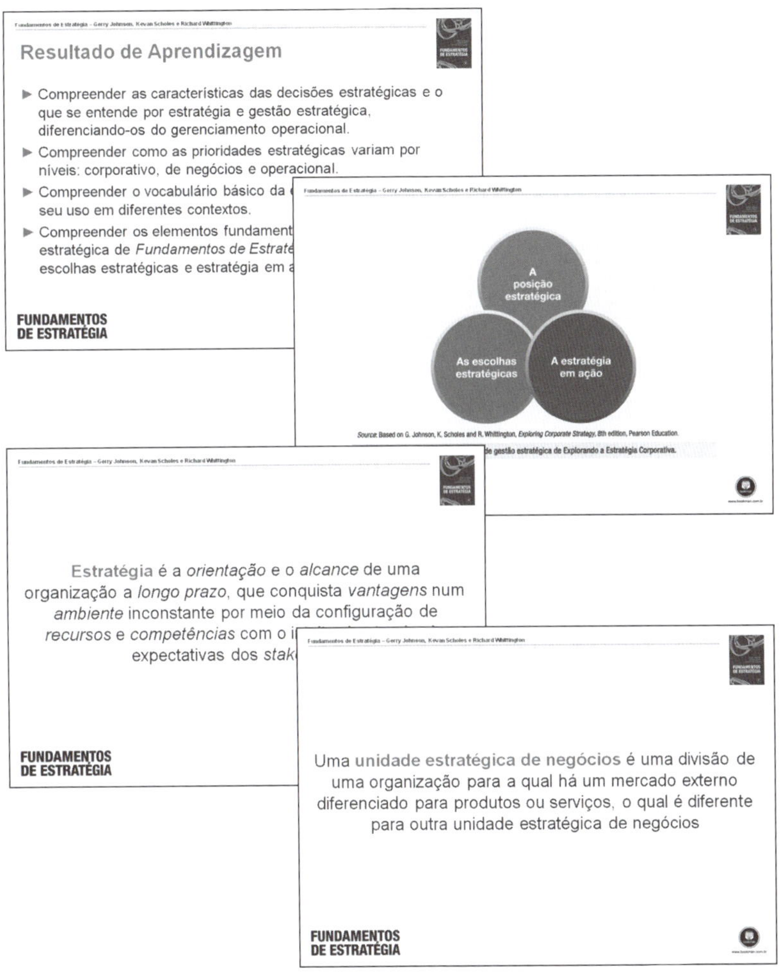

Visita Guiada

→ Estratégia no contexto

Os **exemplos** mostram a aplicação das questões estratégicas específicas no mundo real, para que você possa identificar e relacionar a teoria com a prática.

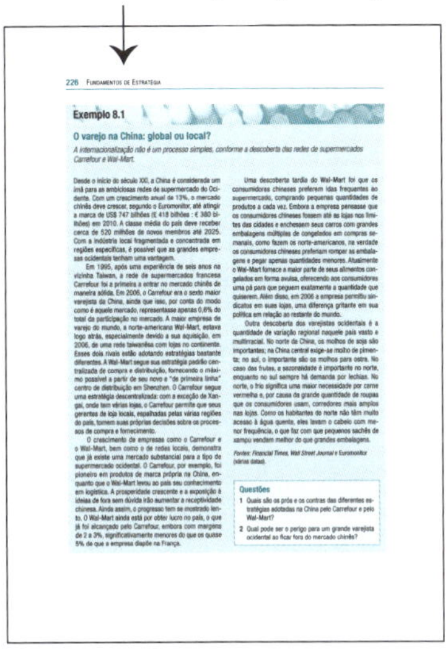
226 Fundamentos de Estratégia

Exemplo 8.1

O varejo na China: global ou local?

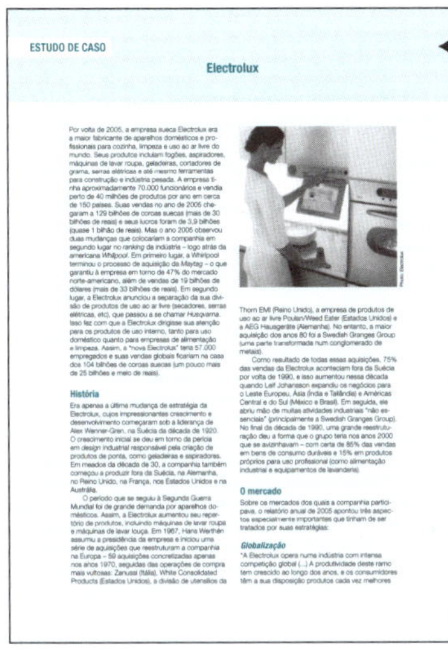
ESTUDO DE CASO

Electrolux

O **estudo de caso** no final de cada capítulo fornece uma visão ampla do tópico do capítulo no contexto de uma ampla gama de organizações globais e numa variedade de setores.

→ Verificando sua compreensão

Os **resumos de capítulo** relembram e reforçam os principais assuntos a serem considerados.

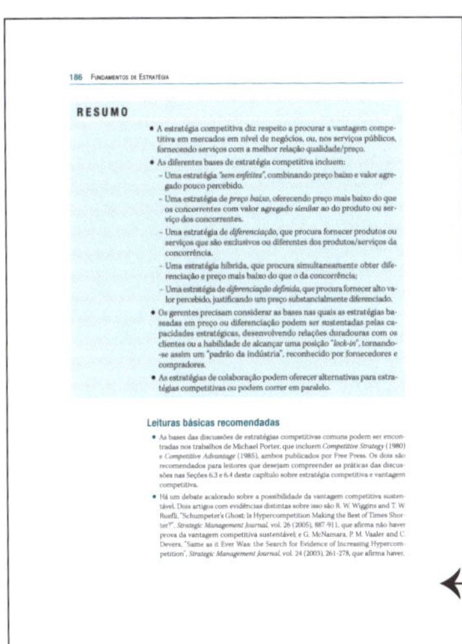
RESUMO

Leituras básicas recomendadas

As **leituras básicas recomendadas** mostram outras fontes importantes, para que você possa ler e pesquisar mais a fundo os tópicos principais discutidos no capítulo.

➔ Verificando sua compreensão (*continuação*)

Os **termos-chave** estão ressaltados no texto com uma breve explicação à margem na primeira vez que aparecem. Esses termos também estão incluídos no **Glossário** no final do livro e que pode ser acessado no *site* da editora (www.bookman.com.br). Você pode avaliar sua compreensão sobre esses termos-chave usando os testes no *site*.

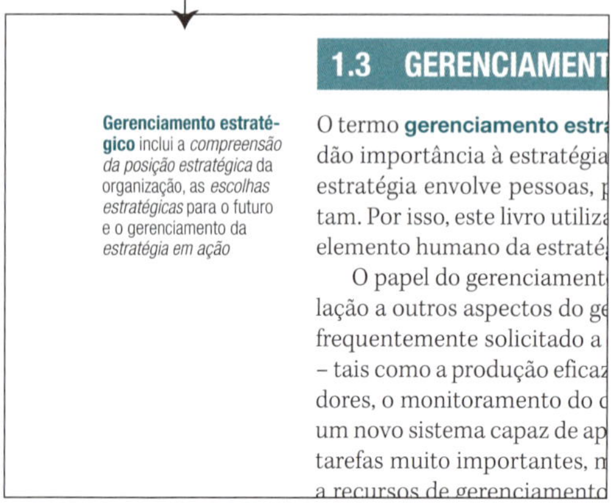

1.3 GERENCIAMENT

Gerenciamento estratégico inclui a *compreensão da posição estratégica* da organização, as *escolhas estratégicas* para o futuro e o gerenciamento da *estratégia em ação*

O termo **gerenciamento estr**
dão importância à estratégia
estratégia envolve pessoas,
tam. Por isso, este livro utiliz
elemento humano da estraté

O papel do gerenciament
lação a outros aspectos do g
frequentemente solicitado a
– tais como a produção eficaz
dores, o monitoramento do
um novo sistema capaz de ap
tarefas muito importantes,
a recursos de gerenciamento

Sumário

1

Apresentando a Estratégia

RESULTADO DE APRENDIZAGEM

Após a leitura deste capítulo, você será capaz de:

- → Compreender as características das decisões estratégicas e o que se entende por estratégia e gestão estratégica, diferenciando-os do gerenciamento operacional.
- → Compreender como as prioridades estratégicas variam por níveis: corporativo, de negócios e operacional.
- → Compreender o vocabulário básico da estratégia, de acordo com seu uso em diferentes contextos.
- → Compreender os elementos fundamentais do modelo de gestão estratégica de *Fundamentos de Estratégia*: posição estratégica, escolhas estratégicas e estratégia em ação.

Photo: Dennis Gilbert/View Pictures Ltd

1.1 INTRODUÇÃO

Em novembro de 2006, Brad Garlinghouse, gerente do Yahoo!, enviou um memorando que era um desafio direto ao modelo clássico de gerenciamento da gigantesca empresa de Internet. Apelidado pela mídia de "Manifesto da Pasta de Amendoim", o memorando de Garlinghouse acusava a liderança do Yahoo! de falta de orientação estratégica. O crescimento era lento, o Google havia ultrapassado o Yahoo! em receitas de publicidade *on-line* e o preço das ações da empresa haviam caído para aproximadamente um terço do valor desde o início do ano. De acordo com Garlinghouse, o Yahoo estava espalhado muito superficialmente, assim como a pasta de amendoim numa fatia de pão. Era hora de uma mudança na estratégia.

Todas as organizações se defrontam com mudanças em suas orientações estratégicas – algumas por quererem agarrar novas oportunidades, outras para superar problemas importantes, como o Yahoo!. Este livro trata dos motivos de mudança das orientações estratégicas em organizações, a importância dessas transformações, como tais decisões são tomadas e os conceitos que podem ser úteis na compreensão desses assuntos. Este capítulo introdutório trata especificamente do significado dos termos "estratégia" e "orientação estratégica", de por que eles são tão importantes e o que os diferencia de outras mudanças, atribuições e decisões de caráter organizacional. O capítulo irá contar com o exemplo do Yahoo!, na Figura 1.1, para ilustrar os pontos nos quais sua análise se sustenta.

1.2 O QUE É ESTRATÉGIA?

Por que as questões concernentes ao Yahoo! são descritas como "estratégicas"?[1] Que tipos de questões são estratégicas e o que as diferencia das questões operacionais numa organização?

1.2.1 As características de decisões estratégicas

As expressões "estratégia" e "decisões estratégicas" geralmente são associadas a questões como:

- *A orientação de longo prazo* de uma organização. Brad Garlinghouse reconheceu explicitamente que uma mudança estratégica no Yahoo! exigiria uma "maratona, e não uma corrida de 100 metros". A estratégia no Yahoo! envolvia decisões de longo prazo quanto ao tipo de companhia desejada, e realizar tais decisões demandaria muito tempo.
- *O alcance das atividades da organização.* Por exemplo: a organização deveria se concentrar em apenas uma área de atividade ou em várias? Brad Garlinghouse acreditava que o Yahoo! estava espalhado muito superficialmente sobre demasiadas atividades distintas.

- *Vantagem* da organização sobre seus concorrentes. O problema do Yahoo! era perder sua vantagem para empresas que cresciam rapidamente, como o Google. Vantagem é algo que pode ser alcançado de várias maneiras diferentes e também pode ter vários significados. No setor público, por exemplo, uma vantagem estratégica poderia ser a prestação de serviços melhores do que os de outros fornecedores, atraindo, assim, auxílio e financiamento dos governos.
- *Adaptação estratégica ao ambiente de negócios.* As organizações necessitam de *posicionamento* apropriado em seu ambiente – para, por exemplo, delimitar a amplitude de produtos ou serviços que atendam claramente às necessidades identificadas do mercado. Isto pode resultar na tentativa de uma pequena empresa de descobrir um nicho específico no mercado ou numa corporação multinacional que busca adquirir empresas que já conquistaram posições de sucesso no mercado. De acordo com Brad Garlinghouse, o Yahoo! estava tentando obter êxito numa quantidade excessiva de ambientes.
- *Recursos* e *competências da organização.*[2] Seguindo a estratégia RBV (*resource-based view* – perspectiva baseada em recursos), a estratégia é explorar a capacidade estratégica de uma organização no que diz respeito a seus recursos e competências a fim de fornecer vantagens competitivas e/ou novas oportunidades de rendimentos. Por exemplo: uma organização pode tentar potencializar recursos tais como experiência em tecnologia ou marcas comerciais de confiança. O Yahoo! afirma ser uma marca que é "sinônimo de Internet", o que, teoricamente, confere à empresa uma clara vantagem naquele ambiente.
- *Os valores* e *expectativas* de atores poderosos dentro e em torno da organização. Estes atores – indivíduos, grupos ou mesmo outras organizações – são capazes de conduzir questões fundamentais, tais como se empresa é expansionista ou está mais preocupada em consolidar sua posição, ou se os limites das atividades da organização estão já delimitados. No Yahoo! os gerentes seniores podem ter buscado o crescimento em direções demais, relutando em considerar a si mesmos como responsáveis. Mas gerentes de níveis mais baixos, funcionários comuns, fornecedores, clientes e usuários da Internet também participam do futuro do Yahoo!. As crenças e os valores destes investidores terão influência maior ou menor no desenvolvimento da estratégia de uma organização, de acordo com o poder de cada um deles. Brad Garlinghouse certamente estava fazendo um pedido audaz para poder alterar o que parecia ser uma estratégia falida.

Além de tudo, a mais básica definição de estratégia parece ser "a orientação de longo prazo de uma organização". Entretanto, as características descritas acima podem oferecer a base para uma definição mais satisfatória:

Estratégia é a *orientação* e o *alcance* de uma organização a *longo prazo*, que conquista *vantagens* num *ambiente* inconstante por meio da configuração de *recursos* e *competências* com o intuito de atender às expectativas dos *stakeholders*.

Estratégia é a *orientação* e o *alcance* de uma organização a *longo prazo*, que conquista *vantagens* num *ambiente* inconstante por meio da configuração de *recursos* e *competências* com o intuito de atender às expectativas dos *stakeholders*

Exemplo 1.1

O manifesto da pasta de amendoim no Yahoo!

A estratégia pode envolver decisões difíceis sobre o alcance do negócio, sua administração e a estrutura da organização.

Em novembro de 2006, Brad Garlinghouse, graduado MBA e vice-presidente sênior do Yahoo!, escreveu um memorando para seus gerentes mais qualificados informando que o Yahoo!, a diversificada empresa de Internet, estava espalhando seus recursos de modo muito superficial, do mesmo jeito que se espalha pasta de amendoim numa fatia de pão. A seguir, alguns trechos do memorando:

Há três anos e meio, eu ingressava no Yahoo! com entusiasmo. A grandeza da oportunidade só se comparava com a grandeza dos recursos. Além disso, uma equipe incrível havia sido encarregada de reconstruir o Yahoo!...

Mas nem tudo está correndo bem...

Imagino que há muita discussão entre as lideranças da empresa sobre os desafios que enfrentamos. Mesmo correndo o risco de ser redundante, gostaria de compartilhar minha posição sobre nossa situação atual e oferecer um caminho recomendável para avançar, uma tentativa de ser parte da solução e não ser parte do problema.

RECONHECENDO NOSSOS PROBLEMAS

Sentimos falta de uma visão focada e coerente para nossa companhia. Queremos fazer tudo e ser tudo – para todo mundo. Estamos cientes disso há anos, conversamos sobre isso sem parar, mas não fazemos nada para realmente nos dedicarmos a tal tarefa. Temos medo de sermos deixados para trás. Reagimos em vez de traçar um curso firme. Estamos separados em nichos que muito frequentemente não se falam. E quando conversamos, não é para colaborar numa estratégia com um enfoque claro, mas para discutir e disputar sobre domínio, as estratégias e as táticas...

Ouvi alguém dizer que nossa estratégia é como espalhar pasta sobre as incontáveis oportunidades que continuam a evoluir no mundo *on-line*. O resultado: uma camada fina de investimento espalhada sobre tudo que fazemos e, desse modo, não há foco algum sobre qualquer coisa em particular.

Eu odeio pasta de amendoim. Todos nós devíamos odiá-la.

Carecemos de noção de propriedade e de responsabilidade final. A manifestação mais dolorosa disto é a redundância colossal que existe em toda a organização. Operamos atualmente uma estrutura organizacional – criada evidentemente com a melhor das intenções – que se tornou imensamente burocrática. Há funcionários demais com responsabilidades incrivelmente semelhantes e sobrepostas. Isto nos atrasa e sobrecarrega a companhia com custos desnecessários.

Há uma razão pela qual zagueiros e atacantes do mesmo time atuam em posições diferentes. Correndo atrás da mesma bola, vão acabar se chocando ou perdendo-a para o adversário. Ao saber que outro jogador está atrás da bola, e querendo evitar um choque, acabamos ficando desmotivados – e levamos um gol.

Carecemos de determinação. Combine falta de foco com a posse insegura, e o resultado é que as decisões não são tomadas ou somente o são quando já é tarde demais. Sem um espaço livre e uma visão focada, e sem segurança completa da posse, ficamos sem uma perspectiva mais abrangente para guiar nossas decisões e sem a clareza sobre quem deve tomar tais decisões. Ficamos frequentemente encurralados por decisões desafiadoras e difíceis. Nos tornamos reféns da paralisia provocada pela nossa própria análise.

No fim, nos restam iniciativas opostas (ou redundantes) e oportunidades simultâneas presentes nos diferentes nichos de nossa companhia...

RESOLVENDO NOSSOS PROBLEMAS

Dispomos de recursos impressionantes. Quase todas as empresas de mídia e comunicação sentem um ciúme doentio da nossa posição. Nosso público, altamente cativo, é o mais abrangente. Nossa marca é um sinônimo de Internet.

Se recomeçarmos e nos decidirmos por mudanças importantes, vamos vencer.

Não creio que haja para nós apenas um caminho a seguir. Entretanto, quero ser, no mínimo, parte da solução, e, por isso, esbocei um plano que, acredito, pode dar certo. Não tenho dúvida de que precisamos agir muito rapidamente, ou correremos o risco de despencar ladeira abaixo. Este plano não é perfeito, mas é MUITO melhor do que o que estamos seguindo até agora.

Meu plano é composto por três pilares:

1 Definir a visão.
2 Restaurar a responsabilidade e a propriedade.
3 Executar uma reorganização radical.

1 **Definir a visão**

a) Precisamos estabelecer, com ousadia e de forma decisiva, o que somos e o que não somos.
b) Precisamos abandonar (vender?) os negócios secundários e eliminar projetos e negócios excedentes.

Acredito que a pasta de amendoim, suavemente espalhada precisa se transformar numa estratégia deliberadamente pensada – isto ainda não está bem definido.

2 **Restaurar a responsabilidade e a propriedade**

a) Os proprietários empresariais atuais devem ser responsabilizados pela posição em que estamos hoje – cabeças devem rolar.
b) Devemos, refletidamente, criar funções superiores com responsabilidade total para uma linha específica de negócios.
c) Devemos remodelar nossos sistemas de desempenho e de incentivo.

Acredito que muitos líderes de unidades de negócios tiveram resultados inaceitáveis e desempenharam, o que é ainda pior, lideranças inaceitáveis. Frequentemente, são eles (nós!) os principais responsáveis pelos problemas esboçados aqui. Devemos sinalizar para os empregados e para nossos acionistas que responsabilizaremos estes líderes (nós mesmos) e executaremos a mudança.

3 **Executar uma reorganização radical**

a) A estrutura atual da unidade de negócios deve ser extinta.
b) Devemos descentralizar e diminuir a matriz o máximo possível.
c) Devemos reduzir a quantidade de pessoal entre 15 e 20%.

Realmente acredito que nós simplesmente devemos eliminar as redundâncias que criamos, e a primeira etapa para fazer isto é reestruturar nossa organização. Podemos ser mais eficientes com menos pessoal e podemos fazer mais, e de um modo mais rápido. Precisamos conceder mais decisões a um novo grupo de unidades de negócios e suas lideranças. No entanto, não implementaremos tais mudanças a passos lentos – precisamos repensar fundamentalmente nossa organização para vencer.

Eu amo o Yahoo!, sinto orgulho em admitir que meu sangue é roxo e amarelo. Sinto-me orgulhoso em admitir que raspei um Y na parte de trás da minha cabeça.

A motivação para este memorando é minha opinião sólida de que, como antes, temos uma oportunidade incrível à nossa frente. Não pretendo ter as únicas respostas disponíveis, mas precisamos iniciar a discussão; a mudança é necessária e é necessária logo. Podemos ser uma companhia mais forte e mais rápida – uma companhia com uma a visão mais definida, com uma propriedade mais clara e responsabilidades mais determinadas.

Podemos ter entrado em baixa, mas esta competição é uma maratona e não uma corrida de cem metros. Não finjo que será fácil. Vai ser necessário coragem, convicção, discernimento e muito compromisso. Aguardo ansiosamente pelo desafio.

Então, vamos tentar de novo.

Preparem-se.

E parem de comer pasta de amendoim.

Fonte: Extracts from Brad Garlinghouse's memo to Yahoo! managers, November 2006. Reprinted in *Wall Street Journal*, 16 November 2006.

Questões

1 Por que os problemas do Yahoo! foram descritos como problemas de estratégia? Consulte a Figura 1.1.

2 Identifique exemplos de problemas que correspondam aos círculos do modelo na Figura 1.3.

A Figura 1.1 resume estas características de decisões estratégicas e também realça algumas das conclusões:

- *A complexidade* é um recurso decisivo de estratégia e de decisões estratégicas. Também é especialmente importante em organizações de amplo alcance geográfico, como empresas multinacionais ou extensos grupos de produtos ou serviços. O Yahoo!, por exemplo, enfrenta tanto a complexidade de um ambiente de mercado dinâmico quanto a de atividades profissionais internas mal-organizadas.
- *A incerteza* faz parte da estratégia, uma vez que não é possível prever o futuro. Para o Yahoo!, o ambiente de Internet é caracterizado pela inovação constante e imprevisível.
- *As decisões operacionais* estão ligadas à estratégia. Por exemplo: qualquer tentativa de coordenar as unidades de negócios do Yahoo! de forma mais centralizada terá efeitos colaterais nos *designs* e nos *links* das páginas da web, no desenvolvimento profissional e na relação com os anunciantes. Esta ligação entre a estratégia total e os aspectos da organização é importante por duas outras razões. A primeira delas é que, se os aspectos operacionais da organização não estiverem alinhados com a estratégia, ela não será bem-sucedida, por mais bem planejada que

As decisões estratégicas dizem respeito a:

- Orientação de **longo prazo** de uma organização
- **Alcance** das atividades de uma organização
- Obtenção de **vantagens** sobre os concorrentes
- Estabelecimento de mudanças no **ambiente de negócios**
- Desenvolvimento de recursos e competências **(capacidades)**
- **Valores e expectativas** dos *stakeholders*

Desse modo, as decisões estratégicas devem:

- Ser de natureza **complexa**
- Ser tomadas em situações de **incerteza**
- Afetar decisões **operacionais**
- Exigir uma abordagem **integrada** (dentro e fora da organização)
- Envolver **mudanças** importantes

FIGURA 1.1 Decisões estratégicas.

possa ser. A segunda razão é que a vantagem estratégica real só pode ser atingida em nível operacional. De fato, é a competência em determinadas atividades operacionais que pode determinar quais os desenvolvimentos estratégicos mais adequados.

- *A integração* é necessária para uma estratégia efetiva. Os gerentes têm de atravessar as fronteiras entre o que é funcional e o que é operacional para enfrentar problemas estratégicos e entrar em acordo com outros gerentes, os quais, inevitavelmente, possuem interesses distintos e talvez outras prioridades. O Yahoo!, por exemplo, precisa, em todas as suas atividades comerciais, de uma abordagem integrada junto a anunciantes de peso como a Sony e a Vodafone.
- *As relações* e *redes* fora da organização são importantes em termos estratégicos, como, por exemplo, fornecedores, distribuidores e clientes. Os anunciantes e os clientes formam um conjunto decisivo de relações para o Yahoo!.
- *A mudança* costuma ser um componente muito importante da estratégia. A mudança geralmente é de difícil execução por causa da herança de recursos e da cultura organizacional. De acordo com Brad Garlinghouse, ao menos, as barreiras do Yahoo! às mudanças parecem incluir a chefia gerencial, temerosa em tomar decisões duras, e a falta de clareza quanto à responsabilidade entre os gerentes de níveis mais baixos.

1.2.2 Níveis de estratégia

Em uma organização, há alguns tipos de estratégias. Tomando novamente o Yahoo! como exemplo, é possível diferenciar pelo menos três diferentes níveis de estratégias. O nível superior é a **estratégia em nível corporativo**, que diz respeito ao alcance total de uma organização e que determina o valor das diferentes divisões (unidades de negócios) da organização. Pode incluir questões de cobertura geográfica, diversidade de produtos/serviços ou de unidades de negócios e como os recursos devem ser alocados entre as diversas divisões da organização. Para o Yahoo!, a decisão de vender algum dos negócios é claramente de nível corporativo. Em geral, a estratégia em nível corporativo também deve atender às expectativas dos proprietários – os acionistas e a bolsa de valores. Também pode adquirir a forma de uma declaração explícita ou implícita de uma "missão" que reflita tais expectativas. Ser claro quanto à estratégia em nível corporativo é importante: determinar a gama de negócios a ser incluídos é a base de outras decisões estratégicas.

Estratégia em nível corporativo diz respeito ao propósito e ao alcance total de uma organização e a como o valor será agregado às diferentes divisões (unidades de negócios) da organização

O segundo nível é a **estratégia em nível de negócios**, referente a como os vários negócios incluídos na estratégia corporativa devem concorrer em seus mercados específicos (por esta razão, a estratégia em nível de negócios é às vezes chamada de "estratégia competitiva"). Em relação ao setor público, o equivalente da estratégia em nível de negócios são as decisões sobre as maneiras como as unidades devem fornecer os melhores serviços. Isso geralmente envolve questões como estratégia de preços, inovação ou diferenciação seja por meio de melhor qualidade ou por um canal de distribuição diferenciado, por exemplo. Desse modo, enquanto a estratégia em nível

Estratégia em nível de negócios refere-se a como competir de forma bem-sucedida num mercado específico

Uma **unidade estratégica de negócios** é uma divisão de uma organização para a qual há um mercado externo diferenciado para produtos ou serviços, o qual é diferente para outra unidade estratégica de negócios

corporativo envolve a organização como um todo, as decisões estratégicas se relacionam a unidades estratégicas de negócios (SBU – *strategics business units*) específicas no interior da organização inteira. Uma **unidade estratégica de negócios** é uma divisão de uma organização para a qual há um mercado externo diferenciado para produtos ou serviços, o qual é diferente para outra unidade estratégica de negócios. As unidades estratégicas de negócios do Yahoo! incluem negócios como o Yahoo! Photos e o Yahoo! Music.

É claro que em organizações mais simples com apenas um ramo de negócios a estratégia corporativa e a estratégia em nível de negócios são praticamente idênticas. Ainda assim, mesmo aqui é útil identificar a estratégia em nível corporativo, uma vez que isto fornece a estrutura para determinar as condições pelas quais outras oportunidades de negócios podem ser acrescidas ou rejeitadas. Onde quer que uma estratégia corporativa inclua de fato vários negócios, deverá haver uma clara ligação entre as estratégias em nível de SBU e em nível corporativo. No caso do Yahoo!, os relacionamentos com anunciantes *on-line* se estendem por unidades de negócios distintas – e usar, proteger e aprimorar a marcar Yahoo! é vital para todas elas. A estratégia corporativa em relação à marca deve dar apoio às SBUs, mas ao mesmo tempo as SBUs devem se assegurar de que suas estratégias em nível de negócios não causem danos a toda a corporação ou a outras SBUs do grupo.

Estratégias operacionais versam sobre como as divisões que compõem uma organização realmente executam as estratégias em nível corporativo – e de negócios – em termos de recursos, processos e pessoal

O terceiro nível de estratégia situa-se na extremidade operacional de uma organização. É onde se encontram as **estratégias operacionais**, que versam sobre como as divisões que compõem uma organização realmente executam as estratégias em nível corporativo – e de negócios – em termos de recursos, processos e pessoal. O Yahoo!, por exemplo, conta com *designers* de páginas da *web* em todos os seu ramos de negócios, para os quais há estratégias operacionais adequadas em termos de *design*, *layout* e renovação. De fato, na maioria dos negócios, as estratégias de sucesso dependem substancialmente das decisões tomadas, ou das atividades que acontecem, em nível operacional. A integração de decisões e estratégia operacional é, portanto, de grande importância, conforme mencionado anteriormente.

1.2.3 O vocabulário da estratégia

Uma vez que há vários termos usados em relação à estratégia, vale a pena dedicar algum tempo para esclarecer o seu significado. A Figura 1.2 e o Exemplo 1.2 utilizam alguns dos termos sobre estratégia e negócios cotidianos com os quais irão se deparar os leitores deste e de outros livros. A Figura 1.2 explica este assunto em relação à estratégia pessoal que os próprios leitores podem ter seguido a fim de melhorar a forma física.

Nem todos os termos são sempre usados em organizações ou em livros sobre estratégia: de fato, a palavra "meta" raramente é empregada neste livro. Também será visto ao longo de vários exemplos deste livro que a terminologia não é usada de maneira consistente nas diferentes organizações (consulte também o Exemplo 1.2). Os gerentes e os estudantes de estratégia devem estar atentos a isto. Além disso, é possível mas não é garantido que palavras como missão, metas, objetivos, estratégias, entre outras, sejam empregadas de forma precisa. Em algumas organizações, isso é feito

Termo	Definição	Exemplo pessoal
Missão	Um propósito dominante alinhado aos valores ou às expectativas dos *stakeholders*	Conservar-se saudável e em boa forma física
Visão ou plano estratégico	Estágio futuro, aspiração que a organização deseja	Correr a Maratona de Londres
Meta	Declaração geral de um alvo ou objetivo	Perder peso e tonificar os músculos
Objetivo	A quantificação (se possível) ou uma declaração mais específica sobre a meta	Perder 5 kg até 1° de setembro e correr a maratona no próximo ano
Capacidade estratégica	Recursos, atividades e processos. Alguns serão exclusivos e darão "vantagens competitivas"	Proximidade de uma academia, uma dieta bem-sucedida
Estratégias	Orientações de longo prazo	Exercitar-se regularmente, competir numa maratona nas proximidades, manter uma dieta adequada
Modelo de negócios	O modo como produtos, serviços e informações "fluem" entre as partes participantes	Associar-se com uma rede de colaboradores (participar de um grupo de corridas, por exemplo)
Controle	A monitoração das etapas de ação para: • avaliar a eficiência de estratégias e ações • modificar estratégias e/ou ações, se necessário	Controlar o peso corporal, os quilômetros e o tempo da corrida; se o progresso for satisfatório, evitar outra ação; se não for, pensar em outras estratégias e ações

FIGURA 1.2 O vocabulário de estratégia.

de modo bastante formal; em outras, uma missão ou uma estratégia pode estar implícita e, assim, deve ser deduzida a partir do que faz uma organização. Entretanto, uma diretriz general dos seguintes termos é geralmente empregada.

- *Missão* é uma expressão genérica do propósito geral de uma organização, a qual está, idealmente, alinhada com os valores e expectativas da maioria dos *stakeholders* relacionada ao alcance e aos limites da organização. O termo é referido algumas vezes numa questão aparentemente simples mas desafiadora: "Em qual negócio estamos?"
- *Visão* ou *plano estratégico* é o estágio futuro que a organização deseja. É a aspiração em torno da qual um estrategista, por exemplo um executivo-chefe, procura centralizar a atenção e a energia dos membros da organização.
- Se a palavra *meta* for usada, geralmente será com a significação de um propósito geral alinhado à missão. Também pode ser de natureza qualitativa.
- Por outro lado, um *objetivo* é mais usado de maneira quantitativa, ou, ao menos, para identificar melhor o propósito em relação à meta. Neste livro, a palavra "objetivo" é usada relacionada ou não à quantificação.
- *Capacidade estratégica* está relacionada com os *recursos* e *competências* que uma organização pode usar a fim de agregar valor aos compradores

Exemplo 1.2

O vocabulário da estratégia em contextos diferentes

Todos os tipos de organizações utilizam o vocabulário da estratégia. Compare trechos de declarações da Nokia, a gigante das comunicações, com as da Universidade de Kingston, uma instituição pública com 20.000 alunos sediada em Londres.

Nokia

Visão e missão: Conectar-se é ajudar as pessoas a sentirem-se próximas do que é mais importante para elas. Em qualquer lugar ou momento, a Nokia acredita na comunicação, no compartilhamento e no incrível potencial de se conectar os 2 bilhões de pessoas que já o fazem com os 4 bilhões que ainda estão de fora.

O crescimento continuará, se nos concentrarmos nas pessoas e usarmos a tecnologia para ajudá-las a sentirem-se próximas do que é mais importante para elas. Em um mundo onde todos podem estar conectados, nós adotamos uma abordagem muito humana com a tecnologia.

Estratégia: Na Nokia, nossos clientes continuam sendo nossa prioridade máxima. O foco no cliente e a compreensão do consumidor devem direcionar e motivar nosso comportamento empresarial do dia a dia. A prioridade da Nokia é ser o parceiro preferido de operadoras, varejistas e empresas.

A Nokia continuará sendo uma companhia em crescimento, expandido-se para novos mercados e negócios. Liderar a produtividade global é vital para nosso êxito futuro. Nossa meta para a marca Nokia é transformá-la na marca mais amada por nossos clientes.

Alinhada a essas prioridades, a estratégia do *portfolio* de negócios da Nokia mantém o foco em cinco áreas, cada uma com objetivos de longo prazo: criar dispositivos vencedores; oferecer serviços ao consumidor pela Internet; entregar soluções empresariais; construir escala em redes; expandir os serviços profissionais.

A Nokia investirá e dará prioridade a estes três componentes estratégicos: marca e *design*; compromisso com o cliente e execução; tecnologia e arquitetura.

Universidade de Kingston, Londres

Missão: a missão da Universidade de Kingston é promover a participação no ensino superior, considerado como um direito democrático; lutar pela excelência no aprendizado, no ensino e na pesquisa; concretizar o potencial criativo e despertar a imaginação de todos os seus membros; e permitir que seus alunos contribuam com a sociedade e a economia de maneira efetiva.

Visão: a Universidade de Kingston tem o intuito de ser uma universidade inclusiva e comunitária. Nossa ambição é criar uma universidade que não se limite pelas contingências atuais, mas que possua uma visão mais abrangente e objetiva de seu próprio futuro.

Metas:

- Dar aos alunos, atuais e futuros, oportunidades iguais de concretizar suas ambições de aprendizado.
- Oferecer uma série abrangente de cursos de alta qualidade e um ambiente estimulante que encoraje o aprendizado crítico e desenvolva as habilidades pessoais, sociais e profissionais.
- Estabelecer uma reputação em pesquisa e prática profissional em benefício dos indivíduos, da sociedade e da economia.
- Desenvolver elos de colaboração com fornecedores e *stakeholders* regionais, nacionais e internacionais.
- Dispor a organização, a estrutura, a cultura e os sistemas da universidade de modo adequado para a realização de sua Missão e de suas Metas.
- Administrar e desenvolver seus recursos humanos, naturais e financeiros a fim de obter a melhor avaliação acadêmica possível, bem como a melhor relação qualidade/preço.

Fontes: www.nokia.com.br; www.kingston.ac.uk.

Questões

1 Quais as semelhanças dos vocabulários da Nokia e da Universidade de Kingston entre si e em comparação com as definições da Figura 1.2?

2 Qual a diferença na estratégia de uma organização comercial como a Nokia e uma organização pública como a Universidade de Kingston?

3 Compare os fundamentos de estratégia de sua universidade (ou da sua empresa) com os da Nokia e da Universidade de Kingston (pesquise na Internet o nome da sua organização junto com termos como "estratégia", "visão" e "missão"). A quais conclusões você pode chegar sobre as semelhanças e diferenças encontradas?

ou clientes. Recursos exclusivos e competências essenciais são as bases sobre as quais uma organização alcança vantagens estratégicas e se diferencia de seus concorrentes.

- O conceito de *estratégia* já foi definido. É a orientação a longo prazo da organização. Geralmente é expresso em declarações gerais sobre a orientação que a organização deve seguir e os tipos de ação necessários para atingir os objetivos. Pode ser determinada, por exemplo, em termos de entrada no mercado, novos produtos ou serviços, ou modos de operação.
- Um *modelo de negócios* descreve a estrutura dos fluxos de produtos, serviços e informações e os papéis das partes que participam. Um modelo tradicional de bens fabricados, por exemplo, é o fluxo linear de produtos que segue dos fabricantes de peças aos fabricantes de produtos e em seguida para os distribuidores, varejistas e consumidores. A informação, entretanto, pode seguir diretamente do fabricante do produto até o consumidor final (publicidade e pesquisa de mercado).
- *Controle estratégico* envolve a monitoração de até que ponto a estratégia está alcançando os objetivos e a sugestão de ações corretivas (ou a reconsideração dos objetivos).

Ao longo deste livro, vários outros termos serão apresentados e explicados. Esses são os básicos para o início.

O Exemplo 1.2 compara o vocabulário de estratégia entre duas organizações que operam em *contextos* bastante distintos. A Nokia é uma gigante de comunicações do setor privado, que concorre com corporações globais como Motorola e Samsung. O lucro é vital para a Nokia, mas ainda assim a empresa mantém sua visão e sua missão em termos de conectar mais pessoas ao redor do mundo. A Universidade de Kingston, por outro lado, é uma universidade pública, comprometida em aumentar a participação na educação superior. Ainda assim, a universidade deve gerar receitas e necessita obter um saldo positivo para ter capacidade de investimento no futuro. A Universidade de Kingston também compete por alunos e fundos de pesquisa, disputando diretamente com instituições semelhantes no Reino Unido e por todo o planeta. As estratégias em nível corporativo e em nível de negócio não são menos importantes para uma empresa pública como a Universidade de Kingston do que para uma empresa comercial como a Nokia.

Desse modo, o vocabulário de estratégia é relevante para uma ampla gama de contextos. Uma modesta iniciativa empresarial irá necessitar de uma declaração estratégica para convencer investidores e financiadores de sua viabilidade. As organizações do setor público precisam de declarações estratégicas não apenas para saber o que fazer, mas também renovar a confiança de seus financiadores e reguladores de que estão fazendo o que deveriam fazer. Organizações de voluntariado precisam comunicar estratégias de estímulo para inspirar voluntários e doadores. Para crescer dentro de uma organização mais ampla, os gerentes de SBU precisam propor estratégias claras que estejam em harmonia com os objetivos dos proprietários da organização e com as necessidades de outras SBUs que compõem a organização. Até mesmo organizações particulares precisam de declarações de estratégia persuasivas para motivar seus funcionários e construir relações de longo prazo com seus clientes e fornecedores. Por essa razão, o vocabulário de estratégia é usado em vários contextos diferentes, para vários propósitos distintos. A estratégia é parte da linguagem cotidiana do trabalho.

1.3 GESTÃO ESTRATÉGICA

Gestão estratégica inclui a *compreensão da posição estratégica* da organização, as *escolhas estratégicas* para o futuro e o gerenciamento da *estratégia em ação*

O termo **gestão estratégica** ressalta a importância de gerentes que dão importância à estratégia. As estratégias não surgem por si mesmas. A estratégia envolve pessoas, principalmente os gerentes que a implementam. Por isso, este livro utiliza a gestão estratégica para enfatizar o elemento humano da estratégia.

O papel da gestão estratégica possui natureza diferente em relação a outros aspectos do gerenciamento. Um gerente operacional é mais frequentemente solicitado a lidar com problemas de controle operacional - tais como a produção eficaz de bens, o gerenciamento do corpo de vendedores, o monitoramento do desempenho financeiro ou o planejamento de um novo sistema capaz de aprimorar o nível de atendimento ao cliente. São tarefas muito importantes, mas todas estão especificamente relacionadas a recursos de gerenciamento previamente organizados, geralmente numa parte limitada da organização e no contexto de uma estratégia já delimitada. O controle operacional é a tarefa na qual os gerentes permanecem envolvidos na maior parte do tempo. Isto é vital para o sucesso da estratégia, mas não é o mesmo que gestão estratégica.

Para gerentes, a gestão estratégica atinge um alcance maior do que qualquer outra área do gerenciamento operacional. A gestão estratégica está mais relacionada à complexidade que surge de situações incertas e incomuns em toda a organização do que às implicações de operações determinadas. Isto constitui um tremendo desafio para gerentes acostumados a administrar seus recursos a partir de conhecimentos rotineiros. Pode vir a ser um problema significativo por causa da experiência de gerentes instruídos, talvez ao longo de vários anos, a se encarregar de tarefas operacionais e receber responsabilidades operacionais. Contadores percebem que continuam a considerar os problemas em termos financeiros - o mesmo acontece com gerentes de TI, gerentes de *marketing*, e assim por diante. É claro que todos esses aspectos são importantes, mas nenhum deles é suficiente de forma isolada. O gerente que deseja administrar ou exercer influência sobre a estratégia precisa desenvolver a capacidade de empreender uma visão geral, de conceber toda a situação, e não apenas suas partes separadas, pela qual passa uma empresa. Isto é geralmente conhecido como "visão do helicóptero".

Uma vez que a gestão estratégica é caracterizada por sua complexidade, também se faz necessário tomar decisões e fazer julgamentos baseados na *conceitualização* dos problemas difíceis. No entanto, o treinamento e a experiência iniciais dos gerentes geralmente visa a tomada de decisões ou a preparação de *análises* ou *planejamentos* detalhados. Este livro explica várias abordagens analíticas da estratégia, além de também dar importância aos procedimentos relacionados à gestão estratégica. A ênfase, no entanto, se concentra na importância de entender os *conceitos estratégicos* que moldam tais análises e ações.

A gestão estratégica pode ser pensada como a combinação de três elementos principais: entender *a posição estratégica* de uma organização, fazer *escolhas estratégicas* para o futuro e gerenciar *a estratégia em ação* (veja a Figura 1.3). Como este livro é sobre fundamentos de estratégia, os dois primeiros elementos, posição e escolha, serão privilegiados. Não há tanta ênfase nos problemas de gerenciamento da estratégia em ação: o livro apenas se concentra em problemas-chave como o gerenciamento de mudanças estratégicas e a formação de estruturas e de processos capazes de garantir o emprego da estratégia escolhida. Outros problemas relacionados com a estratégia em ação – como os recursos e a prática da estratégia – são estudados mais detalhadamente na obra *Explorando a Estratégia Corporativa.*[3] Entretanto, é importante compreender o motivo pelo qual os três círculos da Figura 1.3 foram desenhados desse modo em particular.

A Figura 1.3 poderia exibir os três elementos da gestão estratégica numa sequência linear – reconhecendo, em primeiro lugar, a posição estratégica; em seguida, as escolhas estratégicas; e, por fim, a estratégia em ação. De fato, muitas obras sobre o assunto fazem exatamente isso. No entanto, o que acontece na prática é que os elementos de gestão estratégica não seguem essa sequência linear: eles estão interligados e alimentam uns aos outros. Em algumas circunstâncias, por exemplo, a compreensão da posição estratégica pode ser melhor estabelecida a partir da experiência da tentativa de pôr em prática a própria estratégia. Testar um protótipo no

Source: Based on G. Johnson, K. Scholes and R. Whittington, *Exploring Corporate Strategy*, 8th edition, Pearson Education.

FIGURA 1.3 Os fundamentos do modelo de gestão estratégica de *Explorando a Estratégia Corporativa*.

mercado pode ser um bom exemplo, no qual a estratégia em ação informa o conhecimento da posição estratégica.

Os círculos interconectados da Figura 1.3 foram desenhados para enfatizar a natureza não linear da estratégia. A posição, as escolhas e a ação devem ser consideradas como elementos rigorosamente relacionados, e, na prática, nenhum possui prioridade sobre o outro. É somente por conveniência estrutural que este livro começa pela posição estratégica, segue com as escolhas importantes como diversificação e internacionalização e então conclui com a estratégia em ação. Tal sequência não tem a intenção de sugerir que o processo de gestão estratégica deve seguir uma trilha clara e reta. Na realidade, as evidências sobre como a gestão estratégica se dá na prática indicam que geralmente não há caminhos perfeitos.

1.3.1 A posição estratégica

Posição estratégica significa identificar o impacto causado pelo ambiente externo, pela capacidade estratégica de uma organização (recursos e competências) e pelas expectativas e influências dos *stakeholders* na estratégia

Compreender a **posição estratégica** significa identificar o impacto causado pelo ambiente externo, pela capacidade estratégica de uma organização (recursos e competências) e pelas expectativas e influências dos *stakeholders* na estratégia. Os tipos de questionamentos que surgem são capitais para as estratégias futuras e esses problemas serão comentados nos Capítulos 2 a 5 deste livro:

- O *ambiente*. A organização existe no contexto de um mundo complexo, composto de aspectos políticos, econômicos, sociais, tecnológicos, ambientais e jurídicos. O ambiente sofre mudanças e é mais complexo para algumas organizações do que para outras. O efeito disso sobre as organizações pode incluir a compreensão de efeitos históricos e ambientais, bem como de mudanças esperadas ou potenciais das variáveis do ambiente. Muitas dessas variáveis resultarão em *oportunidades* e outras significarão *ameaças* à organização – ou ambas. O Capítulo 2 mostra como analisar os vários fatores ambientais.
- A *capacidade estratégica* da organização – composta de *recursos* e *competências*. Um modo de imaginar a capacidade estratégica de uma organização é considerar seus pontos fortes e seus pontos fracos (onde a organização encontra vantagens ou desvantagens competitivas, por exemplo). O objetivo é consolidar uma visão das influências – e restrições – internas sobre as escolhas estratégicas para o futuro. O Capítulo 3 examina detalhadamente a capacidade estratégica.
- O Capítulo 4 investiga as influências principais das *expectativas dos stakeholders* a respeito dos *propósitos* da organização. Os propósitos estão condensados na visão, na missão e nos valores de uma organização. Neste quesito, é importante a questão da *governança corporativa*: para quem a organização *deve* trabalhar em primeiro lugar e de que modo os gerentes podem ser responsabilizados por isso? Isto origina questões de *responsabilidade social corporativa* e de *ética*. O capítulo investiga como alterações nos sistemas de governança corporativas internacionais e as configurações de poder no interior de uma organização específica podem influenciar os propósitos.

- O Capítulo 5 examina se as *influências culturais e históricas* também são capazes de influenciar a estratégia. As influências culturais podem ser organizacionais, setoriais ou nacionais. As influências históricas podem originar um *aprisionamento* a trajetórias estratégicas específicas. O impacto destas influências pode resultar numa *distorção estratégica*, uma tentativa fracassada de obter a mudança necessária. O capítulo demonstra como os gerentes podem analisar e desafiar estas influências históricas e culturais na estratégia.

Todas estas questões de posicionamento eram importantes para o Yahoo! enquanto a empresa enfrentava sua crise em 2006. O ambiente externo mostrava a ameaça do aumento da competição graças ao Google. A sua sólida marca de Internet e o seu público cativo eram os recursos decisivos para a defesa da sua posição. A companhia estava debatendo intensamente seus propósitos e, aparentemente, os gerentes superiores permaneciam indecisos. Todavia, a companhia era herdeira de uma forte cultura, poderosa o bastante para fazer com que Brad Garlinghouse raspasse um "Y" na cabeça e acreditasse que o próprio sangue carregava as cores corporativas de seu empregador.

1.3.2 Escolhas estratégicas

As **escolhas estratégicas** envolvem as opções de estratégia em termos de direções que podem ser tomadas e de métodos que podem ser adotados. Uma organização pode ter de escolher entre processos alternativos de diversificação – entre lançar novos produtos e entrar em novos mercados, por exemplo. À medida que a organização se diversifica, dispõe de diferentes métodos para isso, como, por exemplo, desenvolver um novo produto ou adquirir uma organização previamente ativa na área. As opções e os métodos característicos são mostrados nos Capítulos 6 a 9:

As **escolhas estratégicas** envolvem os fundamentos básicos da estratégia futura para unidades de negócio e níveis corporativos, bem como as opções para aperfeiçoamento de estratégias em termos de direções e de métodos de desenvolvimento

- Há escolhas estratégicas em termos de como a organização procura competir em *nível de negócios*. Isto envolve, geralmente, preços e estratégias de diferenciação, além de decisões sobre como competir ou colaborar com os concorrentes. As questões de estratégias em nível de negócios serão abordadas no Capítulo 6.
- No nível mais alto da organização há questões de *estratégia em nível corporativo*, as quais se relacionam com o alcance, ou extensão, de uma organização. Elas incluem decisões de diversificação do *portfolio* de produtos e a expansão dos mercados. Para o Yahoo!, o fato de estar espalhada por muitos negócios parece ser um grande problema estratégico. A estratégia em nível corporativo também está ligada ao relacionamento entre as diversas partes do negócio e de que modo a "controladora" corporativa determina o valor dessas várias partes. No Yahoo! não fica claro o quanto a controladora corporativa determina o valor das suas partes constituintes. As questões sobre o papel do núcleo e como ele determina valor (questões ligadas de modo de controle) serão discutidas no Capítulo 7.
- A *estratégia internacional* é uma forma de diversificação em novos mercados geográficos. Geralmente é tão desafiadora quanto, pelo menos, a diversificação. O Capítulo 8 examina as escolhas tomadas pelas orga-

nizações para dar prioridades a determinados mercados geográficos e como ingressaram neles por exportação, licenciamentos, investimentos diretos ou aquisições.

- As organizações precisam tomar decisões sobre os métodos que irão usar para desenvolver suas estratégias. Muitas delas preferem crescer "organicamente"; em outras palavras, construindo novos negócios com seus próprios recursos. Outras se desenvolvem por meio de fusões/aquisições e/ou alianças estratégicas com outras organizações. Esses métodos alternativos são discutidos no Capítulo 9.

1.3.3 A estratégia em ação

Estratégia em ação significa assegurar que as estratégias escolhidas sejam de fato colocadas em prática.

A **estratégia em ação** significa assegurar que as estratégias escolhidas sejam de fato colocadas em prática. O Capítulo 10 trata de três questões-chave para a estratégia em ação.

- *Estruturar* uma organização para dar sustentação ao desempenho bem-sucedido. De acordo com Brad Garlinghouse, os nichos estruturais, a organização da matriz e a burocracia eram os grandes problemas do Yahoo!.
- *Processos* são necessários para controlar o modo como a estratégia é implementada. Os gerentes precisam se assegurar de que as estratégias sejam implementadas de acordo com o plano, verificar o progresso e fazer os ajustes necessários ao longo dos acontecimentos.
- O gerenciamento da *mudança estratégica* geralmente é uma parte importante do processo de colocar a estratégia em ação. Isso inclui a necessidade de compreender como o contexto de uma organização pode influenciar a perspectiva de mudanças e os diferentes tipos de *papéis* para as pessoas na mudança de gerenciamento. Também se consideram os *estilos* que podem ser adotados para a mudança de gerenciamento e as *alavancas* que podem realizar a mudança.

O Capítulo 10 é uma introdução à estratégia em ação: suas questões, e as questões relacionadas, são tratadas com mais profundidade pelos autores no livro *Explorando a Estratégia Corporativa.*

1.4 PROCESSOS DE DESENVOLVIMENTO DA ESTRATÉGIA

O texto anterior apresentou a posição estratégica, as escolhas estratégicas e a estratégia em ação. Até agora, está implícito que as estratégias são o produto de análises e escolhas cuidadosas. Contudo, não é somente desse modo que as estratégias são desenvolvidas numa organização. Há duas amplas explicações sobre o desenvolvimento da estratégia:

- A visão *racional-analítica* do desenvolvimento da estratégia é a explicação convencional. Nela as estratégias são desenvolvidas por processos racionais e analíticos, geralmente conduzidos pelos gerentes de mais alto nível. Há uma sequência linear. Em primeiro lugar, analisa-se a posição estratégica; em seguida, após comparar as opções, fazem-se as escolhas estratégicas; por fim, estruturas, processos e procedimentos de mudança são colocados a fim de permitir a implementação efetiva. Frequentemente, sistemas de planejamento estratégico formais são importantes para a análise a formulação da estratégia. De acordo com esta visão, as estratégias são *deliberadas*, ou seja, são o produto de escolhas planejadas.

- A visão da *estratégia emergente* é uma visão alternativa sobre o desenvolvimento da estratégia. De acordo com ela, as estratégias geralmente não se desenvolvem de acordo com o proposto ou planejado, mas tendem a emergir nas organizações após o fim dos prazos, como resultado de ações *ad hoc*, incrementais ou mesmo acidentais. Frequentemente, boas ideias e oportunidades surgem a partir da experiência prática nas bases das organizações, mais do que nos altos níveis de gerência ou como produtos de planos estratégicos convencionais. Mesmo os melhores planos devem ser abandonados quando surgem novas oportunidades ou as organizações recebem lições do mercado.

As duas visões não são mutuamente excludentes. Estratégias planejadas podem, com frequência, obter êxito, especialmente em mercados estáveis onde não ocorrem muitas surpresas. Além disso, as partes envolvidas mais importantes de uma organização – empregados, proprietários, clientes, reguladores, etc. – costumeiramente irão querer evidências de estratégias desenvolvidas de modo deliberado: raramente é possível dizer que tudo é simplesmente emergente. As ferramentas e conceitos deste livro, particularmente nos Capítulos 2, 3 e 6 a 9, são especialmente úteis no desenvolvimento de estratégias planejadas. Mas é sábio permanecer aberto também para as possibilidades da emergência. Planos inflexíveis podem retardar o aprendizado e impedir o aproveitamento das oportunidades. Além disso, as escolhas estratégicas nem sempre resultam apenas de análises racionais: os *processos culturais e políticos* nas organizações também podem levar a mudanças estratégicas, como será demonstrado nas análises dos Capítulos 4 e 5.

Este livro reconhece ambas as visões, a racional-analítica e a emergente. De fato, os círculos interconectados do modelo de *Explorando a Estratégia Corporativa*, na Figura 1.3, ressalta propositalmente os aspectos não-lineares da estratégia. Não se trata apenas de colocar em ação escolhas estratégicas numa sequência lógica, passando da formulação da estratégia para a implementação da estratégia. A estratégia em ação costuma criar as escolhas estratégica em primeiro lugar, enquanto novas oportunidades e impedimentos são descobertos na prática. A implementação, da mesma forma, também pode levar à formulação.[4]

RESUMO

- Estratégia é a *orientação* e o *alcance* de uma organização a *longo prazo*, responsável pelas *vantagens* num *ambiente* variável por meio da configuração de *recursos e competência* visando responder às expectativas dos *stakeholders*.
- As decisões estratégicas são tomadas de acordo com os níveis de uma organização. A *estratégia em nível corporativo* se relaciona com o propósito e o alcance gerais da organização; a *estratégia em nível de negócios* (ou *em nível competitivo*) trata do modo como competir com êxito num mercado; e a *estratégia operacional* diz respeito ao modo como recursos, processos e pessoal podem cumprir efetivamente as estratégias em nível de negócios. A gestão estratégica difere do gerenciamento operacional cotidiano pela complexidade de influências nas decisões, pelas implicações em todos os aspectos da organização e pelas implicações a longo prazo.
- A gestão estratégica apresenta três elementos principais: compreender a *posição estratégica*, as *escolhas estratégicas* para o futuro e a *estratégia em ação*. A posição estratégica de uma organização sofre influências do ambiente externo, da capacidade estratégica interna e das expectativas e ações das partes envolvidas. As escolhas estratégicas incluem os fundamentos básicos da estratégia nos níveis corporativo e de negócios, além das orientações e métodos de desempenho. A estratégia em ação diz respeito às questões de estrutura e de processos de implementação da estratégia e do gerenciamento das mudanças.

Leituras básicas recomendadas

É sempre útil ler sobre os tópicos apresentados. Juntamente com as referências específicas a seguir, recomendamos também:

- Para uma visão geral da natureza evolutiva da disciplina da estratégia, consulte Whittington, *What is strategy – and does it matter?* 2nd edition, International Thompson, 2000; and H. Mintzberg, B. Ahlstrand and J. Lampel, *Strategy Safari: a Guided tour through the wilds of Strategic Management*, Simon and Schuster, 2000.
- Sobre os desenvolvimentos atuais na aplicação de estratégia, jornais de negócios como *Financial Times*, *Les Echos* e o *Wall Street Journal*, e revistas de negócios como *Business Week*, *The Economist* e *Manager-Magazin*. Consulte também os *sites* das empresas de consultoria mais destacadas: www.mckinsey.com; www.bcg.com; www.bain.com.

Referências

1. A questão "O que é estratégia?" foi discutida em R. Whittington, *What is strategy - and does it matter?* (1993/2000), International Thompson; M. Porter, 'What is strategy?', *Harvard Business Review*, November–December (1996), pp. 61–78; and F. Fréry, 'The fundamental dimensions of strategy', *MIT Sloan Management Review*, vol. 48, no. 1 (2006), pp. 71–75.
2. A tradição de "política de negócios" de Harvard é discutida em L. Greiner, A. Bhambri and T. Cummins, 'Searching for a strategy to teach strategy', *Academy of Management Learning and Education*, vol. 2, no. 4 (2003), pp. 401–420.
3. G. Johnson, K. Scholes and R. Whittington, *Exploring Corporate Strategy*, 8th edition (2008), Pearson.
4. A clássica discussão dos papéis de formulação de estratégia racional e implementação de estratégia consta em H. Mintzberg, 'The design school: reconsidering the basic premises of strategic management', *Strategic Management Journal*, vol. 11 (1991), pp. 171–195 and H.I. Ansoff, 'Critique of Henry Mintzberg's The Design School', *Strategic Management Journal*, vol. 11 (1991), 449–461.

Electrolux

Por volta de 2005, a empresa sueca Electrolux era a maior fabricante de aparelhos domésticos e profissionais para cozinha, limpeza e uso ao ar livre do mundo. Seus produtos incluíam fogões, aspiradores, máquinas de lavar roupa, geladeiras, cortadores de grama, serras elétricas e até mesmo ferramentas para construção e indústria pesada. A empresa tinha aproximadamente 70.000 funcionários e vendia perto de 40 milhões de produtos por ano em cerca de 150 países. Suas vendas no ano de 2005 chegaram a 129 bilhões de coroas suecas (mais de 30 bilhões de reais) e seus lucros foram de 3,9 bilhões (quase 1 bilhão de reais). Mas o ano 2005 observou duas mudanças que colocariam a companhia em segundo lugar no *ranking* da indústria – logo atrás da americana *Whilpool*. Em primeiro lugar, a Whirlpool terminou o processo de aquisição da *Maytag* – o que garantiu à empresa em torno de 47% do mercado norte-americano, além de vendas de 19 bilhões de dólares (mais de 33 bilhões de reais). Em segundo lugar, a Electrolux anunciou a separação da sua divisão de produtos de uso ao ar livre (secadores, serras elétricas, etc), que passou a se chamar *Husqvarna*. Isso fez com que a Electrolux dirigisse sua atenção para os produtos de uso interno, tanto para uso doméstico quanto para empresas de alimentação e limpeza. Assim, a "nova Electrolux" teria 57.000 empregados e suas vendas globais ficariam na casa dos 104 bilhões de coroas suecas (um pouco mais de 25 bilhões e meio de reais).

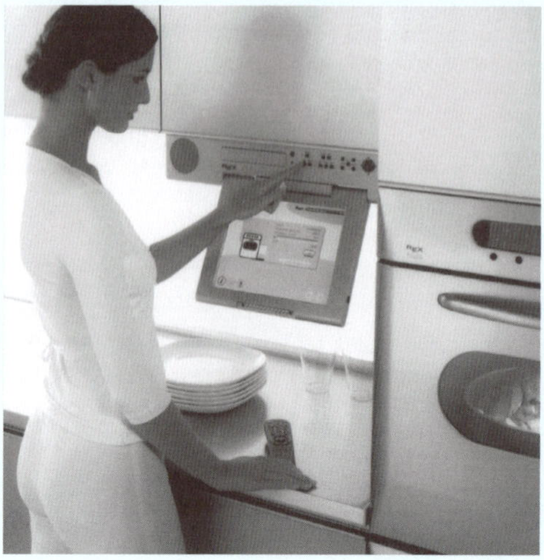

Photo: Electrolux

História

Era apenas a última mudança de estratégia da Electrolux, cujos impressionantes crescimento e desenvolvimento começaram sob a liderança de Alex Wenner-Gren, na Suécia da década de 1920. O crescimento inicial se deu em torno da perícia em *design* industrial responsável pela criação de produtos de ponta, como geladeiras e aspiradores. Em meados da década de 30, a companhia também começou a produzir fora da Suécia, na Alemanha, no Reino Unido, na França, nos Estados Unidos e na Austrália.

O período que se seguiu à Segunda Guerra Mundial foi de grande demanda por aparelhos domésticos. Assim, a Electrolux aumentou seu repertório de produtos, incluindo máquinas de lavar roupa e máquinas de lavar louça. Em 1967, Hans Werthén assumiu a presidência da empresa e iniciou uma série de aquisições que reestruturam a companhia na Europa – 59 aquisições concretizadas apenas nos anos 1970, seguidas das operações de compra mais vultosas: Zanussi (Itália), White Consolidated Products (Estados Unidos), a divisão de utensílios da Thorn EMI (Reino Unido), a empresa de produtos de uso ao ar livre Poulan/Weed Eater (Estados Unidos) e a AEG Hausgeräte (Alemanha). No entanto, a maior aquisição dos anos 80 foi a Swedish Granges Group (uma parte transformada num conglomerado de metais).

Como resultado de todas essas aquisições, 75% das vendas da Electrolux aconteciam fora da Suécia por volta de 1990, e isso aumentou nessa década quando Leif Johansson expandiu os negócios para o Leste Europeu, Ásia (Índia e Tailândia) e Américas Central e do Sul (México e Brasil). Em seguida, ele abriu mão de muitas atividades industriais "não essenciais" (principalmente a Swedish Granges Group). No final da década de 1990, uma grande reestruturação deu a forma que o grupo teria nos anos 2000 que se avizinhavam – com certa de 85% das vendas em bens de consumo duráveis e 15% em produtos próprios para uso profissional (como alimentação industrial e equipamentos de lavanderia).

O mercado

Sobre os mercados dos quais a companhia participava, o relatório anual de 2005 apontou três aspectos especialmente importantes que tinham de ser tratados por suas estratégias:

Globalização

"A Electrolux opera numa indústria com intensa competição global (...) A produtividade deste ramo tem crescido ao longo dos anos, e os consumidores têm a sua disposição produtos cada vez melhores a preços cada vez mais baixos. Um número crescente de fabricantes está estabelecendo instalações em países em que os custos de produção são significativamente mais baixos (...) e até adquirindo mais componentes nesses locais. Com o tempo, os custos de produção dos fabricantes mais importantes estarão praticamente no mesmo nível. Isso estimulará uma mudança de foco competitivo para o desenvolvimento de produtos, *marketing* e estabelecimento da marca."

Polarização dos mercados

"A combinação das mudanças de preferências dos consumidores, do crescimento das redes de varejo mundiais e do aumento de competição global está levando a uma polarização dos mercados. Há mais consumidores em busca de produtos básicos. As empresas que conseguirem aumentar a eficiência da produção e da distribuição serão capazes de alcançar um crescimento lucrativo neste segmento. Ao mesmo tempo, cresce a demanda por produtos de preços mais altos."

Consolidação dos varejistas

"A estrutura dos revendedores no mercado de produtos domésticos (especialmente nos Estados Unidos) está se consolidando. Os revendedores tradicionais estão perdendo fatias do mercado para grandes redes de varejo. As grandes redes se beneficiam de grandes volumes de compras e da ampla cobertura geográfica. Esta combinação proporciona oportunidades maiores para manter os preços baixos. Além disso, os custos dos produtores para o fornecimento a essas grandes varejistas costumam ser mais baixos do que para estabelecimentos tradicionais, graças a volumes maiores e logística eficiente."

Os três fatores estão ligados. A rápida penetração de fabricantes asiáticos, por exemplo, como a LG e a Samsung, no mercado norte-americano se deu graças a grandes contratos com os maiores varejistas dos Estados Unidos (respectivamente, The Home Depot e Lowe's).

As estratégias da Electrolux

No relatório anual de 2005, o CEO Hans Stråberg mostrava suas reflexões sobre os primeiros quatro anos à frente da empresa e os desafios para o futuro:

"Quatro anos atrás, assumi como presidente e CEO da Electrolux. Minha meta era acelerar o desenvolvimento da Electrolux como empresa voltada para o mercado, baseada numa maior compreensão das necessidades dos clientes (...) Nós (dissemos que) deveríamos alcançar (nossas metas):

- Continuando com o corte de custos e eliminando a complexidade de todos os aspectos das operações
- Aumentando a taxa de renovação de produtos de acordo com os critérios dos consumidores
- Aumentando nosso investimento em *marketing* e estabelecendo a marca Electrolux como a líder global de nossa indústria"

Stråberg continua sua reflexão, descrevendo os maiores desafios de estratégia que aconteceram naqueles quatro anos, ao mesmo tempo em que mirava os desafios, existentes e futuros, após a divisão de 2006:

Gerenciamento de unidades de baixo desempenho

"Abandonamos ou mudamos o modelo de negócios de unidades que podiam ser consideradas de operações não essenciais, ou que apresentavam lucratividade muito baixa. Em vez de continuar, por exemplo, a produção de aparelhos de ar condicionado nos Estados Unidos, nós terceirizamos a fabricação desses produtos para um fabricante na China. Nossas operações que envolviam motores e compressores foram abandonadas."

Mudança da produção para países com custos mais baixos

"A manutenção de custos de produção competitivos é uma condição prévia para sobreviver em nossos mercados. Continuaremos a aprimorar a lucratividade, seja pela renúncia de unidades particulares ou pela mudança do modelo de negócios. Também é importante realocar a produção de países com custos altos para países com custos mais baixos (...) Fechamos fábricas onde os custos eram muito altos e construímos novas unidades em países com níveis de custos competitivos. Mudamos a produção de geladeiras, por exemplo, de Greenville, nos Estados Unidos, para Juarez, no México. Isso permitiu que cortássemos custos e ao mesmo tempo abríssemos uma unidade de produção de última geração, capaz de fornecer produtos para todo o mercado da América do Norte. Nossa meta é completar a maior parte dessas atividades até o final de 2008."

Produção e logística mais eficiente

"Investimos bastante tempo e esforço em tornar a produção e a logística mais eficientes. Isso significou reduzir o número de plataformas de produtos, aumentar a produtividade, reduzir os níveis de estoques e aumentar a eficácia da distribuição."

Compras mais eficientes

"A área de compras é outra em que implementamos mudanças para melhorar nossos custos, principalmente por meio de uma melhor coordenação em nível mundial. Lançamos um projeto destinado a reduzir drasticamente o número de fornecedores. Também intensificamos nossa cooperação com fornecedores a fim de cortar os custos dos componentes. (Entretanto) há ainda ajustes a serem feitos. Entre outras coisas, estamos aumentando a quantidade de compras de países com custos mais baixos."

Renovação intensificada de produtos

Nosso futuro depende do quão bem iremos combinar um foco permanente nos custos com uma renovação ativa de produtos e o desenvolvimento sistemático da nossa marca e de nosso pessoal (...) Nosso processo de desenvolvimento de produtos de acordo com os critérios dos consumidores reduz o risco de investir em decisões errôneas. Alcançar o melhor resultado no desenvolvimento de novos produtos tem envolvido fazer a coordenação global de modo mais eficiente, o que nos proporcionou uma série de novos produtos mundiais. O resultado de nossos investimentos em desenvolvimento de produtos nos últimos anos reflete-se claramente na quantidade de produtos lançados para as aplicações mais comuns, que subiu de cerca de 200 no ano de 2002 para quase 370 em 2005 (...) Os investimentos em desenvolvimento de produtos aumentaram em cerca de 500 milhões de coroas suecas (mais de 123 milhões de reais) nos últimos três anos. Nossa meta é investir pelo menos 2% das vendas em desenvolvimento de produtos. Continuaremos a ter altos índices de lançamentos de novos produtos."

Facilidade para a competência

"Nos últimos anos, estabelecemos processos (de gerenciamento de talentos) e ferramentas que garantem ao Grupo o acesso à competência no futuro. O desenvolvimento da liderança ativa, oportunidades de carreira internacional e uma cultura corporativa orientada para resultados permitem que desenvolvamos com sucesso nossos recursos humanos. A fim de garantir o desenvolvimento em nossa indústria, teremos de agir com rapidez e ousar fazer as coisas de maneira diferente. (Também vamos precisar de) um sólido compromisso ambiental e de boas relações com nossos fornecedores."

Começo da construção de uma forte marca global

"Quando assumi como presidente e CEO em 2002, enfatizei que tínhamos de priorizar a construção da marca Electrolux em todo mundo e em todos os tipos de produtos. Uma marca sólida permite uma recompensa em termos de preços significativa no mercado, o que leva a um aumento sustentável a longo prazo na margem de lucro. Os esforços em construir uma marca sólida tem sido bastante abrangentes. A participação de produtos vendidos com a marca Electrolux aumentou de 16% das vendas em 2002 para quase 50% em 2005. Vamos continuar a trabalhar na consolidação da marca Electrolux como líder mundial na nossa indústria. Nossa meta é investir na marca o correspondente a pelo menos 2% das vendas."

Olhando para frente em direção ao futuro próximo

Hans Stråberg concluiu suas reflexões sobre os negócios com um olhar para frente em direção ao ano seguinte:

"Esperamos que o Grupo alcance uma lucratividade ainda maior em 2006 (...) Vamos lançar, na América do Norte e na Europa, uma quantidade significativa de novos produtos. Os produtos profissionais de uso interno vão melhorar seu posicionamento no mercado da América do Norte em 2006 graças ao desenvolvimento de novos canais de distribuição para equipamento de serviços de fornecimento de refeições. O sucesso de nossa operação de produtos para a limpeza de carpetes, pisos e estofado nos segmentos de preços mais altos vai continuar, entre outros fatores por conta dos volumes maiores dos aspiradores da linha 'cyclone'."

Não haverá mudanças na taxa de realocação de produção para países de custos mais baixos. Durante o segundo semestre de 2006, iremos perceber o efeito completo do corte de custos resultante do deslocamento da produção de Greenville, nos Estados Unidos, para Juarez, no México. Nossa expectativa é de que as vendas sejam afetadas de modo inverso pelo impacto da nossa fábrica em Nuremberg, Alemanha (com encerramento previsto para 2007). A redução contínua de custos de compras é um fator importante para o aumento da lucratividade em 2006.

A estratégia que vem sendo implementada de modo efetivo nos últimos anos por todos em nossa organização está tendo sucesso. Em 2006, continuaremos a importante tarefa de fortalecer a marca Electrolux, lançar novos produtos e reduzir custos."

Fontes: Site da empresa (www.electrolux.com); relatório anual de 2005.

Questões

1. Consulte a Seção 1.2.1 e explique por que as questões enfrentadas pela Electrolux eram estratégicas. Tente encontrar exemplos de todos os itens citados na seção.
2. Quais níveis de estratégia você é capaz de identificar na Electrolux (consulte a Seção 1.2.2)?
3. Identifique os principais fatores sobre a posição estratégica da Electrolux. Liste-os separadamente, de acordo com os fatores ambiente, capacidade e expectativas (consulte a Seção 1.3.1). Na sua opinião, quais são os fatores mais importantes?
4. Reflita sobre as escolhas estratégicas para a empresa em relação às questões levantadas na Seção 1.3.2.
5. Quais as principais questões sobre estratégia em ação capazes de determinar o sucesso ou o fracasso das estratégias da Electrolux? (Consulte a Seção 1.3.3.)

2

O Ambiente

RESULTADO DE APRENDIZAGEM

Após a leitura deste capítulo, será capaz de:

- → Analisar o amplo macroambiente de organizações em termos de fatores econômicos, sociais, tecnológicos, ambientais (ecológicos) e jurídicos (análise PESTEL).
- → Identificar os principais indicadores desse macroambiente e usá-los na construção de cenários alternativos que visem à mudança ambiental.
- → Utilizar a análise das cinco forças para definir a atratividade das indústrias e dos setores para investimento e identificar seus potenciais para mudança.
- → Identificar grupos estratégicos, segmentos de mercado e fatores decisivos de sucesso, e usá-los para reconhecer as lacunas na estratégia e as oportunidades do mercado.

Photo: DBURKE/Alamy Images

2.1 INTRODUÇÃO

O ambiente é o que proporciona às organizações seus meios de sobrevivência. No setor privado, a satisfação dos consumidores é o que mantém uma organização em atividade; no setor público, o governo, os clientes, o paciente ou os estudantes são aqueles que geralmente desempenham o mesmo papel. No entanto, o ambiente também é fonte de ameaças. Mudanças hostis na demanda do mercado, novas exigências regulatórias, tecnologias revolucionárias ou a entrada de novos concorrentes são exemplos disso. A mudança do ambiente pode ser fatal para as organizações. Observemos um exemplo: após 200 anos de prosperidade, a editora Encyclopedia Britannica quase foi extinta devido à ascensão das fontes eletrônicas de informação, como a Encarta, da Microsoft, e a Wikipédia, disponível na Internet. É vital que os gerentes analisem seus ambientes com cuidado a fim de antecipar e – se possível – influenciar a mudança de ambiente.

Assim, este capítulo fornece estruturas para a análise de ambientes complexos e em constante mudança. Essas estruturas estão dispostas numa série de "camadas" brevemente apresentadas aqui e resumidas na Figura 2.1.

- O *macroambiente* é a camada mais externa. Consiste no conjunto de fatores do ambiente que causam impactos maiores ou menores em quase todas as organizações. Neste ponto, a estrutura PESTEL pode ser usada

FIGURA 2.1 Camadas do ambiente de negócios.

para identificar de que maneira as tendências futuras nos ambientes *políticos, econômicos, sociais, tecnológicos, ambientais (ecológicos) e jurídicos* são capazes de entrar em conflito com as organizações. Essa análise PESTEL fornece os "dados" gerais para identificar os *principais indicadores de mudança*. Esses principais indicadores podem ser utilizados na construção de *cenários* de futuros possíveis. Os cenários avaliam a necessidade de mudanças estratégicas de acordo com as *possibilidades* de mudança do ambiente de negócios.

- A *indústria, ou o setor*, compõe a camada seguinte junto a este amplo ambiente geral. É constituída de organizações que fabricam os mesmo produtos ou fornecem os mesmos serviços. Aqui, a estrutura das *cinco forças* é especialmente útil na compreensão da atratividade de indústrias ou setores específicos e das ameaças potenciais oriundas do conjunto atual de concorrentes.
- *Os concorrentes e os mercados* formam a camada mais próxima das organizações. Na maior parte das indústrias ou setores haverá diferentes organizações com características distintas, que concorrem em bases diferentes, algumas mais próximas a uma organização específica, e outras mais distantes. O conceito de *grupos estratégicos* pode ajudar a identificação os concorrentes mais próximos e os mais distantes. Do mesmo modo, as expectativas dos consumidores não são iguais no mercado. Eles possuem uma gama de diferentes exigências, cuja importância pode ser compreendida pelos conceitos de *segmentos de mercado* e *fatores decisivos de sucesso*.

Este capítulo examina essas três camadas em sequência, começando pelo macroambiente.

2.2 O MACROAMBIENTE

Os três conceitos desta seção – PESTEL, principais indicadores e cenários – são recursos interrelacionados para a análise do macroambiente geral de uma organização. A análise PESTEL fornece uma ampla visão geral; os principais indicadores auxiliam no foco do que é mais importante; e os cenários se baseiam nos principais indicadores para explorar os diferentes modos por meio dos quais o macroambiente pode mudar.

2.2.1 A estrutura PESTEL

A **estrutura PESTEL** (veja o Exemplo 2.1) fornece uma lista abrangente das influências no possível sucesso ou fracasso de estratégias específicas. PESTEL é o acrônimo de *Political, Economic, Social, Technological, Environmental and Legal*[1] (Político, Econômico, Social, Tecnológico, Ambiental e Jurídico). A política ressalta o papel dos governos, a economia indica fatores macroeconômicos como taxas de câmbio, ciclos de negócios e taxas de crescimento

A **estrutura PESTEL** dispõe as influências do ambiente em seis categorias principais: política, econômica, social, tecnológicas, ambiental e legal

econômico diferentes no mundo; as influências sociais incluem mudanças culturais e demográficas, como, por exemplo, o envelhecimento populacional em várias sociedades ocidentais; as influências tecnológicas se referem a inovações, como a Internet e a nanotecnologia ou o surgimento de novos compósitos; o meio ambiente diz respeito especialmente a questões "ecológicas", como poluição e resíduos; e, finalmente, a legislação abrange impedimentos ou mudanças legislativas, como leis de saúde ou de segurança, ou restrições a divisões ou aquisições de companhias.

Para os gerentes, é importante analisar como esses fatores estão mudando no presente e como provavelmente mudarão no futuro, extraindo daí implicações para a organização. Muitos desses fatores estão interligados. O desenvolvimento tecnológico, por exemplo, pode alterar ao mesmo tempo fatores econômicos (com a criação de novos empregos, por exemplo), fatores sociais (o aumento dos períodos de lazer) e fatores ambientais (a redução da poluição). Como é possível vislumbrar, a análise desses fatores e suas interligações podem produzir listas extensas e complexas.

Os **principais indicadores de mudança** são fatores ambientais propensos a ter um grande impacto sobre o sucesso ou fracasso da estratégia

Portanto, para que não sejamos soterrados por uma avalanche de detalhes, cedo ou tarde é preciso dar um passo atrás a fim de identificar os **principais indicadores de mudança**. Estes são os fatores do ambiente cujo grande impacto sobre o sucesso ou fracasso da estratégia é mais provável. Um varejista de vestuário, por exemplo, pode estar preocupado inicialmente com as mudanças sociais que alteram as preferências e o comportamento dos consumidores, como as oportunidades de fazer compras fora dos grandes centros urbanos. Um fabricante de computadores provavelmente se interessa pelas mudanças tecnológicas, como o aumento da velocidade dos microprocessadores. Os gerentes do setor público preocupam-se sobretudo com mudanças sociais (o envelhecimento da população, por exemplo), políticas (alteração dos fundos e das políticas públicas) e legislativas (surgimento de novas exigências). A identificação dos principais indicadores de mudança auxilia os gerentes a visualizar os fatores PESTEL mais importantes e que têm de maior prioridade. Várias outras mudanças indubitavelmente irão depender desses fatores (o envelhecimento da população, por exemplo, irá provocar mudanças nas políticas e nos fundos públicos). Sem a exata noção dos principais indicadores de mudança, os gerentes não serão capazes de tomar decisões que permitam ações efetivas.

2.2.2 A construção de cenários

Os **cenários** compõem visões detalhadas e plausíveis de como o ambiente de negócios de uma organização pode se desenvolver no futuro de acordo com os principais indicadores de mudança que apresentem um grande nível de incerteza

Quando o ambiente de negócios apresenta altos níveis de incerteza oriundos da complexidade ou de mudanças velozes, é impossível desenvolver uma única visão do modo como as influências do ambiente podem afetar as estratégias da organização – na verdade, seria até mesmo perigoso fazer isso. As análises de cenários são executadas para permitir possibilidades distintas e auxiliar na prevenção dos gerentes quanto à consideração de alternativas. Desse modo os **cenários** oferecem visões alternativas plausíveis de como o ambiente de negócios de uma organização pode se desenvolver no futuro.[2] Tais cenários geralmente são construídos a partir de análises PESTEL e dos principais indicadores de mudança, mas não oferecem uma previsão única a respeito de como o ambiente irá mudar.

Exemplo 2.1

Análise PESTEL da indústria da aviação

As influências do ambiente sobre as organizações podem ser definidas em seis categorias. No âmbito da indústria da aviação, uma lista inicial de influências de acordo com as categorias PESTEL de análise pode incluir os itens a seguir:

Políticos
- Apoio do governo para as empresas de transporte aéreo nacionais
- Controles de segurança
- Restrições à imigração

Econômicos
- Taxas nacionais de crescimento
- Preço de combustíveis

Sociais
- Aumento do número de viagens de idosos
- Intercâmbios internacionais de estudantes

Tecnológicos
- Motores e fuselagens mais econômicos em termos de combustível
- Tecnologias de verificações de segurança
- Teleconferências de negócios

Ambientais
- Controles de poluição sonora
- Controles de consumo de energia
- Espaço físico para ampliação de aeroportos

Legais
- Restrições a fusões
- Prerrogativas especiais para determinadas empresas de transporte aéreo

Questões

1. Que outras influências do ambiente você acrescentaria à lista inicial de itens da indústria de aviação?
2. Em sua lista mais abrangente, qual influência você ressaltaria como "principais indicadores de mudança" nas companhias aéreas nos próximos cinco anos?

Os cenários geralmente começam a partir dos principais indicadores somados ao maior grau de incerteza. Tais indicadores podem criar visões do futuro radicalmente diferentes, de acordo com o modo como são apresentados. Na indústria de combustíveis, por exemplo, os principais indicadores podem ser a mudança tecnológica, as reservas de petróleo, o crescimento econômico e a presença ou ausência de estabilidade política. Os cenários podem ser construídos em torno de diferentes visões da estabilidade política futura e do crescimento econômico. Esses principais indicadores são claramente interrelacionados: a instabilidade política acentuada e o baixo crescimento econômico costumam andar juntos. A construção de visões alternativas plausíveis de como o ambiente de negócios pode se desenvolver no futuro depende, consequentemente, da confluência de indicadores interrelacionados em cenários internamente consistentes. Até este ponto da análise, portanto, dois cenários internamente consistentes e plausíveis podem ser propostos: um deles baseado em baixo crescimento e alta instabilidade; o outro, em alto crescimento e baixa instabilidade.

Observe-se que o planejamento do cenário não tenta prever o imprevisível: a questão é considerar a possibilidade de futuros alternativos. Compartilhar e debater cenários alternativos aprimora o aprendizado organizacional por tornar os gerentes mais perceptivos quanto a impulsos do ambiente de negócios e ao que é realmente importante. Os gerentes também podem estimar e desenvolver estratégias (ou planos de contingência) para cada cenário. Em seguida, devem monitorar o ambiente para constatar como de fato os acontecimentos se desenrolam e ajustar as estratégias adequadamente.

Uma vez que o debate e o aprendizado são tão importantes no processo de construção de cenários – e os cenários lidam com incertezas muito grandes –, alguns especialistas aconselham os gerentes a evitar a produção de apenas três cenários. Esse número tende a apontar uma variação entre "otimista", "mediano" e "pessimista". Os gerentes naturalmente demonstram preferência pelo cenário intermediário e negligenciam os demais, diminuindo o resultado do aprendizado organizacional e do planejamento de contingência. Desse modo, geralmente é melhor contar com dois ou quatro cenários e evitar um ponto médio confortável. Pouco importa se os cenários não se confirmarem: o que importa é o processo de investigação e de planejamento de contingência que os cenários proporcionam.

O Exemplo 2.2 mostra um exemplo de planejamento de cenários de biociência até 2020. Em vez de incorporar uma pilha de fatores, os autores se concentraram em dois principais indicadores que (i) possuem grande potencial de impacto e (ii) são incertos: avanço tecnológico e aceitação do público. Ambos os indicadores podem seguir futuros diferentes, que podem ser combinados para criar quatro cenários de futuro internamente consistentes. Cada um dos quatro cenários recebeu um título significativo, para facilitar a comunicação e o debate. Os autores não prognosticaram que um iria prevalecer sobre o outro, nem fizeram o cálculo das probabilidades. Previsões iriam encerrar o debate e o aprendizado, enquanto que probabilidades iriam implicar num tipo de precisão falsa.

Os cenários são especialmente úteis onde há um número limitado de principais indicadores influenciando o sucesso da estratégia; onde há um alto nível de incerteza a respeito dessas influências; onde os resultados possam ser radicalmente diferentes; e onde as organizações tenham de assumir grandes compromissos futuros, os quais podem se revelar altamente rígidos e difíceis de reverter em circunstâncias adversas. A indústria de combustíveis, em que as companhias precisam investir na exploração de campos de petróleo cuja vida útil pode ser de vinte anos ou mais, tradicionalmente tem sido líder no uso de cenários, já que ela se depara com uma combinação de todas essas quatro condições.

2.3 INDÚSTRIAS E SETORES

A seção anterior investigou como os impulsos no macroambiente podem influir no sucesso ou no fracasso das estratégias de uma organização. O impacto desses fatores gerais, no entanto, tende a transparecer no am-

Exemplo 2.2

Cenário para biociências em 2020

Ninguém conhece o futuro, mas é possível se preparar para as alternativas possíveis

Em 2006, pesquisadores da Wharton Business School trabalharam em colaboração com empresas de prestígio como Hewlett Packard, Johnson & Johnson e Protcer & Gamble na produção de quatro cenários para o futuro das biociências em 2020. As biociências incluem notáveis indústrias *high-tech* como de genomas, células-tronco, clonagem e medicina regenerativa. A meta era fornecer um sistema amplo para governos, empresas, pesquisadores e doutores trabalharem nos campos que consideravam ser o futuro em suas especialidades. A equipe de Wharton estava ciente de que domínios anteriores de alta tecnologia haviam falhado em relação a suas promessas iniciais: a energia nuclear, por exemplo, sofreu intensa desaprovação a partir do final dos anos 1970. Não há certeza sobre o futuro das biociências.

A equipe identificou dois indicadores, fundamentais mas incertos, de mudança: avanço tecnológico e aceitação do público. No primeiro, a incerteza era quanto ao sucesso das tecnologias – afinal, a energia nuclear não havia se tornado a fonte de energia barata que se esperava. Quanto ao segundo, a opinião pública sobre as biociências está pendente, com muitos pedindo o fim das pesquisas com células-tronco e clonagem. As possibilidades de sucesso ou fracasso tecnológicos e de aceitação ou rejeição por parte do público definem uma matriz com quatro cenários básicos.

	Fracasso tecnológico	Sucesso tecnológico
Aceitação do público	**Reina grande expectativa**	**A nova era da medicina**
Rejeição do público	**Muito barulho por nada**	**Os reféns da Biociência**

Fonte: Adaptado de P.J.H. Schoemaker and M.S. Tomczyk (eds) *The Future of BioSciences*, The Mack Center for Technological Innovation and DSI, 2006.

Reina grande expectativa concebe um mundo no qual as pesquisas de grandes corporações e do governo não conseguiram desenvolver a esperada cura para doenças como o mal de Alzheimer e a AIDS, embora o público continue com grandes expectativas. As empresas ficariam sob pressão e correndo o risco de uma intervenção política. O cenário *Muito barulho por nada* é um mundo em que o público se tornou cético após várias decepções com a tecnologia – como resultado, os fundos públicos para pesquisa em empresas e universidades se esgotaram. *Os reféns da biociência* é um cenário bastante diferente, no qual os sucessos tecnológicos na verdade assustaram o público, fazendo-o reagir contra assuntos de tecnologia, ética e segurança, promovendo severas restrições a pesquisa, experimentos e *marketing*. Por último, a *Nova era da medicina* oferece tanto o sucesso quanto a aceitação, um mundo em que as empresas privadas e os laboratórios de pesquisa das universidades compartilhariam do progresso e proporcionariam incríveis inovações a um público agradecido.

A questão importante dos quatro cenários não é afirmar que um é mais provável do que o outro. A equipe de Wharton demonstra que todos os cenários são perfeitamente possíveis. Embora as empresas de biociências possam facilmente se concentrar no cenário *Nova era*, precisam manter em mente as outras possibilidades. A conclusão é que precisam ser cautelosas quanto a suas expectativas de inovações tecnológicas e tratar a opinião pública habilmente, caso contrário as biociências poderão se tornar a indústria nuclear do século XXI.

Fonte: http://mackcenter.wharton.upenn.edu/biosciences.

Questões

Sobre qual dos dois indicadores – avanço tecnológico e aceitação do público – as companhias têm maior influência? Como elas deveriam exercer essa influência?

Uma **indústria** é um grupo de empresas que fabricam o mesmo produto ou serviço principal

biente mais imediato por meio de mudanças nas forças competitivas em torno das organizações. Um aspecto importante disso para a maior parte das organizações será a concorrência dentro da indústria ou do setor. A teoria econômica define uma **indústria** como "um grupo de empresas que fabricam o mesmo produto principal",[3] ou, de modo mais amplo, "um grupo de empresas que fabricam produtos que são substitutos perfeitos uns dos outros".[4] Esse conceito de indústria pode ser estendido aos serviços público pela ideia de um *setor*. Serviços sociais, assistência de saúde ou educação também possuem vários produtores do mesmo tipo de serviço, os quais de fato competem por recursos. A partir da perspectiva da gestão estratégica, é útil para gerentes de qualquer organização entender as forças competitivas em sua indústria ou setor, uma vez que serão estas forças que irão determinar a atratividade daquela indústria e o sucesso ou fracasso provável de uma organização específica em seu meio.

Esta seção se vale da *estrutura das cinco forças* de Michael Porter para a análise da indústria.

2.3.1 Forças competitivas – a estrutura das cinco forças

A **estrutura das cinco forças** ajuda a identificar a atratividade de uma indústria ou setor em termos de forças competitivas

A **estrutura das cinco forças**,[5] de Porter, foi desenvolvida originalmente como um modo de avaliar a atratividade (potencial de lucro) de indústrias distintas. As cinco forças constituem uma "estrutura" da indústria (veja a Figura 2.2). Embora tenha sido desenvolvida inicialmente para negócios, a análise estrutural da indústria com a estrutura das cinco forças é importante para muitas organizações. Ela pode fornecer um ponto de partida útil para a análise estratégica mesmo quando o critério do lucro não se aplicar: na maior parte dos casos do setor público, cada uma das cinco forças possui seus equivalentes. Tanto quanto avaliar a atratividade de uma indústria ou de um setor, as cinco forças podem auxiliar a determinar um programa de ação nos "pontos de fixação" (*pinch-points*) identificados.

As cinco forças são a *ameaça de entrada de novos participantes* numa indústria; a *ameaça de substitutos* dos produtos ou serviços da indústria; o *poder dos compradores* dos produtos ou serviços da indústria; o *poder dos fornecedores* na indústria; e o *alcance da rivalidade* entre concorrentes na indústria. A mensagem essencial de Porter é que onde quer que essas forças estejam em alta, as indústrias não serão atraídas para competir. Haverá muito competição e muita pressão para se obter lucros razoáveis. O restante desta seção irá apresentar cada uma das cinco forças em detalhes.

A ameaça de entrada

As **barreiras de entrada** são fatores que precisam ser superados pelas novas empresas que entram, se desejarem competir com êxito

A facilidade de entrar numa indústria influencia claramente o grau de competição. A ameaça de entrada depende da extensão e da altura das **barreiras de entrada**. As barreiras são os fatores que precisam ser superados pelas novas empresas que entram se desejarem competir com êxito. Barreiras de entrada altas favorecem os participantes (concorrentes já existentes), uma vez que os protegem da entrada de novos competidores. São barreiras de entradas comuns:

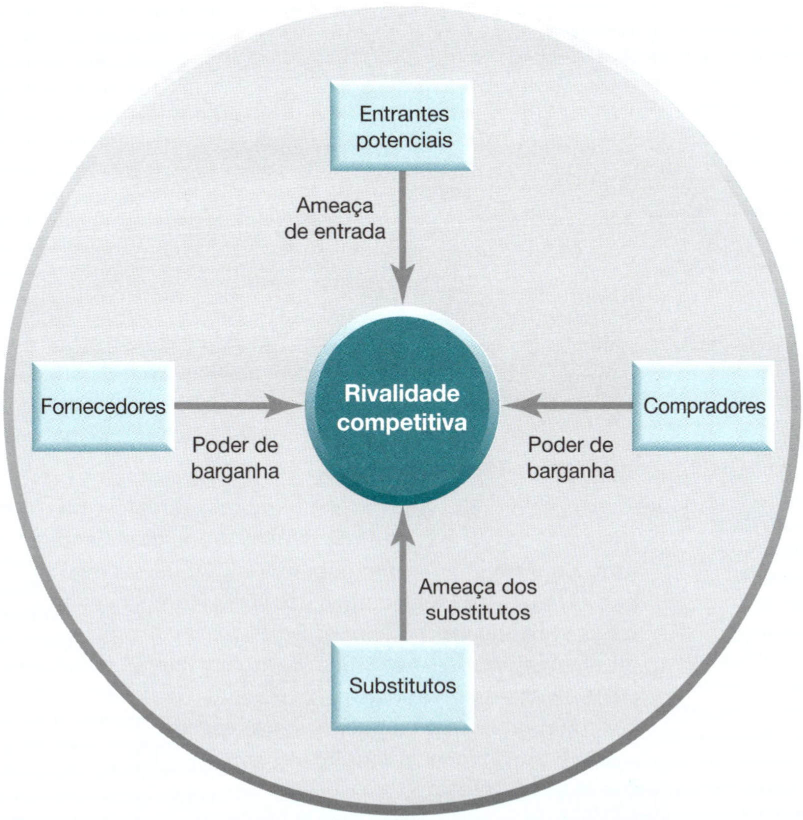

Fonte: adaptado com permissão de The Free Press, a Division of Simon & Schuster Adult Publishing Group, from *Competitive Strategy: Techniques for Analyzing Industries and Competitors* by Michael E. Porter. Copyright © 1980, 1998 by The Free Press. Todos os direitos reservados.

FIGURA 2.2 **A estrutura das cinco forças.**

- *Escala e experiência*. Em algumas indústrias, as *economias de escala* são extremamente importantes: na produção de automóveis, por exemplo, ou na publicidade de bens de consumo não duráveis. Uma vez que os participantes tenham atingindo a produção em larga escala, torna-se muito caro para as novas empresas que entram igualarem-se a eles, e até que consigam produzir um volume similar os custos de suas unidades serão mais altos. Esse efeito de escala se acentua onde há altas *exigências de investimento* para a entrada, como, por exemplo, custos de pesquisa na indústria farmacêutica ou custos de bens de capital na indústria automobilística. As barreiras de entrada também são oriundas dos efeitos da *curva de experiência* que proporciona aos concessionários uma vantagem nos custos, vez que estes concorrentes existentes já aprenderam a agir de modo mais eficiente do que um novo competidor inexperiente (consulte o Capítulo 3). Até que o novo concorrente adquira experiência equivalente ao longo do tempo, seguirá a tendência de produzir a custos mais altos. É claro que os "modelos de negócios" inconstantes podem alterar os efeitos da escala ou tornar redundantes alguns tipos de experiência. O sistema de *internet banking*, por exemplo, necessita de apenas 10.000 clientes para se tornar viável (principalmente se forem clientes de um nicho rentável) e torna a experiência de comandar filiais bem menos importante.

- *Acesso a canais de abastecimento ou de distribuição.* Em várias indústrias, os fabricantes possuem controle sobre os canais de abastecimento ou de distribuição. Algumas vezes, isso acontece diretamente por meio da posse (integração vertical) e outras vezes por uma relação de lealdade do cliente ou fornecedor. Em algumas indústrias, essa barreira tem sido ultrapassada por novos concorrentes que entram e deixam de lado os distribuidores de varejo para vender diretamente aos consumidores através do comércio eletrônico (*e-commerce*), como, por exemplo, a Dell Computers e a Amazon.
- *Retaliação prevista.* Se uma organização prestes a entrar numa indústria acredita que haverá uma retaliação muito violenta por parte de uma empresa já existente para impedir essa entrada, ou se entende que a competição será muito custosa, isso também constitui uma barreira. As retaliações podem assumir a forma de uma guerra de preços ou de uma *blitz* de *marketing*. O simples fato de saber que os participantes estão preparados para retaliar é geralmente desanimador o bastante para funcionar como uma barreira. Em mercados globais, essa relação pode se desenrolar em vários "pontos" ou locais diferentes (consulte o Capítulo 8).
- *Legislação ou ação do governo.* Restrições legais a novos concorrentes que querem entrar variam de proteção de patentes (como, por exemplo, na indústria farmacêutica) a regulação dos mercados (venda de aposentadorias, por exemplo) e ação direta do governo (como tarifas). É claro que as organizações ficam vulneráveis a novos concorrentes se o governo retirar esse tipo de proteção, como ocorreu com a desregulamentação da indústria de aviação.
- *Diferenciação.* Diferenciação significa fornecer um produto ou serviço com um valor percebido mais alto do que a competição. Os carros são diferenciados, por exemplo, por sua qualidade e pela marca. O aço, ao contrário, é de modo geral uma mercadoria sem diferenciação, vendida, portanto, por tonelada. Os compradores de aço simplesmente irão atrás do mais barato. A diferenciação diminui a ameaça de entrada porque aumenta a lealdade do consumidor.

A ameaça dos substitutos

A **substituição** diminui a demanda por uma determinada "classe" de produtos quando o consumidor migra entre as alternativas

Os **substitutos** são produtos ou serviços que oferecem um benefício similar aos produtos e serviços de uma indústria, mas por meio de um processo distinto. O alumínio, por exemplo, funciona como substituto do aço em automóveis; trens são substitutos de carros; cinema e teatro são substitutos um do outro. Gerentes costumam visar seus competidores da própria indústria e negligenciam a ameaça representada pelos substitutos. Os substitutos podem diminuir a demanda por uma determinada "classe" de produtos ou serviços enquanto o consumidor migra entre as alternativas – até mesmo levando essa classe de produtos ou serviços a se tornar obsoleta. Entretanto, não é necessário uma alternância real para a ameaça dos substitutos proporcionar um efeito. O simples risco de substituição limita os preços que podem ser cobrados pela indústria. Desse modo, embora a Eurostar não conte com concorrentes diretos em serviços de transporte ferroviário entre Paris e Londres, os seus preços são, no final das contas, limitados pelos custos dos voos entre as duas cidades.

Há dois pontos a considerar sobre os substitutos:

- A *relação preço/desempenho* é vital para concretizar a ameaça dos substitutos. Um substituto continua a ser uma ameaça mesmo se for mais caro, desde que ofereça vantagens de desempenho apreciadas pelo consumidor. Assim, o alumínio é mais caro do que o aço, mas sua leveza relativa e sua resistência à corrosão proporcionam uma vantagem em algumas aplicações na fabricação de automóveis. É a relação entre preço e desempenho que conta, mais do que apenas o preço.
- *Efeitos extraindústria* são o núcleo do conceito de substituição. Os substitutos vêm de fora da indústria dos participantes e não devem ser confundidos com as ameaças dos competidores da mesma indústria. A importância do conceito de substituição é forçar os gerentes a olhar para as entranhas de sua própria indústria a fim de imaginar ameaças e restrições mais remotas. Quanto mais ameaças de substituição houver, menos atrativa será considerada a indústria.

O poder dos compradores

Os clientes são, obviamente, essenciais para a sobrevivência de qualquer negócio. Mas algumas vezes os clientes – chamados aqui de **compradores** – podem adquirir tamanho poder de barganha que seus fornecedores têm dificuldades de manter algum lucro, por menor que seja.

Os **compradores** são os clientes imediatos da organização, e não necessariamente os consumidores finais

O *poder do comprador* é provavelmente grande quando há alguma das seguintes condições:

- *Compradores concentrados.* Onde quer que poucos compradores de grandes volumes respondam pela maior parte das vendas, o poder do comprador é considerável. É o caso de itens como o leite no setor alimentício em vários países europeus, onde poucos varejistas dominam o mercado. Se um produto ou serviço responde por uma alta percentagem das aquisições totais dos compradores, seu controle também pode aumentar, uma vez que é possível pesquisar em busca do melhor preço e assim "apertar" os fornecedores de um modo mais firme do que fariam em compras comuns.
- *Baixos custos de mudança.* Onde quer que os compradores possam facilmente alternar entre um e outro fornecedor, lá é onde eles possuem uma sólida posição para negociar e podem apertar fornecedores ansio-

sos por fazer negócio. Os custos de alternância geralmente são baixos para mercadorias com pouca diferenciação, como o aço.

- *Ameaça de competição do comprador*. Se o comprador possui alguns recursos para prover a si mesmo, ou se tem a possibilidade de adquirir tais recursos, ele tende a ser poderoso. Na negociação com seus fornecedores, pode levantar a ameaça de fazer ele mesmo a tarefa dos fornecedores. Isso se chama *integração vertical a montante* – retrocedendo em direção às fontes de fornecimento – e pode ocorrer se não for possível obter qualidade ou preços satisfatórios do fornecedor. Os fabricantes de vidro, por exemplo, perderam poder em relação a seus compradores quando alguns fabricantes de janelas amplas decidiram produzir seu próprio vidro.

É muito importante que os *compradores* sejam diferenciados dos *consumidores finais*. Desse modo, os compradores de empresas como a Nestlé ou a Unilever são varejistas como o Carrefour ou a Tesco, e não consumidores comuns (consulte a argumentação de "consumidor estratégico" em 2.4.3). O Carrefour e a Tesco possuem muito mais poder de negociação do que um consumidor qualquer teria. O alto poder de compra desses supermercados tem se transformado num grande recurso de pressão sobre seus fornecedores.

O poder dos fornecedores

Os **fornecedores** provêem o que for necessário para a fabricação de produtos ou prestação de serviços, o que inclui força de trabalho e fontes de financiamento.

Os **fornecedores** são aqueles que proveem o que for necessário para que as organizações fabriquem seus produtos ou prestem seus serviços. Do mesmo modo que combustíveis, matéria-prima e equipamentos, isso pode incluir força de trabalho e fontes de financiamento. Os fatores que aumentam o poder do fornecedor são o contrário daqueles que aumentam o poder do comprador. Desse modo, o *poder do fornecedor* é elevado quando há:

- *Fornecedores concentrados*. Onde quer que poucos produtores dominem o fornecimento, haverá mais poder dos fornecedores. A indústria do minério de ferro atualmente se concentra na mão de três produtores principais, deixando as companhias de aço relativamente fragmentadas, numa posição de negociação muito fraca para essa matéria-prima essencial.
- *Altos custos de mudança*. Se for caro ou impraticável mudar de um fornecedor para outro, então o comprador se torna relativamente dependente e, assim, enfraquecido. A Microsoft é uma fornecedora poderosa por causa dos altos custos de mudança de um sistema operacional para outro. Os compradores estão prontos para pagar a mais e evitar o problema – e a Microsoft sabe disso.
- *Ameaça de competição do fornecedor*. O poder dos fornecedores aumenta onde quer que seja possível eliminar compradores que atuem como fornecedores. Dessa maneira, as companhias aéreas conseguiram negociar contratos difíceis com as agências de viagem a partir do surgimento da marcação *on-line* de viagens, que permitiu criar uma via direta até os consumidores. Isso se chama *integração vertical a jusante*, aproximando-se do consumidor final.

A maioria das organizações conta com muitos fornecedores; portanto, é necessário concentrar a análise naqueles mais importantes ou nos tipos de fornecedor mais decisivos. Se o poder dos fornecedores é grande, eles podem apanhar todo o lucro potencial de seus próprios compradores, bastando para isso apenas elevar os preços. Os jogadores de futebol de primeira grandeza obtêm êxito em aumentar o valor de seus contratos até níveis astronômicos enquanto que os times de futebol de primeira linha – seus "donos" – se esforçam para fazer algum dinheiro.

Rivalidade competitiva

Todas aquelas amplas forças competitivas (as quatro setas do modelo) colidem diretamente na rivalidade competitiva entre uma organização e seus rivais mais imediatos. Desse modo, pequenas barreiras de entrada aumentam o número de rivais; compradores poderosos com baixos custos de mudança forçam os fornecedores a aumentar a competição para oferecer os melhores contratos. Quanto mais competitiva se mostra a rivalidade, pior se torna a situação dos participantes dentro da indústria.

Os **rivais competitivos** são organizações com produtos e serviços similares do mesmo grupo de consumo (ou seja, não são substitutos). A Air France e a British Airways são rivais – e os trens são os substitutos. Da mesma forma que existe a influência das quatro forças anteriores, há um número de fatores adicionais que afetam diretamente os graus de rivalidade competitiva numa indústria ou num setor:

Rivais competitivos são organizações com produtos e serviços similares do mesmo grupo de consumo

- *Equilíbrio competitivo.* Onde os concorrentes são aproximadamente do mesmo tamanho, há o perigo da competição intensa quando um deles tenta se sobrepujar aos outros. De modo contrário, um número menor de indústrias rivais tende a apresentar uma ou duas organizações dominantes, com os atores menores relutantes em desafiar abertamente os maiores (concentrando-se, por exemplo, em nichos determinados para evitar "chamar a atenção" das empresas dominantes).
- *Taxa de crescimento da indústria.* Em situações de crescimento acelerado, uma organização pode crescer junto com o mercado, mas em situações de crescimento lento ou de declínio, qualquer incremento provavelmente acontecerá às custas de um rival e encontrará forte resistência. Desse modo, mercados de baixo crescimento são frequentemente associados a uma situação de competição de preços e baixa rentabilidade. O *ciclo de vida da indústria* exerce influência sobre as taxas de crescimento e, consequentemente, sobre as condições de concorrência.
- *Altos custos fixos.* As indústrias com altos custos fixos, talvez por causa dos altos investimentos em bens de capital ou em pesquisa no início, tendem a apresentar alta rivalidade. As empresas irão procurar reduzir os seus custos de unidades pelo aumento dos volumes: para fazer isso, costumam diminuir os preços, estimulando os concorrentes a fazer o mesmo e, desse modo, dando a largada a uma guerra de preços em que todos na indústria são afetados. Do mesmo modo, se a capacidade extra somente pode ser incluída em grandes incrementos (como em vários setores de produção como, por exemplo, numa fábrica de produtos quí-

micos ou de vidro), é provável que o concorrente, ao executar tal incremento, crie uma capacidade exagerada na indústria a curto prazo, o que leva ao aumento da competição para que tal capacidade seja utilizada.

- *Altas barreiras de saída.* A existência de altas barreiras de saída – em outras palavras, encerramento ou desinvestimento – tende ao aumento da rivalidade, especialmente nas indústrias em declínio. Com a persistência do excesso de capacidade, os participantes lutam para manter suas fatias do mercado. As barreiras de saída podem ser altas por várias razões: alto custo de redução de quadros, ou alto investimento em ativos específicos, como uma instalação ou um maquinário que não poderá ser vendido.
- *Baixa diferenciação.* Num mercado de bens, no qual produtos ou serviços são pouco diferenciados, a rivalidade aumenta por haver poucas razões que impeçam a alternância do consumidor de um concorrente para outro e por ser o preço o único modo de competir.

2.3.2 Conclusões da análise das cinco forças

A estrutura das cinco forças fornece critérios úteis sobre as forças em ação no ambiente da indústria ou do setor de uma organização. O Exemplo 2.3 mostra as cinco forças na instável indústria do aço. É importante, entretanto, utilizar a estrutura para mais do que apenas listar as forças. O resultado final é uma avaliação sobre a atratividade da indústria. A análise deve mostrar uma apreciação sobre o fato da indústria ser ou não ser própria para competição.

A análise deve em seguida indicar um exame das conclusões sobre essas forças, como por exemplo:

- *Em quais indústrias entrar (ou sair)?* O propósito fundamental do modelo das cinco forças é identificar a atratividade relativa de diferentes indústrias: indústrias são atrativas quando as forças são fracas. Os gerentes devem investir em indústrias onde as cinco forças trabalham a seu favor e evitar ou reduzir o investimento em mercados onde as forças sejam fortemente contrárias.
- *Qual influência pode ser exercida?* As estruturas da indústria não são obrigatoriamente fixas, mas podem ser influenciadas por estratégias gerenciais calculadas. As organizações podem, por exemplo, criar barreiras de entrada ao aumentar o gasto em publicidade para aumentar a lealdade do cliente. Podem adquirir concorrentes para diminuir a rivalidade e aumentar o poder sobre fornecedores ou compradores. Influenciar a estrutura da indústria envolve várias questões relacionadas à *estratégia competitiva* e serão o assunto principal do Capítulo 6.
- *Como os competidores são afetados de maneiras diferentes?* Os competidores não são afetados do mesmo modo pelas mudanças, deliberadas ou espontâneas, na estrutura da indústria. Se as barreiras ficam mais altas pelo aumento dos gastos em P&D ou em publicidade, os atores menores na indústria talvez não sejam capazes de seguir os maiores e acabem postos para fora. Do mesmo modo, o poder crescente dos compradores pode afetar mais duramente os pequenos competidores. A análise estratégica de grupo se faz útil nessa situação (consulte 2.4.1).

Exemplo 2.3

A consolidação da indústria do aço

A análise das cinco forças ajuda a entender a atratividade instável de uma indústria.

Durante muito tempo, a indústria do aço foi considerada estática e não lucrativa. Os produtores eram nacionais, geralmente estatais e frequentemente não geravam lucro – entre o final da década de 1990 e o ano de 2003, mais de 50 produtores de aço independentes pediram falência nos Estados Unidos. O século XXI tem assistido a uma revolução. Durante 2006, por exemplo, a Mittal Steel pagou R$60 bilhões (U$35 bilhões) pela gigante europeia Arcelor, criando a maior companhia de aço do mundo. No ano seguinte, o conglomerado indiano Tata comprou a companhia de aço anglo-holandesa Corus por R$22 bilhões (U$13 bilhões). Esses altos preços eram indicadores de uma confiança notável em mudar os rumos da indústria.

Entrada de novos concorrentes

Nos últimos dez anos, dois grupos poderosos surgiram no mercado mundial de aço. Em primeiro lugar, após um período de privatizações e reorganizações, grandes produtores russos como a Severstal e a Evraz entraram no mercado de exportações, vendendo 30 milhões de toneladas de aço em 2005. Ao mesmo tempo, produtores chineses investiram em novas instalações de produção, aumentando a capacidade, durante o período de 2003 a 2005, a uma taxa anual de 30%. Desde a década de 1990, a participação chinesa na produção mundial aumento mais de duas vezes, chegando a 25% em 2006, tornando os seus exportadores a terceira força do planeta, atrás apenas do Japão e da Rússia.

Substitutos

O aço corresponde a uma tecnologia do século XIX, cada vez mais substituído por outros materiais, como alumínio nos automóveis, plásticos e alumínios em embalagens e louças, e compósitos em várias aplicações de alta tecnologia. Os próprios avanços tecnológicos do aço algumas vezes colaboraram na redução de sua necessidade: as latas de aço se tornaram cerca de 1/3 mais finas ao longo das últimas décadas.

Poder do comprador

Os principais compradores de aço incluíam os fabricantes mundiais de automóveis, como Ford, Toyota e Volkswagen, e os mais destacados produtores de latas, como a Crown Holdings, responsável por 1/3 de todas as embalagens de comida enlatada produzidas na América do Norte e na Europa. Essas empresas adquirem por volume, coordenando compras em todo o mundo. Os fabricantes de automóveis são usuários sofisticados, muitas vezes estando à frente no desenvolvimento tecnológico de seus materiais.

Poder do fornecedor

A matéria-prima principal para produção de aço é o minério de ferro. Os três grandes produtores – CVRD, Rio Tinto e BHB – controlam 70% do mercado internacional. Em 2005, aproveitando-se da demanda crescente, os produtores de minério de ferro aumentaram os preços em 72%, e em 2005 o aumento foi de 19%.

Rivalidade competitiva

A indústria vinha sendo tradicionalmente muita fragmentada. No ano 2000, os cinco maiores produtores mundiais respondiam por apenas 14% da produção. A maior parte do aço é vendida com *commodity*, por tonelada. Os preços são altamente sazonais, uma vez que os estoques não sofrem deterioração e tendem a ganhar o mercado à medida que a demanda surge. No final do século XX, o crescimento da demanda atingiu um índice pífio de 2% ao ano. O início deste século apresentou um *boom* na demanda, graças particularmente ao crescimento chinês. Entre 2003 e 2005, os preços das chapas de aço para carros e geladeiras triplicaram, ultrapassando R$1.000,00 (U$600) a tonelada. Empresas como a Nucor, nos Estados Unidos, a Thyssen-Krupp, na Alemanha, bem como a Mittal e a Tata reagiram, adquirindo o material de produtores menos significativos internacionalmente. A nova gigante do aço, a Mittal, foi responsável por cerca de 10% da produção mundial em 2007. A empresa, na verdade, reduziu sua capacidade em alguns dos seus centros de produção do Ocidente.

Questões

1. Nos últimos anos, qual das cinco forças se tornou mais positiva para os produtores de aço e qual se tornou menos positiva?
2. Explique as estratégias de aquisição de atores como a Mittal, a Tata e a Nucor.
3. No futuro, o que pode mudar para tornar a indústria do aço mais ou menos atrativa?

Embora tenha sua origem no setor privado, a análise das cinco forças pode proporcionar conclusões importantes também para as organizações do setor público. As forças podem ser usadas, por exemplo, para ajustar a oferta de serviços ou o foco em assuntos estratégicos. Assim, pode valer a pena transferir a iniciativa administrativa de uma área com serviços demasiados e sobrepostos (serviços sociais, reinserção social e educação, por exemplo) para outra com menos rivalidade, na qual as organizações possam realizar algo de maior relevo. Igualmente, as estratégicas podem ser usadas para reduzir a dependência de fornecedores especialmente poderosos e dispendiosos, como as empresas de energia ou as profissões altamente especializadas.

2.3.3 Fatores decisivos na utilização da estrutura das cinco forças

A estrutura das cinco forças tem de ser usada com cuidado e cumpre notar que ela não é obrigatoriamente completa, mesmo em nível de indústria. Ao usar essa estrutura, é importante levar em conta os seguintes fatores:

- *Definição "correta" da indústria.* A maioria das indústrias pode ser analisada em diferentes níveis. A indústria de aviação, por exemplo, apresenta vários segmentos distintos, como as viagens longas e as domésticas, além de grupos diferentes de consumidores, como os que viajam a lazer ou a trabalho, e também os fretes aéreos (consulte 2.4.4, abaixo). As forças competitivas provavelmente são diferentes para cada segmento e podem ser analisadas separadamente. Geralmente é útil conduzir a análise da indústria, para cada segmento distinto, em nível de desagregação. O quadro geral da indústria como um todo pode ser então visualizado.

A **convergência** se dá quando empresas anteriormente separadas começam a se sobrepor em termos de atividades, tecnologias, produtos e consumidores.

- *Indústrias convergentes.* A definição de indústria também é frequentemente complexa por conta de suas fronteiras em mudança constante. Muitas indústrias, especialmente em áreas *high-tech*, estão sendo submetidas a uma **convergência**, na qual indústrias anteriormente separadas começam a se sobrepor ou a se fundir em termos de atividades, tecnologias, produtos e consumidores.[6] A mudança tecnológica proporcionou a convergência entre o telefone e as indústrias fotográficas, por exemplo, uma vez que os telefones celulares apresentam cada vez mais funções de foto e vídeo. Para uma empresa de câmeras fotográficas como a Kodak, os celulares são cada vez mais substitutos, e não é remota a possibilidade de ela vir a enfrentar a Nokia ou a Samsung numa competição direta.

Os **complementares** são produtos ou serviços pelos quais os clientes se dispõem a pagar mais se estiverem associados ao produto complementar do que se estiverem avulsos.

- *Produtos complementares.* Alguns analistas apontam uma "sexta força", o fornecimento por parte da organização de produtos ou serviços complementares. Esses **complementares** são atores de quem os consumidores compram produtos complementares que são mais valiosos juntos do que separados. Assim, a Dell e a Microsoft são complementares, já que computadores e programas são produtos complementares para os compradores. A Microsoft precisa que a Dell produza máquinas poderosas capazes de executar seus programas de última geração. A Dell precisa da Microsoft para fazer funcionar as suas máquinas. Do mesmo modo, os produtores de programas de televisão e os redatores dos guias de programação são complementares uns aos outros. Os complementares criam duas questões. A primeira é que eles têm a oportunidade para *cooperar*. Faz sentido, por exemplo, que a Dell e a Microsoft troquem informações sobre seu desenvolvimento tecnológico. Isso implica numa mudança de perspectiva significativa. Enquanto as cinco forças de Porter enxergam as organizações em combate umas contra as outras para dividir os valores da indústria, os complementares podem cooperar para aumentar o valor de todo o conjunto.[7] A segunda questão, entretanto, trata do potencial de alguns complementares em exigir para si mesmos uma grande parcela do valor disponível. A Microsoft tem sido muito mais lucrativa do que os fabricantes de produtos de informática complementares e suas altas margens podem ter diminuído as vendas e as margens disponíveis de empresas como a Dell. O potencial para cooperação ou antagonismo junto a esta "sexta força" complementar precisa ser incluído nas análises de indústria.[8]

2.3.4 O ciclo de vida da indústria

O efeito das cinco forças geralmente varia de acordo com os estágios do ciclo de vida da indústria. O conceito de ciclo de vida da indústria diz que as indústrias são pequenas no seu período de desenvolvimento inicial, em seguida passam por um período de rápido crescimento (o equivalente a "adolescência" no ciclo de vida humana), culminando num período de "rearranjo". Os dois estágios finais são inicialmente um período de crescimento lento ou mesmo nulo ("maturidade") antes do estágio final de declínio ("velhice"). Cada um desses estágios proporciona implicações para as cinco forças.[9]

O *estágio de desenvolvimento* é do tipo experimental, geralmente com alguns atores exercendo pouca rivalidade direta e com produtos altamente diferenciados. As cinco forças geralmente são frágeis, mas, por outro lado, os lucros podem ser escasso por conta do alto investimento exigido. O estágio seguinte é de alto crescimento, com pouca rivalidade e muitas oportunidades de mercado para todos. Os compradores podem se esforçar muito para garantir seu abastecimento e não apresentar muita sofisticação em relação aos produtos que consomem, o que diminui seu poder. Um aspecto negativo desse estágio de crescimento é que as barreiras de entrada costumam ser baixas, já que os competidores existentes não angariaram muita escala, experiência ou lealdade do cliente. Outro aspecto possivelmente adverso é o poder dos fornecedores no caso de haver falta de componentes ou de materiais que negócios em rápido crescimento necessitem para expansão. O *estágio de rearranjo* se inicia quando as taxas de crescimento começam a cair, de forma que a forças de rivalidade aumentadas expulsam as empresas recém-chegadas do negócio. No *estágio de maturidade* as barreiras de entrada tendem a aumentar, já que o controle sobre a distribuição se estabiliza e os benefícios das economias de escala e da curva de experiência aparecem. Os produtos ou serviços tendem a se padronizar. Os compradores podem se tornar mais poderosos enquanto se tornam menos ansiosos pelos produtos ou serviços da indústria e mais confiantes para alternar entre fornecedores. Para os atores principais, a participação no mercado geralmente é a chave para sobreviver, fornecendo uma alavancagem em relação aos compradores e vantagem competitiva em termos de custos. Por fim, o *estágio de declínio* pode ser um período de rivalidade extrema, especialmente quando há altas barreiras de saída e a queda das vendas força os competidores restantes a uma competição em que um come o outro. A Figura 2.3 lista algumas condições possíveis em diferentes estágios do ciclo de vida.

É importante evitar depositar fé demasiada na inevitabilidade dos estágios do ciclo de vida. Um estágio não acontece previsivelmente após o outro: as indústrias variam formidavelmente na duração de seus estágios de crescimento, e outras podem rapidamente "desamadurecer" por conta de inovações radicais. A indústria telefônica, baseada por quase um século em linhas fixas, desamadureceu rapidamente com a introdução da telefonia celular e por Internet. Anita McGahan faz observações sobre a "mentalidade da maturidade", que pode tornar muitos gerentes complacentes e lentos para reagir à nova competição.[10] O gerenciamento em indústrias maduras não é necessariamente esperar pelo declínio. Embora um progresso seguro através dos estágios não seja inevitável, o conceito de ciclo de vida ainda assim lembra os gerentes que as condições irão mudar ao longo do tempo. A análise das cinco forças precisam ser revistas com regularidade, principalmente em indústrias dinâmicas.

Análise comparativa da estrutura industrial

A noção de ciclo de vida da indústria ressalta a necessidade de tornar dinâmica a análise da estrutura industrial. Um modo efetivo de fazer isso é comparar as cinco forças ao longo do tempo num simples "mapa de radar".

A Figura 2.4 dispõe uma estrutura para resumir o poder de cada uma das cinco forças em cinco eixos. O poder diminui à medida que os eixos

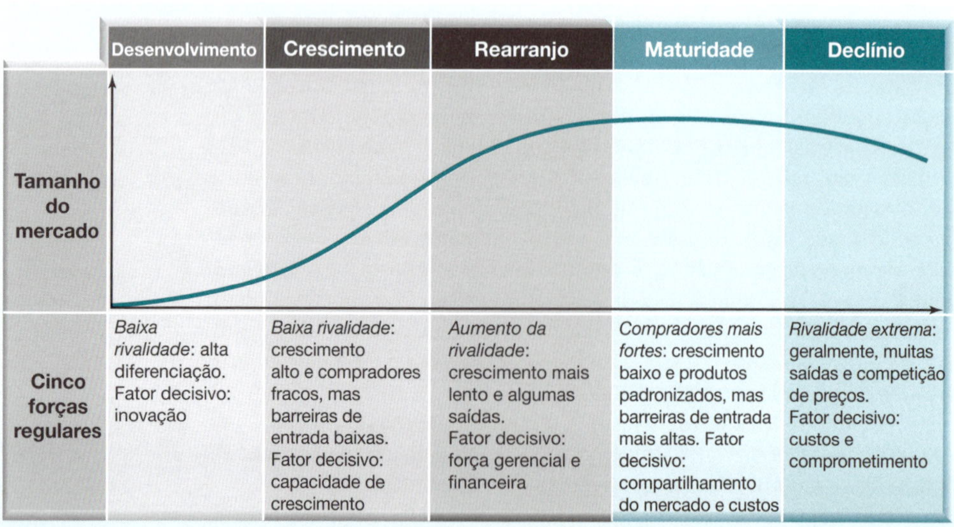

FIGURA 2.3 O ciclo de vida da indústria.

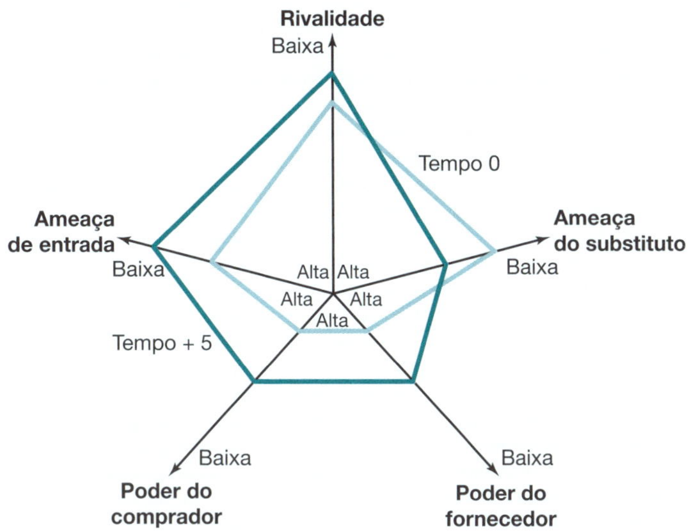

Fonte: Baseado em V. Lerville-Anger, F. Fréry, A. Gazengel and A. Ollivier, *Conduire le diagnostic global d'une unité industrielle*, Editions d'Organisation, Paris, 2001.

FIGURA 2.4 Análise comparativa da estrutura industrial.

se dirigem para fora. Onde as forças estiverem frágeis, a área total compreendida pelas linhas entre os eixos será grande; onde as forças estiverem altas, a área total compreendida pelas linhas será menor. Quanto maior a área compreendida, maior o potencial de lucro. Na Figura 2.3, a indústria no Tempo 0 (representado pelas linhas verde-claras) apresenta rivalidade relativamente baixa (apenas alguns poucos competidores) e enfrenta poucas ameaças de substituição. A ameaça de entrada de novas empresas é moderada, mas tanto o poder do comprador quando do fornecedor são relativamente altos. No geral, parece apenas uma indústria moderadamente atrativa para se investir.

Entretanto, dada a natureza dinâmica das indústrias, os gerenciamentos precisam olhar para o futuro, no caso o período de cinco anos, representado pelas linhas verde-escuras na Figura 2.4.[11] Neste caso, os gerentes preveem certa elevação da ameaça de substitutos (talvez novas tecnologias sejam desenvolvidas). Por outro lado, preveem um declínio da ameaça de entrada, já que tanto o poder do comprador quanto do fornecedor serão diminuídos. A rivalidade continuará a diminuir. Isso parece ser um caso clássico de uma indústria na qual alguns atores desenvolvem domínio completo. A área compreendida pelas linhas verde-escuras é extensa, sugerindo uma indústria relativamente atrativa. Para uma empresa confiante em se tornar um dos atores dominantes, pode tratar-se de uma indústria em que vale a pena investir.

A comparação das cinco forças ao longo do tempo num mapa de radar ajuda, assim, a dar à análise da estrutura industrial um aspecto dinâmico. Outras representações podem ser feitas para auxiliar nas decisões de diversificação (consulte o Capítulo 7), nas quais possíveis novas indústrias em que se pode entrar podem ser comparadas em termos de atratividade. As linhas são apenas uma representação aproximada, é claro, uma vez que agregam os vários elementos individuais que fazem de cada força uma simples medida do compósito. Percebe-se também que se uma das forças é demasiadamente adversa, isso pode invalidar as avaliações positivas nos outros quatro eixos. Por exemplo, uma indústria com baixa rivalidade, pouca substituição, baixas barreiras de entrada e pouco poder do fornecedor pode ainda assim não ser atrativa se compradores poderosos forem capazes de exigir preços extremamente reduzidos. Com essas precauções em mente, os mapas de radar podem ao menos servir como dispositivos úteis para a análise inicial e como uma lista eficaz para uma análise final e mais refinada.

2.4 OS COMPETIDORES E OS MERCADOS

Uma indústria ou um setor podem estar num nível demasiadamente alto para ter uma compreensão detalhada da competição. As cinco forças podem causar impactos diferentes em diferentes tipos de atores. De volta ao exemplo mais recente, a Ford e a Porsche podem estar na mesma indústria (automóveis), mas suas posições são diferentes - definitivamente, enfrentam tipos distintos de poder de comprador e poder de fornecedor. Geralmente é útil fazer a desagregação. Várias indústrias comportam uma gama de empresas, cada qual com diferentes aptidões e competindo em bases distintas. Essas diferenças entre os competidores estão previstas no conceito de *grupos estratégicos*. Os consumidores também podem ser significativamente diferentes. As diferenças entre os consumidores podem ser percebidas pela distinção entre *consumidores estratégicos* e consumidores finais e entre diferentes *segmentos de mercados*. Proporcionar a base para os grupos estratégicos e os segmentos de mercado é reconhecer o *valor dos consumidores* e os *fatores decisivos de sucesso*. Esses vários conceitos serão discutidos a partir de agora.

2.4.1 Grupos estratégicos[12]

Grupos estratégicos são organizações no seio de uma indústria ou de um setor com características similares, seguindo estratégias parecidas ou competindo em bases semelhantes

Os **grupos estratégicos** são organizações no seio de uma indústria ou de um setor com características similares, seguindo estratégias parecidas ou competindo em bases semelhantes. Essas características são diferentes de outras em outros grupos estratégicos na mesma indústria ou setor. Por exemplo, a indústria de varejo de alimentos, os supermercados, as lojas de conveniência e os armazéns compõem, cada um, diferentes grupos estratégicos. Há várias características diferentes que distinguem os grupos estratégicos, mas estas podem ser reunidas em duas categorias principais (veja a Figura 2.5).[13] A primeira é o *alcance* das atividades de uma organização (como a linha de produtos, a cobertura geográfica e o conjunto de canais de distribuição utilizados). A segunda é o *comprometimento de recursos* (como o gasto com as marcas comerciais e com o *marketing* e a extensão da integração vertical). As características especialmente relevantes

É útil examinar até que ponto as organizações *diferem* em termos de **características** como:

Alcance das atividades

- Grau de diversidade de produtos ou serviços
- Grau de cobertura geográfica
- Número de segmentos do mercado supridos
- Canais de distribuição utilizados

Comprometimento de recursos

- Grau (quantidade) de marcas **comerciais**
- **Esforço de *marketing*** (por exemplo: cobertura publicitária, tamanho da equipe de vendas)
- Grau de **integração vertical**
- **Qualidade** do produto ou do serviço
- **Liderança tecnológica** (um líder ou um seguidor)
- **Tamanho** da organização

Fonte: Baseado em M.E. Porter, *Competitive Strategy*, Free Press, 1980; and J. McGee and H. Thomas, 'Strategic groups: theory, research and taxonomy', *Strategic Management Journal*, vol. 7, no. 2 (1986), pp. 141–160.

FIGURA 2.5 Algumas características para a identificação dos grupos estratégicos.

para cada indústria dependem de sua história, do desenvolvimento e das forças em ação no ambiente.

Os grupos estratégicos podem ser mapeados em gráficos de duas dimensões – por exemplo, um eixo pode ser a extensão da linha de produtos e o outro eixo seria o gasto em *marketing*. Um método para estabelecer as dimensões principais para mapear os grupos estratégicos é identificar os mais bem-sucedidos (por crescimento ou lucratividade) numa indústria e compará-los com os menos bem-sucedidos. As características compartilhadas pelos mais bem-sucedidos, mas não pelos menos bem-sucedidos, provavelmente deverão ser relevantes para o mapeamento dos grupos estratégicos. Por exemplo, as empresas mais lucrativas numa indústria podem ser todas limitadas em termos de linha de produtos e pródiga em gastos com *marketing*, enquanto as empresas menos lucrativas podem ser mais diversificadas em termos de produtos e limitadas em *marketing*. Nesse caso, as duas dimensões do gráfico seriam linha de produtos e gastos com *marketing*. Uma recomendação para as firmas menos lucrativas seria diminuir sua linha de produtos e impulsionar o *marketing*. No Exemplo 2.4, a Figura 1 mostra um mapa do grupo estratégico dos principais grupos de ensino de Mestrado em Administração de Empresa (MBA – *Master of Business Administration*) na Holanda em 2007.

O conceito de grupo estratégico é proveitoso em pelo menos três modos de utilização:

Exemplo 2.4

O ensino de grupos estratégicos em MBAs holandeses

O mapeamento dos grupos estratégicos pode fornecer critérios sobre as estruturas competitivas das indústrias ou setores e as oportunidades e restrições de desenvolvimento.

Em meados dos anos 2000, havia três tipos de instituições que ofereciam cursos de MBA na Holanda: universidades tradicionais, faculdades de administração com fins lucrativos (FPBSs – *For-Profit Business Schools*) e escolas politécnicas;

- As universidade tradicionais ofereciam uma ampla variedade de temas, empreendiam pesquisas e atraíam estudantes do próprio país e do estrangeiro. Seus programas eram mais acadêmicos do que profissionalizantes. O diploma universitário geralmente era mais valorizado do que o de uma escola politécnica.
- As FPBSs eram relativamente novas e forneciam apenas os diplomas de pós-graduação. Atualmente, algumas delas também oferecem Doutorado em Administração de Empresas (DBA – *Doctor in Business Administration*). Essas faculdades geralmente se localizavam no centro ou na capital do país. O mestrado nas FPBSs geralmente era mais voltado para o aprendizado, o que o tornava atrativo para gerentes em atividade. Vários alunos já possuíam diplomas de uma universidade ou de uma escola politécnica. Muitas dessas escolas eram reconhecidas pelo Conselho de Credenciamento Holandês. Em 2005, o Ministério de Educação e Cultura da Holanda reconheceu a NIMBAS, uma FPBS, como "universiteit" oficial. A NIMBAS mais tarde se fundiu com a TIAS, a faculdade de administração da Universidade de Tilburg.
- As escolas politécnicas (chamadas de HogeScholen na Holanda) geralmente atraíam estudantes locais e forneciam ensino direcionado mais ao uso da teoria do que ao desenvolvimento de uma reflexão conceitual. Algumas dessas escolas politécnicas davam diplomas de MBA, em alguns casos, em cooperação com algumas com universidades do Reino Unido.

O Quadro 1 fornece uma indicação de como esses três tipos de instituições estavam posicionados em termos de cobertura geográfica e "orientação". O Quadro 2 mostra as barreiras em torno das organizações que desejavam passar de um grupo para outro (as barreiras *no interior* do grupo). Se, por exemplo, as FPBSs tentassem "entrar" no grupo estratégico das universidades tradicionais, necessitariam estabelecer uma reputação em pesquisa ou em inovação. Talvez não tivessem interesse em fazer pesquisa, uma vez que isso proporciona altos custos e gera pouco lucro pelo esforço. Contrariamente, o deslocamento das universidades tradicionais na direção das FPBSs poderia ser difícil, pois a universidade talvez não possuísse prática em aprendizagem em ação (*action learning*) e fosse inexperiente em lidar com estudantes mais velhos.

O Quadro 3 mostra onde poder haver "espaço estratégico". Esses espaços são criados por mudan-

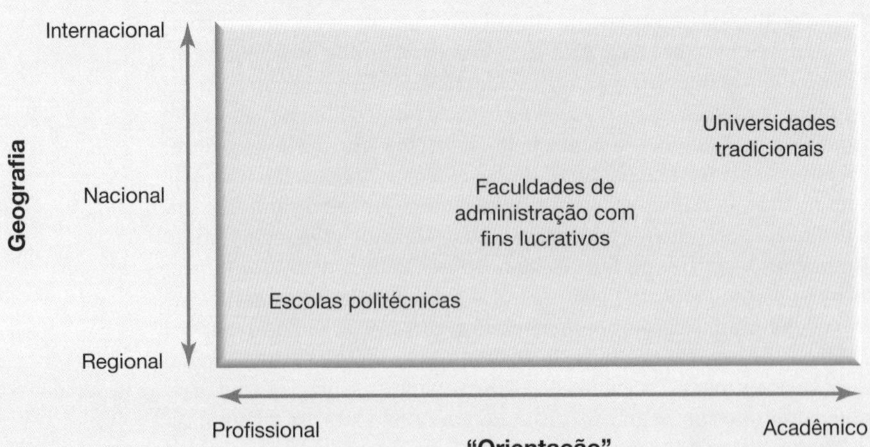

QUADRO 1 Grupos estratégicos em ensino de Mestrado em Administração de Empresas na Holanda.

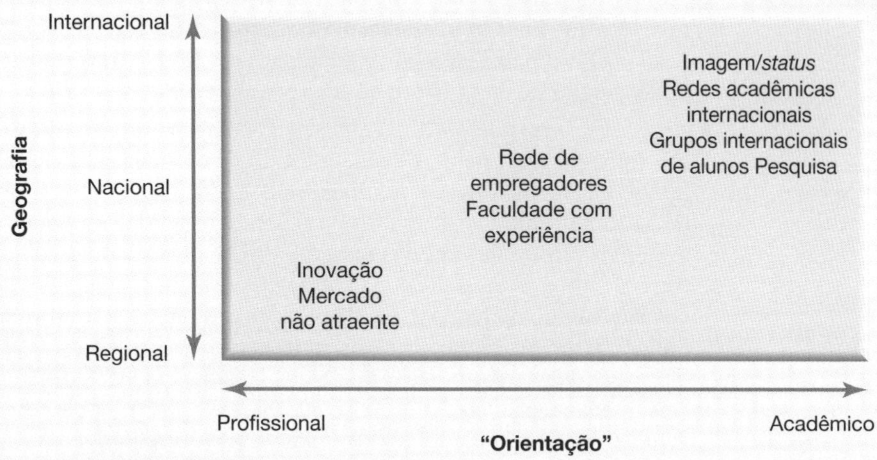

QUADRO 2 Barreiras de mobilidade.

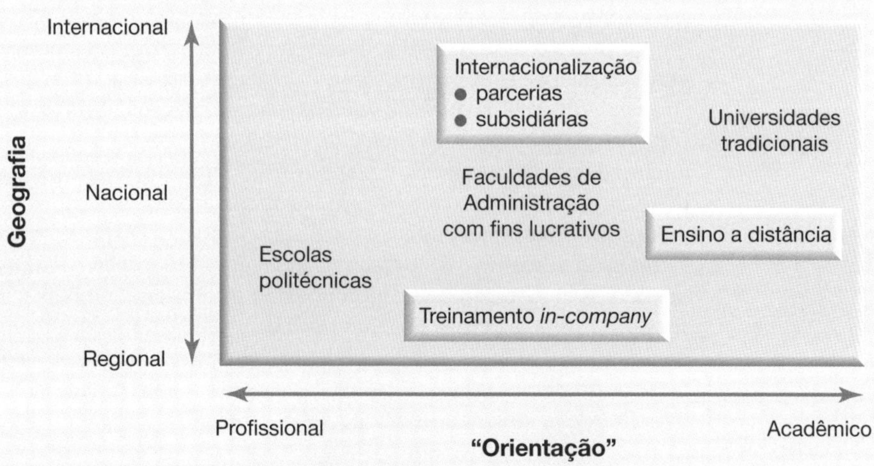

QUADRO 3 Espaço estratégico.

ças no macroambiente – especialmente pela globalização e pela tecnologia da informação. Isso poderia dar oportunidades às faculdades holandesas de administração para buscar mais oportunidades de negócio internacionais. A ameaça contrária, entretanto, da entrada de competidores internacionais no mercado holandês era uma grande preocupação. A tecnologia da informação e da comunicação auxilia os alunos a estudarem em seus próprios locais de trabalho ou em casa, além de permitir sua integração em redes internacionais. Assim, uma faculdade norte-americana ou britânica poderia fornecer conteúdo pela Internet e dar apoio aos alunos por meio de parcerias com instituições holandesas. De fato, a Universidade de Phoenix já tem feito esforços neste sentido.

Fonte: Esta é uma versão atualizada de D.J. Eppink and S. de Waal, 'Global influences on the public sector', in G. Johnson and K. Scholes (eds), *Exploring Public Sector Strategy*, FT/ Prentice Hall, 2001, chapter 3.

Questões

1 De que modo essa análise pode influenciar as próximas ações de cada um dos três tipos de instituições?

- *Entendimento da competição.* Os gerentes podem ficar atentos aos seus competidores diretos em seu grupo estratégico específico, em vez de prestar atenção em toda indústria. Também podem estabelecer as dimensões que mais os diferenciam dos outros grupos, além de qual é a base provável para seu relativo sucesso ou fracasso. Estas dimensões podem então se tornar o foco da ação dos gerentes.
- *Análise das oportunidades estratégicas.* Os mapas dos grupos estratégicos podem identificar os "espaços estratégicos" mais atrativos numa indústria. Alguns espaços no mapa podem ser "espaços em branco", relativamente pouco ocupados. No mercado holandês de MBA, os exemplos são as licenciaturas para mercado internacional e educação técnica para o mercado regional de treinamento *in-company*. Os espaços em branco podem ser oportunidades a explorar. Por outro lado, podem se tornar "buracos negros", impossíveis de explorar e passíveis de causar dano a empresas que entrem. Um mapa de grupo estratégico é apenas o primeiro estágio da análise. Os espaços em branco devem ser testados cuidadosamente; nem todos são verdadeiros espaços estratégicos.
- *Análise das barreiras de mobilidade.* É claro que se mover pelo mapa para aproveitar as oportunidades não acontece sem esforços. Geralmente será necessário tomar decisões difíceis e exigirá recursos exíguos. Os grupos estratégicos são, por essas razões, caracterizados por "barreiras de mobilidade", obstáculos ao movimento de um grupo estratégico para o outro. São parecidas com as barreiras de entrada da análise das cinco forças. No Exemplo 2.4, a Figura 2 mostra exemplos de barreiras de mobilidade para os agrupamentos identificados na indústria. Tais barreiras podem ser substanciais: para entrar num grupo estratégico acadêmico internacional, um competidor regional não acadêmico teria de estabelecer uma imagem apropriada, mobilizar uma rede de contatos, mudar seus métodos de ensino e aumentar os níveis de remuneração. Do mesmo modo que as barreiras de entrada, é bom fazer parte de um grupo estratégico de sucesso para o qual há fortes barreiras de mobilidade, que impedem a imitação.

2.4.2 Segmentos de mercado

O conceito de grupos estratégicos discutido anteriormente auxilia no entendimento das semelhanças e diferenças das características dos "produtores" – as organizações que são, real ou potencialmente, competidores. O conceito de segmento de mercado dirige as atenções para as diferenças das necessidades do consumidor. Um **segmento de mercado**[14] é um grupo de clientes que possui necessidades semelhantes que são diferentes das necessidades dos clientes de outras áreas do mercado. No Capítulo 3 será visto que essa compreensão sobre o que os consumidores (e outras partes interessadas) valorizam e como uma organização e seus competidores estão posicionados para atender tais necessidades é vital para compreender a capacidade estratégica.

Um **segmento de mercado** é um grupo de clientes que possui necessidades semelhantes que são diferentes das necessidades dos clientes de outras áreas do mercado.

O conceito de segmentos de mercado deve lembrar aos gerentes várias questões importantes:

Tipo de fator	Mercados do consumidor	Mercados industriais/ organizacionais
Características das pessoas/das organizações	Idade, sexo, raça Renda Tamanho da família Estágio do ciclo de vida Localização Estilo de vida	Indústria Localização Tamanho Tecnologia Lucratividade Gerenciamento
Situação de compra/uso	Tamanho da compra Lealdade à marca comercial Propósito de uso Comportamento de compra Importância da compra Critérios de escolha	Aplicação Importância da compra Volume Frequência de compra Procedimentos de compra Critério de escolha Canal de distribuição
Necessidades e preferências dos usuários por características dos produtos	Semelhanças do produto Preferência de preço Preferências de marca Recursos desejados Qualidade	Exigências de desempenho Assistência dos fornecedores Preferências de marca Recursos desejados Qualidade Exigências de manutenção

FIGURA 2.6 Algumas bases de segmentação do mercado.

- As *necessidades dos clientes* podem mudar por conta de uma imensa variedade de razões – algumas das quais identificadas na Figura 2.6. Teoricamente, qualquer desses fatores poderia ser usado para identificar os segmentos de mercado. Em termos práticos, no entanto, é importante considerar as bases de segmentação mais importantes em qualquer mercado específico. Nos mercados industriais, por exemplo, a segmentação geralmente é planejada nos termos da classificação industrial dos compradores – como "vendemos para a indústria de eletrodomésticos". Pode acontecer, entretanto, que não seja esta a base mais relevante para a segmentação quando se pensa no futuro. A segmentação por comportamento do comprador (por exemplo, compras diretas *versus* usuários que compram de terceiros, tais como fornecedores) ou valor de compra (por exemplo, compradores de grandes volumes *versus* compradores frequentes de pequenos volumes) pode ser mais apropriado em alguns mercados. De fato, geralmente é útil pensar em diferentes bases de segmentação no mesmo mercado para melhor compreender a dinâmica daquele mercado e como estas bases mudam.
- A *fatia relativa do mercado* (ou seja, a fatia em relação a do competidor) dentro de um segmento de mercado é uma consideração importante. As organizações que adquiriram muita experiência em trabalhar com um determinado segmento de mercado não devem ter apenas custos mais baixos nisto, mas também podem ter construído relacionamentos difíceis de serem rompidos por outros. O que os consumidores valorizam irá variar de acordo com o segmento de mercado e assim os "pro-

dutores" podem obter vantagens em segmentos especialmente adequados para seus pontos fortes específicos. Eles podem considerar muito difícil competir numa base mais ampla. Uma pequena cervejaria local, por exemplo, competindo contra as grandes marcas na base de preços baixos apoiados em baixos custos de distribuição e de *marketing* estará confinada ao segmento de mercado local que valoriza os preços baixos.

- O modo como os segmentos de mercado podem ser *identificados* e *supridos*[15] é influenciado por uma quantidade de tendências no ambiente de negócios já discutidas neste capítulo. A grande disponibilidade, por exemplo, de dados do consumidor e a capacidade de processá-los eletronicamente combinados com a maior flexibilidade das operações das empresas permite que a segmentação seja empreendida em microníveis – até mesmo para consumidores individuais (os chamados "mercados individualizados"). Assim, o consumo pela Internet escolhe seletivamente consumidores por meio de ofertas especiais de acordo com seus padrões habituais de compras. O surgimento de consumidores mais ricos e volúveis indica que a segmentação geográfica pode ser muito menos efetiva do que a segmentação por estilo de vida (através de fronteiras nacionais).

2.4.3 A identificação do consumidor estratégico

Prover os mercados com bens e serviços geralmente envolve uma variedade de organizações, que desempenham diferentes papéis. Isso será discutido no Capítulo 3 com mais detalhes sobre o conceito de rede de valor (*value network*). A maior parte dos consumidores, por exemplo, adquire bens através de lojas de varejo. Consequentemente, os fabricantes devem atender a dois tipos de consumidores: as fábricas, seus clientes diretos; e os consumidores de lojas, os clientes finais de seus produtos. Embora todos os tipos de consumidores influenciem a demanda, geralmente um deles será mais influente do que os outros – este será o consumidor estratégico. O **consumidor estratégico** é aquele para quem a estratégia é inicialmente planejada por possuir influência mais decisiva sobre quais produtos ou serviços são adquiridos. A menos que não paire dúvidas sobre quem é o consumidor estratégico, os gerentes podem acabar analisando e identificando as pessoas erradas. São os desejos do consumidor estratégico que servem de ponto de partida para a estratégia. As exigências dos outros consumidores também têm importância – e precisam ser atendidas –, mas as exigências do consumidor estratégico são soberanas. De volta ao exemplo, deveria ser evidente que para muitos bens de consumo a loja de varejo é o consumidor estratégico, uma vez que o modo como exibe, promove e sustenta os produtos no ponto de venda é tremendamente decisivo na preferência final dos consumidores. No setor público, o consumidor estratégico é muito frequentemente o "corpo" que controla os fundos ou autoriza os usos preferencialmente ao usuário do serviço. Assim, médicos de família são os consumidores estratégicos das empresas farmacêuticas e assim por diante.

O **consumidor estratégico** é aquele para quem a estratégia é inicialmente planejada por possuir influência mais decisiva sobre quais produtos ou serviços são adquiridos.

2.4.4 A compreensão do que os consumidores valorizam – fatores críticos de sucesso

Embora o conceito de segmentos de mercado seja útil, os gerentes podem fracassar em perceber como os mercados são segmentados e em ver as implicações estratégicas de tal segmentação. No próximo capítulo, será visto que uma compreensão das necessidades do consumidor e de como tais necessidades são diferentes é decisiva para o desenvolvimento da capacidade estratégica adequada numa organização. Os consumidores, entretanto, irão valorizar a maioria dos produtos/serviços em graus maiores ou menores. A partir do ponto de vista de fornecedores em potencial, é valioso perceber quais são os recursos de importância particular para um grupo de consumidores (segmento de mercado). Isso é conhecido como os fatores críticos de sucesso. Os **fatores críticos de sucesso** (CSFs – *critical success factors*) são aquelas características do produto particularmente valorizadas por um grupo de consumidores e, assim, indicam no que a organização deve sobressair-se para superar a competição.

fatores críticos de sucesso são aquelas características do produto particularmente valorizadas por um grupo de consumidores e, assim, indicam no que a organização deve sobressair-se para superar a competição

O âmbito para o qual as contribuições de diferentes fornecedores dirigem os fatores valorizados pelos consumidores pode ser visualizado na criação de um quadro estratégico[16] (consulte a Figura 2.7). O quadro é uma maneira simples mas útil de comparar as posições dos competidores num

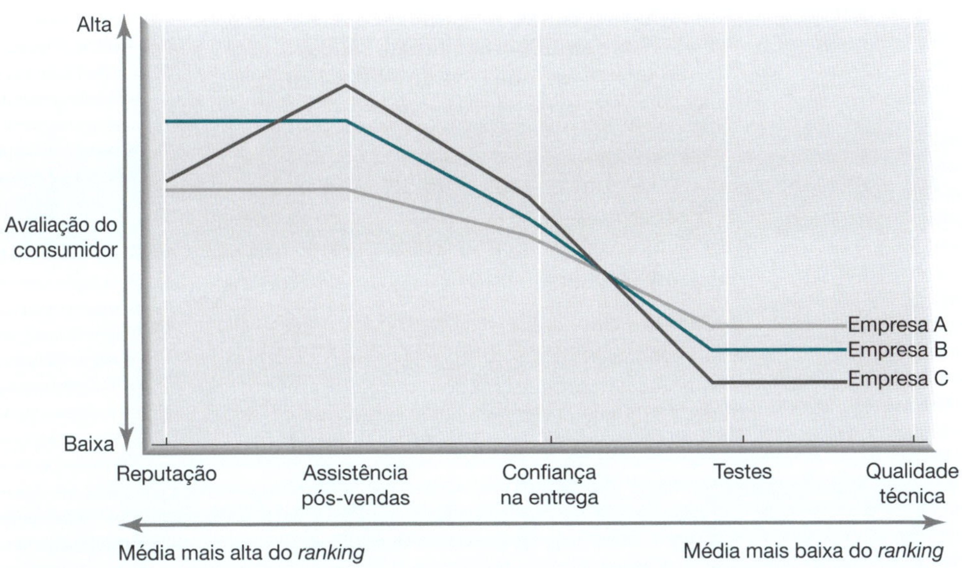

Fontes: Impressão permitida por *Harvard Business Review*. Figura adaptada de 'Charting your company's future' by C. Kim and R. Mauborgne, Vol. 80, No. 6. Copyright © 2002 by the Harvard Business School Publishing Corporation; Todos os direitos reservados.

FIGURA 2.7 Um quadro estratégico – valor atribuído pelos consumidores no mercado de equipamentos de engenharia elétrica.

mercado e o potencial em diferentes segmentos. O quadro se refere ao mercado de equipamentos de engenharia elétrica e mostra o seguinte:

- Cinco *fatores decisivos de sucesso* são identificados na Figura 2.7 como particularmente importantes para a média de clientes (de acordo com a ordem: reputação do fabricante, assistência pós-vendas, confiança na entrega, instalações de teste e qualidade técnica). Essas são posições médias para que os cinco fatores, com preços similares, determinem as escolhas dos consumidores. Observe-se a variação dos consumidores individuais.
- Três *perfis de competidores* são esboçados no quadro em oposição aos cinco fatores. Fica claro que a ponto forte relativo da empresa A não é o fator mais valorizado pelo consumidor médio, considerando que o ponto forte da B parece servir melhor. Nenhuma empresa, no entanto, está se saindo particularmente bem em relação a testes e qualidade técnica, fatores que podem ser muito importantes para alguns consumidores.
- A escolha do segmento é a próxima questão. A empresa A poderia tentar melhorar nos fatores mais altos do *ranking*. Mas as empresas B e C já são fortes nesses fatores, e seus clientes estão extremamente satisfeitos. Uma alternativa para a empresa A é focar num segmento de mercado específico, aquele para o qual os testes e a qualidade são muito mais importantes do que para o consumidor médio. Nesse segmento, há menos competição e mais espaço para aprimoramentos. Pode ser relativamente pequeno, mas ter tal segmento em vista pode ser muito mais lucrativo do que encarar as empresas B e C em suas áreas de pontos fortes. A empresa A poderia centrar esforços em melhorar seu perfil no lado direito extremo do quadro gráfico.

As mensagens principais deste exemplo são de que é importante considerar o valor através dos olhos dos consumidores e ter certeza a respeito dos pontos fortes *relativos*. Embora isso possa parecer evidente, o ponto de vista de um consumido e a certeza sobre os pontos fortes podem não ser facilmente reconhecíveis por várias razões:

- *Compreensão (sense making).* Os gerentes talvez não sejam capazes de *compreender* os comportamentos complexos e variados que observam em seus mercados. Frequentemente irão acumular grandes quantidades de dados brutos sobre as preferências dos consumidores e movimentos dos competidores, mas lhes faltará a capacidade de tirar conclusões úteis de tais dados (por exemplo, reconhecer tendências e ligações). Pesquisadores de mercado e consultores de *marketing* podem ser úteis em fornecer uma visão mais límpida do ambiente externo.
- *Distância do consumidor final.* Os fornecedores de componentes e de matérias-primas, por exemplo, podem estar distantes dos usuários finais por vários intermediários – outros fabricantes e distribuidores. Embora esses consumidores diretos possam ser os consumidores estratégicos, há o risco de que o que é valorizado pelo consumidor final não seja compreendido. Em outras palavras, as empresas podem não estar a par da demanda mais forte por seu produto ou serviço.

- *Preconceitos internos.* Gerentes ficam inclinados a pensar que seus pontos fortes são valorizados pelos clientes e que, de alguma forma, seus competidores são necessariamente inferiores. Grupos profissionais de vários serviços públicos, por exemplo, tendem a considerar que aquilo que eles pensam ser o melhor para o cliente automaticamente deve ser o melhor, enquanto permanecem céticos quanto à capacidade de fornecedores do setor privado de cuidar das "verdadeiras" necessidades dos consumidores.
- *Mudanças ao longo do tempo.* Os valores dos clientes geralmente evoluem, porque estes se tornam mais experientes (por repetidas compras) ou por causa da disponibilidade de ofertas competitivas que oferecem melhores condições. Os gerentes, no entanto, frequentemente caem na armadilha causada por sua experiência da história do mercado (consulte o Capítulo 5).

2.5 OPORTUNIDADES E AMEAÇAS

Os conceitos e as estruturas discutidas anteriormente devem ser úteis para a compreensão dos fatores na macroindústria e nos ambientes de competidor/mercado de uma organização. A principal questão, entretanto, são as *implicações* que são tiradas dessa compreensão para a orientação das decisões estratégicas e das escolhas. A próxima etapa decisiva, portanto, é retirar da análise do ambiente oportunidades estratégicas decisivas e ameaças para a organização. Identificar essas oportunidades e ameaças é extremamente valioso quando se concebem as escolhas estratégicas do futuro (assunto dos Capítulos 6 a 8). As oportunidades e as ameaças compõem metade das análises SWOT (*Strengths, Weaknesses, Opportunities, Threats* – Forças, Fraquezas, Oportunidades e Ameaças) que modelam as formulações estratégicas de muitas empresas (consulte a Seção 3.5.3).[17] Ao reagir estrategicamente ao ambiente, a meta é reduzir as ameaças identificadas e aproveitar as melhores oportunidades.

Aproveitar a **abertura estratégica (*strategic gap*)** é um modo eficaz de administrar ameaças e oportunidades. W. Chan Kim e Renée Mauborgne afirmam que se as organizações simplesmente se concentram em enfrentar face a face seus adversários, isso irá levar a uma convergência competitiva em que todos os "atores" irão considerar o ambiente difícil e ameaçador.[18] Eles descrevem isso como uma estratégia do "oceano vermelho" – vermelho por causa do sangramento causado pela competição e da cor vermelha que marca as perdas financeiras. Os autores recomendam que os gerentes tentem as estratégias do "oceano azul", buscando ou criando grandes espaços, livres da competição já existente. Os oceanos azuis são aberturas estratégicas no mercado, oportunidades que não estão sendo completamente exploradas pelos competidores. Uma dessas estratégias foi a criação, pelos produtores de vinho da Austrália, de vinhos divertidos, descomplicados e fáceis de beber. Uma estratégia do oceano vermelho teria sido competir contra os reputados produtores franceses com seus rótulos chiques, seu jargão técnico e seus sabores complexos.

Uma **abertura estratégica** (também chamada de "janela de oportunidade") é uma oportunidade no ambiente competitivo que não está sendo completamente explorada pelos competidores.

As aberturas estratégicas podem ser identificadas com o auxílio das técnicas deste capítulo. Em termos das cinco forças de Porter, as aberturas estratégicas são encontradas onde a rivalidade é baixa. Em termos de mapas de grupos estratégicos, as aberturas geralmente ficam nos desocupados "espaços em branco". Em termos do quadros estratégicos, as possíveis aberturas estratégicas estão onde uma grande diferença pode ser estabelecida com a posição da maioria das empresas nos vários fatores valorizados pelos consumidores.

RESUMO

- As influências do ambiente podem ser compreendidas como camadas em torno da organização, com a camada externa compondo o *macroambiente*, a camada intermediária a *indústria ou setor* e a camada interna os *grupos estratégicos* e os *segmentos de mercado*.
- O macroambiente pode ser analisado em termos de *fatores PESTEL*, a partir dos quais é possível identificar os *principais indicadores de mudança*. Os *cenários* alternativos sobre o futuro podem ser construídos de acordo com o modo de desenvolvimento dos principais indicadores.
- As indústrias e os setores podem ser analisados em termos das *Cinco Forças de Porter* – barreiras de entrada, substitutos, poder do comprador, poder do fornecedor e rivalidade. Juntos, esses fatores determinam a atratividade da indústria ou do setor e influenciam o desempenho como um todo.
- Na camada interna do ambiente, a análise do *grupo estratégico*, a análise do *segmento de mercado* e o *quadro estratégico* podem auxiliar na identificação de aberturas estratégicas ou de oportunidades.
- As estratégias do *oceano azul* se caracterizam por baixa rivalidade e provavelmente são oportunidades melhores do que as estratégias do *oceano vermelho*, com muitos rivais.

Leituras básicas recomendadas

- A obra clássica sobre análise de indústrias é o livro de M.E. Porter, *Competitive Strategy*, Free Press, 1980. Uma visão atualizada está disponível em M.E. Porter, 'Strategy and the Internet', *Harvard Business Review*, March (2001), pp. 2–19 do mesmo autor. Uma adaptação influente das ideias básicas de Porter encontra-se na obra de W.C. Kim and R. Mauborgne, *Blue Ocean Strategy: How to Create Uncontested Market Space and Make Competition Irrelevant*, Harvard Business School Press, 2005.
- Para conhecer mais sobre mudança dos ambientes, consulte K. van der Heijden, *Scenarios: the art of strategic conversation*, 2nd edition, Wiley, 2005, e o trabalho do colega de Michael Porter, A. McGahan, *How Industries Evolve*, Harvard Business School Press, 2004.
- Uma coleção de artigos acadêmicos sobre as últimas opiniões sobre PEST, cenários e assuntos correlatos se encontra na edição especial de *International Studies of Management and Organization*, vol. 36, no. 3 (2006), editada por Peter McKiernan.

Referências

1. PESTEL é a forma desenvolvida da análise PEST (Politics, Economics, Social e Technology), levando mais em conta questões ambientais (ecológicas) e jurídicas. Para uma aplicação da análise PEST ao mundo dos negócios, também importante para a PESTEL, consulte H. Thomas, 'As analysis of the enviroment and competitive dynamics of management education', *Journal of Management Development*, vol. 26, no. 1 (2007), pp. 9–21.
2. Para uma discussão sobre planejamento de cenários na prática, consulte K. van der Heijden, *Scenarios: the art of strategic conversation*, 2nd edition, Wiley, 2005. Para entender como o planejamento de cenários se combina com outras formas de análise do ambiente como a PESTEL, consulte P. Walsh, 'Dealing with the uncertainties of environmental change by adding scenario planning to the strategy reformulation equation', *Management Decision*, no. 43, vol. 1 (2005), pp. 113–122; and G. Burt, G. Wright, R. Bradfield and K. van der Heijden, 'The Role of Scenario Planning in Exploring the Environment in view of the limitations of PEST and its derivatives', *International Studies of Management and Organization*, vol. 36, no. 3 (2006), pp. 50–76.
3. D. Rutherford, *Routledge Dictionary of Economics*, 2nd edition, Routledge, 1995.
4. Consulte M.E. Porter, *Competitive Strategy: Techniques for analysing industries and competitors*, Free Press, 1980, p. 5..
5. Porter, referência 4, Chapter 1. C. Christensen, 'The past and future of competitive advantage', *Sloan Management Review*, vol. 42, no. 2 (2001), pp. 105–109 fornece uma crítica interessante e atualizada de alguns dos fatores que ressaltam as cinco forças de Porter.
6. Consulte L. Van den Berghe and K. Verweire, 'Convergence in the financial services industry', *Geneva papers on Risk and Insurance*, vol. 25, no. 2 (2000), pp. 262–272; and A. Malhotra and A. Gupta, 'An investigation of firms' responses to industry convergence', *Academy of Management Proceedings*, 2001, pp. G1–6.
7. Para discussões sobre a necessidade de um colaborador, bem como da análise de competição de Porter para análise da indústria, consulte J. Burton, 'Composite strategy: the combination of collaboration and competition', *Journal of General Management*, vol. 21, no. 1 (1995), pp. 3–28 and R. ul-Haq, *Alliances and Co-evolution: insights from the Banking Sector*, Palgrave Macmillan (2005).

8. A discussão clássica está em A. Brandenburger and B. Nalebuff, 'The right game: use game theory to shape strategy', *Harvard Business Review*, vol. 73, no. 4 (1995), pp. 57–71. Sobre os perigos dos "complementares", consulte D. Yoffie and M. Kwak, 'With friends like these', *Harvard Business Review*, vol. 84, no. 9 (2006), pp. 88–98
9. Um clássico resumo acadêmico da vida útil da indústria está em S. Klepper, 'Industry life cycles', *Industrial and Corporate Change*, vol. 6, no. 1, (1996), pp. 119–143. Veja também A. McGahan, 'How industries evolve', *Business Strategy Review*, vol. 11, no. 3 (2000), pp. 1–16.
10. A. McGahan, 'How industries evolve', *Business Strategy Review*, vol. 11, no. 3 (2000), pp. 1–16.
11. Para exposição detalhada desta técnica, veja V. Lerville-Anger, F. Fréry, A. Gazengel and A. Ollivier, *Conduire le diagnostic global d'une unité industrielle*, Éditions d'Organisation, Paris, 2001.
12. Para um exame da pesquisa sobre grupos estratégicos, consulte: J. McGee, H. Thomas and M. Pruett, 'Strategic groups and the analysis of market structure and industry dynamics', *British Journal of Management*, vol. 6, no. 4 (1995), pp. 257–270. Para um exemplo do uso da análise do grupo estratégico, consulte J. Pandian, J. Rajendran, H. Thomas and O. Furrer, 'Performance differences across strategic groups: an examination of financial market-based performance measures', *Strategic Change*, vol. 15, no. 7/8 (2006), pp. 373–383.
13. Estas características se baseiam em Porter, referência 4.
14. Uma argumentação útil da segmentação em relação à estratégia competitiva aparece em M.E. Porter, *Competitive Advantage*, Free Press, 1985, Chapter 7. Para uma visão mais detalhada dos métodos de segmentação, consulte M. Wedel and W. Kamakura, *Market Segmentation: Conceptual and methodological foundations*, 2nd edition, Kluwer Academic, 1999.
15. M. Wedel, 'Is segmentation history?', *Marketing Research*, vol. 13, no. 4 (2001), pp. 26–29.
16. O termo quadro estratégico (*strategic canvas*) foi cunhado por C. Kim and R. Mauborgne, 'Charting your company's future', *Harvard Business Review*, vol. 80, no. 6 (2002), pp. 76–82. Há uma discussão semelhante no capítulo de G. Johnson, C. Bowman and P. Rudd, 'Competitor analysis', in V. Ambrosini with G. Johnson and K. Scholes (eds), *Exploring Techniques of Analysis and Evaluation in Strategic Management*, Prentice Hall, 1998.
17. Veja também o capítulo de T. Jacobs, J. Shepherd e G. Johnson sobre análise SWOT em V. Ambrosini with G. Johnson and K. Scholes (see reference 16); and E. Valentin, 'SWOT analysis from a resourcebased view', *Journal of Marketing Theory and Practice*, vol. 9, no. 2 (2001), pp. 54–69. SWOT será discutido com mais profundidade na Seção 3.5.3 e no Exemplo 3.4.
18. W.C. Kim and R. Mauborgne, 'Value innovation: a leap into the blue ocean', *Journal of Business Strategy*, vol. 26, no. 4 (2005), pp. 22–28, and W.C. Kim and R. Mauborgne, *Blue Ocean Strategy: How to Create Uncontested Market Space and Make Competition Irrelevant*, Harvard Business School Press (2005).

Forças globais e a indústria cervejeira da Europa

Mike Blee e Richard Whittington

Este caso se baseia na indústria cervejeira da Europa e examina como a crescente pressão competitiva de operar em mercados globais está provocando a consolidação através de aquisições, parcerias e fechamentos dentro da indústria. Isto resultou no crescimento da confiança dos produtores de cerveja nas grandes marcas comerciais.

Na primeira década do século XXI, os cervejeiros europeus se depararam com um surpreendente paradoxo. O tradicional centro da indústria mundial de cerveja, e ainda o maior mercado regional, estava deixando de ligar para a bebida. O consumo de cerveja diminuía nos mercados maiores, como a Alemanha e o Reino Unido, enquanto florescia nos mercados emergentes do planeta. A China, com um crescimento anual de 7%, havia se tornar o maior mercado individual por volume, enquanto os volumes brasileiros haviam superado os da Alemanha em 2005 (Euromonitor, 2006).

A Tabela 1 dá detalhes da decadência do consumo de cerveja europeia em toda a parte. O declínio em importantes mercados tradicionais se deve a vários fatores. Os governos atuam fortemente contra o consumo de bebida por parte de motoristas, diminuindo a vontade de beber em restaurantes, *pubs* e bares. Há cada vez mais advertências sobre os efeitos do álcool na saúde e no bem-estar. Especialmente no Reino Unido, há uma hostilidade crescente contra o chamado "binge-drinking", o consumo excessivo de álcool em *pubs* e *clubs*. Os vinhos também se tornaram muito populares nos mercados do norte da Europa. O consumo de cerveja *per capita*, entretanto, varia imensamente entre países, sendo quatro vezes mais alto na Alemanha do que na Itália, por exemplo. Alguns mercados europeus cujo consumo era tradicionalmente moderado têm mostrado bom crescimento.

Os esforços para a prevenção de dirigir após o consumo de bebida alcóolica e ao "binge-drinking" ajudou a direcionar as vendas do "*on-trade*" (cerveja consumida em estabelecimentos como *pubs* ou restaurantes) para o "*off-trade*" (varejo). Em todo o mundo, o *off-trade* aumentou de 63% do volume em 2000 para 66% em 2005. O *off-trade* é cada vez mais dominado por grandes cadeias de supermercados como a Tesco ou o Carrefour, que frequentemente se valem de reduções de preço para chamar pessoas para suas lojas. Mais de 1/5 do volume de cerveja é atualmente vendido através dos supermercados. Os varejistas alemães, como Aldi e Lidi, angariaram relativo sucesso com suas próprias "marcas particulares" (no lugar de marcas

de cervejarias) de cerveja. No entanto, embora o volume *on-trade* esteja decrescendo na Europa, os valores negociados estão subindo, enquanto os cervejeiros lançaram produtos especiais mais caros, como cervejas *lager* com temperatura de fermentação muito baixa e cervejas com sabor de frutas. Por outro lado, uma boa parcela dessa demanda crescente por produtos especiais está sendo atendida pela importação de cervejas aparentemente exóticas de outros países (veja a Tabela 2).

Os custos de compras principais dos cervejeiros são embalagem (correspondente a cerca de metade dos custos que não os trabalhistas), matérias-primas – como cevada – e energia. A indústria europeia de embalagens é extremamente concentrada e dominada por empresas internacionais como a Crow (latas) e a Owens-Illinois (garrafas). Durante 2006, a cervejaria alemã Heineken lamentou o aumento de 11% dos custos de embalagens.

Aquisições, licenciamentos e parcerias estratégicas aconteceram simultaneamente à batalha das principais empresas cervejeiras para controlar o mercado. Há pressões globais para a consolidação devido à capacidade excedente dentro da indústria e à necessidade de cortar custos e benefícios de

TABELA 1 Consumo europeu de cerveja por país e ano (em mil hectolitros)

País	1980	2000	2001	2002	2003	2004	2005
Alemanha†	89820	103105	100904	100385	97107	95639	94994
Áustria	7651	8762	8627	8734	8979	8881	8970
Bélgica	12945	10064	9986	9901	9935	9703	N/D
Dinamarca	6698	5452	5282	5202	5181	4862	N/D
Espanha	20065	29151	31126	30715	33451	N/D	N/D
Finlândia	2738	4024	4085	4136	4179	4370	N/D
França	23745	21420	21331	20629	21168	20200	N/D
Grécia	N/D	4288	4181	4247	3905	N/D	N/D
Irlanda	4174	5594	5625	5536	5315	5206	N/D
Itália	9539	16289	16694	16340	17452	17194	17340
Luxemburgo	417	472	445	440	373	N/D	N/D
Holanda	12213	13129	12922	11985	12771	12687	12747
Noruega*	7651	2327	2290	2420	2270	2490	N/D
Portugal	3534	6453	6276	5948	6008	6266	6224
Reino Unido	65490	57007	58234	59384	60302	59195	N/D
Suécia	3935	5011	4932	4998	4969	4635	4566
Suíça*	4433	4194	4141	4127	4334	4262	N/D

* Países que não participam da UE; † 1980 não inclui a Alemanha Oriental. Cifras ajustadas.

Fonte: www.brewersofeurope.org.

TABELA 2 Importação de cerveja por país

País	Importação em 2002 (% do consumo ou produção*)	Importação em 2004 (% do consumo ou produção)
Alemanha	3,1	4
Áustria	5,1	6,4
Bélgica	4,74	10,2
Dinamarca	2,6	N/D
Espanha	11,7	N/D
Finlândia	2,3	7,3
França	23	31
Grécia	4,1	N/D
Irlanda	N/D	N/D
Itália	27,15	37
Luxemburgo	N/D	38,4
Holanda	3,2	14,4
Noruega	5,4	N/D
Portugal	1,1	N/D
Reino Unido	10,9	12,3
Suécia	N/D	18
Suíça	15,4	15,6

* Cifras de importação não incluem cervejas produzida sob licença no país natal; países variam na medição da porcentagem de produção ou consumo.

Fonte: www.brewersofeurope.org.

alavancagem das marcas reconhecidas. A cervejaria belga Interbrew, por exemplo, adquiriu partes das antigas Bass Empire, Becks e Whitbread em 2001, e em 2004 anunciou a fusão com a AmBev, do Brasil, para criar a maior empresa de cerveja do mundo, a InBev. A segunda maior cervejaria, a americana Anheuser-Busch, tem investido na China, no México e na Europa. Em 2002, a empresa sulafricana Breweries adquiriu o Miller Group (EUA) e a Pilsner Urquell, da República Tcheca, tornando-se a SABMiller. Pequenos atores nos crescentes mercados da China e da América do Sul também vêm sendo triturados pelas grandes empresas internacionais. A australiana de médio porte Fosters está deixando de participar diretamente de muitos mercados internacionais, vendendo, por exemplo, seus direitos comerciais na Europa para a Scottish & Newcastle. A Tabela 3 enumera as 10 maiores empresas cervejeiras do mundo, responsáveis por cerca de metade da produção do planeta. Nela encontram-se também várias empresas especializadas e regionais, como a alemã Grolsch (veja abaixo) ou a britânica Cobra Beer, originária do mercado indiano de restaurantes.

TABELA 3 As 10 maiores empresas cervejeiras do mundo por volume: 2005

Empresa	Parte do volume global (%)	País de origem
InBev	10,8	Brasil-Bélgica
Anheuser-Busch	9,4	EUA
SABMiller	7,3	África do Sul (transferida para o Reino Unido)
Heineken	5,7	Holanda
Morelo	2,9	México
Carlsberg	2,9	Dinamarca
Coors	2,6	EUA
TsingTao	2,4	China
Baltic Brewery Holdings	2,2	Dinamarca/Reino Unido
Asahi	2,1	Japão

Fonte: Euromonitor International, *The World Brewing Industry.*

Quatro companhias de cerveja

Heineken (Holanda)

A Heineken é a maior empresa cervejeira da Europa, responsável por ¾ das vendas no continente. Suas vendas totais em 2006 foram de R$ 30 bilhões (€ 11,8 bilhões). Cerca de 5% das vendas correspondem a Ásia-Pacífico e 17% às Américas. As maiores marcas da empresa são a própria Heineken e a Amstel. Permanece um negócio controlado pela família, o que, afirma-se, dá ao grupo a estabilidade e a independência de prosseguir resolutamente em busca do crescimento internacional.

A estratégia internacional da Heineken é usar as empresas adquiridas nas regiões como meios de apresentar a marca Heineken aos novos mercados. Ela visa fortalecer as empresas locais por meio da transferência de tecnologia e conhecimentos específicos. O resultado é criar economias de escala tanto para as cervejas locais quanto para a Heineken. As quatro prioridades de ação da empresa são aumentar os rendimentos, aprimorar a eficiência e reduzir os custos, acelerar a implantação da estratégia e se concentrar nos mercados em que a Heineken acredita que pode vencer.

Grolsch (Holanda)

A Royal Grolsch NV é um grupo cervejeiro de médio porte fundado em 1615. Com vendas totais em 2005 de mais de R$ 800 milhões (€ 313 milhões), a empresa tem menos de 1/20 do tamanho da Heineken. Seus produtos principais incluem a Grolsch *premium lager* e novas cervejas com sabor (Grolsch sabor limão e Grolsch *grapefruit* rosa). Na Holanda, a Grolsch detém os direitos de venda e distribuição da valiosa marca norte-americana Miller. Cerca de metade das suas vendas são para mercados internacionais, seja por exportação ou por licenciamento de produção. Seu segundo maior mercado é o Reino Unido. Em 2005, a Grolsch centralizou sua produção numa única cervejaria alemã para aprimorar a eficiência e aumentar o volume; também abriu uma pequena cervejaria extra para "ensaios", a fim de apoiar inovações.

Inovação e estabelecimento de marcas comerciais formam o núcleo da estratégia da empresa. A Grolsch acredita que suas cervejas fortes e características podem obter sucesso num mercado de homogeneização crescente. Sua marca é reforçada pelas chamativas garrafas verdes como tampas "swing-top" exclusivas.

InBev (Bélgica/Brasil)

A InBev foi criada em 2004 a partir da fusão da belga InterBrew e a brasileira AmBev. Com um faturamento de quase R$ 35 bilhões (€ 13,3 bilhões) em 2006, é a maior empresa de cerveja do mundo, sustentando a primeira ou segunda posição em 20 países diferentes. Suas marcas reconhecidas internacionalmente incluem a Beck's e a Stella Artois. Por meio de uma série de aquisições, a InBev se tornou a segunda maior cervejaria da China.

A empresa é franca a respeito de sua estratégia: transformar-se da maior empresa de cerveja do mundo na melhor. Pretende fazer isso estabelecendo marcas mundiais sólidas e aprimorando a eficiência. Os ganhos de eficiência serão resultado de mais coordenação central de compras, incluindo mídia e TI; da otimização da sua rede herdada de cervejaria; e do compartilhamento internacional de seus melhores métodos. Embora continue com as aquisições, a InBev atualmente prioriza o crescimento orgânico e margens de lucro melhores de seus negócios já estabelecidos.

Scottish & Newcastle (Reino Unido)

A Scottish & Newcastle é um grupo cervejeiro sediado em Edimburgo e com produção voltada para a Europa. Em 2005, seu faturamento foi de R$ 14,3 bilhões (€ 5,5 bilhões). Suas marcas principais incluem John Smiths, Kronenbourg, Kanterbräu, Baltika e (na Europa) Fosters. É a quarta maior cervejaria da Europa em produção, além de ser líder de mercado no Reino Unido, na França e na

Rússia. A empresa fez várias aquisições no Reino Unido (inclusive da cidra Bulmer), na França, na Grécia e na Finlândia. O investimento do grupo de 50% na Baltic Beverages proporcionou a exposição nos mercados de rápido crescimento da Rússia, da Ucrânia e dos países do Báltico. Na China, a Scottish & Newcastle possui 20% das ações da CBC, a quinta maior cervejaria do país. Na Índia, a United Breweries, que pertence à empresa, é a maior cervejaria, com a marca Kingfisher. Nos Estados Unidos, a Scottish & Newcastle é a segunda maior importadora de cervejas estrangeiras. A empresa enfatiza o desenvolvimento de cervejas inovadoras e especiais e está encerrando as atividades de suas cervejarias mais ineficientes.

Questões

1. Com os dados do caso (e qualquer outro disponível), realize i) uma análise PESTEL e ii) uma análise das cinco forças sobre a indústria europeia da cerveja. Qual é a sua conclusão?

2. Sobre as quatro empresas detalhadas anteriormente (ou outras cervejarias escolhidas por você), explique:

(a) como essas tendências vão influenciar de modo diferente essas diferentes companhias; e

(b) os pontos fortes e fracos relativos de cada empresa.

3

Capacidade Estratégica

RESULTADO DE APRENDIZAGEM

Após a leitura deste capítulo, você será capaz de:

→ Diferenciar os elementos de capacidade estratégica nas organizações: recursos, competências, competências essenciais e capacidades dinâmicas.

→ Reconhecer o papel do aprimoramento contínuo em eficiência de custos como uma capacidade estratégica.

→ Analisar como as capacidades estratégicas podem fornecer vantagens competitivas sustentáveis com base em valor, raridade, inimitabilidade e não substitutabilidade.

→ Diagnosticar a capacidade estratégica através da análise da cadeia de valor, *benchmarking* e análise SWOT.

Photo: Glyn Kirk/Action Plus Sports Images

3.1 INTRODUÇÃO

O Capítulo 2 ressaltou como o ambiente externo de uma organização pode criar tanto as oportunidades estratégicas quanto as ameaças. Mesmo assim, a Tesco, a Sainsbury e a Asda são empresas que competem no mesmo ambiente, ainda que a Tesco apresente o melhor desempenho. Não é o ambiente o que as diferencia entre si, mas suas *capacidades estratégicas* internas. A importância da capacidade estratégica é o foco deste capítulo. Há três conceitos-chave que sustentam a argumentação. O primeiro diz que aquelas organizações não são idênticas mas possuem diferentes capacidades. O segundo é que pode ser difícil para uma organização adquirir ou copiar as capacidades de outra. A Sainsbury, por exemplo, não é capaz de obter facilmente todos os pontos de venda da Tesco, seu sistema de gerenciamento ou sua experiência. O terceiro conceito tem aí sua origem: se uma organização obtém vantagens competitivas, ela o faz em relação às capacidades que seus rivais não possuem ou que têm dificuldade em obter. Consequentemente, isso ajuda a explicar como algumas organizações são capazes de obter desempenho superior na comparação com outras. Elas possuem capacidades que as permitem produzir a custos mais baixos ou fazer um produto ou serviço superior pelos mesmos padrões de custo na comparação com outras empresas com capacidades inferiores. Tais conceitos embasam o que se tornou conhecido como **visão baseada em recursos** (RBV – *resource-based view*) da estratégia[1] (embora pudesse chamada mais apropriadamente de "visão das capacidades"): como a vantagem competitiva e o desempenho superior de uma organização são explicados pela qualidade distintiva de suas capacidades.

A estratégia da **visão baseada em recursos**: a vantagem competitiva e o desempenho superior de uma organização são explicados pela qualidade distintiva de suas capacidades

O capítulo apresenta quatro seções:

- A Seção 3.2 examina os *fundamentos da capacidade estratégica* e avalia a diferença entre *recursos* e *competências*.
- A Seção 3.3 trata da base vital da capacidade estratégica de qualquer organização: mais propriamente, a aptidão para alcançar e continuar a melhorar a *eficiência de custos*.
- A Seção 3.4 avalia os tipos de capacidade que permitem às organizações sustentar a vantagem competitiva ao longo do tempo (em um contexto de setor público, o conceito equivalente pode ser como as organizações sustentam um relativo desempenho superior ao longo do tempo).
- A Seção 3.5 prossegue e analisa os modos diversos pelos quais a capacidade estratégica pode ser analisada. Isso inclui as análises da *cadeia de valor e rede de valor* e *benchmarking*. A seção termina com a explicação do uso da análise *SWOT* como modo de reunir as reflexões da análise do ambiente (explicada no Capítulo 2) e da capacidade estratégica neste capítulo.

3.2 FUNDAMENTOS DA CAPACIDADE ESTRATÉGICA

Diferentes escritores, gerentes e consultores utilizam termos e conceitos distintos para explicar a importância da capacidade estratégica. Dadas tais diferenças, é importante compreender como os termos são usados aqui. A

capacidade estratégica pode ser definida, sobretudo, como os recursos e competências necessárias para que uma organização sobreviva e prospere. A Figura 3.1 mostra os elementos de capacidade estratégica empregados no capítulo para a explicação do conceito.

A **capacidade estratégica** são os recursos e as competências necessárias para que uma organização sobreviva e prospere

3.2.1 Recursos e competências

Talvez o conceito mais básico seja o de recursos. Os **recursos tangíveis** são os bens físicos de uma organização, como máquinas, pessoal e finanças. Os **recursos intangíveis** são bens não físicos, como informação, reputação e conhecimento. Geralmente, os recursos de uma organização podem ser vistos de acordo com as quatro amplas categorias a seguir:

Os **recursos tangíveis** são os bens físicos de uma organização, como máquinas, pessoal e finanças

Os **recursos intangíveis** são bens não físicos, como informação, reputação e conhecimento

- *Recursos físicos* – como equipamentos, instalações ou capacidade de produção da organização. A constituição de tais recursos, como idade, condição, capacidade e localização de cada um deles, irá determinar a sua utilidade.
- *Recursos financeiros* – como capital, dinheiro disponível, débitos e créditos, além de fontes de recursos (acionistas, banqueiros, etc.).
- *Recursos humanos* – incluindo a combinação (perfil demográfico, por exemplo), habilidades e conhecimento dos funcionários e demais pessoal numa rede da organização.
- *Capital intelectual* como um recurso intangível que inclui patentes, marcas comerciais, sistemas de negócios e bases de dados sobre clientes. Uma indicação do valor de tais itens se mostra quando os negócios são vendidos e parte de seu valor é a "reputação". Numa economia baseada em conhecimento, o capital intelectual deve ser um bem importante de muitas organizações.

Esses recursos certamente são importantes, mas o que uma organização faz – como ela emprega ou disponibiliza tais recursos – significa

	Recursos	Competências
Capacidades iniciais	**Recursos iniciais** • Tangíveis • Intangíveis	**Competências iniciais**
Capacidades para vantagem competitiva	**Recursos exclusivos** • Tangíveis • Intangíveis	**Competências essenciais**

FIGURA 3.1 Capacidades estratégicas e vantagem competitiva.

pelo menos tanto quanto os recursos que possui. Não haveria razão em possuir equipamento de ponta, conhecimento valioso ou marcas reconhecidas se não fossem utilizados de modo eficaz. A eficiência e a eficácia de recursos físicos ou financeiros, ou do pessoal da organização, dependem não apenas de sua existência mas também de como são administrados, da cooperação entre as pessoas, de sua adaptabilidade, de sua capacidade de inovação, do relacionamento com os clientes e fornecedores, e da experiência e do aprendizado em relação ao que funciona bem e ao que não dá bom resultado. Tudo isso são as **competências**, ou seja, as habilidades e capacidades por meio das quais os recursos são disponibilizados eficazmente através das atividades e processos de uma organização.

As **competências** são as habilidades e capacidades por meio das quais os recursos são disponibilizados de forma eficaz por meio das atividades e dos processos de uma organização

Junto a essas definições amplas, outros termos são usados costumeiramente. Ao longo das explicações, pode ser útil consultar os dois exemplos da Figura 3.2 – um relacionado aos conceitos em relação a negócios e o outro em relação aos esportes.

3.2.2 Capacidades iniciais

Deve ser feita uma distinção entre capacidades (recurso ou competências) que estão no nível inicial e aquelas que podem auxiliar a organização a alcançar vantagem competitiva e desempenho superior. As **capacidades iniciais** são aquelas essenciais a uma organização para atender as exigências necessárias para competir em determinado mercado. Elas podem ser *recursos iniciais* exigidos para atender às mais básicas solicitações dos clientes: os modernos varejistas diversificados exigem que seus fornecedores disponham de uma infraestrutura de TI bastante sofisticada simplesmente para ter a possibilidade de atender às exigências do varejista. Por outro lado, podem ser as *competências iniciais* necessárias para disponibilizar recursos de forma a atender as exigências dos consumidores e sustentar estratégias específicas. Os varejistas não esperam apenas que os fornecedores tenham a infraestrutura de TI exigida, mas também que sejam capazes de usá-la de modo eficaz e assim garantir o nível de serviço necessário.

As **capacidades iniciais** são aquelas essenciais a uma organização para atender as exigências necessárias para competir em determinado mercado

A identificação e administração das capacidades iniciais cria pelo menos dois desafios importantes:

- *Os níveis iniciais de capacidade irão mudar* enquanto mudam os fatores decisivos de sucesso (consulte a Seção 2.4.4) ou devido às atividades de competidores e novas empresas que entram no mercado. Continuando o exemplo, os fornecedores dos principais varejistas não necessitam do mesmo nível de TI e suporte logístico de uma década atrás. Entretanto, as ações dos varejistas para reduzir custos, aprimorar a eficiência e assegurar a disponibilidade das mercadorias para seus clientes significa que suas expectativas em relação aos fornecedores aumentaram notadamente naquele período de tempo e continuam a aumentar. Assim, há a necessidade desses fornecedores revisarem e melhorarem constantemente seus recursos logísticos e sua base de competência apenas para se manterem no negócio.

Termo	Definição	Exemplo (atletismo)
Capacidade estratégica	A capacidade de desempenho necessária para sobreviver e prosperar. É sustentada pelos recursos e competências de uma organização.	Equipamentos e habilidades atléticas necessárias para uma determinada prova.
Recursos iniciais	Os recursos necessários para atender as exigências mínimas dos clientes e assim continuar a existir.	Um corpo saudável (para pessoas) Instalações médicas e profissionais da saúde Locais de treinamento e equipamento Suplementos alimentares
Competências iniciais	Atividades e processos necessários para atender as exigências mínimas dos clientes e assim continuar a existir.	Formas de treinamento individual Fisioterapia/tratamento de lesões Planejamento de dieta
Recursos exclusivos	Recursos que sustentam a vantagem competitiva e são difíceis de ser obtidos ou imitados pelos competidores	Capacidade cardíaca e respiratória excepcional Peso ou força Treinador de renome
Competências essenciais	Atividades que sustentam a vantagem competitiva e são difíceis de serem obtidas ou imitadas pelos competidores	Uma combinação de dedicação, tenacidade, tempo para treinamento, níveis exigentes de competição e desejo de vencer

FIGURA 3.2 Capacidade estratégica: a terminologia.

- *O equilíbrio de forças* talvez seja necessário para alcançar a capacidade inicial solicitada para diferentes tipos de consumidores. Alguns negócios, por exemplo, consideram difícil competir tanto em segmentos de mercado que exijam grandes quantidades de produtos padronizados quanto em segmentos que exijam produtos de especial valor agregado. Geralmente, o primeiro demanda uma fábrica eficaz e de alta capacidade de produção, sistemas padronizados altamente eficientes e força de trabalho de baixo custo; o segundo, força de trabalho especializada, produção flexível e capacidade mais inovadora. O perigo é que uma organização não seja capaz de alcançar as capacidades iniciais necessárias a cada segmento.

3.2.3 Recursos exclusivos e competências essenciais

Embora as capacidades iniciais sejam importantes, não são capazes de criar sozinhas a vantagem competitiva ou a base do desempenho superior. Estas são dependentes do fato de uma organização possuir capacidades únicas ou distintivas que sejam difíceis de imitar pelos competidores. Isso pode se dar porque a organização possui **recursos exclusivos** que sustentam decisivamente a vantagem competitiva e que outros não podem imitar ou obter – uma marca comercial solidamente estabelecida, por exemplo. É mais provável, entretanto, que uma organização alcance a vantagem competitiva por possuir competências distintivas ou essenciais. O conceito de competência essencial foi desenvolvido mais conhecidamente por Gary Hamel e C. K.

Os **recursos exclusivos** são aqueles que sustentam decisivamente a vantagem competitiva e que outros não podem imitar ou obter

As **competências essenciais** são as habilidades e capacidades pelas quais os recursos são disponibilizados por meio das atividades e dos processos de uma organização, como alcançar a vantagem competitiva de modo que esta não possa ser imitada ou copiada por outros

Prahalad. Embora haja várias definições, aqui toma-se **competências essenciais**[2] como as habilidades e capacidades pelas quais os recursos são disponibilizados por meio das atividades e processos de uma organização, como alcançar a vantagem competitiva de modo que esta não possa ser imitada ou copiada por outros. Um fornecedor, por exemplo, que alcança a vantagem competitiva num mercado de varejo pode ter feito isso com base em único recurso, tal como uma marca poderosa, ou descobrindo maneiras de fornecer o serviço ou construindo um relacionamento com os varejista de um modo que outros não consigam facilmente imitar – uma competência essencial. A Seção 3.4 avalia com mais profundidade o papel desempenhado pelos recursos exclusivos e pelas competências essenciais na contribuição à vantagem competitiva de longo prazo.

Ao se juntar todos esses conceitos, o argumento resumido é o seguinte. Para sobreviver e prosperar, uma organização precisa lidar com os desafios do ambiente que enfrenta, como se viu no Capítulo 2. Deve ser capaz, especificamente, de apresentar um desempenho nos termos dos fatores decisivo de sucesso, discutidos na Seção 2.4.4. A capacidade estratégica de realizar isso depende das competências e dos recursos que a organização possui. Estes devem atingir um nível inicial para que a organização sobreviva. O desafio seguinte é alcançar a vantagem competitiva. Isso requer que ela possua capacidades estratégicas que seus concorrentes não obtenham ou imitem com facilidade. Tais capacidades podem ser recursos exclusivos, mas é provável que sejam competências essenciais da organização. O Exemplo 3.1 mostra como executivos de diferentes organizações descrevem as capacidades estratégicas de suas empresas.

3.3 EFICIÊNCIA DE CUSTOS

Os gerentes costumam se referir ao gerenciamento de custos como uma capacidade estratégica decisiva. E realmente é assim. Além disso, compreender o gerenciamento da eficiência de custos como uma capacidade estratégica ilustra alguns dos pontos levantados na Seção 3.2.

Os clientes podem se beneficiar da eficiência de custos em termo de preços mais baixos ou mais recursos de produtos de mesmo preço. A base do gerenciamento de custos de uma organização também pode ser uma base para alcançar a vantagem competitiva (consulte as Seções 6.2.1 e 6.3.1). Entretanto, para muitas organizações o gerenciamento de custos está se tornando uma capacidade estratégica inicial por duas razões:

- *Os consumidores não valorizam os recursos do produto qualquer que seja o preço.* Se o preço subir muito, eles irão sacrificar o valor e irão optar por preços mais baixos. Assim, o desafio é assegurar um nível de valor apropriado a um preço aceitável. Isso significa que todos são forçados a manter os custos tão baixos quanto o possível, coerentemente ao valor a ser fornecido. Não fazer isso incita os consumidores a trocar de produto ou anima os concorrentes.
- A *rivalidade competitiva* irá continuar a direcionar os custos para baixo, já que os competidores estarão tentando reduzir seus próprios custos

Exemplo 3.1

Capacidades estratégicas

Executivos ressaltam as diferentes capacidades estratégicas de organizações distintas.

A **Freeport-McMoRan Cooper and Gold Inc.** é uma empresa internacional de mineração dos Estados Unidos. Ela afirma que sua posição de liderança na indústria de mineração se dá graças a "ativos abundantes, de longa duração e geograficamente diversificados e significativas reservas compradas e presumíveis de cobre, ouro e molibdênio". Mais especificamente, em relação a suas operações na Indonésia, ela ressalta seu "principal ativo", a "mina de Grasberg, de qualidade internacional, descoberta em 1988", que possui "a maior reserva individual de cobre do mundo e a maior reserva individual de ouro do mundo".

Fonte: Annual Report, 2006.

Daniel Boutn, Presidente e CEO da **Société Génerale**, em resposta à pergunta *"como a empresa mantém sua vantagem competitiva em derivativos de ações?"*

A barreira de entrada é alta por causa de dois custos importantes. O primeiro é TI. Os sistemas que você precisa operar custam pelo menos 200 milhões de euros por ano, e não são nada que se possa comprar da Dell ou da SAP. O segundo é a quantidade absoluta de pessoas de que você precisa para trabalhar no gerenciamento do seu risco. Antes de lançar um produto, é preciso ter o pessoal das funções operacionais que sugerem, calculam e desenvolvem o primeiro modelo. Em seguida, você precisa do pessoal de TI que cria o sistema de TI capaz de calcular os riscos a cada dez segundos. E você precisa de uma boa equipe de validação para verificar todas as hipóteses. Após isso, você precisa de pessoal de gestão intermediária e de apoio de alta qualidade.

Fonte: Entrevista por Clive Horwood, em *Euromoney*, vol. 27, no 447 (julho de 2006), p. 84-89.

Tony Hall, Presidente do **Royal Opera House**:

"classe internacional" não é uma expressão inútil nem pretensiosa. No contexto do Royal Opera House, o termo se refere à qualidade do nosso pessoal, os padrões de nossas produções e a diversidade de nosso trabalho e de nossas iniciativas. Único? Sim, sem sombra de dúvida. Evitamos rótulos como "elite" por conta das óbvias conotações negativas de exclusividade. Entretanto, quero que as pessoas percebam aqui que somos uma elite no sentido de termos os melhores cantores, dançarinos, diretores, *designers*, orquestra, coro, equipe de bastidores e pessoal administrativo. Também estamos entre os melhores em nossa capacidade de chegar a comunidades tão amplas e diversificadas quanto possível.

Source: Annual Review, 2005/6, p. 11.

Dave Swift, Presidente da **Whirlpool** dos Estados Unidos:

Executar nossa estratégia requer um conjunto de competências único que continuamos a desenvolver para nosso pessoal em todo o mundo. O ponto de partida para construir novas competências é o que chamamos de "excelência do consumidor" – nossa capacidade para entender e antecipar de modo proativo as necessidades dos consumidores. A excelência do consumidor é uma coleção de ferramentas que permite ao nosso pessoal avaliar e priorizar analiticamente as necessidades e desejos dos consumidores em todos os aspectos do ciclo de compra – desde a primeira vez que eles analisam um produto num *site*, passando pela experiência na loja de um varejista, pelos recursos e pela estética de um produto, a experiência da instalação e da manutenção, chegando até a necessidade de repetir este ciclo. Com as percepções desses clientes à disposição, nós as transformamos em soluções para os consumidores através de nossas ferramentas de inovação. Como resultado, nossa capacidade de inovação tem produzido uma grande fonte de produtos, atingindo um valor estimado de estado estacionário acima de US$ 3 bilhões... Nosso conhecimento dos clientes aliado às nossas soluções de consumo inovadoras conduzem à atratividade de nossas marcas e proporcionam valores cada vez maiores para nossos acionistas.

Fonte: Whilpool Corporation 2005 Annual Report.

Questões

1. Disponha em categorias o leque de capacidades ressaltadas pelos executivos nos termos da Seção 3.2 e da Figura 3.2.
2. Com referência à Seção 3.4, qual capacidade deve ser particularmente importante em termos de alcançar a vantagem competitiva? Por quê?
3. A partir de uma organização escolhida por você, responda as mesmas questões 1 e 2 acima.

de modo a proporcionar preços menores do que os dos rivais enquanto oferecem valor similar.

Se os custos devem ser gerenciados com eficácia, deve-se prestar atenção aos principais *direcionadores de custos*:

- As *economias de escala* podem ser especialmente importantes em organizações de produção, desde que os altos custos de capital para instalações tenham ser recuperados através de um alto volume de rendimento. Tradicionalmente, os setores de produção onde isso tem sido particularmente importante são os de veículos motorizados, produtos químicos e metais. Em outras indústrias, como a de bebidas, a de cigarros e a de alimentos, as economias de escala são importantes na distribuição e no *marketing*.
- Os *custos de fornecimento* podem ser importantes. A localização pode influenciar nos custos de fornecimento, isto porque, historicamente, as fábricas de aço e vidro estiveram próximas das matérias-primas ou das fontes de energia. Em alguns casos, a posse das matérias-primas era um recurso exclusivo, proporcionando vantagem de custos. Os custos de fornecimento são particularmente importantes para organizações que agem como intermediários, em que o valor agregado em suas próprias atividades é baixo e a necessidade de identificar e gerenciar custos de insumos é muito importante para o êxito. Os varejistas, por exemplo, dedicam muito mais atenção a maneiras de tentar baixar seus custos de fornecimento do que seus competidores.
- O *conceito de produto/processo* também influencia os custos. Os ganhos de eficiência em processos de produção são alcançados em várias organizações através de aprimoramentos em *aproveitamento da capacidade*, *produtividade da mão de obra*, *rendimento* (de materiais) ou utilização do *capital de giro*. Entender a importância relativa de cada um desses fatores para manter uma posição competitiva é importante. Por exemplo, em termos de gerenciamento do aproveitamento da capacidade: um assento vazio num avião, trem ou teatro não pode ser "estocado" para venda futura. Assim, comercializar ofertas especiais (enquanto projetam o negócio principal) e ter sistemas de TI para analisar e otimizar os rendimentos são capacidades importantes. O conceito do produto também irá influenciar os custos em outras partes da rede de valor – na distribuição, por exemplo, ou na assistência pós-vendas. No mercado das fotocopiadoras, por exemplo, a Cannon acabou com a vantagem da Xerox (a qual tinha sido construída com serviços e uma rede de assistência) ao projetar uma copiadora que precisava de muito menos manutenção.
- A *experiência*[3] pode ser uma fonte-chave de eficiência de custos e há provas de que é capaz de fornecer vantagem competitiva especialmente em termos de relacionamento entre a experiência cumulativa obtida por uma organização e seus custos por unidade – processo descrito como a *curva de experiência*. Veja a Figura 3.3. A curva de experiência dá a entender que uma organização, ao se incumbir de qualquer atividade, desenvolve competências nessa atividade ao longo do tempo e assim a realiza de modo mais eficiente. Uma vez que empresas com fatias de mercado maiores possuem mais "experiência cumulativa" – simples-

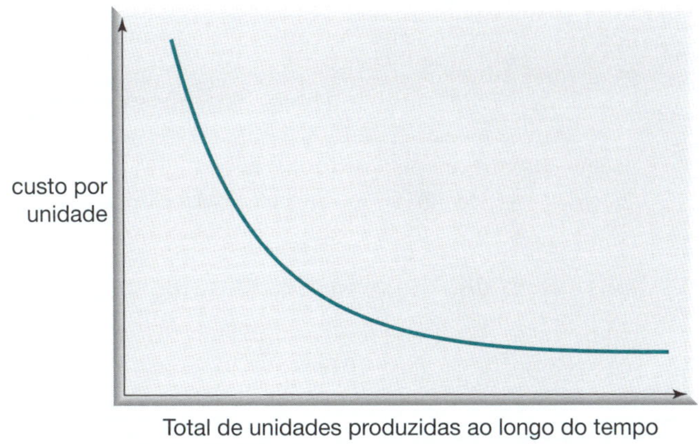

FIGURA 3.3 A curva de experiência.

mente porque grandes fatias dão a elas maiores volumes de produtos ou serviços –, resulta daí que é importante ganhar e manter fatias do mercado, conforme foi visto no Capítulo 2. É importante lembrar que é a *fatia de mercado relativa* em segmentos de mercado limitados que importa. Há importantes implicações do conceito da curva de experiência que podem influenciar a posição competitiva de uma organização:

- *O crescimento não é uma opção* em vários mercados. Se uma organização decide crescer mais lentamente do que a concorrência, deve esperar que os concorrentes consigam vantagem de custos a longo prazo – por meio da experiência.
- *Os custos de unidade devem cair ano após ano* como resultado da experiência cumulativa. Em indústrias de alto crescimento, isso irá acontecer rapidamente, mas mesmo em indústrias maduras esse declínio nos custos deve ocorrer. As organizações incapazes de alcançar isso provavelmente irão sofrer nas mãos de competidores que são capazes. A implicação disso é que *a redução contínua dos custos é uma necessidade* para organizações em mercados competitivos. Mesmo se não for suficiente para resultar em vantagem competitiva, trata-se de uma competência inicial para a sobrevivência.
- *A vantagem do pioneiro* pode ser importante. A organização que avança na curva de experiência por ser pioneira num mercado deve conseguir reduzir sua base de custos por conta da experiência acumulada que construiu sobre os rivais por ser a primeira.

3.4 CAPACIDADES PARA ALCANÇAR E SUSTENTAR A VANTAGEM COMPETITIVA

As lições das Seções 3.2 e 3.3 são as seguintes: se as capacidades de uma organização não atendem as necessidades do consumidor, nem que seja apenas no nível inicial, a organização não pode sobreviver; e se os gerentes não administram eficientemente os custos e não continuam a aprimorar esse quesito, a organização ficará vulnerável em relação àqueles que forem capazes de fazer isso. Entretanto, se a meta é alcançar uma *vantagem competitiva*, a próxima questão é a seguinte: que capacidades estratégicas podem dar vantagem competitiva que possam ser sustentadas ao longo do tempo? Se é isto o que deve ser alcançado, então há outros critérios que são importantes[4].

3.4.1 Valor das capacidades estratégicas

É importante ressaltar que se uma organização procura construir uma vantagem competitiva, ela deve ter capacidades que sejam valorizadas por seus clientes. Isso pode parecer algo óbvio de se apontar, mas na prática é um ponto geralmente ignorado ou parcamente compreendido. Os gerentes podem argumentar que alguma capacidade específica de suas organizações tem valor apenas por ser específica. Ter capacidades que sejam diferentes das de outras organizações não é, por si só, uma base de vantagem competitiva. Assim, a argumentação na Seção 2.4.4 e as lições que ela mostra também são importantes aqui. Os gerentes devem examinar cuidadosamente quais atividades de suas organizações são especialmente importantes em fornecer tais valores. Devem também considerar quais são as menos valorizadas. A análise da cadeia de valor explicada na Seção 3.5.1 pode ser útil nesse caso.

3.4.2 Raridade das capacidades estratégicas

A vantagem competitiva pode ser alcançada se um competidor possuir uma capacidade única ou rara. Isso pode tomar a forma de *recursos exclusivos*. Algumas livrarias, por exemplo, possuem coleções exclusivas de livros que não encontrados em qualquer outro lugar; uma empresa pode ter uma marca comercial muito poderosa; lojas de varejo podem ler localizações privilegiadas. Algumas organizações têm produtos ou serviços patenteados, que lhes proporcionam vantagens – recursos que podem ter de ser defendidos pela disposição de entrar em litígio contra imitadores ilegais. Para organizações de serviços, os recursos exclusivos podem ser capital intelectual – indivíduos especialmente talentosos.

A vantagem competitiva também pode ser baseada em competências raras: habilidades exclusivas desenvolvidas ao longo do tempo, por exemplo. Entretanto, há três pontos importantes para se levar em consideração sobre o quanto a raridade das competências é capaz de fornecer uma vantagem competitiva sustentável:

- *Facilidade de transferência*. A raridade pode depender de quem possui a competência e o quanto é fácil transferi-la. A vantagem competitiva de algumas organizações de serviços profissionais, por exemplo, é construída em torno da competência de indivíduos específicos – como um doutor em medicina "de ponta", gerentes de fundos, o treinador de uma equipe de esportes de sucesso ou o CEO de uma empresa. Mas uma vez que esses indivíduos podem deixar a organização ou juntar-se aos concorrentes, esse recurso pode ser uma base de vantagem frágil. Uma vantagem mais duradoura *talvez* seja encontrada em competências existentes para recrutar, treinar, motivar e recompensar tais indivíduos ou seja fixar-se na cultura que os atrai para as organizações – e assim assegurar que eles não desertem para a concorrência.

- *Sustentabilidade.* Pode ser perigoso admitir que competências que são raras irão permanecer desse modo. *A raridade pode ser temporária.* Se uma organização é bem-sucedida com base num conjunto único de competências, então os competidores irão procurar imitar ou obter essas competências. Assim, pode ser necessário considerar outras bases de sustentabilidade.
- *Competências rígidas.* Outro perigo é o da redundância. Capacidades raras podem vir a ser o que Dorothy Leonard-Barton chamou de "competências rígidas",[5] difíceis de mudar e, portanto, danosas à organização. Os gerentes podem ficar tão ligados a essas bases a ponto de considerá-las pontos fortes da organização e "inventar" valores dos clientes em torno delas.

3.4.3 Capacidades estratégicas inimitáveis

A esta altura, deve estar claro que a busca por capacidade estratégica que forneça vantagem competitiva sustentável não é algo direto. Envolve identificar capacidades que devem ser duráveis e que os competidores considerem difíceis de imitar ou obter.

Com o risco da generalização acentuada, não é comum explicar a vantagem competitiva pelas diferenças nos recursos tangíveis das organização, uma vez que ao longo do tempo tais recursos geralmente podem ser imitados ou negociados. A vantagem provavelmente é mais determinada pelo modo no qual os recursos são disponibilizados para criar competências nas atividades da organização. Por exemplo, conforme o que foi sugerido anteriormente, um sistema de TI por si mesmo não irá aprimorar o padrão competitivo de uma organização: é o modo como ele é usado que conta. De fato, o que provavelmente fará mais diferença é como o sistema é usado para reunir as necessidades dos clientes com as atividades e conhecimentos dentro e fora da organização. Trata-se, portanto, de ligar os conjuntos de competências. Assim, expandindo a definição anterior, as competências essenciais são provavelmente as habilidades e capacidades de *articular* atividades ou processos por meio dos quais os recursos são disponibilizados a fim de obter vantagem competitiva. A fim de obter essa vantagem, as competências essenciais devem, portanto, preencher os seguintes requisitos:

- Ser concernentes a uma atividade ou a um processo que sustenta o valor nos recursos de um produto ou serviço – como visto através dos olhos de um consumidor (ou outro *stakeholder* poderoso). Este é o critério de valor examinado anteriormente.
- As competências devem conduzir a níveis de desempenho que são significativamente melhores do que os dos concorrentes (ou de organizações semelhantes no setor público).
- As competências devem ser difíceis de imitar – ou mesmo inimitáveis – por parte dos competidores – ou inimitáveis.

Em relação a este terceiro requisito de inimitabilidade, a Figura 3.4 resume como isto pode ser alcançado e o Exemplo 3.2 também fornece um exemplo. As três razões principais são as seguintes:

Complexidade

As competências essenciais de uma organização podem ser difíceis de imitar por conta de sua complexidade. Há duas razões prováveis para isso:

- *Articulações internas.* Pode ser a capacidade de articular atividades e processos que proporciona o valor para o consumidor. Os gerentes na Plasco (veja o Exemplo 3.2) mencionavam "flexibilidade" e "inovação", mas "flexibilidade" ou "inovação" são feitas de contingência a conjuntos de atividades relacionadas, como mostra o Exemplo 3.2.
- *Interconectividade externa.* As organizações podem tornar difícil para outros imitar ou adquirir suas bases de vantagem competitiva ao desenvolver atividades junto com o consumidor nas quais ele se torna dependente das organizações. Às vezes, isso é mencionado como *coespecialização.* Uma empresa de lubrificantes industriais, por exemplo, deixou de meramente vender seus produtos aos clientes e chegou a um acordo com eles para gerenciar a aplicação dos lubrificantes no interior das instalações dos clientes para combater determinados alvos da redução de custos. Quanto mais eficiente o uso dos lubrificantes, mais benefícios para ambas as partes. De modo semelhante, as empresas de *software* podem alcançar van-

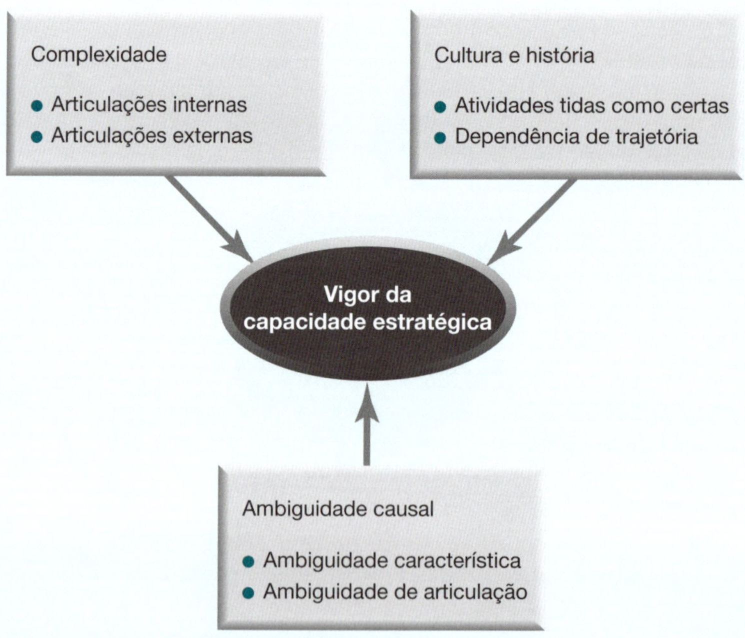

FIGURA 3.4 Critérios para inimitabilidade de capacidades estratégicas.

Exemplo 3.2

Capacidade estratégica para a Plasco

A capacidade estratégica que sustenta o sucesso competitivo pode ser baseada em articulações complexas enraizadas na história e na cultura de uma organização.

A Plasco, fabricante de produtos plásticos, havia ganhado várias grandes contas de varejo de seus concorrentes. Os gerentes estavam interessados em entender as bases desses sucessos como modo de compreender melhor as capacidades estratégicas. Para isso, realizaram uma análise do valor do consumidor (como foi explicado na Seção 2.4.4, no Capítulo 2). A partir disso, descobriram que os principais varejistas com quem tinham alcançado sucesso valorizavam particularmente uma marca poderosa, uma boa gama de produtos, inovação, bom serviço e entrega confiável. Particularmente, a Plasco superava os concorrentes em entrega, serviço e leque de produtos.

Em seguida, os gerentes realizaram uma análise detalhada das competências da Plasco para identificar os processos e atividades do negócio que garantiam esse valor aos clientes. Algumas razões descobertas eram conhecidas pelos gerentes *seniores*, mas eles não estavam cientes das outras explicações para o sucesso que vieram à tona.

Ao analisar as bases da entrega confiável, não conseguiram descobrir as razões pelas quais venciam seus concorrentes. Sua logística não era diferente da de outras empresas. Eram essenciais mas não exclusivos – recursos e competências iniciais.

Quando examinaram as atividades que impulsionavam o bom serviço que forneciam, entretanto, encontraram outras explicações. Prontamente descobriram que muito se devia a terem uma abordagem mais flexível do que a de seus concorrentes, o principal deles uma empresa multinacional dos Estados Unidos. A explicação de tal flexibilidade era menos óbvia. A flexibilidade tomava forma, por exemplo, na capacidade de melhorar as exigências dos pedidos dos varejistas com a maior rapidez, ou, no caso de erro dos compradores nos varejistas, "esvaziá-los" os estoques, recebendo de volta os produtos entregues. O que era ainda menos óbvio eram atividades que sustentavam tal flexibilidade. O mapeamento mostrou algumas explicações:

- O gerente-júnior e os assistentes da firma estavam "driblando as regras" ao aceitar de volta produtos dos grandes varejistas, o que, falando rigorosamente, não era permitido pelas políticas e sistemas do negócio.
- A utilização das instalações era relativamente mais baixa e menos automatizada do que a dos concorrentes, o que facilitava a mudança no ritmo de produção com grande rapidez. A política da empresa, por outro lado, era aprimorar a produtividade através do aumento da utilização e iniciar a automatização das instalações. Os níveis mais baixos do gerenciamento de produção não estavam ansiosos por isso, sabendo que se o fizessem, reduziriam a flexibilidade e consequentemente diminuiriam sua capacidade de fornecer o serviço que o consumidor queria.

Muito disso se deveu tanto ao conhecimento dos gerentes-juniores, representantes de vendas e pessoal de apoio na fábrica quanto ao "modo de operar o sistema" e como trabalhar em equipe para resolver os problemas dos varejistas. Não se tratava de uma questão da política da empresa ou de treinamento formal, mas de costumes e práticas que haviam sido construídos ao longo dos anos. O resultado era um relacionamento entre o pessoal de vendas e os compradores do varejo no qual estes últimos eram encorajados a "pedir o impossível" para a empresa quando as dificuldades surgiam.

Logística sensata e produtos de boa qualidade eram vitais, mas a competência essencial que sustentou o sucesso da empresa foi o resultado dos conjuntos articulados de atividades construídos ao longo dos anos, difíceis de identificar claramente não apenas pelos concorrentes mas também pelo próprio pessoal da organização.

Questões

1. Por que seria difícil para uma grande e automatizada fabricante norte-americana de plásticos lidar com os varejistas do mesmo modo que a Plasco?
2. Como os gerentes seniores da Plasco deveriam reagir às explicações de capacidade estratégica detectadas pelo mapeamento?
3. O que poderia corroer as bases da vantagem competitiva que a Plasco possui?

tagem competitiva ao desenvolver programas de computador que sejam especialmente favoráveis às necessidades de determinado cliente.

Cultura e história

As competências essenciais podem se tornar enraizadas na cultura de uma organização. Naturalmente, mesmo os gerentes no interior de uma organização podem ser incapazes de compreender *claramente* tais competências. Assim, a coordenação entre várias atividades acontece "naturalmente" porque as pessoas conhecem seu papel em aspecto mais amplo ou porque é simplesmente "tido como certo" que as atividades são feitas de determinadas maneiras. Na Plasco, por exemplo, a experiência em mudanças rápidas nos períodos de produção e os elos estreitos entre o pessoal de vendas, a produção e a expedição não foram planejados ou formalizados: eram o modo como a firma havia operado ao longo dos anos.

Ligado a esse enraizamento cultural, portanto, está a probabilidade de que tais competências tenham se desenvolvido ao longo do tempo e de um modo específico para uma organização a ponto de serem difíceis de imitar por outros. Novamente, entretanto, deve-se notar que há o perigo de que as competências enraizadas culturalmente ao longo do tempo se tornem tão enraizadas que sua mudança seja muito difícil; que elas se tornem competência rígida.

Ambiguidade causal[6]

Outra razão pela qual as competências podem ser difíceis de imitar é que os concorrentes considerem penoso detectar as causas e os efeitos que sustentam a vantagem da organização. Isto se chama ambiguidade causal. Pode se relacionar a qualquer um ou a todos os aspectos da capacidade estratégica examinados nas seções anteriores deste capítulo. A ambiguidade causal pode existir em duas formas diferentes.[7]

- *Ambiguidade característica.* Em que a própria importância da característica é difícil de discernir ou compreender, talvez por ser baseada em conhecimentos tácitos ou enraizada na cultura da organização. É perfeitamente possível, por exemplo, que o "drible na regra" na Plasco tivesse sido considerado contracultural por sua rival norte-americana e, assim, não fosse imediatamente identificado ou visto como importante ou significativo.
- *Ambiguidade de articulação.* Em que os concorrentes não conseguem discernir quais atividades e processos dependem de outros para formar articulações que criam competências essenciais. Seria difícil para os competidores entender as articulações de causa e efeito na Plasco dado que o próprio gerenciamento da empresa não as compreendeu totalmente.

3.4.4 Capacidades estratégicas insubstituíveis

Fornecer valor aos consumidores e possuir competências que são complexas, culturalmente enraizadas e efetivamente ambíguas pode significar ser muito difícil para as organizações copiá-las. Entretanto, as organizações podem ainda sofrer o risco das substituições. As substituições podem assumir duas formas:

- *Substituição de produtos ou de serviços.* Como já mencionado no Capítulo 2 em relação ao modelo das cinco forças de competição, um produto ou um serviço como um todo pode ser vítima de substituição. Os crescentes sistemas de *e-mail*, por exemplo, substituíram os sistemas postais. Não importa quão complexa e culturalmente enraizadas fossem as competências do serviço postal, não foi possível evitar esse tipo de substituição.
- *Substituição de competência.* A substituição, entretanto, pode se dar não em termos de produto ou serviço, mas em termos de competência. As indústrias baseadas em tarefas, por exemplo, sofrem frequentemente por conta da confiança exagerada nas competências de artesãos habilidosos que têm sido substituídos por sistemas especializados e pela mecanização.

Resumidamente e a partir de uma visão das organizações baseada em recursos, os gerentes precisam avaliar se suas empresas possuem capacidades estratégicas capazes de alcançar e sustentar a vantagem competitiva. Para tanto, precisam pensar em como e para qual propósito possuem capacidades que são (a) valorizáveis pelos compradores, (b) raras, (c) inimitáveis e (d) insubstituíveis. Se tais capacidades para vantagem competitiva não existem, então os gerentes devem analisar se é possível desenvolvê-las.

3.4.5 Capacidades dinâmicas

A discussão até agora tendeu considerar que as capacidades estratégicas podem fornecer vantagem competitiva sustentável ao longo do tempo – que tais capacidades são duráveis. Entretanto, os gerentes muitas vezes afirmam que seu ambiente competitivo muda ainda mais rapidamente. Além disso, afirmam que a tecnologia está promovendo inovação a velocidades mais rápidas e, consequentemente, a uma capacidade maior para imitação e substituição dos produtos e serviços existentes. Ainda assim, mesmo em tais circunstâncias, algumas firmas realmente alcançam vantagem competitiva sobre outras. Para explicar isso, deve-se colocar mais ênfase na capacidade da empresa em mudar, inovar, ser flexível e aprender a se adaptar a um ambiente de mudanças rápidas.

David Teece argumentou que as capacidades estratégicas que alcançam vantagem competitiva em tais condições dinâmicas são **capacidades dinâmicas**, pelas quais ele descreve a capacidade de uma organização para *renovar e recriar suas capacidades estratégicas* a fim de atender as necessidades dos ambientes em mudança.[8] As capacidades dinâmicas podem ser relativamente formais, como sistemas para o desenvolvimento de novos produtos ou procedimentos para autorização de gastos de capital. Podem tomar a forma de grandes movimentos estratégicos, como aquisições ou alianças por meio das quais novos aprendizados são adquiridos pela organização. Também podem ser mais informais, como o modo pelo qual decisões são tomadas mais rapidamente do que o normal quando uma resposta

As **capacidades dinâmicas** são as capacidades de uma organização para renovar e recriar suas capacidades estratégicas a fim de atender as necessidades dos ambientes em mudança mais rápida se faz necessário. Também podem tomar a forma de "conhecimento organizacional" determinado sobre como lidar com circunstâncias específicas que as organizações enfrentam ou como inovar. De fato, as capacidades dinâmicas provavelmente apresentam características tanto formais quanto informais, tanto visíveis quanto invisíveis. Kathy Eisenhardt,[9] por exemplo, mostrou que os processos de aquisição bem-sucedidos que trazem novos conhecimentos para as organizações dependem de análises de alta qualidade de pré e pós-aquisição sobre como o processo pode ser integrado na nova organização a fim de reter sinergias e bases de aprendizagem daquela aquisição. Entretanto, lado a lado com esses procedimentos formais haverá maneiras menos cerimoniosas de proceder no processo de aquisição, construídas a partir de relacionamentos pessoais sem formalidades e da troca de conhecimento de modos mais informais.

Em resumo, enquanto em condições mais estáveis a vantagem competitiva pode ser alcançada com o estabelecimento de capacidades que podem ser duráveis ao longo do tempo, em condições mais dinâmicas a vantagem competitiva requer a criação de capacidades de mudança, inovação e aprendizado – a construção das capacidades dinâmicas.

3.5 O DIAGNÓSTICO DA CAPACIDADE ESTRATÉGICA

Até agora, este capítulo ocupou-se com a explicação da capacidade estratégica e dos conceitos a ela associados. Esta seção irá dispor alguns modos pelos quais as capacidades estratégicas poderão ser diagnosticadas.

3.5.1 A cadeia de valor e a rede de valor

Se as organizações obtêm vantagem competitiva ao proporcionar valor aos consumidores, os gerentes devem entender quais de suas atividades são especialmente importantes na criação de tal valor e quais não são. Os conceitos de cadeia de valor e de rede de valor podem ser úteis na compreensão desse assunto.

A cadeia de valor

Uma **cadeia de valor** descreve as categorias de atividades no interior e no entorno de uma organização, as quais, juntas, criam um produto ou um serviço

As **atividades primárias** são diretamente ligadas à criação ou à disponibilização de um produto ou serviço

A **cadeia de valor** descreve as categorias de atividades no interior e no entorno de uma organização, as quais, juntas, criam um produto ou um serviço. O conceito foi desenvolvido em relação à estratégia competitiva por Michael Porter.[10] A Figura 3.5 é uma representação da cadeia de valor. As **atividades primárias** são diretamente ligadas à criação ou à disponibilização de um produto ou serviço. Por exemplo, para uma empresa de produção:

- A *logística de abastecimento* consiste nas atividades relativas a receber, armazenar e distribuir insumos para o produto ou serviço, incluindo manuseio de materiais, controle de estoque, transporte, etc.
- As *operações* transformam esses insumos no produto ou serviço final: usinagem, acondicionamento, montagem, testes, etc.

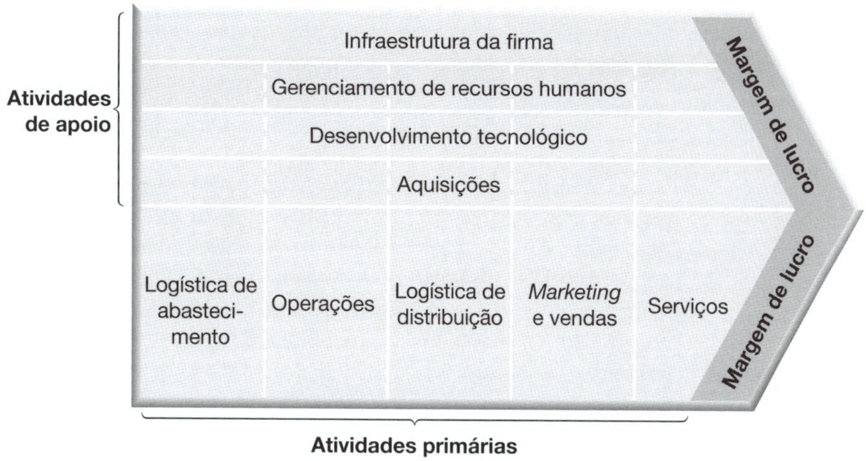

Fonte: Impresso com permissão da Free Press, uma divisão da Simon & Schuster Adult Publishing Group, from Competitive Advantage: Creating and Sustaining Superior Performance by Michael E. Porter. Copyright © 1985, 1998 by Michael E. Porter. Todos os direitos reservados.

FIGURA 3.5 A cadeia de valor no interior de uma organização.

- A *logística de distribuição* reúne, armazena e distribui o produto aos consumidores: por exemplo, armazenagem, manuseio de materiais, distribuição, etc.
- O *marketing e vendas* fornece os meios pelos quais os consumidores ficam cientes do produto ou serviço e os disponibiliza para compra. Isso inclui administração de mercado, publicidade e vendas.
- O *serviço* inclui aquelas atividades que aumentam ou mantêm o valor de um produto ou serviço, como instalação, reparos, treinamento e reposição.

Cada um desses grupos de atividades primárias está ligado às atividades de apoio. As **atividades de apoio** ajudam a melhorar a eficácia ou eficiência das atividades primárias:

As **atividades de apoio** ajudam a melhorar a eficácia ou eficiência das atividades primárias

- *Aquisições.* Os *processos* que acontecem em várias parte da organização para comprar os vários insumos de recurso para as atividades primárias.
- *Desenvolvimento tecnológico.* Todas as atividades de valor possuem uma "tecnologia", mesmo se for apenas *know-how*. As tecnologias podem ser diretamente ligadas ao produto (por exemplo, P&D, *design* de produtos) ou aos processos (por exemplo, desenvolvimento de processos) ou a um recurso específico (por exemplo, aprimoramento de matérias-primas).
- *Gerenciamento de recursos humanos.* Isto transcende todas as atividades primárias. Está relacionado com aquelas atividades envolvidas no recrutamento, administração, treinamento, desenvolvimento e gratificação do pessoal dentro da organização.

- *Infraestrutura.* Os sistemas formais de planejamento, finanças, controle de qualidade, gerenciamento de informação e as estruturas e rotinas que fazem parte da cultura de uma organização (consulte a seção 5.3).

A cadeia de valor pode auxiliar na análise da posição estratégica de uma organização de dois modos diferentes.

- Como *descrições genéricas das atividades* que podem auxiliar os gerentes a entender se há um ramo de atividades resultando em benefícios para os clientes localizados em áreas específicas da cadeia de valor. Um negócio pode ser, por exemplo, especialmente eficiente em logística de distribuição ligada as suas operações de *marketing* e vendas e sustentado por seu desenvolvimento tecnológico, e pode não ser tão eficiente em termos de operações e logística de abastecimento. A cadeia de valor também faz com que os gerentes reflitam sobre o papel desempenhado por diferentes atividades. Numa lanchonete local dirigida por uma família, por exemplo, fazer o sanduíche deve ser classificado em "operações" ou em "*marketing* e vendas", considerando que sua reputação e apelo podem se dever às relações sociais e aos gracejos entre os clientes

Exemplo 3.3

Uma cadeia de valor para as exportações de filé de peixe congelado de Uganda

Mesmo os pequenos empreendimentos podem fazer parte de uma cadeia internacional de valor. Analisá-los pode fornecer benefícios estratégicos.

Uma empresa de pescado na Uganda mal conseguia dar lucro. O peixe era pescado em pequenas lanchas de propriedade de pescadores pobres dos povoados locais. Antes de partir, recebiam gelo e caixas plásticas dos intermediários para acondicionar os peixes que iriam comprar na volta dos pescadores. As caixas eram importadas, como os equipamentos e peças das lanchas. Tudo tinha de ser pago aos agentes, em dinheiro e adiantado. Algumas vezes, o gelo e os suprimentos não estavam disponíveis a tempo. O peixe entregue com pouco gelo alcançava a metade do preço do peixe congelado, e às vezes não podia ser vendido de qualquer modo. A fábrica de pescado sempre havia processado os filés da mesma maneira, jogando os restos de volta no lago. Uma vez por semana, alguns negociantes estrangeiros vinham e compravam os melhores filés. Não informavam para quem vendiam o produto e às vezes não compravam muito.

Ao mapear a cadeia de valor, ficou claro que havia oportunidade de agregar mais valor à cadeia e reduzir as perdas. Junto com especialistas de fora, a fábrica de pescado e a comunidade de pescadores desenvolveu uma estratégia para aprimorar suas capacidades, conforme indica a figura, até se tornar um próspero negócio internacional, a Lake Victoria Fish Company, com exportações por via aérea regulares para o mundo. É possível consultar suas operações atuais no *site* www.ufpea.co.ug e descobrir mais sobre o tipo de processo analítico aplicado em www.justreturn.ch (os custos e preços aproximados dados representam a situação antes que as melhorias fossem implementadas).

Questões

1. Descreva uma cadeia de valor para outros negócios nos termos das atividades no interior de suas partes componentes.
2. Avalie os custos relativos e/ou os ativos associados a essas atividades.
3. Quais são as implicações estratégicas de sua análise?

e cozinheiros? Controversamente, classifica-se em "operações" se o sanduíche for ruim e em "*marketing* e vendas" se for bom.

- Em termos de *custo e valor das atividades*.[11] A ilustração 3.3 mostra isso em relação à criação de peixes. A cadeia de valor foi usada por criadores de peixe de Uganda como uma maneira de identificar no que deveriam prestar atenção ao desenvolver um modelo de negócios mais rentável.

A cadeia de valor

Um única organização raramente emprega internamente todas as atividades de valor, do *design* à entrega do produto ou serviço ao consumidor final. Geralmente há uma especialização das funções, de forma que qualquer organização é parte de uma *rede de valor* mais ampla. A **rede de valor** é o conjunto de elos interorganizacionais e de relacionamentos necessários para criar um produto ou um serviço (veja a Figura 3.6). Assim, uma organização deve ser clara sobre as atividades que deseja empreender e as que não deseja, embora, talvez, possa terceirizar. Entretanto, uma vez que boa parte dos custos e da criação de valor irá ocorrer nas cadeias de fornecimento e de

A **rede de valor** é o conjunto de elos interorganizacionais e de relacionamentos necessários para criar um produto ou um serviço

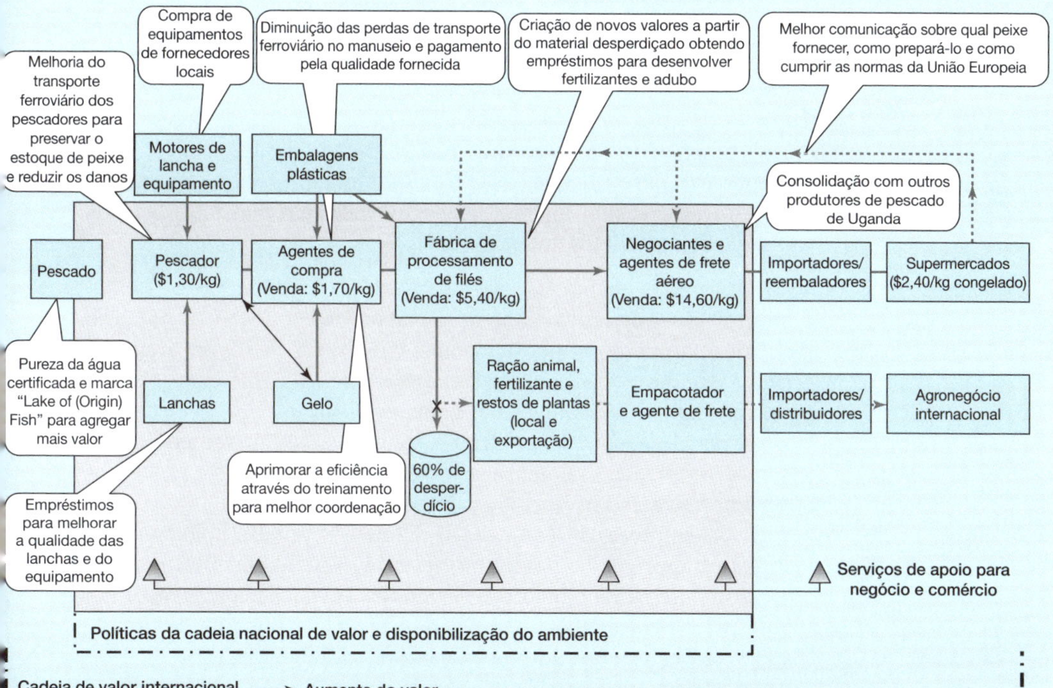

Fonte: Ian Sayers, Conselheiro sênior para o setor privado, Divisão de serviço de apoio ao comércio, International Trade Centre, Genebra. *e-mail:*sayers@intracen.org.

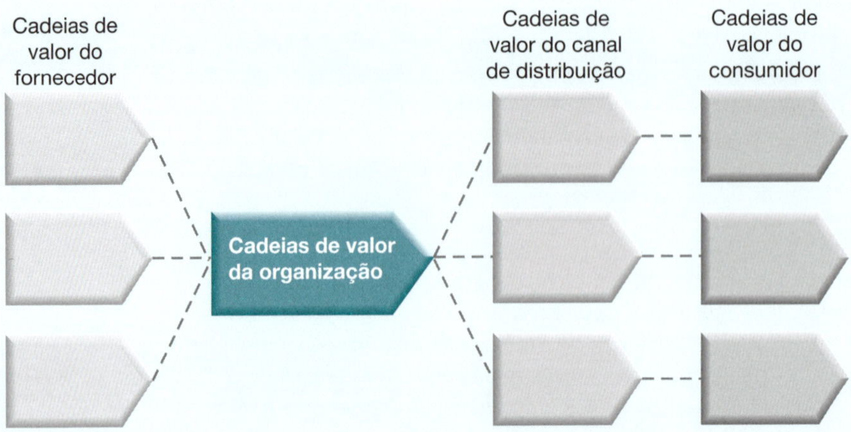

Fonte: Impresso com permissão da The Free Press, a Division of Simon & Schuster Adult Publishing Group, from *Competitive Advantage: Creating and Sustaining Superior Performance* by Michael E. Porter. Copyright © 1985, 1998 por Michael E. Porter. Todos os direitos reservados.

FIGURA 3.6 A rede de valor.

distribuição, os gerentes precisam compreender todo este processo e como podem gerenciar estas articulações e relacionamentos para aprimorar o valor do cliente. Não é suficiente olhar apenas para o interior da organização. A qualidade de um fogão ou de uma televisão, por exemplo, ao chegar ao consumidor final não é influenciada apenas pelas atividades a cargo dos fabricantes – a própria empresa –, mas também pela qualidade dos componentes dos fornecedores e do desempenho dos distribuidores.

Portanto, é importante que os gerentes entendam as bases das capacidades estratégicas de suas organizações em relação a toda a rede de valor. Há, neste particular, quatro questões-chave:

- *Quais atividades são fundamentalmente importantes* para as capacidades estratégicas de uma organização e quais não são? Uma firma num mercado altamente competitivo pode ter de cortar custos em áreas decisivas e decidir que pode fazer isso apenas pela terceirização, empregando produtores com custos mais baixos. Outra empresa pode decidir que é importante manter o controle das capacidades fundamentalmente importantes, especialmente se se referem a atividades e processos que a empresa acredita serem básicos para alcançar sua vantagem competitiva. As empresas de lapidação de diamantes, por exemplo, tradicionalmente adquiriam diamantes brutos da gigante De Beers. Entretanto, em movimento revolucionário, o Grupo Lev Leviev decidiu investir em sua própria operação de mineração dessas pedras, argumentando que "nada é estável a menos que você tenha sua própria mina".[12]

As **fontes de lucros** são os diversos níveis de lucro disponíveis nas diferentes partes da rede de valor

- *Onde ficam as fontes de lucro?*[13] As **fontes de lucros** são os diversos níveis de lucro disponíveis nas diferentes partes da rede de valor. Algumas partes de uma rede de valor podem ser inerentemente mais rentáveis do que outras por causa das diferenças na intensidade competitiva. Na indústria de informática, por exemplo, microprocessadores e *software* têm sido historicamente mais lucrativos do que a fabricação de *hardware*. A questão estratégica: é possível se concentrar nas áreas cujo potencial de lucro é o maior? Deve-se tomar cuidado aqui. Uma coisa é identificar tal potencial, outra é ser bem-sucedido, dadas as capacidades da organização. Na década de 1990, por exemplo, muitos fabricantes de automóveis reconheceram o potencial de lucro de serviços como locação de veículo e financiamento, maior do que a fabricação, mas não tiveram a competência relevante para obter êxito em tais setores.

- A decisão de "*fabricar ou comprar*" para uma atividade ou componente particular é, portanto, decisiva. Trata-se da decisão de *terceirizar*. Atualmente há negócios que oferecem os benefícios da terceirização. É claro que quanto mais uma empresa terceiriza, maior é sua capacidade de influenciar o desempenho de outras organizações na rede de valor, o que pode se tornar uma competência fundamentalmente importante por si mesma e até mesmo uma fonte de vantagem competitiva.
- *Parcerias*: quais são os melhores parceiros nas partes da rede de valor? E que tipo de *relacionamentos* são importantes desenvolver com cada parceiro? Por exemplo, eles devem ser tomados como fornecedores ou como parceiros de aliança (veja a Seção 9.2.3)? Alguns negócios se beneficiam de relacionamentos mais íntimos com fornecedores, de modo que estes colaboram de modo crescente em assuntos como inteligência de *marketing*, *design* de produtos e pesquisa e desenvolvimento.

3.5.2 *Benchmarking*

O *benchmarking* pode ser usado como um meio de compreender como a capacidade estratégica de uma organização, em termos de processos internos, se compara com a de outras organizações:

Há diferentes abordagens de *benchmarking*:

- *Benchmarking histórico.* As organizações podem pensar nos seus desempenhos em relação aos anos anteriores a fim de identificar qualquer mudança significativa. O perigo é que isso pode levar à complacência, uma vez que, neste caso, o que importa é o seu índice de aprimoramento comparado com o dos concorrentes.
- *Benchmarking de indústria/setor.* Critérios sobre os padrões de desempenho podem ser reunidos pela observação do desempenho comparado de outras organizações no mesmo setor da indústria ou entre provedores de serviços similares em relação a um conjunto de indicadores de desempenho. Com efeito, algumas organizações do setor público têm reconhecido a existência de grupos estratégico mais pelo *benchmarking* em relação a organizações similares do que pela comparação com qualquer outra: por exemplo, os serviços de governo e a polícia locais tratam questões "urbanas" de modo diferente das "rurais" em seu *benchmarking* e em suas tabelas de classificação. Um erro predominante das comparações de normas da indústria (no setor público ou privado), entretanto, é que a indústria como um todo possa apresentar mau desempenho e perder competitividade para outras indústrias capazes de satisfazer as

necessidades dos clientes de outras maneiras. Outro perigo do *benchmarking* numa indústria é que as fronteiras entre indústrias estão desaparecendo graças à atividade competitiva e à convergência da indústria. Os supermercados, por exemplo, se tornam (cada vez mais) bancos de varejo, e seu *benchmarking* precisa refletir isso (do mesmo modo que o *benchmarking* dos bancos de varejo tradicionais).

- *Benchmarking best-in-class.* O *benchmarking best-in-class* compara o desempenho de uma organização com o desempenho "best in class" – onde quer que este aconteça – e assim procura vencer as limitações de outras abordagens. Também pode ajudar a desafiar a mentalidade dos gerentes que acreditam que o aprimoramento do desempenho será resultado de mudanças incrementais de recursos ou competências. Consequentemente, pode encorajar um novo exame sobre como aprimorar competências organizacionais. A British Airways, por exemplo, aprimorou a manutenção dos aviões, o reabastecimento e o tempo das tarefas através do estudo dos processos envolvidos no *pit stop* das corridas de Fórmula 1. Uma força policial que queira melhorar o modo como responde as chamadas telefônicas de emergência estudou as operações de *call center* dos setores bancários e de TI.

A importância do *benchmarking*, assim, não se deve tanto aos detalhados "mecanismos" de comparação, mas ao impacto que tais comparações possam exercer sobre os comportamentos. Pode ser eficaz considerá-lo como um processo para adquirir força para aprimoramentos e mudanças. Mas ele também representa riscos:

- *Distorções de avaliação*: O *benchmarking* pode levar a situações em que *você alcança o que avalia* e isto pode não ser a intenção estratégica. Pode assim resultar em mudanças de comportamento involuntárias ou disfuncionais. O setor universitário do Reino Unido, por exemplo, tem sido objeto de classificações em *rankings* de produção de pesquisa, qualidade de ensino e sucesso dos estudantes de graduação em termos de empregos e salários iniciais. Isto teve como resultado acadêmicos sendo "forçados" a direcionar suas pesquisas publicadas para certos tipos de periódicos acadêmicos que pouco tem a ver com a qualidade educacional nas universidades.
- *Comparações superficiais.* O *benchmarking* compara insumos (recursos), produção ou resultados; ele não identifica as razões de bom ou mau desempenho das organizações, uma vez que o processo não compara diretamente as competências. Ele pode demonstrar, por exemplo, que uma organização é inferior a outra em serviço ao consumidor, mas não pode mostrar as razões subjacentes. Entretanto, se bem dirigido, o *benchmarking* pode encorajar os gerentes a procurar essas razões e, por isso, entender o modo como as competências podem ser aprimoradas.

3.5.3 SWOT[14]

As "mensagens estratégicas" principais tanto do ambiente de negócios (Capítulo 2) e deste capítulo podem ser resumidas na forma de uma análise das forças, fraquezas, oportunidades e ameaças (SWOT – *Strengths, Weaknesses, Opportunities, Threats*). **SWOT** resume as questões principais do ambiente de negócios e da capacidade estratégica de uma organização com mais chances de causar impacto no desenvolvimento estratégico. Isso também pode ser útil como uma bases em relação a qual se possa criar opções estratégicas e avaliar futuros cursos de ação.

SWOT resume as questões principais do ambiente de negócios e da capacidade estratégica de uma organização com mais chances de causar impacto no desenvolvimento estratégico

A meta é identificar o quanto as forças e fraquezas são relevantes ou capazes de lidar com as mudanças em curso no ambiente de negócios. Entretanto, no contexto do presente capítulo, se a capacidade estratégica de uma organização deve ser compreendida, deve-se ter mente que isso não é absoluto, e sim relativo a seus concorrentes. Assim, a análise SWOT somente se mostra útil se for comparativa – se examinar forças, fraquezas, oportunidades e ameaças em relação aos competidores. A ilustração 3.4 mostra o exemplo de uma empresa farmacêutica (Pharmcare). Parte do fato de que os principais impactos no ambiente tem sido identificados a partir de análises explicadas no Capítulo 2 e que as forças e fraquezas mais relevantes tem sido identificadas com a utilização das ferramentas de análise descritas neste capítulo. Um mecanismo de medição (+5 a –5) é usado como meio de motivar os gerentes a avaliar o interrelacionamento entre os impactos do ambiente e as forças e fraquezas da empresa. Um ponto positivo (+) indica que a força da empresa ajudaria a obter vantagem ou a neutralizar um problema que surge de uma mudança no ambiente ou que uma fraqueza seria compensada por tal mudança. Um ponto negativo (–) indica que a força seria reduzida ou que a fraqueza impediria a organização de superar os problemas associados àquela mudança.

A cotação das ações da Pharmcare tem diminuído porque os investidores ficaram preocupados com a ameaça a sua sólida posição no mercado. Esta situação não mudou por uma fusão, que reconhecidamente estava sendo problemática. O mercado farmacêutico estava mudando pelas novas maneiras de fazer negócios, orientado por novas tecnologias, pela busca de fornecimento de medicamentos a preços mais baixos, por políticos procurando maneiras de enfrentar os custos crescentes dos planos de saúde e por pacientes cada vez mais informados. Será que a Pharmcare estava marcando passo? O exame estratégico da posição da empresa (Exemplo 3.4a) confirmou a força de sua equipe de vendas flexível, de sua marca reconhecida e do novo departamento de planos de saúde. Entretanto, havia grandes fraquezas, relativas, a saber, à falta de remédios de baixo custo, à competência em novas tecnologias de informação e comunicação (TICs) e o fracasso de manter usuários cada vez mais bem informados. Quando o impacto das forças do ambiente sobre os concorrentes foi analisado (Exemplo 3.4b), mostrou-se que a Pharmcare continuava a superar seu concorrente tradicional (a empresa W), mas estava potencialmente vulnerável às dinâmicas de mudança na estrutura geral da indústria graças aos atores (X e Y) do nicho de mercado.

Uma análise SWOT deveria auxiliar a concentrar a discussão nas escolhas futuras e o quanto uma organização é capaz para sustentar essas estratégias. Há, entretanto, dois perigos principais:

Exemplo 3.4

Análise SWOT da Pharmcare

A análise SWOT explora o relacionamento entre as influências do ambiente e as capacidades estratégicas de uma organização comparadas com as de seus concorrentes.

(A) ANÁLISE SWOT PARA A PHARMCARE

	Mudanças no ambiente (oportunidades e ameaças)					
	Racionalização dos planos de saúde	**Estruturas de compra complexas e mutáveis**	**Aumento da integração de plano de saúde**	**Pacientes informados**	**+**	**–**
Forças Equipe de vendas flexível Economias de escala Marca comercial sólida Departamento de instrução de planos de saúde	 +3 0 +2 +4	 +5 0 +1 +3	 +2 +3 0 +4	 +2 +3 –1 +5	 12 +6 3 +16	 0 0 –1 0
Fraquezas Competência limitada em biotecnologia e genética Produtividade de P&D ainda mais baixa Competências fracas de TICs Confiança excessiva em produtos líderes	 0 –3 –2 –1	 0 –2 –2 –1	 –4 –1 –5 –3	 –3 –2 –5 –1	 0 0 0 0	 –7 –8 –14 –6
Pontos de impacto no ambiente	+9 –6	+9 –5	+9 –14	+10 –12		

(B) ANÁLISES SWOT DOS CONCORRENTES DA PHARMCARE

	Mudanças no ambiente (oportunidades e ameaças)				
	Racionalização dos planos de saúde	**Estruturas de compra complexas e mutáveis**	**Aumento da integração de plano de saúde**	**Pacientes informados e agitados**	**Impacto total**
Pharmcare Grande ator global com queda de cotação das ações, baixa produtividade em pesquisa e burocracia após grande fusão	–3 Esforçando-se para comprovar a eficácia de novos medicamentos para novos reguladores de racionalização de planos de saúde	+6 Marca sólida, equipe de vendas flexível combinada com um novo departamento de instrução de planos de saúde gera sinergia positiva	–3 TICs fracas e falta de integração após a fusão indica baixo desempenho de vendas, pesquisa e administração	–2 Ainda foi atingida pelo novo poder do consumidor impulsionado pela internet	–2 Desempenho decadente ao longo do tempo, piorado após fusão
Empresa W Grande farmacêutica com reação desigual à mudança, perdendo terreno em novas áreas de competição	–4 Foco preferencial em vendas promocionais ultrapassadas em vez de auxílio aos médicos para controle de custos através de remédios	–4 Equipe de vendas tradicional sem auxílio do *marketing*, o que pode ser inadaptável por diferenças nacionais	+0 Parcerias com fabricantes de equipamento, mas pouco empenho na aliança para mostrar uso tanto de remédios quanto de novas técnicas cirúrgicas	+4 Novo pessoal no departamento de TICs tem funcionado interdisciplinariamente para envolver os pacientes como jamais foi feito antes	–4 Necessita de modernização em toda a empresa
Organização X Parceria entre entidade beneficente administrada por pessoal com capital de risco e geneticistas de primeiro time	+3 Potencialmente ágil para obter avanços em doenças genéticas	+2 Boa possibilidade para evitar essas doenças com droga(s) inovador(as) de boa relação custo-benefício	+2 Drogas inovadoras podem ajudar a integrar o plano de saúde ao permitir que pacientes fiquem em casa	+3 Pacientes irão lutar por avanços em áreas de tratamento em que se observe pouco progresso	+10 Pode ser a base de um novo modelo de negócios para desenvolvimento de drogas – mas ainda necessita de comprovação
Empresa Y Desenvolve drogas apenas para doenças raras	+3 Parceria com grande farmacêutica permite o desenvolvimento de drogas descobertas pela grande empresa que não são economicamente atraentes para desenvolver	0 Foco em pequenos segmentos do mercado não tão vulneráveis à estrutura total do mercado, mas a abordagem inovadora pode ser arriscada	+2 Uso inovador da internet para mostrar por que ainda vale a pena desenvolver produtos mesmo para doenças raras	+1 Atendimento gratuito nos *call centers* para portadores de doenças raras. A empresa, como os pacientes, é muito envolvida com sua missão.	+6 A abordagem nova pode ser considerada arriscada ou inovadora – ou ambos!

Questões

1 O que a análise SWOT nos diz sobre a posição competitiva da Pharmcare na indústria como um todo?

2 Com que rapidez você acha que os executivos da Pharmcare identificam as forças e as fraquezas dos concorrentes?

3 Identifique os benefícios e perigos (além dos identificados no texto) de uma análise SWOT igual a da ilustração.

Preparado por Jill Shepherd, Escola de Administração Segal, Universidade Simon Fraser, Vancouver, Canadá.

- Um estudo SWOT pode criar *listas longas* demais de forças, fraquezas, oportunidades e ameaças legítimas. No entanto, o que importa é ser claro quanto ao que é realmente importante e o que faz menos diferença.
- Há o perigo do *excesso de generalização*. Lembre das lições da Seção 3.4.3. Identificar uma explicação demasiadamente geral da capacidade estratégica não explica as razões subjacentes dessa capacidades. A análise SWOT, ao usar as técnicas e conceitos esclarecidos no Capítulo 2 e neste capítulo, não é um substituto de análises mais rigorosas e criteriosas.

RESUMO

- A *capacidade estratégica* está relacionada com a adequação e a conformidade com os recursos e as competências necessárias para que uma organização sobreviva e prospere. As capacidades estratégicas abrangem recursos e competências, que são as maneiras através das quais os recursos são usados e disponibilizados.
- Se as organizações desejam obter *vantagem competitiva*, necessitam de recursos e competências que os consumidores valorizem e que sejam difíceis de imitar pelos concorrentes (como as competências conhecidas como *competências essenciais*).
- O aprimoramento contínuo da *eficiência de custos* é uma capacidade estratégica primordial para uma organização continuar a prosperar.
- A sustentabilidade da vantagem competitiva provavelmente depende de capacidades estratégicas que podem ser *valor para os consumidores, raridade, inimitabilidade ou um fator insubstituível.*
- Em condições dinâmicas, não é assegurado que tais capacidades estratégicas permaneçam estáveis. Nessas circunstâncias, as *capacidades dinâmicas* são importantes, ou seja, a aptidão de transformar continuamente as capacidades estratégicas.
- Entre as maneiras de *diagnosticar as capacidades organizacionais* estão:
  - Analisar *a cadeia de valor e a rede de valor* de uma organização como base para compreender como o valor para um consumidor é criado e pode ser desenvolvido.
  - O *benchmarking* como modo de compreender o desempenho relativo das organizações e desafiar as hipóteses dos gerentes sobre o desempenho da organização.
  - A *análise SWOT* como modo de abarcar uma compreensão das forças, fraquezas, oportunidades e ameaças que uma organização enfrenta.

Leituras básicas recomendadas

- Para uma compreensão da visão baseada em recursos da empresa, um artigo inicial muito citado é o de Jay Barney: 'Firm Resources and Sustained Competitive Advantage', *Journal of Management*, vol. 17 (1991), pp. 99–120.
- O conceito de capacidades dinâmicas está descrito em C.L. Wang and P.K. Ahmed, 'Dynamic Capabilities: a review and research Agenda', *International Journal of Management Reviews*, vol. 9, no. 1 (2007), 31–52.
- Michael Porter explica como o mapeamento do que ele chama de "sistemas de atividade" pode ser importante ao considerar a estratégia competitiva em seu artigo 'What is Strategy?', *Harvard Business Review*, November–December (1996).
- Para uma discussão crítica da uso e abuso da análise SWOT, consulte T. Hill and R. Westbrook, 'SWOT Analysis: Its Time for a Product Recall', *Long Range Planning*, vol. 30, no. 1 (1997), pp. 46–52.

Referências

1. O conceito de estratégias baseadas em recursos foi apresentado por B. Wernerfelt, 'A resource-based view of the firm', *Strategic Management Journal*, vol. 5, no. 2 (1984), pp. 171–180. Um artigo bastante citado é o de Jay Barney, 'Firm resources and sustained competitive advantage', *Journal of Management*, vol. 17, no. 1 (1991), pp. 99–120.
2. Gary Hamel e C. K. Prahalad foram os acadêmicos que promoveram a ideia de competências essenciais. Por exemplo: G. Hamel and C.K. Prahalad, 'The core competence of the corporation', *Harvard Business Review*, vol. 68, no. 3 (1990), pp. 79–91. A hipótese de desenvolvimento de estratégias de orientação a partir dos recursos e competências de uma organização é discutida em G. Hamel and C.K. Prahalad, 'Strategic intent', *Harvard Business Review*, vol. 67, no. 3 (1989), pp. 63–76, e em G. Hamel and C.K. Prahalad, 'Strategy as stretch and leverage', *Harvard Business Review*, vol. 71, no. 2 (1993), pp. 75–84. Veja também G. Hamel and A. Heene (eds), *Competence-based Competition*, Wiley, 1994.
3. P. Conley, *Experience Curves as a Planning Tool*, disponível como panfleto do Boston Consulting Group. Veja também A.C. Hax and N.S. Majluf, in R.G. Dyson (ed.), *Strategic Planning: Models and analytical techniques*, Wiley, 1990.
4. Os títulos usados neste capítulo são os mais empregados por autores em artigos acadêmicos sobre VBR. Há algumas menções a VRIN (*Valuble, Rare, Dificult to Imitate and Non-substitutable*), identificadas primeiramente por Jay Barney, 'Firm resources and sustained competitive advantage', *Journal of Management*, vol. 17, no. 1 (1991), pp. 99–120.
5. Para uma explicação completa sobre "competências rígidas", veja D. Leonard-Barton, 'Core capabilities and core rigidities: a paradox in managing new product development', *Strategic Management Journal*, vol. 13 (Summer 1992), pp. 111–125.
6. O artigo mais importante sobre ambiguidade causal é o de S. Lippman and R. Rumelt, 'Uncertain imitability: an analysis of interfirm differences in efficiency under competition', *Bell Journal of Economics*, vol. 13 (1982), pp. 418–438.
7. A diferença entre características e ambiguidade de articulação, bem como sua importância, está explicada em detalhes em A.W. King, and C.P. Zeithaml in 'Competencies and firm performance: examining the causal ambiguity paradox', *Strategic Management Journal*, vol. 22, no. 1 (2001), pp. 75–99.

8. Um artigo resumido sobre capacidades dinâmicas é o de C.L. Wang and P.K. Ahmed, 'Dynamic Capabilities: a review and research agenda', *International Journal of Management Reviews*, vol. 9, no. 1 (2007), pp. 31–52.
9. Veja K.M. Eisenhardt and J.A. Martin, 'Dynamic Capabilities; What Are They?', *Strategic Management Journal*, vol. 21 (2000), pp. 1105–1121.
10. Uma discussão exaustiva sobre o conceito da cadeia de valor e suas aplicações pode ser encontrada em M. E. Porter, *Competitive Advantage*, Free Press, 1985.
11. Para um exemplo mais extensivo da análise da cadeia de valor, consulte 'Understanding and using value chain analysis' by Andrew Shepherd in *Exploring Techniques of Analysis and Evaluation in Strategic Management* edited by Veronique Ambrosini, Prentice Hall, 1998.
12. Essa citação é atribuída a Lev Leviev no *Financial Times*, 14 December 2006, p. 10.
13. A importância das fontes de lucro é discutida por O. Gadiesh and J.L. Gilbert in 'Profit pools: a fresh look at strategy', *Harvard Business Review*, vol. 76, no. 3 (May–June 1998), pp. 139–147.
14. Há anos tem sido usado o conceito de SWOT como uma relação de itens consagrada: por exemplo, S. Tilles, 'Making strategy explicit', in I. Ansoff (ed.), *Business Strategy*, Penguin, 1968. Veja também o capítulo de T. Jacobs, J. Shepherd and G. Johnson's chapter sobre SWOT em V. Ambrosini (ed.), *Exploring Techniques of Strategy Analysis and Evaluation*, Prentice Hall, 1998. Para uma discussão crítica do (ab)uso de SWOT, consulte T. Hill and R. Westbrook, 'SWOT Analysis: It's time for a product recall', *Long Range Planning*, vol. 30, no. 1 (1997), pp. 46–52.

ESTUDO DE CASO

Fazendo o eBay funcionar

Jill Shepherd, Escola de Administração Segal,
Universidade Simon Fraser, Canadá

Em 2006, havia mais de 200 milhões de usuários do eBay pelo mundo. Para cerca de 750.000 pessoas, o eBay (www.ebay.com) era sua principal fonte de lucro. Sobrevivente da explosão da bolha do mercado pontocom no final dos anos 1990, o eBay representa um novo modelo de negócios graças à Internet. Qualquer que seja a estatística escolhida – do produto mais caro vendido à quantidade de leilões num único dia –, os números são impressionantes. "Este é um jeito completamente novo de fazer negócios", afirma Meg Whitman, a CEO e presidente desde 1998. "Estamos criando algo que jamais existiu antes."

O modelo de negócios do eBay

O valor no eBay é criado ao fornecer um mercado mundial virtual para compradores e vendedores e ao receber uma taxa sobre as transações quando estas são efetivada. O modelo de negócios do eBay se baseia no papel de seus clientes: equipe de desenvolvimento do produto da organização, equipe de vendas e *marketing*, departamento de *merchandising* e departamento de segurança. Pode-se afirmar que o eBay é a primeira empresa web 2.0.

De acordo com os gerentes do eBay, é fundamental ouvir os clientes, adaptar-se ao que eles querem vender e comprar e ao modo como desejam fazer isso. Se os clientes falam, o eBay escuta. A tecnologia permite seguir cada passo de cada cliente em potencial, reunindo preciosas informações. Empresas convencionais podem gastar muito dinheiro para conhecer seus consumidores e convencê-los a dar algum *feedback*. Para o eBay esse *feedback* geralmente sai de graça e é oferecido sem que precisem pedir. Mesmo assim, algumas das mais efetivas maneiras da empresa para usar seus insumos não estão na Internet e não saem de graça. O eBay organiza grupos chamados Voz dos Consumidores, o que inclui convidar de tempos em tempos um novo grupo de dez vendedores e compradores de diferentes lugares do país para visitar os escritórios e debater a empresa em profundidade. São feitas teleconferências sobre novos recursos e políticas, por menor que sejam as mudanças envolvidas. Até oficinas e aulas são oferecidas para ensinar ao público como tirar o máximo proveito do *site*. Os participantes costumam dobrar suas vendas no eBay após assistir a uma aula. Outros colocam em seus próprios *sites* conselhos sobre como vender pelo eBay. Há boatos sobre compradores que desenvolveram programas de computador que fazem oferta nos leilões na última oportunidade. Vendedores que abandonaram o *site* por não conseguir mais competir ficam conhecidos por descrever em *blogs* o que deu errado para ajudar outras pessoas.

Photo: © Claro Cortes IV/Reuters/Corbis

A empresa é comandada de dentro e de fora. O sistema do eBay tem uma fonte de controle automático de modo que compradores e vendedores se avaliem a cada transação, criando regras e normas. Tanto compradores quanto vendedores constroem reputações que são valiosas, consequentemente estimulando o próprio bom comportamento e o de outros. Vendas de produtos ilegais têm sua oferta retirada e o vendedor é invariavelmente banido.

O gerenciamento do eBay

O estilo e o passado de Meg Whitman influenciaram muito o gerenciamento do eBay. Quando entrou na empresa em 1998, o eBay era mais parecido com uma clube de *geeks* – especialmente selecionados pelo fundador, o cabeludo Pierre Omidyar – do que com uma companhia valiosa, algo que justificou a escolha de Meg por Omidyar. Ela, uma ex-consultora, desempenhou várias funções de gerenciamento sênior, incluindo a presidência de negócios para os EUA, a presidência das operações internacionais e a vice-presidência de *marketing* do consumidor. Como resultado, o eBay se transformou numa empresa guiada por dados e medidas. "Se você não pode medir, não consegue controlar", diz Meg. Ainda que no início fosse possível perceber o modo como a organização funcionava, seu tamanho atual tinha de ser medido. Gerentes de categorias, lembrando dos dias de Meg na Procter and Gamble, tinham a expectativa de passar seus dias medindo e remexendo os dados de seus próprios domínios.

Entretanto, ao contrário de seus assemelhados na Procter and Gamble, os gerentes de categorias no eBay somente podem controlar seus produtos de modo indireto. Elas não dispõem de estoques para reorganizar quando a pasta de dente ou os sabonetes diminuem nas prateleiras dos supermercados. Eles fornecem ferramentas para vender e comprar de modo mais eficiente.

O que eles podem fazer é tentar indefinidamente obter, aos trancos e barrancos, pequenas vitórias em suas categorias – ou seja, um pequeno salto nas quantidades de sucata ou novos compradores para revistas em quadrinhos. Para isso, usam esquema de *marketing* e de *merchandising* como melhorar a apresentação dos produtos de seus usuários e dar a eles ferramentas para comprar e vender melhor.

Além dessa existência incomum, o ambiente de trabalho pode ser duro e ultracompetitivo, afirmam os ex-usuários do eBay. As mudanças costumam acontecer logo após os *slides* de uma apresentação em PowerPoint serem compartilhados e refinados ao máximo, às vezes apresentados em nível gerencial máximo e após a mudança ter sido aprovada num procedimento terminal que inclui todos os departamentos.

Foi oportuna a atualização do eBay a fim de assegurar que a tecnologia não está no comando. Até o final da década de 1990, o *site* foi vítima de interrupções, incluindo uma ocasião em que ficou inativo por 22 horas graças a problemas de *software* e à falta de sistemas de *back-up*. O ex-gerente-chefe de informações da Gateway Inc., Maynard Webb, que assumiu como presidente da unidade de tecnologia do eBay, rapidamente tomou a iniciativa de atualizar os sistemas. O uso de tecnologia da empresa se moderniza constantemente. Em 2005, Chris Corrado foi designado vice-presidente sênior e gerente-chefe de tecnologia. No comunicado à imprensa, o executivo-chefe de operações Maynard Webb anunciou que:

"Chris é um dos principais *experts* em plataformas de tecnologias do mundo empresarial, e estamos animados com sua vinda. O fato de conseguirmos trazer Chris para a equipe é um atestado da reputação de organização tecnológica do eBay.

Meg é uma líder que "compra" a ideia da empresa de mais de uma maneira. Tendo vendido em leilão cerca de U$ 35.000 (R$ 60.000) em mobiliário de sua residência de inverno no Colorado, a fim de entender a experiência de venda, ela se tornou um dos maiores vendedores dentre os funcionários da empresa e assegurou que o aprendizado a partir de sua prática foi captado pelos seus colegas executivos. Meg também é conhecida por ouvir com atenção seus subordinados e esperar que seus gerentes façam o mesmo. Com um negócio é tanto, se não mais, quanto seus clientes, qualquer movimento em falso pode causar revoltas no interior da comunidade que é o eBay.

Acima de tudo, o eBay tenta permanecer alerta e flexível. Quase todas suas novas categorias de rápido crescimento vieram do registro da atividade de vendedores locais registrados e de suas dicas no momento oportuno. Por exemplo, após notar sua baixa venda de carros, o eBay criou em 1999 um *site* separado chamado eBay Motors, com recursos especiais, como inspeções e frete. Cerca de quatro anos mais tarde, o eBay espera faturar perto de U$ 1 bilhão relativos a carros e peças, boa parte dos quais vendidos por revendedores profissionais.

A base democrática do eBay, embora facilmente adotada pelos clientes, também é capaz, no entanto, de não "pegar" tão fácil. Novos gerentes levem algum tempo para entender o espírito do negócio. "Alguns dos termos que você aprende na faculdade de administração – orientação, força, compromisso – não se aplicam", diz o ex-executivo da PepsiCo Inc., William C. Cobb, atual presidente do eBay da América do Norte, com a experiência em restaurantes e na PepsiCo., "Chegamos até aqui ouvindo, nos adaptando, nos capacitando".

Competição e cooperação

Enquanto a Internet se tornou uma arena mais competitiva, o eBay não permaneceu parada. Em 2005, comprou a Skype – a organização de telefonia por Internet (www.skype.com) –, numa negociação cercada de comentários na impressa por conta do valor de U$ 2,6 bilhões. Com a Skype, o eBay afirma que pode criar um mecanismo de comércio eletrônico sem igual, indicando a aquisição, em 2002, do sistema de pagamento *on-line* PayPal (www.paypal.com), que estimulou o negócio naquela época. Os três se beneficiam dos chamados efeitos de rede – quanto mais membros, mas valiosa a empresa – e o eBay deve se tornar um líder mundial em gerenciar efeitos de rede.

Em 2006, a empresa também anunciou um acordo com o Google. O eBay é um dos maiores anunciantes do Google – o qual, por sua vez, foi atraído pelos clientes da Skype e seus anúncios "click-to-call". Esse acordo foi posterior ao eBay assinar um contrato de publicidade com o Yahoo!, o que fez algumas pessoas pensarem que as duas empresas estavam se aliando contra o domínio do Google. Mas no interconectado mundo da Internet, definir competição e cooperação é uma nova modalidade. O eBay também estabeleceu uma parceria entre o portal chinês Baidu Inc. e o eBay EachNet. O Baidu promove o PayPal Beibao como método de pagamento preferencial em seu portal, enquanto o EachNet usa o Baidu como sistema de busca exclusivo. O desenvolvimento de uma barra de ferramentas com as duas marcas está definida para sacramentar a parceria. Assim, enquanto no Ocidente o Yahoo! e o eBay são parceiros contra o Google, no Oriente o Yahoo! é um rival.

Apesar de ser um fenômeno de leilões pela Internet, o eBay não se sai igualmente bem no Oriente e no Ocidente. Saiu do Japão, sofre em Taiwan e corre atrás de um rival na China. Na Coreia, o GMarket, que pertence em parte ao Yahoo!, tem mais ou menos o mesmo tamanho que o eBay nos leilões pela Internet. O Gmarket dá menos importância aos leilões abertos do que o eBay, embora atualmente o eBay tenha o eBay express, em que novos produtos de vários vendedores podem ser comprados numa transação também garantida pelo apoio ao cliente, como um *chat* ao vivo. *Marketing* inovador, que anima a experiência dos compradores e ajuda os vendedores a melhorar seu desempenho, é talvez outro modo pelo qual o GMarket se diferencia do eBay – o próprio GMarket já tem imitadores.

Uma vez uma empresa web 2.0, sempre uma empresa web 2.0? Embora as novidades não tenham suscitado muitas reações durante seu anúncio num eBay Live Session, o eBay criou, em 2006, o eBay Wiki (www.ebaywiki.com), hospedado pela Jotspot, que permite às pessoas contribuir com seu conhecimento sobre o eBay para outras por meio de *blogs* do eBay (blogs.ebay.com). No entanto, o eBay sempre teve certa relação com comunidades, então talvez consiga chamar a atenção na hora certa.

Questões

1 Analise a capacidade estratégica do eBay utilizando a(s) estrutura(s) de análise deste capítulo.

2 Quais capacidades nunca deram ao eBay vantagem competitiva? Por quê?

3 Com os conceitos de sustentabilidade e capacidades dinâmicas, como você administraria esta capacidade (criar novos recursos e competências, investir/vender outras, ampliar outras), a partir de:

a) novas empresas entrando no mercado?

b) a natureza mutável do eBay?

4

Propósito Estratégico

RESULTADO DE APRENDIZAGEM

Após a leitura deste capítulo, você será capaz de:

- → Identificar os componentes da cadeia de governança de uma organização.
- → Compreender as diferenças em estruturas de governança pelo mundo e suas vantagens e desvantagens.
- → Identificar as diferenças nas posições de responsabilidade social corporativa tomadas por organizações e como questões éticas se relacionam com propósitos estratégicos
- → Considerar os vários *stakeholders* capazes de influenciar uma organização e suas expectativas.
- → Considerar as maneiras adequadas de expressar o propósito estratégico de uma organização em termos de declaração de valores, visão, missão ou objetivos.

Photo: © David Ball/Alamy

4.1 INTRODUÇÃO

Os ***stakeholders*** são aqueles indivíduos ou grupos que dependem de uma organização para realizar suas próprias metas e de quem, por sua vez, a organização depende

Os dois capítulos anteriores examinaram, respectivamente, a influência do ambiente e das capacidades na posição estratégica de uma organização. Entretanto, uma decisão fundamental que precisa ser tomada diz respeito ao *propósito* da estratégia a ser seguida. Este é o foco do presente capítulo, juntamente com as influências sobre tal propósito geradas pelas expectativas dos *stakeholders* de uma organização. Os **stakeholders** são aqueles indivíduos ou grupos que dependem de uma organização para realizar suas próprias metas e de quem, por sua vez, a organização depende. Uma questão ressaltada por este capítulo é se o propósito estratégico da organização deve ser determinado de acordo com um *stakeholder* em particular (acionistas, no caso de um empreendimento comercial, por exemplo), ou com interesses mais amplos do *stakeholder* – a sociedade e o bem comum, em última análise. Este assunto é analisado em relação a uma série de questões importantes.

- A Seção 4.2 analisa a *governança corporativa* e o *marco regulatório* internos pelos quais as organizações operam. Aqui, o principal é o modo como os organismos formalmente constituídos, como investidores ou diretorias, influenciam o propósito estratégico através de processos formalizados de decisões e ações executivas de supervisão. Consequentemente, isto levanta questões sobre *responsabilidade*: por quem os estrategistas são responsáveis? Há diferenças significativas na abordagem da governança corporativa, relativas ou aos acionistas ou a orientações mais gerais de *stakeholders*, e elas também são discutidas.
- A Seção 4.3 relaciona-se com questões de *responsabilidade social e ética*. Aqui, a questão trata de quais propósitos uma organização *deveria* realizar. De que modo os gerentes devem corresponder às expectativas da sociedade em relação a suas organizações em termos de *responsabilidade social corporativa?*
- Em relação a todo este assunto, portanto, é importante compreender as *diferentes expectativas dos stakeholders* e suas relativas influências no propósito estratégico. Isto exige a compreensão tanto do *poder* quando do *interesse* dos diversos grupos de partes interessadas. Trata-se do assunto por meio da *análise dos stakeholders.*
- O capítulo se encerra analisando os diferentes modos pelos quais as organizações representam o propósito estratégico, o que pode incluir declarações de *valores*, *visão*, *missão* ou *objetivos.*

A Figura 4.1 resume essas diferentes influências sobre o propósito estratégico discutidas neste capítulo.

A **governança corporativa** trata das estruturas e dos sistemas de controle pelos quais os gerentes são tomados como responsáveis por aqueles que detêm um interesse legítimo numa organização

4.2 GOVERNANÇA CORPORATIVA

A **governança corporativa** trata das estruturas e dos sistemas de controle pelos quais os gerentes são tomados como responsáveis por aqueles que de-

FIGURA 4.1 **Influências sobre o propósito estratégico.**

têm um interesse legítimo numa organização.[1] Essa questão tem se tornado cada vez mais importante para os organizações por três razões principais.

- A *separação entre a propriedade e o controle de gerenciamento* de organizações (que é atualmente a norma, exceto em negócios bastante modestos) significa que a maior parte das organizações opera dentro de uma hierarquia, ou cadeia, de governança. Essa cadeia representa aqueles grupos que influenciam uma organização por meio de seu envolvimento seja no seu controle ou no seu gerenciamento.
- Os *escândalos corporativos* ocorridos desde o final dos anos 1990 têm aumentado o debate público sobre como diferentes facções na cadeia de governança devem interagir e influenciar umas às outras. O mais marcante aqui é o relacionamento entre acionistas e as diretorias dos negócios. Já no setor público, uma questão equivalente é o relacionamento entre governo ou organismos públicos de fomento e organizações do setor público.
- A *responsabilidade ampliada para interesses mais gerais dos stakeholders* também vem a ser cada vez mais defendida; especificamente o argumento de que as corporações precisam ser responsáveis de modo mais visível, não apenas para os "donos" e "gerentes" na cadeia de governança, mas para o interesse social mais amplo.

4.2.1 A cadeia de governança

A cadeia de governança ilustra os papéis e relacionamentos dos diferentes grupos envolvidos na governança de uma organização. Em pequenos negócios de família, a governança é bastante simples: há os *stakeholders* da família; há uma diretoria, como alguns membros da família; e há gerentes, alguns dos quais também podem ser da família. Aqui há somente três camadas na corrente. Entretanto, a Figura 4.2 exibe uma cadeia de governança de uma organização-padrão aberta de grande porte. O tamanho da organização aqui indica que há camadas extras de gerenciamento interno, enquanto o fato de ser aberta também acrescenta mais camadas de investidores. Os investidores individuais (os beneficiários finais) geralmente investem em empresas públicas por meio de fundos coletivos, como, por exemplo, fundos mútuos e fundos de pensão, os quais em seguida investem, em favor dos investidores individuais, num leque de empresas. Tais fundos são cada vez mais importantes. Em 2006, detinham 50% do capital das corporações norte-americanas (em 1970 era 19%) e mais de 70% no Reino Unido (25% em 1963). Geralmente os fundos são controlados por curadores, cuja atividade diária de investimento é realizada por gerentes de investimento. Assim, os beneficiários finais talvez nem mesmo saibam de que empresas possuem ações, além de ter pouco poder de influência direta sobre as diretorias.

Os relacionamentos nessas cadeias de governança podem ser compreendidos em termos do *modelo principal-agente*.[2] Aqui, os "principais" pagam os "agentes" para agir em seu favor, como proprietários de imóveis que contratam corretores para tratar da vendas. Na Figura 4.2, os beneficiários são os principais finais e os curadores de fundos são seus agentes em termos de obter bons retornos sobre os investimentos. Seguindo a corrente, as diretorias das empresas também são principais, com seus executivos-seniores sendo os agentes de gerenciamento da empresa. Há várias camadas de agentes entre os principais finais e os gerentes da parte de baixo, com os mecanismos de relatórios entre cada camada sujeitos a defeitos.

A teoria principal-agente admite que os agentes não irão trabalhar para os principais de modo eficaz a não ser que incentivos sejam cuidadosa e apropriadamente combinados. Entretanto, pode ser visto na Figura 4.2 que em grandes empresas os membros da diretoria e outros gerentes responsáveis pela estratégia podem estar muito longe dos beneficiários finais do desempenho da empresas. Em tais circunstâncias, o risco é duplo:

- *Descompasso entre incentivos e controle.* Embora a influência circule pela cadeia de governança, as expectativas de um grupo não passam de uma camada a outra de forma adequada. Os beneficiários finais, por exemplo, podem estar especificamente preocupados com a segurança a longo prazo de seu fundo de pensão, mas os gerentes e analistas de investimento ou as diretorias com quem interagem podem ter dado grande importância ao crescimento a curto prazo.
- *Interesse pessoal.* Qualquer agente na cadeia pode agir por interesse pessoal. Os gerentes buscarão promoções e/ou aumentos em seus salários, os gerentes de investimento procurarão ampliar seus bônus e assim por diante.

Como resultado, as decisões tomadas podem não ser no melhor interesse do beneficiário final. Foi exatamente o que aconteceu em muitos dos casos de escândalos corporativos dos últimos anos, sendo provavelmente o mais notório o da Enron (veja o Exemplo 4.1).

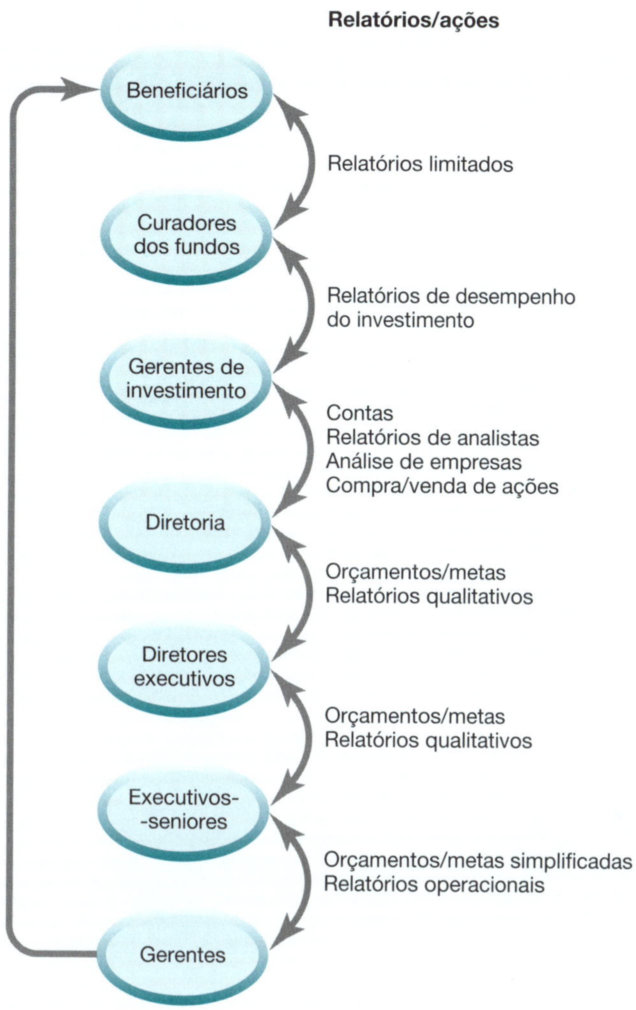

Fonte: Adaptado de David Pitt-Watson, Hermes.

FIGURA 4.2 A cadeia de governança corporativa: estruturas típicas de relatórios.

Nesse contexto, a cadeia de governança ajuda a ressaltar questões importantes que afetam o gerenciamento de estratégia.

- *De quem é a responsabilidade?* Uma questão fundamental em grandes corporações é se os executivos devem se considerar como *únicos* responsáveis pelos acionistas ou como "curados dos bens da corporação", isto é, agindo em favor de um grande grupo de *stakeholders*? Mesmo em termos de estruturas de governança formal, isto varia pelo mundo, como mostra a Seção 2.2.
- *Quem são os acionistas?* Se os gerentes realmente se consideram principalmente responsáveis pelos acionistas, o que isto significa em termos

Exemplo 4.1

O escândalo corporativo da Enron

As decisões dos executivos nem sempre vão ao encontro do interesse dos stakeholders – algumas vezes, o que acontece é justamente o contrário.

A Enron era uma das maiores empresas do mundo no ramo da eletricidade, gás natural, polpa, papel e comunicações, com sede em Houston, no Texas. Empregava cerca de 21.000 pessoas e sua receita bruta declarada foi de cerca R$ 176 bilhões (US$ 101 bilhões) no ano 2000. Entretanto, no final de 2001 foi revelado que a condição financeira conhecida da empresa era sustentada em sua maior parte por sistemáticas e criativas fraudes de contabilidade. Quando a Enron recorreu ao Capítulo 11 da lei de falências norte-americana, no final de 2001, foi o maior caso desse tipo na história daquele país, ao custo de 4.000 empregos. O escândalo também causou a dissolução da Arthur Andersen, uma das cinco maiores firmas de contabilidade do mundo.

A maioria dos ativos e dos lucros da Enron eram artificiais, fraudulentos ou inexistentes. A Enron havia movido seus débitos e perdas para empresas "off-shore" não incluídas nas declarações financeiras da organização e usado sofisticadas transações financeiras com empresas afins conhecidas como "sociedades de propósito específico" (SPEs – *special purposes entities*) para retirar as transações não lucrativas dos registros da empresa. Investigações posteriores revelaram que alguns dos executivos da Enron tinham conhecimento das contas *off-shore* que escondiam as perdas da empresa. O diretor-financeiro Andrew Fastow era o líder da equipe que criou as empresas que não constavam dos registros e manipulava os contratos para obter, para si mesmo, sua família e amigos, centenas de milhões de dólares em lucros garantidos, à custa dos acionistas. Quando o escândalo veio à tona, as ações da empresa caíram de US$ 90 para US$ 0,30.

As audiências do congresso norte-americano revelaram que um grupo de empregados da Enron havia feito advertências ainda em 1998. A apreensão crescente levou a um encontro de funcionários em meados de 2001, em que outros assuntos relacionados foram debatidos. Após o encontro, a vice-presidente Sherron Watkins, encontrou com o então CEO Ken Lay e lhe entregou um memorando com suas preocupações em detalhes. Ela ressaltou especialmente os papéis da Vinson & Elskins Sociedade Ltda., um conhecido escritório de advocacia norte-americano, e da Arthur Andersen Sociedade Ltda., como cúmplices de transações duvidosas. A gerência superior pediu uma investigação a Vinson & Elkins. O escritório de advocacia, entretanto, informou que, com exceção de alguns "procedimentos cosméticos discutíveis" e da "contabilidade agressiva e criativa", não haviam encontrado qualquer problema com as SPEs. A Arthur Andersen também confirmou que não via problemas com a contabilidade.

Mais tarde, em outubro de 2002, a Comissão de Valores Mobiliários (*Securities and Exchange Comission* – SEC) abriu um inquérito formal contra a Enron, o que por sua vez também deu início a uma devastadora sequência de eventos na Arthur Andersen. Quando a Arthur Andersen recebeu a notícia da SEC em meados de novembro, um grande número de documentos de auditoria relacionados a Enron havia sido destruído. Isto posteriormente levou ao indiciamento da Arthur Andersen, em junho de 2002. O julgamento da empresa também revelou sua fraude contábil na WorldCom, revelando uma onda de outros escândalos contábeis.

J. P. Morgan Chase, Citigroup, Merrill Lynch, Credit Suisse First Boston, Canadian Imperial Bank of Commerce (CIBC), Bank America, Barclays Bank, Deustsche Bank e Lehman Brothers também foram apontados como participantes na série de transações fraudulentas que custaram, ao final, mais de US$ 25 bilhões aos acionistas. Dois escritórios de advocacia foram identificados como participantes nas fraudes: Vinson & Elkins e Kirkland & Ellis, com sede em Chicago, que a Enron usava como representante de várias SPEs.

Em meados de 2006, 16 executivos-chefe da Enron, entre eles Ken Lay, Jeff Skilling (CEO), David Delainey (presidente da Unidade de Comércio de Energia da Enron), Richard Causey (diretor contábil), Andrew Fastow (diretor financeiro) e Mark Koenig (presidente de relações com investidores) admitiram-se culpados ou foram condenados no processo.

Preparado por Rajshree Prakash, Universidade de Lancaster. Escola de Administração.

Questões

1 Que mecanismos na cadeia de governança deveriam (ou poderiam) ter impedido o que aconteceu na Enron?

2 Que mudanças na governança corporativa são necessárias para prevenir acontecimentos semelhantes?

de cadeia de governança? Como explicado anteriormente, os beneficiários finais estão bastante distantes dos gerentes, assim a responsabilidade, para muitos gerentes, é apenas referencial. Em termos práticos, os diretores de empresa são mais propensos a se comprometer com representantes de instituições daqueles acionistas – talvez um gerente ou analista de investimento de um fundo de pensão ou companhia de seguros. Aqui também surge o problema do principal-agente. Os beneficiários finais também estão distantes de gerentes e analistas de investimento, os quais podem estar perseguindo seus próprios interesses. Estrategistas no seio de uma empresa enfrentam uma escolha difícil, mesmo se conferem a responsabilidade principal aos acionistas. Eles desenvolvem estratégias que acreditam ser do melhor interesse de um grupo altamente fragmentado de acionistas desconhecidos? Ou procuram atender as necessidades e aspirações dos gerentes de investimentos? Os gerentes do setor público enfrentam um problema parecido. Podem considerar que estão desenvolvendo estratégias a bem do serviço público, mas podem defrontar-se com o escrutínio direto de uma agência que age em favor do governo. A estratégia deve ser planejada para o bem público em geral ou para atender ao exame do governo? Por exemplo, os gerentes e médicos do serviço de saúde no Reino Unido dedicam-se ao bem-estar de seus pacientes. Mas cada vez mais o modo como administram seus serviços é ditado pelos objetivos estabelecidos por um departamento do governo que presumivelmente também acredita estar agindo para o bem público.

- *O papel dos investidores institucionais.* O papel de investidores institucionais em relação à estratégia empresarial varia de acordo com as estruturas de governo pelo mundo (veja Seção 4.2.2). Entretanto, uma questão frequente é o quanto esses investidores influenciam ou devem procurar influenciar efetivamente a estratégia. Historicamente, economias como a de investidores do Reino Unido ou dos Estados Unidos têm disseminado sua influência em empresas simplesmente pela compra e venda de ações, mais do que um compromisso em profundidade com as questões estratégicas da empresa. O mercado de ações se torna o juiz de seus atos através dos movimentos das cotações. Há sinais, no entanto, de que os investidores estão se envolvendo mais ativamente nas estratégias das empresas nas quais investem.[3] Esse envolvimento varia bastante, mas tem crescido, e há provas de que investidores institucionais que procuram trabalhar ativamente com diretorias para desenvolver estratégias agem melhor para os beneficiários do que os que não o fazem.
- *Escrutínio e controle.* Dadas as questões sobre governança que se desenvolveram na última década, tem havido cada vez mais tentativas de estabelecer meios de escrutínio e controle das atividades dos "agentes" na cadeia para salvaguardar os interesses dos beneficiários finais. A Figura 4.2 mostra a informação geralmente disponível para cada "ator" na cadeia para julgar o desempenho dos outros na mesma cadeia. Há crescentes exigências legais, bem como códigos voluntários, estabelecidos para diretorias sobre informações públicas e regulamento sobre atividades. Entretanto, os gerentes continuam a lidar com discrição sobre qual informação fornecer e para quem, além, realmente, de que tipo de informações pedir àqueles que a fornecem. Quais informações, por exemplo, devem

ser fornecidas a analistas de investimento que irão influenciar a cotação das ações da empresa? Quão específico deve ser um diretor-executivo ao explicar a estratégica futura para as partes interessadas em declarações públicas, como relatórios anuais? Também há questões de procedimentos de relatórios internos que devem ser resolvidas. Numa empresa, quais são os alvos e medidas adequadas a ser incentivadas e qual o gerenciamento de controle adequado? Essas questões devem estar inicialmente relacionadas à constituição de valor para as partes interessadas? Ou uma abordagem de classificação equilibrada é mais apropriada para atender as necessidades das várias partes interessadas (consulte a Seção 10.3.4)? Os métodos usuais de contabilidade (como o de retorno do capital empregado) são a medida adequada ou as medições devem ser especialmente planejadas para atender as necessidades de estratégias particulares ou expectativas específicas de *stakeholders*/acionistas? Não há respostas categóricas para todas essas perguntas. O modo como os gerentes irão respondê-las vai depender da decisão que tomarem a respeito do propósito estratégico da organização – e tal decisão será influenciada pela opinião que tiverem sobre quem consideram responsáveis.

4.2.2 Diferentes estruturas de governança

A estrutura de governança de uma organização geralmente consiste num conselho de diretores. A primeira responsabilidade estatutária de um conselho é assegurar que uma organização atenda aos desejos e propósitos dos *stakeholders* principais. Entretanto, a identidade desses *stakeholders* é algo que varia. No setor privado, em alguns lugares do mundo, são acionistas, mas em outras partes trata-se de uma base mais ampla ou diferente. No setor público, a estrutura de governança é responsável pela ação política do governo – provavelmente por meio de "agência" intermediária, como uma estrutura de financiamento. Tais distinções levam a diferenças no modo como as empresas operam, como os propósitos de uma organização são planejados e como as estratégias são desenvolvidas, além do papel e da composição dos conselhos.

No nível mais geral, há duas estruturas de governança: o modelo acionista e o modelo dos *stakeholders*, os quais são mais ou menos frequentes em várias partes do mundo.

Um modelo acionista de governança

Neste modelo, os acionistas têm primazia em relação ao lucro gerado pelas corporações, embora os proponentes digam que maximizar o valor dos acionistas beneficia também outros *stakeholders*. A participação dos acionistas não é concentrada, embora uma grande parte das ações esteja em poder de instituições financeiras. Ao menos em princípio, o comércio das ações constitui um mecanismo regulatório para maximizar o valor aos acionistas, visto que acionistas insatisfeitos podem vender suas ações, o que baixaria a cotação e faria surgir a ameaça de aquisição por parte de empresas com desempenho inferior. O modelo acionista é típico nas economias dos Estados Unidos e do Reino Unido.

Há argumentos favoráveis e desfavoráveis ao modelo acionista. Entre as *vantagens alegadas* estão:

- *Benefícios para os investidores.* Em comparação com o modelo dos *stakeholders*, o investidor recebe uma taxa de retorno mais alta. Os acionistas também podem reduzir seus riscos por meio da diversificação de títulos e ações num mercado em que as ações possam ser prontamente comercializadas.
- *Benefícios para a economia.* O sistema facilita riscos maiores para os investidores, o que aumenta a probabilidade do estímulo ao crescimento e à iniciativa. Também se afirma que uma razão pela qual o Reino Unido recebe mais do que sua "cota justa" de investimento interno com os Estados Unidos é porque as estruturas de propriedade são mais abertas para novos investidores do que em outros lugares.
- *Benefícios para o gerenciamento.* É possível argumentar que a separação de propriedade e gerenciamento torna as decisões estratégicas mais relacionadas objetivamente a demandas e restrições potencialmente diferentes de mercados financeiros, de mão de obra e de consumidores. A diversificação de ações também indica que provavelmente nenhum acionista irá controlar as decisões de gerenciamento, contanto que o desempenho da empresa seja bom.

Entre as *desvantagens alegadas* estão:

- *Desvantagens para os investidores.* A dispersão de ações impede o monitoramento cuidadoso do gerenciamento. Isto pode resultar em gerentes que sacrificam o valor dos acionistas em benefício próprio. Os CEOs, por exemplo, podem, à custa dos acionistas, tomar decisões pessoais, como realizar fusões que não agregam valor algum.
- *Desvantagens para a economia: o risco do imediatismo.* Falta de controle do gerenciamento pode levar à tomada de decisões em benefício dos próprios gerentes (para, por exemplo, ganhar uma promoção). Isso, combinado com a ameaça de aquisições, pode encorajar os administradores a concentrar sua atenção em ganhos de curto prazo à custa de projetos de longo prazo.
- *Reputação da corporação e ganância da alta direção.* A falta de controle do gerenciamento permite que grandes compensações sejam dadas aos próprios gerentes, na forma de salários, bônus e opções de ações. Nos Estados Unidos, os CEOs têm compensações 531 vezes mais altas do que seus empregados – no Japão, em comparação, esse número chega apenas a 10.

O modelo dos *stakeholders* de governança

Um modelo alternativo de governança, adotado em várias formas, é o modelo dos *stakeholders*. Ele baseia-se no princípio que diz que riqueza é criada, recolhida e distribuída entre várias partes interessadas. Isso pode incluir acionista, mas também outros investidores, como bancos, além de empregados ou seus representantes sindicais. Desse modo, o gerenciamento deve ser responsável pelos vários *stakeholders*, os quais podem estar representados pessoal e formalmente nos conselhos.

Entretanto, os modelos dos *stakeholders* também são algumas vezes conhecidos como *sistema de governança concentrada* (*blockholder system of governance*). Um ou dois grandes grupos de investidores são os proprietários do negócio. Na Alemanha, por exemplo, quase 3/4 de todas as empresas alemãs registradas possuem um proprietário majoritário. Além disso, em países como Alemanha e Suécia os bancos desempenham um papel dominante – no Japão, costumam possuir participações em organizações, sem apenas se contentar em fornecer capital de empréstimo. Também é provável haver uma complexa teia de participações cruzadas entre empresas.

A Alemanha e o Japão são frequentemente citados como exemplos do modelo dos *stakeholders*. Na Alemanha, há um sistema dualista. O conselho supervisor (Aufsichtsrat), obrigatório para empresas como mais de 500 empregados, e o conselho diretor (Vorstand). O conselho supervisor é um fórum em que são representados os interesses de vários grupos, incluindo acionistas e empregados, além de, geralmente, banqueiros, advogados e especialistas na bolsa de valores. O planejamento estratégico e o controle operacional são atribuídos ao conselho diretor, mas as decisões importantes, como fusões e aquisições, necessitam de aprovação do conselho supervisor. Em outros países europeus, particularmente na Holanda e na França, já existem conselhos dualistas.

No Japão, a maximização do lucro ou do valor do acionista não é considerada como a meta final dos empreendimentos de negócios tanto quanto o crescimento e a segurança da empresa. As empresas têm propriedade concentrada, com um pequeno grupo de acionistas que detêm grandes percentuais da empresa, e um sistema de participações cruzadas em que grandes empresas possuem cotas de outras e os bancos financiam os mesmos subgrupos. As empresas japonesas possuem um sistema monista de conselho.

Há *vantagens alegadas* para o modelo dos *stakeholders* de governança:

- *Vantagens para os stakeholders*. Além do argumento de que interesses mais amplos das partes interessadas são levados em conta, também é possível admitir que a influência em particular dos empregados é um impedimento para decisões e investimentos de alto risco.
- *Vantagens para investidores*. Talvez ironicamente, alega-se que são os investimentos em bloco o que, de várias maneiras, garante benefícios econômicos. Pode haver monitoramento mais rigoroso do gerenciamento, como os investidores tendo mais acesso a informações internas da empresa. Uma vez que o poder pode estar com relativamente poucos investidores em bloco, intervenções podem ser facilitadas em caso de insucesso do gerenciamento.
- *Horizontes de longo prazo*. Admite-se que os maiores investidores – bancos ou outras empresas, por exemplo – provavelmente consideram seus investimentos como de longo prazo, assim reduzindo a pressão por resultados a curto prazo em favor do desempenho ao longo de períodos mais prolongados.

Também há *desvantagens admitidas* para o modelo dos *stakeholders* de governança:

- *Desvantagens para o gerenciamento.* Monitoramento rigoroso pode levar a interferências, atrasando o processo de decisões e prejudicando a objetividade do gerenciamento quando decisões vitais tiverem de ser tomadas.
- *Desvantagens para investidores.* Devido à falta de pressão dos acionistas, os investimentos de longo prazo são feitos em projetos em que os retornos podem ficar abaixo das expectativas do mercado.
- *Desvantagens para a economia.* Há menos alternativas para levantar financiamentos, limitando, assim, as possibilidades de crescimento e de atividade empreendedora.

Também vale a pena notar que há implicações a respeito ao financiamento dos negócios. No modelo acionista, o capital é a forma principal de financiamento a longo prazo, e bancos comerciais fornecem o financiamento – desse modo, as relações com os banqueiros são essencialmente contratuais. Isso leva a implicações significativas. Os gerentes precisam limitar a alavancagem a um nível prudente, assim mais capital é necessário para maiores desenvolvimentos da estratégia. Também significaria que a própria empresa possui um grau maior de influência sobre as decisões estratégicas, uma vez que os bancos não estão à procura de envolvimento estratégico com a empresa. Entretanto, se as estratégias começam a falhar, a organização pode se tornar cada vez mais dependente do banco, como um *stakeholder* decisivo. Esta situação acontece frequentemente em pequenas empresas familiares. Numa situação limite, os bancos podem exercer seu poder por meio da *saída* (ou seja, da retirada de seus fundos), mesmo que isto determine a liquidação da empresa. Por outro lado, em alguns sistemas de *stakeholders* (principalmente no Japão e, em grau menor, na Alemanha), os bancos geralmente possuem participação societária significativa ou formam parte da mesma empresa controladora, ficando menos dispostos a adotar uma relação de igualdade e mais propensos a procurar um envolvimento estratégico ativo.

Estruturas de governança em transição

Há pressões por mudanças nos tradicionais modelos de governança. Alguns deles já foram debatidos em relação à cadeia de governança na Seção 4.2.1. Entretanto, existem sugestões de haver uma convergência pelo planeta sobre o modelo dos *stakeholders* de governança. Isto acontece devido às muitas vantagens explicadas anteriormente, em particular a consideração de vantagens mútuas para acionistas e para mais *stakeholders*. Isso também acontece por conta do aumento do papel dos investidores institucionais que agem em benefício de uma crescente classe de acionistas formada pelo cidadão médio e pela crescente globalização e pelos processos de fusão e aquisição em vários países.

Desse modo, no Japão, por exemplo, investidores institucionais e estrangeiros têm cada vez mais influência, e a desregulamentação e liberalização aumentam a pressão por mudanças nas estruturas de governança. Na Alemanha, igualmente, afirma-se que se as empresas desejam permanecer competitivas globalmente, a representação dos empregados nos conselhos deve ser revista a fim de reduzir custos e acelerar a tomada de decisões. Historicamente, na Suécia as empresas eram privadas ou estavam nas mãos de fundações controladas por famílias, *holdings* e empresas de investimentos. Entretanto, a entrada do país na União Europeia (UE) reduziu as restrições sobre o influxo de capital e cada vez mais as empresas se tornam propriedade de estrangeiros, embora a maioria continue a pertencer a um dono majoritário que opta por uma posição de controle semelhante ao modelo dos *stakeholders*.

Na Índia, havia um grande nível de protecionismo estatal até os anos 1980, com grandes indústrias nacionalizadas (como empresas de aviação e bancos) e restrições ao aporte de investimentos estrangeiros no país. No entanto, desde 1991 mudanças radicais têm acontecido. Licenciamentos de importação foram abolidos, e tarifas de importação, reduzidas. Restrições ao capital externo foram diminuídas em algumas indústrias, alguns empreendimentos do setor público sofreram desinvestimentos e empresas receberam permissão para participar de bolsas de valores internacionais. A Índia ainda é caracterizada por suas empresas familiares, mas com a crescente separação de propriedade e gerenciamento. Os códigos de governança sendo propostos indicam uma mudança na direção de um modelo dos *stakeholders* de governança, com um conselho monista e cerca de 30% a 50% de diretores não executivos.

Na China, os *stakeholders* mais importantes nas empresas são o Estado ou as instituições semiestatais – os gerentes seniores geralmente iniciaram suas carreiras em posições no governo. A China possui um modelo dualista de conselho. O conselho supervisor possui no mínimo um terço dos empregados como membros, mas com influência limitada nas atividades da organização, que são responsabilidade dos conselhos diretores. Entretanto, exige-se que os conselhos possuam diretores não executivos que, recentemente, tiveram de se tornar independentes.

4.3 RESPONSABILIDADE SOCIAL CORPORATIVA

A **responsabilidade social corporativa** diz respeito aos modos por meio dos quais uma organização supera as obrigações mínimas com os *stakeholders* especificadas a partir de regulamentação

O ambiente legislativo e os programas de governança corporativa para uma organização determinam as obrigações mínimas em relação às partes interessadas desta organização. A **responsabilidade social corporativa** (RSC) diz respeito aos modos por meio dos quais uma organização supera as obrigações mínimas com os *stakeholders* especificadas a partir de regulamentação. Entretanto, as estruturas legais e legislativas sob as quais funcionam os negócios observam de forma desigual os direitos de diferentes *stakeholders*. Por exemplo, os *stakeholders sob contrato* – como clientes, fornecedores ou empregados – possuem um relacionamento legal com uma organização, e os *stakeholders de comunidade* – como comunidades locais, clientes em geral e grupos de pressão – não possuem proteção legal. As políticas de RSC das empresas serão especialmente importantes para esses *stakeholders* de comunidade.

Organizações distintas assumem posições bastante diferentes quanto à responsabilidade social. A argumentação que segue também explica o que geralmente envolve essas posições em termos de modos de agir das empresas.[4]

4.3.1 *Laissez-faire*

A visão *laissez-faire* (literalmente "deixe fazer", em francês) representa uma posição extrema em que a organização assume a visão de que a única responsabilidade do negócios é o interesse a curto prazo dos *stakeholders* e "dar lucro, pagar impostos e gerar empregos".[5] É papel do governo determinar, por legislação e regulamentação, as restrições escolhidas pela sociedade para a busca de eficiência econômica por parte das organizações. As organizações irão atender apenas a essas mínimas obrigações. Esperar que as empresas cumpram responsabilidades sociais além dessas pode, em último caso, minar a autoridade do governo.

Esta posição pode ser tomada por executivos que nela acreditam ideologicamente ou por pequenas empresas que não possuem os recursos além dos necessários para atender minimamente a legislação. Contanto que o bem comum seja procurado, isso é justificado em termos de aumento da rentabilidade. Isso pode ocorrer, por exemplo, se houver obrigações sociais impostas como exigências para fechar contratos (se, por exemplo, forem exigidos dos fornecedores métodos de seleção de mão de obra que ofereçam oportunidades iguais) ou para a defesa da reputação da empresa.

4.3.2 Autointeresse esclarecido

O *autointeresse esclarecido* é moldado pelo reconhecimento do *benefício financeiro de longo prazo para o stakeholder* oriundo de relações bem administradas com outros *stakeholders*. A justificativa para a ação social é que isso faz sentido, do ponto de vista do negócio. A reputação de uma organização é importante para seu sucesso financeiro a longo prazo e há o aspecto empresarial a ser considerado para uma posição mais ativa em questões sociais, a fim de, por exemplo, recrutar e manter o quadro de funcionários. Desse modo, a filantropia corporativa[7] ou a previdência social podem ser consideradas gastos pertinentes, tais como qualquer outra forma de investimento ou de promoção. O patrocínio de grandes eventos esportivos ou artísticos pelas empresas é um exemplo. A recusa de práticas de *marketing* "sombrio" também é necessária para impedir a necessidade de ainda mais legislação nessa área. Nesta questão, os gerentes devem ter a compreensão de que as organizações não apenas têm responsabilidade para com seus *stakeholders* mas também para com as *relações* com outros *stakeholders* (ao contrário de ter *responsabilidades* com outros *stakeholders*), e a comunicação com grupos de *stakeholders* provavelmente será mais interativa do que em organizações do tipo *laissez-faire*. Essas empresas também podem instituir sistemas e políticas para assegurar conformidade das melhores práticas (como, por exemplo, a certificação ISO 14000 e a proteção aos direitos humanos em operações no estrangeiro) e começar a monitorar seu desempenho em responsabilidade social. A gerência superior também pode fazer mais – pelos menos apoiar o desempenho mais ativo do papel social da empresa.

4.3.3 Um fórum para a interação entre os *stakeholders*

Um *fórum para a interação dos stakeholders*[8] explicitamente incorpora os variados interesses e expectativas dos *stakeholders* e não apenas de acionistas, ao mesmo tempo que influencia os propósitos e as estratégias da organização. O argumento aqui é que o desempenho de uma organização deve ser avaliado de modo mais plural do que apenas pela parte financeira. As empresas nesta categoria podem preservar unidades dispendiosas para preservar empregos, evitar a fabricação ou venda de produtos "antissociais" e estar preparadas para reduções da lucratividade em prol do bem comum. Algumas organizações de serviços financeiros também têm escolhido oferecer "produtos" de investimento socialmente responsável (ISR), que incluem somente participações em organizações que atendam altos padrões de responsabilidade social em suas atividades.

Entretanto, há difíceis questões de equilíbrio entre os interesses dos diferentes *stakeholders*. Por exemplo, muitas organizações do setor público estão posicionadas, justificadamente, neste grupo, uma vez que são sujeitas à grande diversidade das expectativas, e as unidades de medida uniformes de desempenho geralmente se mostram inadequadas para refletir tais diferenças. Há também várias pequenas empresas familiares que se encaixam nessa categoria pelo modo como operam. Combinam seu próprio interesse com o de seus empregados e o de comunidades locais mesmo quando possam contrariar suas escolhas estratégicas (a escolha entre produção em outros países e a produção local, por exemplo). As organizações nessa categoria geralmente demoram mais em decisões sobre novas estratégias, uma vez que estão comprometidas com consultas mais amplas junto aos *stakeholders* e com a administração de penosas contrapartidas políticas entre as expectativas conflitantes dos *stakeholders*, conforme foi visto na Seção 4.3.

A petrolífera BP afirma ter adotado a lógica do "capitalismo multi-*stakeholders*", acreditando que sua sobrevivência a longo prazo não depende apenas de seu desempenho econômico, mas também da sua atuação social e ambiental. Organizações como a BP podem promover a responsabilidade social corporativa até posições em nível de conselho, além de criar estruturas para o monitoramento do desempenho social em sua operações globais. As metas, geralmente por meio de classificações equilibradas, podem fazer parte dos aspectos operacionais do negócio e de questões de responsabilidade social administradas proativamente e de maneira coordenada. A expectativa é de que tal posição terá, consequentemente, reflexos no comportamento ético dos indivíduos no seio da empresa. É claro que as organizações que adotam tal posição realmente padecem se os padrões de desempenho que pleitearam são considerados insuficiente ou não foram alcançados. De fato, a BP descobriu isso em 2006 quando foi alvo da justiça norte-americana e da imprensa mundial por suas falhas em procedimentos de saúde e de segurança que causaram uma explosão fatal em sua refinaria em Texas City (veja a Exemplo 4.2).

4.3.4 Os modeladores da sociedade

Os *modeladores da sociedade* julgam as considerações financeiras como secundárias ou como uma restrição. São ativistas procurando mudar a sociedade e as normas sociais. A empresa pode ter sido fundada com tal propósito, como no caso da Body Shop. O papel social é assim a *raison d'être* do negócio. Os modeladores podem considerar que seu propósito estratégico é "mudar as regras do jogo", algo pelo qual eles até podem se

Exemplo 4.2

BP, "Beyond Petroleum" e o desastre de Texas City

Cada vez mais as empresas tornam explícitas suas posições sobre responsabilidade social, mas ao fazê-lo podem ficar mais vulneráveis quando as coisas não dão certo.

A empresa global de energia BP, sob a liderança de John Browne, recebeu os cumprimentos por desenvolver um explícito código de responsabilidade social com ênfase na energia eficiente e sustentável, na diversidade energética, na preocupação com as mudanças climáticas e com o desenvolvimento local, e no qual as operações acontecem em grandes níveis de segurança. Esta posição veio a público numa campanha publicitária que promovia o *slogan* "Beyond Petroleum" (*Além do Petróleo*, um jogo de palavras com as iniciais da empresa). Além disso, como afirmou John Browne (*Business Strategy Review*, vol. 17, no. 3, 2006, p. 53-56), "nosso compromisso com a responsabilidade tem de ser expresso não por palavras, mas por ações nos negócios, cotidianamente, em cada atividade e em cada aspecto de conduta".

Desse modo, foi um terrível desastre não apenas para a comunidade local e suas famílias mas também para a BP quando, em 2005, uma explosão na refinaria de petróleo da BP em Texas City matou 15 trabalhadores. Em setembro de 2005, a empresa recebeu uma multa superior a € 17 milhões (R$ 44 milhões) do Ministério do Trabalho norte-americano devido a 300 violações de segurança na instalação de Texas City.

As críticas na impressa foram avassaladoras. O desastre aconteceu no mesmo ano em que os lucros da BP haviam aumentado consideravelmente e o próprio Brown havia recebido, entre salários e remunerações, um valor estimado superior a £ 6,5 milhões (R$ 18 milhões). A administração superior da BP estava ciente dos "importantes problemas de segurança" não apenas na refinaria de Texas City, mas em 34 outras localidades em todo o mundo. Preferiram o corte de custos em relação à segurança. Não deram ouvidos às pessoas dos extratos mais baixos organização, que comunicaram por meio de um relatório o "ganhar dinheiro" como item prioritário e as "pessoas" como a última preocupação. Cargos em demasia haviam sido terceirizados para empreiteiros mais baratos e assim por diante.

Em janeiro de 2007, John Browne anunciou que abandonaria a BP 18 meses antes do previsto para ser sucedido por Tony Haywood, que havia estado à frente da divisão de exploração e produção da empresa. John Manzoni, o diretor de conselho encarregado das operações de refino e responsável pelas refinarias, foi ignorado.

Em 2005, a BP pediu a James Baker, ex-secretário de estado do governo norte-americano, para realizar uma investigação independente. Em janeiro de 2007, ele relatou o seguinte:

> "A BP não deu mostras de efetiva liderança em processos de segurança e não estabeleceu adequadamente a segurança dos processos como um valor central em suas cinco refinarias nos Estados Unidos... A BP demonstrou possuir uma visão de curto prazo, e seu sistema de gerenciamento descentralizado e sua cultura empreendedora delegou liberdade de ação substancial para os gerentes de refinarias dos Estados Unidos sem definir com clareza as expectativas de segurança dos processos, além dos encargos e das responsabilidades finais... A companhia jamais assegurou que os recursos adequados fossem de fato alocados para dar apoio ou auxílio a desempenhos de alto nível em relação à segurança dos processos."

A empresa depositou muita confiança no monitoramento das estatísticas de danos que "impediram decisivamente sua percepção dos riscos dos processos". Os incidentes e as pequenas falhas provavelmente não foram devidamente relatados e, quando identificados, as causas principais geralmente não eram corretamente identificadas.

A BP respondeu ao relatório afirmando que planejava "um recrutamento externo importante... para aumentar a capacidade básica em operações e engenharia" e que modernos sistemas de controle de processos seriam instalados em suas refinarias. No entanto, a posição de responsabilidade da empresa já havia sido atingida.

Questões

1 O que você acha que levou a BP a assumir uma posição de responsabilidade social altamente chamativa?

2 A alta administração realmente é capaz de gerenciar a responsabilidade social em nível local? Como?

3 A publicidade negativa em torno do desastre de Texas City irá afetar a estratégia da BP?

beneficiar, mas que desejam assegurar que beneficie a sociedade. Neste papel, é improvável que eles operem por conta própria: irão preferencialmente formar parcerias com outras organizações, comerciais ou não, para alcançar seus objetivos.

Até que ponto essa é uma posição ética viável depende das questões de regulação, governança corporativa e responsabilidade final. É mais fácil para uma organização privada operar desse modo, uma vez que não há responsabilidade de *stakeholders* externas. Pode-se argumentar que a grande realização histórica dos serviços públicos em transformar a qualidade de vida de milhões de pessoas deveu-se em muito ao fato de serem tais serviços "orientados pela missão" em seu modo de agir e apoiados pela estrutura política na qual operavam. Entretanto, em vários países houve desafios à legitimidade dessa visão de "orientação pela missão" dos serviços públicos e demandas por parte dos cidadãos (enquanto pagadores de impostos) em relação à expectativa de serem mais bem valorizados. As organizações de caridade enfrentam dilemas parecidos. É fundamental para sua existência que elas zelem por melhorias para determinados grupos da sociedade, mas também precisam permanecer viáveis economicamente, o que pode levá-las a ser consideradas como exageradamente comerciais e gastar demais em administração e atividade promocionais.

Em face disso, os modeladores da sociedade representam o outro extremo do espectro em relação às empresas *laissez-faire*. Entretanto, é significativo que algumas grandes empresas que escolheram uma abordagem *laissez-faire*, como a NewsCorp ou a Haliburton (discutível), estejam ativamente engajadas em tentar moldar a sociedade, ainda que de acordo com sua visão sobre o papel social do negócio.

Há cada vez mais uma consideração por parte dos próprios gerentes de que a posição *laissez-faire* não é aceitável[9] e que os negócios precisam assumir uma posição socialmente responsável. Isso não se deve apenas a razões éticas mas à crença de que os negócios levam vantagem ao fazê-lo – e correm perigo se não o fazem. Ser socialmente responsável reduz os risco de reações negativas dos *stakeholders* (especialmente dos consumidores) e pode ajudar a manter funcionários leais e motivados. A responsabilidade social é assim justificada em termos de "triplo ponto principal": benefícios sociais e ambientais bem como aumento dos lucros. De fato, admite-se que as estratégias socialmente responsáveis devem ser seguidas por poderem fornecer uma base para a obtenção de vantagem competitiva. A necessidade se dá em procurar situações de "ganho mútuo" para otimizar o retorno econômico de investimentos no ambiente. "O teste decisivo... não é se a causa é valiosa, mas se apresenta uma oportunidade para criar valor compartilhado – o que é um benefício significativo para a sociedade e também é valioso para os negócios."[10] Combater a pandemia de AIDS na África não se trata apenas de "bons negócios" para uma empresa farmacêutica ou uma companhia de mineração africana: é decisivo para os próprios interesses da organização.

A *auditoria social*[11] é o modo de garantir que a responsabilidade social corporativa seja sistematicamente revista e tem sido defendida por diversas organizações progressistas. Ela assume várias formas, desde auditorias sociais realizadas por organismos externos independentes, passando por aspectos da agenda social que atualmente são obrigatórios em relatórios de empresas (algumas questões ambientais, por exemplo) e chegando à responsabilidade social voluntária das próprias organizações.

4.4 AS EXPECTATIVAS DOS *STAKEHOLDERS*

A partir das seções anteriores deve estar claro que as decisões que os gerentes têm de tomar a respeito do propósito e da estratégia de suas organizações são influenciadas pelas expectativas dos *stakeholders*. Isso apresenta um desafio, uma vez que provavelmente são vários *stakeholders*, especialmente quando se trata de uma grande organização (veja a Figura 4.3) com expectativas distintas, talvez conflitantes. Isso significa que os gerentes precisam ter muito claro (a) em quais dos *stakeholders* terão a maior influência e, portanto, (b) em quais expectativas precisam prestar mais atenção e (c) até que ponto expectativas e influências dos diferentes *stakeholders* variam.

Os *stakeholders* externos podem ser divididos de modo eficaz em três tipos, de acordo com a natureza de seu relacionamento com a organização e, assim, como podem afetar o sucesso ou o fracasso de uma estratégia[12].

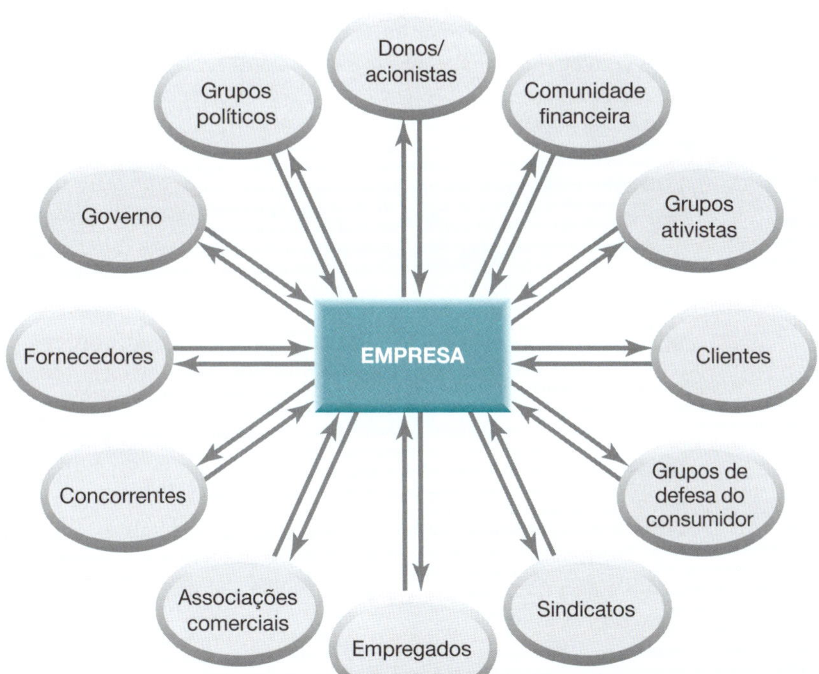

Fonte: R.E. Freeman, *Strategic Management: A Stakeholder Approach*, pub. Pitman 1984. Copyright 1984 by R. Edward Freeman.

FIGURA 4.3 ***Stakeholders* de uma grande organização.**

- *Stakeholders de perfil econômico*, incluindo fornecedores, concorrentes, distribuidores (cuja influência pode ser identificada utilizando-se a estrutura das cinco forças do Capítulo 2, Figura 2.2) e acionistas (cuja influência pode ser considerada em termos da cadeia de governança discutida na 4.2.1 anterior).
- *Stakeholders de perfil social/político*, como instâncias legislativas, agências reguladoras e agências governamentais que irão influenciar a "legitimidade social" da estratégia.
- *Stakeholders de perfil tecnológico*, como empresas inovadoras, agências de padronização e donos de tecnologias competitivas que irão influenciar a difusão de novas tecnologias e a adoção de padrões da indústria.

A influência desses diferentes tipos de *stakeholders* provavelmente varia em cada situação. O "grupo tecnológico", por exemplo, será vital para as estratégias de apresentação de novos produtos, enquanto o grupo "social/político" costuma ser particularmente influente no contexto do setor público.

Há também grupos internos de *stakeholders* numa organização, que podem ser departamentos, locais geográficos ou os diferentes níveis na hierarquia. Os indivíduos podem pertencer a mais de um grupo de *stakeholders*, e tais grupos podem "se alinhar" de maneira diversa de acordo com a questão ou com a estratégia em uso. É claro que os *stakeholders* externos podem procurar influenciar a estratégia de uma organização por meio de suas ligações com os *stakeholders* internos. Os clientes, por exemplo, podem exercer pressão para que os gerentes de vendas os representem ou a seus interesses junto à empresa.

Uma vez que as expectativas dos grupos de *stakeholders* irão diferir, é normal haver conflitos em relação à importância ou conveniência dos vários aspectos da estratégia. Na maior parte das situações, será necessário alcançar um compromisso. A Figura 4.4 mostra algumas das corriqueiras expectativas existentes dos *stakeholders* e como elas podem entrar em conflito. As organizações globais podem enfrentar mais complicações uma vez que operam em várias arenas. Uma divisão estrangeira, por exemplo, é parte de uma empresa matriz – com tudo que isso implica em termos de expectativas sobre conduta e desempenho –, mas também faz parte de uma comunidade local, que possui expectativas distintas. Esses "dois mundos" talvez não se sintam à vontade quando próximos um do outro.

Por tais razões, o conceito de *stakeholders* é valioso ao tentar compreender o contexto político no qual se desenrolam os desenvolvimentos estratégicos. De fato, levar em conta as expectativas e influências dos *stakeholders* é um aspecto importante da escolha estratégica, como será visto no Capítulo 9.

4.4.1 O mapeamento dos *stakeholders*[13]

Há diferentes maneiras pelas quais o mapeamento dos *stakeholders* pode ser usado para melhor compreensão da sua influência. A presente aborda-

- Para crescer talvez seja preciso sacrificar a lucratividade a curto prazo, o fluxo de caixa e os níveis de pagamento.
- O "imediatismo" pode servir para aspirações da carreira gerencial, mas impede investimentos em projetos de longo prazo.
- Quando os negócios familiares crescem, os donos podem perder seu controle se precisarem nomear gerentes profissionais.
- Novos desenvolvimentos podem precisar de financiamentos extras por meio de emissão de ações ou de empréstimos. Em qualquer dos casos, a independência financeira pode ser sacrificada.
- A propriedade pública das ações irá exigir mais abertura e responsabilidade por parte do gerenciamento.
- A eficiência de custo através do investimento de capital poder significar a perda de empregos.
- A entrada em mercados de massa pode exigir uma redução dos padrões de qualidade.
- Nos serviços públicos, um conflito corriqueiro acontece entre previdências gerais e serviços de especialistas (por exemplo, odontologia preventiva e transplantes de coração).
- Em grandes organizações multinacionais, pode haver conflito por causa das responsabilidades de divisão da empresa e do país de acolhimento.

FIGURA 4.4 Alguns conflitos de expectativas comuns.

gem do **mapeamento dos *stakeholders*** identifica as expectativas e o poder dos *stakeholders* e auxilia no entendimento das prioridades da política pertinente. O mapeamento ressalta a importância de duas questões:

O **mapeamento dos *stakeholders*** identifica as expectativas e o poder dos *stakeholders* e auxilia no entendimento das prioridades da política pertinente

- Qual o *interesse* de cada grupo de *stakeholders* em fazer com que suas expectativas influenciem os propósitos da organização e a escolha de estratégias.
- Se os *stakeholders* têm o *poder* para fazer isso.

A matriz poder/interesse

A matriz poder/interesse pode ser vista na Figura 4.5, que descreve o contexto no qual a estratégia pode ser buscada através da classificação dos *stakeholders* em relação ao poder de que dispõem e o quanto provavelmente são capazes de mostrar interesse em apoiar ou opor-se a uma estratégia específica. A matriz ajuda na formação da opinião por meio das influências dos *stakeholders* sobre o desenvolvimento da estratégia. Entretanto, deve ser enfatizado que o modo como os gerentes lidam com os relacionamentos irá depender das estruturas de governança sob as quais eles operam (consulte a Seção 4.2 acima) e a posição assumida em relação à responsabilidade corporativa (Seção 4.3). Em alguns países, os sindicatos, por exemplo, podem ser bastante frágeis, mas em outros podem ser representados

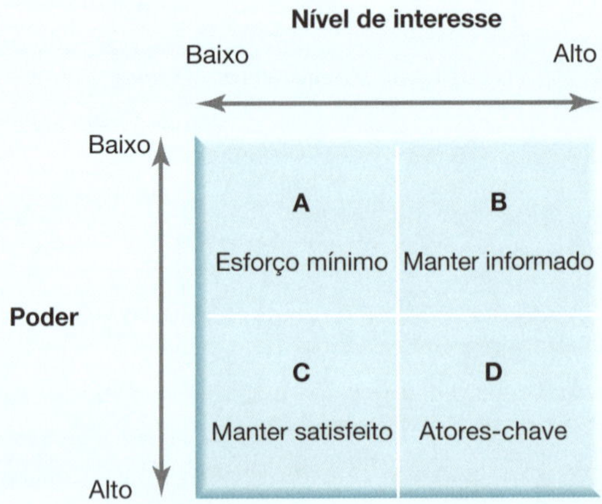

Fonte: Adaptado de A. Mendelow, *Proceedings of the Second International Conference on Information Systems*, Cambridge, MA, 1991.

FIGURA 4.5 Mapeamento dos *stakeholders*: a matriz poder/interesse.

nos conselhos supervisores; os bancos podem ter uma relação próxima no que diz respeito à estratégia em alguns países, mas, em outros, podem fazer da estrutura de governança. Um negócio do tipo *laissez-faire* pode ter o posicionamento de somente dar atenção aos *stakeholders* com a maior influência econômica (investidores, por exemplo), enquanto modeladores da sociedade podem escolher outros caminhos para cativar e influenciar as expectativas e envolvimentos de *stakeholders* que geralmente não se considerariam influentes.

Para mostrar como a matriz pode ser usada, a presente discussão toma a perspectiva de um negócio em que os gerentes observam a si mesmos ao formular uma estratégia para tentar assegurar o consentimento dos *stakeholders* em relação a suas próprias avaliações dos imperativos estratégicos. Nesse contexto, a matriz indica o tipo de relacionamento que uma organização desse tipo geralmente é capaz de estabelecer com os grupos de *stakeholders* nos diversos quadrantes. Percebe-se claramente que a aceitabilidade das estratégias por parte dos *atores-chave* (segmento D) é da maior importância. Tal segmento pode ser composto por grandes investidores, mas também por indivíduos específicos ou agências com muito poder – por exemplo, um acionista majoritário de uma empresa familiar ou um agência governamental de fomento numa organização do setor público. Geralmente as questões mais problemáticas se relacionam com os *stakeholders* do segmento C. Embora possam ser em geral relativamente passivos, uma situação calamitosa pode surgir quando o nível de interesse dessas partes é subestimado e elas subitamente *se reposicionam* para o segmento D e frustram a adoção de uma nova estratégia. Acionistas institucionais como fundos de pensão e companhias de seguro podem ser colocadas nessa categoria. Eles podem mostrar pouco interesse a menos que as cotações comecem a baixar, quando então podem exigir serem ouvidos pela administração superior.

De forma parecida, as organizações podem atender as expectativas dos *stakeholders* do segmento B – como grupos comunitários, por exemplo – por meio do fornecimento de informações. Pode ser importante não isolar tais *stakeholders* porque eles podem vir a ser "aliados" tremendamente importantes ao influenciar as atitudes dos *stakeholders* mais poderosos – através, por exemplo, da prática de *lobby*.

O mapeamento dos *stakeholders* pode ajudar a entender melhor alguns dos seguintes assuntos:

- Ao *determinar o propósito e a estratégia*, que expectativas dos *stakeholders* devem ser consideradas primordialmente?
- Os *níveis reais de interesse e poder* dos *stakeholders* refletem ou não a estrutura da governança corporativa na qual a organização está operando, como no exemplo anterior (investidores institucionais e grupos comunitários)?
- Quais, em potencial, são os principais impedidores e facilitadores da estratégia e como pode ser a reação a tal – em termos, por exemplo, de instrução ou persuasão?
- O *reposicionamento* de determinados *stakeholders* é desejável e/ou possível? Isso pode acontecer para reduzir a influência de ator-chave ou, em determinados casos, assegurar que haja mais atores-chave que irão apoiar a estratégia (isso é geralmente decisivo no contexto do setor público).
- A *manutenção* do nível de interesse e poder de alguns *stakeholders* importantes pode ser essencial. O "endosso" público, por exemplo, de fornecedores ou consumidores poderosos pode ser vital para o sucesso de uma estratégia. Do mesmo modo, pode ser necessário desencorajar alguns *stakeholders* para que não se reposicionem. É isso o que significa *manter satisfeito* em relação aos *stakeholders* do segmento C e, em menor grau, *manter informado* para aqueles *stakeholders* do segmento B. O uso do *side-payment* (intercâmbio de concessões) para os *stakeholders* como meio de assegurar a aceitação das novas estratégias pode ser uma atividade decisiva de manutenção. Um "acordo", por exemplo, pode ser feito com outro departamento para dar apoio a alguma de *suas* estratégias se tal departamento não se opuser a *outras* estratégias.

Essas questões podem levantar difíceis problemas éticos para os gerentes decidirem o papel que devem ter na atividade política em torno do gerenciamento dos *stakeholders*. Isso leva o debate novamente para as considerações de governança e ética discutidas no início do capítulo. Por exemplo, serão realmente os gerentes os intermediários honestos a medir as expectativas conflitantes dos grupos de *stakeholders*? Ou eles deveriam ser responsáveis por um único *stakeholders* – como os acionistas – e, desse modo, deveria ser papel deles assegurar a aceitação de suas estratégias junto a outros *stakeholders*? Ou seriam eles, como afirmam alguns autores, a próprio poder, construindo estratégias de acordo com os próprios propósitos e administrando as expectativas dos *stakeholders* para garantir a aceitação dessas estratégias?

O Exemplo 4.3 mostra algumas das questões práticas do uso do mapeamento dos *stakeholders* para compreender o contexto político em torno de uma nova estratégia e para estabelecer as prioridades políticas. O exemplo é de um banco alemão com escritório central em Frankfurt (Alemanha), de onde, junto com um escritório regional em Toulouse (França), fornecia serviços bancários corporativos. O assunto em questão é o fechamento do escritório em Toulouse e o fornecimento de todos os serviços bancários corporativos a partir de Frankfurt.

Esse exemplo mostra dois outros problemas:

- Os grupos de *stakeholders não costumam ser "homogêneos"*, mas contêm uma variedade de subgrupos com diferentes expectativas e poder. Na ilustração, os clientes estão divididos entre os que são grandemente a

Exemplo 4.3

Mapeamento dos *stakeholders* da Tallman GmbH

O mapeamento dos stakeholders pode ser uma ferramenta útil para determinar as prioridades políticas de desenvolvimentos e mudanças estratégicas específicas.

A Tallman GmbH era uma banco alemão que fornecia serviços bancários de varejo e corporativos na Alemanha, em Benelux e na França. Havia preocupações quanto a suas perdas em segmentos de mercado no setor corporativo, que eram servidos por duas sedes – Frankfurt (para Alemanha e Benelux) e Toulouse (para França). Considerava-se fechar as operações de Toulouse e prestar serviços a todos os clientes corporativos a partir de Frankfurt. Isso resultaria em significativa perda de empregos na filial francesa, alguns dos quais seriam substituídos em Frankfurt por conta de grandes melhorias nos sistemas de TI.

Dois mapas de poder/interesse foram esboçados pelos funcionários da empresa para definir as possíveis reações dos *stakeholders* ao fechamento proposto das operações em Toulouse. O mapa A representa a situação provável e o mapa B a situação preferencial, na qual o apoio à proposta seria o suficiente para a continuação do plano.

No mapa A, pode ser visto que, com a exceção do cliente X e do fornecedor de TI A, os *stakeholders* no quadro B são atualmente contra o fechamento das operações de Toulouse. Se a Tallman tivesse alguma chance de convencer esses *stakeholders* a mudar seu posicionamento para outro de maior apoio, a empresa deveria debater suas questões e, quando possível, aliviar seus temores. Se tais temores se tornarem dominantes, essas pessoas podem se tornar importantes aliados para influenciar os *stakeholders* de maior poder nos quadros

Mapa A: a situação provável

A	B
	Acionista M (–) Escritório de Toulouse (–) Cliente X (+) Ministro francês (–) *Marketing* (–) Fornecedor de TI (+)
C	**D**
Cliente Z Ministro alemão	Cliente Y (+) Escritório de Frankfurt (+) Finanças corporativas (+)

Mapa B: a situação preferencial

A	B
Ministro francês	Acionista M (–) Escritório de Toulouse (–) *Marketing* (–) Fornecedor de TI A (+)
C	**D**
Cliente Z Ministro alemão	Cliente X (+) Cliente Y (+) Escritório de Frankfurt (+) Finanças corporativas (+)

favor da estratégia (cliente X), os que são ativamente hostis a ela (cliente Y) e os que são indiferentes (cliente Z). Assim, ao usar o mapeamento dos *stakeholders* neste caso, há claramente um problema entre descrevê-los muito genericamente – e assim ocultar questões importantes de diversidade – ou muito subdivididas, tornando confusa a situação e dificultando a interpretação.

- O *papel e o indivíduo*, geralmente compreendendo-se que o comportamento precisa ser caracterizado. É útil saber se um novo indivíduo em determinado papel se ajustará à posição. Graves erros de julgamento podem ocorrer se não houver cuidado sobre esse ponto. No exemplo, concluiu-se que o ministro alemão (segmento C) é bastante indiferente ao novo desenvolvimento – cuja prioridade, para ele, é baixa. Uma mu-

C e D. A atitude de apoio do cliente X pode ser eficazmente aproveitada nessa pesquisa. O cliente X era uma multinacional com operações por toda a Europa. Havia demonstrado insatisfação com o tratamento inconsistente recebido de Frankfurt e Toulouse.

Os relacionamentos que a Tallman tinham com os *stakeholders* do quadro C eram os mais difíceis de administrar uma vez que, embora fossem considerados relativamente passivos, uma situação desastrosa poderia se estabelecer caso seu nível de interesse fosse subestimado. Se, por exemplo, o ministro alemão fosse substituído, seu sucessor poderia ser contrário à estratégia e procurar energicamente interromper as mudanças. Neste caso, os *stakeholders* seriam reposicionados para a caixa D.

A aceitabilidade da estratégia proposta para os atuais atores no quadro D era um fato decisivo a ser levado em conta. Uma preocupação específica dizia respeito ao consumidor Y (um grande fabricante francês que operava apenas na França – responsável por 20% da renda corporativa do banco em Toulouse). Esse cliente era contrário ao fechamento da sede francesa e poderia ter poder para impedir tal desfecho com, por exemplo, sua retirada dos negócios. Era visível que a empresa tinha de discutir abertamente o assunto com esse *stakeholder*.

Comparando a posição dos *stakeholders* nos mapas A e B e identificando qualquer mudança e desacordo, a Tallman poderia estabelecer algumas táticas para mudar a posição de determinados *stakeholders* para uma de mais apoio e para aumentar o poder de outras partes. O cliente X, por exemplo, poderia ser encorajado a apoiar a estratégia proposta e auxiliar a Tallman com acesso à imprensa ou mesmo convencendo o cliente Y de que a mudança poderia ser benéfica.

A Tallman também poderia procurar dissuadir ou impedir *stakeholders* poderosos de mudar seu posicionamento para um negativo: por exemplo, a menos que fossem empreendidas ações diretas, o *lobby* da contraparte francesa também poderia aumentar o nível de interesse do ministro alemão. Isso leva a implicações quanto ao modo como a empresa lida com a situação na França. Pode-se levar tempo discutindo a estratégia com o ministro francês e também com o cliente Y para tentar mudar sua posição, de opositores para neutros ou mesmo apoiadores.

Questões

Para assegurar que você sabe exatamente como realizar um mapeamento dos *stakeholders*, faça sua própria análise completa da Tallman GmbH em relação a uma estratégia diferente, que é servir todos os clientes corporativos a partir de Toulouse. Certifique-se de percorrer as seguintes etapas:

1. Represente a situação mais favorável (mapa A) – lembrando-se de ser cuidadoso ao *reavaliar* o interesse e o poder de cada *stakeholder* em relação a esta *nova* estratégia.
2. Faça o mapa da situação preferida (mapa B).
3. Identifique os desacordos – e consequentemente as prioridades políticas. Lembre de incluir a necessidade de *manter* um *stakeholder* em sua posição “de abertura” (se for importante).
4. Conclua listando as ações que você proporia e mostre um aspecto final do grau de risco político na tentativa de realização desta nova estratégia.

dança de ministro, no entanto, pode alterar tal situação. Embora seja impossível que o banco elimine completamente tais incertezas, há implicações para as prioridades políticas. Por exemplo, aquelas autoridades que estejam aconselhando o ministro devem permanecer satisfeitas, uma vez que irão permanecer a ministros sucessivos e estabelecer uma continuidade, que pode diminuir a incerteza. Também é possível, é claro, que o nível de interesse do ministério alemão aumente graças ao *lobby* de seu correspondente francês. Isso traria implicações quanto ao modo que a empresa administra a situação na França.

4.5 VALORES, MISSÃO, VISÃO E OBJETIVOS

As seções anteriores examinaram fatores que influenciam o propósito total de uma organização. Entretanto, serão os gerentes os que precisarão formar uma opinião sobre esse propósito e encontrar uma maneira de expressá-la. Talvez ocorra que uma declaração explícita de tal propósito seja um requerimento formal da governança corporativa ou que um ou mais *stakeholders* esperem que a organização a manifeste. Ou talvez sejam os próprios gerentes que decidam ser útil tal declaração. Esta seção irá examinar os diferentes modos pelos quais esse propósito pode ser expresso de forma clara através das declarações sobre *valores corporativos*, *visão*, *missão* e *objetivos*.

4.5.1 Valores corporativos

Os **valores fundamentais** são os "princípios" que orientam a estratégia de uma organização

Cada vez mais as organizações têm se mostrado ansiosas em desenvolver e comunicar um conjunto de valores corporativos que definem o modo que a organização opera.[14] São de particular importância os **valores fundamentais** de uma organização – os "princípios" básicos que orientam a sua estratégia. Os serviços de emergência, por exemplo, como o de ambulâncias e combate a incêndios possuem tal comprometimento de salvar vidas que seus funcionários chegam a ponto de interromper uma greve ou arriscar as próprias vidas para atender emergências quando há vidas em perigo. Jim Collins e Jerry Porras afirmaram que o sucesso duradouro de várias corporações norte-americanas – como Disney, General Electric ou 3M – pode ser atribuído (ao menos em parte) a sólidos valores fundamentais.[15] Novamente, entretanto, há aspectos negativos potenciais em relação a declarações públicas de valores corporativos se uma organização claramente falhar em colocá-los em prática (veja o Exemplo 4.2). Também é importante diferenciar os *valores fundamentais* que expressam o que uma organização *é* daqueles aos quais uma organização *aspira*. A menos que essa distinção esteja clara, há espaço para consideráveis equívocos e ceticismo sobre as declarações dos valores fundamentais.

4.5.2 Declarações de missão e visão

Uma **declaração de missão** visa dar clareza a empregados e *stakeholders* quanto ao propósito geral e *raison d'être* da organização

Uma vez que os valores corporativos podem ser um pano de fundo e determinar limites nos quais as estratégias são desenvolvidas, uma **declaração de missão** e uma **declaração de visão** geralmente são mais explícitas em relação ao propósito de uma organização em termos de sua direção estratégica. O Exemplo 4.4 mostra exemplos de declarações de missão, visão e valor. Na prática, a distinção entre declarações de missão e de visão pode ser obscura, mas deve indicar diferenças como as seguintes:

Uma **declaração de visão** diz respeito ao que a organização deseja se tornar

- Uma *declaração de missão* visa dar clareza a empregados e *stakeholders* quanto ao propósito geral e *raison d'être* da organização. Desse modo, relaciona-se com o estabelecimento da compreensão e da confiança quanto ao modo como a estratégia da organização se relaciona com aquele propósito.
- Uma *declaração de visão* diz respeito ao que a organização deseja se tornar. Seu intuito é formar uma visão do futuro a fim de gerar entusiasmo, adquirir comprometimento e aprimorar o desempenho.

Embora ambas as declarações de missão e de visão tenham sido largamente adotadas a partir do início do século, muitos críticos as consideram insípidas e muito amplas. Entretanto, é possível afirmar que no caso de discordâncias importantes no seio da organização ou com *stakeholders* em relação a missão (ou visão), podem surgir problemas de fato para determinar a direção estratégica da organização. Desse modo, dada a natureza política da gestão estratégica, as declarações podem ser meios eficazes de concentrar o debate nos aspectos fundamentais da organização.

4.5.3 Objetivos

Os **objetivos** são as declarações de resultados específicos a serem alcançados. Os objetivos – tanto em nível corporativo quanto em nível de unidade de negócios – geralmente são descritos em termos financeiros. Podem ser a expressão de vendas ou níveis de lucro desejados, taxas de crescimento, níveis de dividendos ou valorizações das ações. Entretanto, as organizações também podem ter objetivos baseados no mercado, muitos dos quais são determinados como metas – como fatias do mercado, serviços ao consumidor, repetição de negócios e assim por diante.

Os **objetivos** são as declarações de resultados específicos a serem alcançados

Há duas questões relacionadas que devem ser levadas em conta pelos gerentes em relação ao estabelecimento dos objetivos:

- *Objetivos e medidas*. Os objetivos geralmente são quantificados. De fato, há quem argumente que os objetivos só são úteis se for possível mensurar sua realização. Entretanto, isso certamente levanta a questão sobre como tantos objetivos descritos em tais termos podem realmente ser úteis. Há, sem dúvida, ocasiões em que objetivos especificamente determinados são exigidos. Isso ocorre, por exemplo, quando uma ação imediata se faz necessária e torna-se essencial para o gerenciamento centrar as atenções num número limitado de exigências prioritárias – com numa situação de *reviravolta*. Se a escolha está entre fechar o negócio e sobreviver, não há espaço para exigências vagamente declaradas. Entretanto, pode ser que em outras circunstâncias – por exemplo, ao se tentar elevar as aspirações do pessoal na organização –

Exemplo 4.4

Declarações de missão, visão e valores

Declarações de missão, visão e valores bem feitas podem vir a ser uma maneira importante de motivar os stakeholders *de uma organização?*

Tata Steel

Missão, 2007

De acordo com a visão e os valores do fundador Jamsetji Tata, a Tata Steel se esforça para fortalecer a base industrial da Índia através da utilização eficaz do pessoal e dos materiais. Os meios previstos para alcançar esse objetivo são a alta tecnologia e a produtividade, compatíveis com as práticas de gestão modernas.

A Tata Steel reconhece que, embora a honestidade e a integridade sejam os ingredientes essenciais de uma empresa sólida e estável, a rentabilidade fornece a centelha decisiva para a atividade econômica.

Globalmente, a companhia pretende trilhar os grandes níveis excelência em tudo o que faz dentro de uma atmosfera livre de temores e, assim, reafirmar sua fé em valores democráticos.

Visão, 2007

Aproveitar as oportunidades do amanhã e criar um futuro que nos transformará numa empresa de valor econômico agregado positivo.

Continuar a melhorar a qualidade de vida dos nossos funcionários e das comunidades que servimos.

Revitalizar os negócios principais para um futuro sustentável.

Enfrentar novos negócios, nos quais estará uma parte do nosso futuro.

Defender o espírito e os valores da Tata para a construção da nação.

Polícia Metropolitana de Londres

Missão e valores

Nossa missão: trabalhar em conjunto para uma Londres mais segura.

Nossos valores: trabalhar em conjunto com todos os nossos cidadãos, todos os nossos parceiros, todos os nossos colegas.

Teremos orgulho em oferecer um policiamento de qualidade. Não há prioridade maior.

Construiremos a confiança ao escutar e responder.

Respeitaremos e apoiaremos uns aos outros e trabalharemos em equipe.

Aprenderemos com a experiência e encontraremos maneiras de sermos ainda melhores.

Somos uma equipe – todos temos o dever de desempenhar o nosso papel para tornar Londres mais segura.

Villeroy & Boch

Visão da empresa

Ser a marca líder de estilo de vida na Europa, com alta competência e estilo criador de tendências para produtos de *design* e *living* de alta capacidade.

Cinco valores – uma filosofia

I. Clientes: nosso sucesso é medido pelo entusiasmo que nossos clientes demonstram por nossos produtos e serviços. Um desafio constante é satisfazer as elevadas expectativas que arquitetos, varejistas, o comércio e os consumidores finais têm em relação a marca "Villeroy & Boch". Devemos convencê-los por meio de competência e experiência.

II. Funcionários: a longo prazo, uma forte posição no mercado só pode ser alcançada tendo funcionários criativos e comprometidos. Nossa tarefa prioritária é motivá-los e cultivar seu espírito de equipe, incentivando-os a atingir objetivos pessoais e comuns.

III Inovação: se pretendemos reivindicar uma posição de liderança no mercado internacional, não basta apenas acompanhar as tendências. Aqueles que querem garantir a sua vantagem competitiva em nível mundial devem reconhecer e lançar tendências o quanto antes.

IV: Poder aquisitivo: uma preocupação importante para nós é manter a independência da empresa e alcançar o sucesso de longo prazo. Os fundamentos para isso são uma carteira de valores equilibrada, crescimento de acordo com a receita, taxas altas e constantes de retorno e dividendos apropriados.

V: Responsabilidade: poucas empresas marcaram a história econômica regional, bem como a história cultural e social da Europa. A Villeroy & Boch é uma delas e, assim, têm muitas responsabilidades. Não apenas nos sentimos comprometidos com nossos empregados, acionistas e clientes, mas também com o meio ambiente e a sociedade.

Questões

1. Quais dessas declarações você julga capaz de motivar determinados *stakeholders*? Por quê?
2. Alguma delas pode ser melhorada? Como?
3. Identifique outras declarações de missão, visão, propósito ou valores que você julgue especialmente bem construídas e explique o motivo.

seja necessária mais atenção a declarações qualificativas do propósito, como as declarações da missão ou da visão.

- *Objetivos e controle.* Um problema recorrente em relação aos objetivos é que gerentes e empregados na "parte de baixo" da hierarquia não tem clareza sobre como seu trabalho cotidiano contribui para a obtenção do objetivo em níveis mais altos. Isso poderia, a princípio, ser tratado como uma "cascata" de objetivos – definir um conjunto de objetivos detalhados a cada nível de hierarquia. Muitas organizações tentam fazer isso de alguma maneira. Aqui deve-se pensar um pouco sobre o impasse: como alcançar os níveis exigidos de clareza sobre a estratégia sem ser demasiadamente restritivo quanto à liberdade de ação que as pessoas possuem. Há evidências, por exemplo, de que a inovação é impedida por uma determinação e uma mensuração demasiadamente restritivas de metas.[16]

Um tema básico neste capítulo tem sido que os estrategistas devem considerar o propósito estratégico total de suas organizações. Entretanto, uma questão central que surge é: a quais expectativas dos *stakeholders* eles deveriam corresponder ao fazer isso.

RESUMO

- O propósito de uma organização será influenciado pelas expectativas dos *stakeholders*.
- A influência de alguns *stakeholders* decisivos estará formalmente representada no interior da *estrutura de governança* de uma organização. Isso pode ser representado em termos da *cadeia de governança*, mostrando as conexões entre os beneficiários finais e os gerentes de uma organização.
- Há dois sistemas genéricos de estruturas de governança: o *modelo acionista* e o *modelo dos stakeholders*. Internacionalmente, há variações de ambos os modelos, mas afirma-se que existe uma convergência na direção do modelo dos *stakeholders*.
- Também há dimensões éticas para o propósito de uma organização. Em nível organizacional, isso adquire a forma da sua posição em relação à *responsabilidade social corporativa*.
- Os diferentes *stakeholders* exercem diferentes influências sobre o propósito e a estratégia da organização, de acordo com o alcance de seu poder e de seu interesse.
- Uma importante tarefa administrativa é decidir o modo como a organização deve descrever seu propósito estratégico por meio de declarações de *valores, visão, missão* ou *objetivos*.

Leituras básicas recomendadas

- Para obras com explicações mais completas a respeito de governança corporativa: R. Monks and N. Minow (eds), *Corporate Governance*, 3rd edition, Blackwell, 2003; and J. Solomon, *Corporate Governance and Accountability*, 2nd edition, Wiley, 2007. Para uma crítica provocativa e propostas para o futuro da governança corporativa ligada a questões de responsabilidade social, consulte S. Davies, J. Lukomnik and D. Pitt-Watson, *The New Capitalists*, Harvard Business School Press, 2006.
- Para uma revisão das diferentes posições de responsabilidade social corporativa, veja P. Mirvis and B. Googins, 'Stages of corporate citizenship', *California Management Review*, vol. 48, no. 2 (2006), pp. 104–126.
- O exemplo da importância da claridade quanto a valores e visão estratégicos está especialmente bem descrito por J. Collins and J. Porras, *Built to Last: Successful habits of visionary companies*, Harper Business, 2002 (Consulte especialmente o Capítulo 11.)

Referências

1. Esta referência, embora adaptada, é baseada em S. Jacoby, 'Corporate governance and society', *Challenge*, vol. 48, no. 4 (2005), pp. 69–87.
2. O modelo principal-agente é parte da teoria do agente desenvolvida em economias organizacionais embora hoje seja largamente empregada em gerenciamento, conforme a descrição presente. Duas referências úteis são K. Eisenhardt, 'Agency theory: an assessment and review', *Academy of Management Review*, vol. 14, no. 1 (1989), pp. 57–74; J.-J. Laffont and D. Martimort, *The Theory of Incentives: The Principal-Agent Model*, Princeton University Press, 2002.
3. Para uma forte defesa desta posição, consulte S. Davies, J. Lukomnik and D. Pitt-Watson, *The New Capitalists*, Harvard Business School Press, 2006.
4. Baseado em pesquisa realizada pelo Center of Corporate Citizenship da Universidade de Boston, relatado em P. Mirvis and B. Googins, 'Stages of corporate citizenship', *California Management Review*, vol. 48, no. 2 (2006), pp. 104–126.
5. Geralmente considerado como resumo do argumento de Milton Friedman: Milton Friedman: 'The social responsibility of business is to increase its profits', *The New York Times Magazine*, 13 September 1970.
6. Veja S. Macleod, 'Why worry about CSR?', *Strategic Communication Management*, Aug/Sept (2001), pp. 8–9.
7. Veja M. Porter and M. Kramer, 'The competitive advantage of corporate philanthropy', *Harvard Business Review*, vol. 80, no. 12 (2002), pp. 56–68.
8. H. Hummels, 'Organizing ethics: a stakeholder debate', *Journal of Business Ethics*, vol. 17, no. 13 (1998), pp. 1403–1419.
9. D. Vogel, 'Is there a market for virtue? The business case for corporate social responsibility', *California Management Review*, vol. 47, no. 4 (2005), pp. 19–45.
10. Citação de Porter e Kramer, (7 acima p. 80).
11. Para uma discussão do alcance das medições de desempenho usadas em relação a RSC e sua eficácia, consulte A. Chatterji and D. Levine, 'Breaking down the wall of codes: evaluating non-financial performance measures', *California Management Review*, vol. 48, no. 2 (2006), pp. 29–51.

12. Detalhes sobre o modo como os três grupos interagem com organizações podem ser encontrados em J. Cummings and J. Doh, 'Identifying who matters: mapping key players in multiple environments', *California Management Review*, vol. 42, no. 2 (2000), pp. 83–104.
13 Esta abordagem do mapeamento dos *stakeholders* foi adaptada de A. Mendelow, *Proceedings of the 2nd International Conference on Information Systems*, Cambridge, MA, 1991. Veja também o capítulo de K. Scholes 'Stakeholder analysis' in V. Ambrosini with G. Johnson and K. Scholes (eds), *Exploring Techniques of Analysis and Evaluation in Strategic Management*, Prentice Hall, 1998.. Para uma explicação válida para o setor público, veja K. Scholes, 'Stakeholder mapping: a practical tool for public sector managers', in G. Johnson and K. Scholes (eds), *Exploring Public Sector Strategy*, Financial Times/Prentice Hall, 2001, chapter 9.
14. Lencioni, 'Make your values mean something', *Harvard Business Review*, vol. 80, no. 7 (2002), pp. 113–117.
15. Veja J. Collins and J. Porras, *Built to Last: Successful habits of visionary companies*, Harper Business, 2002.
16. Veja A. Neely, 'Measuring performance in innovative firms', chapter 6 in *The Exceptional Manager*, by R. Delbridge, L. Grattan and G. Johnson, Oxford University Press, 2006.

ESTUDO DE CASO

(PRODUCT) RED e a Gap

A (RED) foi criada por Bono e Bobby Shriver, presidente da DATA, para despertar a atenção e angariar fundos para o Global Fund por meio da associação com as marcas mais reconhecidas do mundo na fabricação de produtos com a marca (PRODUCT) RED. Um percentual de cada (PRODUCT) RED vendido é destinado ao Global Fund. O dinheiro ajuda mulheres e crianças vítimas da AIDS na África.[1]

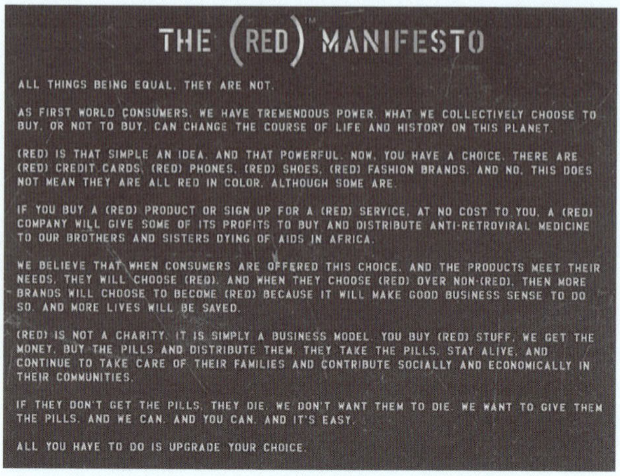
THE (RED)™ MANIFESTO

ALL THINGS BEING EQUAL, THEY ARE NOT.

AS FIRST WORLD CONSUMERS, WE HAVE TREMENDOUS POWER. WHAT WE COLLECTIVELY CHOOSE TO BUY, OR NOT TO BUY, CAN CHANGE THE COURSE OF LIFE AND HISTORY ON THIS PLANET.

(RED) IS THAT SIMPLE AN IDEA. AND THAT POWERFUL. NOW, YOU HAVE A CHOICE. THERE ARE (RED) CREDIT CARDS, (RED) PHONES, (RED) SHOES, (RED) FASHION BRANDS. AND NO, THIS DOES NOT MEAN THEY ARE ALL RED IN COLOR. ALTHOUGH SOME ARE.

IF YOU BUY A (RED) PRODUCT OR SIGN UP FOR A (RED) SERVICE, AT NO COST TO YOU, A (RED) COMPANY WILL GIVE SOME OF ITS PROFITS TO BUY AND DISTRIBUTE ANTI-RETROVIRAL MEDICINE TO OUR BROTHERS AND SISTERS DYING OF AIDS IN AFRICA.

WE BELIEVE THAT WHEN CONSUMERS ARE OFFERED THIS CHOICE, AND THE PRODUCTS MEET THEIR NEEDS, THEY WILL CHOOSE (RED). AND WHEN THEY CHOOSE (RED) OVER NON-(RED), THEN MORE BRANDS WILL CHOOSE TO BECOME (RED) BECAUSE IT WILL MAKE GOOD BUSINESS SENSE TO DO SO. AND MORE LIVES WILL BE SAVED.

(RED) IS NOT A CHARITY. IT IS SIMPLY A BUSINESS MODEL. YOU BUY (RED) STUFF, WE GET THE MONEY, BUY THE PILLS AND DISTRIBUTE THEM. THEY TAKE THE PILLS, STAY ALIVE, AND CONTINUE TO TAKE CARE OF THEIR FAMILIES AND CONTRIBUTE SOCIALLY AND ECONOMICALLY IN THEIR COMMUNITIES.

IF THEY DON'T GET THE PILLS, THEY DIE. WE DON'T WANT THEM TO DIE. WE WANT TO GIVE THEM THE PILLS. AND WE CAN. AND YOU CAN. AND IT'S EASY.

ALL YOU HAVE TO DO IS UPGRADE YOUR CHOICE.

Fonte: http://www.joinred.com/manifesto.asp.

A iniciativa (RED) foi instituída no início de 2006, com Ruanda escolhido como primeiro país a ser beneficiado pelas vendas dos produtos (RED). Os primeiros produtos lançados no Reino Unido foram o cartão (PRODUCT) RED American Express e uma camiseta *vintage* (PRODUCT) RED da marca Gap, lançados em março de 2006. Outras empresas se juntaram à iniciativa, entre elas Motorola, Converse, Apple (apresentando o (PRODUCT) RED Ipod) e Emporio Armani. Também foi lançada uma edição especial (PRODUCT) RED da revista *Independent*, com Bono como editor convidado.

Bill Gates deu apoio à campanha (RED). Entrevistado pela revista Advertising Age, declarou que "A (RED) está aí para salvar vidas... se não houver dinheiro suficiente para comprar medicamentos, as pessoas morrem. Podemos dizer 'ei, vamos simplesmente deixar isso acontecer' ou podemos tentar todas possibilidades a nosso alcance". Gates admitia que isso incluía mais generosidade por parte dos governos, mas também acreditava que consumidores queriam "estar ligados ao fato de salvar vidas" e que a Gap e a Armani davam, por meio dos (PRODUCT) RED, oportunidades para isso.

Outros comentários não foram tão positivos. Outro artigo na Advertising Age[2] afirmou que a campanha havia angariado apenas US$ 18 milhões (R$ 30 milhões) em um ano, apesar do gasto em *marketing* das empresas envolvidas no projeto (inclusive a Gap) de mais de US$ 100 milhões (R$ 170 milhões). A Gap foi a organização que mais gastou, com uma provisão para publicidade de US$ 7,8 milhões. Uma porta-voz da (RED) afirmou que a informação da *Advertising Age* sobre os U$ 100 milhões era apenas "um número irreal tirado do nada".

Um artigo na *Independent* fez suas próprias contas e concluiu que a quantia levantada foi de US$ 25 milhões em seis meses e que, para um investimento publicitário de US$ 40 milhões, aquilo era "uma taxa de retorno incrivelmente positiva".

De acordo com o artigo,[3] "a intenção da iniciativa RED – e com certo sucesso, se os US$ 25 milhões em seis meses corresponderem a metade dos lucros auferidos pelos produtos RED – é criar um fluxo de rendimento para a luta contra a AIDS na África que irá ultrapassar consideravelmente as contribuições avulsas das verbas de filantropia das corporações. Busca-se estabelecer uma fonte principal de receita para o fundo global, uma fonte que seja sustentável. É um modelo inteiramente novo de arrecadação de recursos".

Mas não seria melhor se as pessoas simplesmente doassem o dinheiro que gastam em produtos diretamente para caridade? "Somente se a escolha fosse essa. Mas a maioria das pessoas não daria o preço de um Ipod novo para o fundo global". Continuando, "o dinheiro que a RED tem levantado significa que cerca de 160 mil africanos irão receber antiretrovirais salvadores nos próximos meses, que os órfãos estão sendo alimentados e mantidos na escola na Suazilândia e que um programa nacional de tratamento e prevenção do HIV foi iniciado em Ruanda".

(RED) Gap

No *site* da empresa, o vice-presidente sênior para responsabilidade social da Gap, Dan Henkle, explicou o compromisso da empresa em relação ao seu trabalho em Lesoto, cuja população de 1,8 milhão de pessoas apresenta cerca de 1/3 de contaminados pelo HIV. A Gap tem investido significativamente na confecção de camisetas naquele país, bem como em iniciativas comunitárias, como, por exemplo, exames e tratamento do HIV para trabalhadores da sua indústria de vestuário. A empresa também promoveu fóruns para estimular o crescimento da indústria do vestuário no país.

O grupo de pressão britânico *Labour Behind the Label*, que luta pela melhoria das condições de trabalho dos trabalhadores da indústria do vestuário em todo o mundo, expressou seu apoio aos esforços feitos pela Gap na direção de obter fontes de produtos mais responsáveis. Ao decidir fabricar as camisetas (PRODUCT) RED em Lesoto, a empresa ajudou a garantir o sustento dos trabalhadores locais, enquanto outras empresas aumentam suas compras de vestuário da China e da Índia:

"Embora a Gap, como todas as empresas de vestuário, tenha um longo caminho pela frente para resolver todas as questões de direitos dos trabalhadores em sua cadeia de fornecimento, ela avançou mais do que muitos. Embora quiséssemos ver iniciativas como a RED serem mais abrangentes em sua atitude para combinar caridade e mudanças políticas, até agora os indicativos apontam que o modo como a camiseta RED tem sido concebida pode ser uma etapa positiva para a indústria africana do vestuário e também para a luta contra a AIDS".

Nem todos deram tamanho apoio. Um *site* de paródia, que invertia a publicidade da Gap, foi criado por manifestantes em San Francisco. No *site*, estimulava-se as pessoas a apoiar diretamente as causas, antes de fazer isso por meio do consumo. A mensagem era "comprar não é uma solução. Compre (Menos). Doe Mais. Junte-se a nós na rejeição da visão (red)uzida de que comprar é uma responsabilidade razoável em face do sofrimento humano".

E em outubro de 2006, apareceu uma crítica extensa no jornal *The Times*:[5]

"A Gap, a rede de varejo de moda para o grande público, está recebendo aplausos por aqui por conta de sua nova campanha (...) preparada para despertar a consciência sobre o sofrimento na África e angariar fundos para o problema. (...) A empresa garante dar metade de seus lucros oriundos das emblemáticas camisetas vermelhas e jaquetas de couro para a assistência aos doentes de AIDS. A campanha foi lançada aqui na semana passada, com a aprovação, sempre decisiva, de Hollywood. Ela mostra estrelas como Steven Spielberg e Penélope Cruz vestindo camisetas vermelhas com mensagens de uma única palavra que dizem, com uma modéstia que não aparece adequada às peças, INSPI(RED) (*entusiasmado*) e ADMI(RED) (*admirado*). Segundo a mensagem, comprar esses produtos faz dos pobres mortais como você e eu (bem, está certo: você) capazes de parecer estrelas de Hollywood e de salvar vidas na África também. É quase possível sentir o gotejar de compaixão e caridade dos lábios enfadados da senhorita Cruz, a emanação de amor dos úmidos olhos do senhor Spielberg.

Desculpem por bancar o rabugento aqui, mas esta última concessão às galopantes forças da responsabilidade social corporativa, longe de ajudar os ignorantes do mundo, vai na verdade piorar as coisas.

Fico enjoado e (RED)uzido a nada por causa de empresas tentando demonstrar como levam a sério seu dever de trazer alegria ao mundo e eliminar o sofrimento do planeta. Elas podem pegar (seus cartões de débito e seus telefones celulares e perguntar) se este é realmente o tipo de coisa que deve ser feita com o dinheiro dos acionistas.

Ora, eu não pretendo aqui diminuir o espírito de caridade ou o trabalho de pessoas boas, como Bono e Bob Geldof, nem a motivação perfeitamente digna de milhões de pessoas no mundo abastado que realmente querem ajudar a melhorar a vida miserável dos que têm menos sorte que eles. Não me interpretem mal: a caridade continua a ser uma das melhores virtudes e deve, em quase todos os casos, ser incentivada.

Também não vou apontar a evidência nauseabunda do consumo representado pela campanha RED ("Vejam", diz o sujeito, "Eu não apenas pareço bom, eu SOU bom!"). Também não vou me debruçar sobre o fato, embora pudesse, de que, levando em conta todas as ajudas que a África tem recebido ao longo dos últimos 50 anos, o continente continua mais pobre do que nunca e certamente mais pobre do que as partes do mundo que receberam pouco da caridade durante esse período.

Meu problema aqui é com o que isso faz com a própria ideia do capitalismo, para as empresas que exercem a sua responsabilidade real e totalmente saudável de fazer dinheiro. O capitalismo de livre mercado, sem entraves do pessoal do *marketing* em conluio com grupos de interesses especiais em missão para salvar o mundo, tem feito mais para aliviar a pobreza do que qualquer campanha antipobreza bem-intencionada da história.

Ao concentrar-se na venda de mercadorias de qualidade e baixo preço, algumas delas feitas com a

Photo: M. Spencer Green/AP/PA Photos

Bono e Oprah promovendo a Gap

mão de obra que, de outro modo, permaneceria ociosa (e agonizante) no mundo em desenvolvimento, a Gap salva vidas. Ao ajudar a manter os preços baixos e gerar lucros, a Gap proporciona a volta do dinheiro para os bolsos das pessoas nos EUA, no Reino Unido e em outros lugares. Isso cria a demanda pelas importações de produtos do mundo em desenvolvimento. Isso livra os pobres desses países de um sofrimento ainda maior do que o enfrentam agora.

Em um mundo complexo, todos funcionamos de acordo com uma divisão do trabalho. As empresas geram lucros. É o que elas são projetadas para fazer. É o que elas fazem melhor. Quando se desviam dessa missão, levam seus trabalhadores e seus acionistas a um longo e lento caminho para a perdição.

Você acha que isso é exagero? O que é mais perturbador em campanhas como a do Product Red é que representam uma aliança com grupos que pensam que o capitalismo é um negócio fundamentalmente mal. Ao apaziguar as pessoas que consideram a globalização como um processo de exploração, empresas como a Gap estão tornando o mundo pior para todos nós. Essas empresas estão reconhecendo implicitamente que o seu principal negócio – vender coisas que as pessoas querem por lucro – é intrinsecamente imoral e deve ser expiado por um *show* ocasional de bondade verdadeira.

Ao invés de resistir a isso, eles estão alimentando cada vez mais um sentimento antiempresa que irá empobrecer a todos nós. Além do mais, a intromissão dessas empresas é fundamentalmente antidemocrática. Empresas não devem conspirar com grupos de interesse e organizações não governamentais para decidir sobre as prioridades públicas. Isso cabe às pessoas, através de seus governos eleitos, fazer.

Nada disto é dizer que as empresas – ou as pessoas que as administram – não devem ter um comportamento moral. Elas devem observar não só a lei, mas os mais altos padrões éticos, o que significa honestidade, comércio correto e abertura. Pode até ser, por vezes, que seus interesses corporativos (ou seja, mais rentabilidade a longo prazo) sejam contribuir para causas políticas ou de caridade – nesses casos, os acionistas podem e devem votar a dotação de fundos para tais fins.

Mas os acionistas – todos nós – devem ficar preocupados quando as gerências decidem, por qualquer motivo, fazer causa comum com aqueles que se opõem aos princípios em que seu negócio é conduzido. Isso representa um caso de equivocada BESTEIRA corporativa mirando o alvo errado.

Notas:

1. Fonte: *site* do (PRODUCT) RED: http://joinred.blogspot.com/.
2. M. Frazier, 'Costly Red Campaign reaps meager $18m', *Advertising Age*, vol. 78, no. 10 (5 March 2007).
3. P. Vallely, 'The Big Question: Does the RED campaign help big Western brands more than Africa', *Independent*, p. 50, 9 March(2007). Copyright The Independent, 9.3.07.
4. Fonte: http://www.labourbehindthelabel.org/content/view/67/51/.
5. Gerard Baker, 'Mind the Gap – with this attack on globalisation', *The Times*, 24 October (2006). © Gerard Baker/N.I. SyndicationLimited, 24.10.06.

Questões

1 Quais são os argumentos:
   (a) Dos fundadores do (PRODUCT) RED?
   (b) De Dan Henkle e da Gap?
   (c) Do autor do artigo no jornal *The Times*?

2 Quais as possíveis opiniões dos acionistas da Gap sobre o envolvimento da empresa com o (PRODUCT) RED?

3 Na sua opinião, o (PRODUCT) RED é uma atividade corporativa adequada?

4 Se você fosse um acionista de uma empresa e desejasse convencer a alta administração a se juntar à iniciativa (PRODUCT) RED, como faria isso? (Utilize a análise dos *stakeholders* como meio para refletir sobre o assunto.)

5

Cultura e Estratégia

RESULTADO DE APRENDIZAGEM

Após a leitura deste capítulo, você será capaz de:

- Identificar as organizações que passaram por algum desvio estratégico e reconhecer os sintomas do desvio estratégico.
- Analisar a influência da cultura de uma organização em sua estratégia usando a rede cultural.
- Reconhecer a importância de os estrategistas questionarem os aspectos tomados como óbvios dentro de uma cultura.

Photo: Grant Pritchard/Britain on View

5.1 INTRODUÇÃO

Os Capítulos 2, 3 e 4 examinaram as influências importantes das capacidades ambientais e organizacionais e das expectativas dos *stakeholders* no desenvolvimento da estratégia.

Uma perspectiva cultural também pode auxiliar na compreensão das oportunidades e restrições que as organizações enfrentam, muitas das quais também são examinadas em outros capítulos deste livro. Em particular, as capacidades de uma organização (Capítulo 3), especialmente aquelas que dão vantagem competitiva às organizações, podem ser estabelecidas ao longo do tempo. Ao fazê-lo, tais capacidades podem se tornar parte da cultura de uma organização – aceito como o modo verdadeiro de fazer as coisas – e assim dificultar a imitação por parte de outra organização. Entretanto, isso também pode tornar difícil a mudança. Desse modo, a compreensão da base cultural de tais capacidades também indica os desafios da mudança estratégica (veja o Capítulo 10). Os poderes e as influências dos diversos *stakeholders* provavelmente também têm suas origens históricas importantes de serem compreendidas. O tema do presente capítulo é, assim, que a posição estratégica de uma organização possui fundamentos culturais e que a compreensão desses fundamentos auxilia os gerentes a desenvolverem a estratégia futura para suas organizações.

O capítulo começa com a explicação do fenômeno do desvio estratégico, que ressalta a importância da cultura em relação ao desenvolvimento da estratégia e identifica os importantes desafios que os gerentes enfrentam na administração de tal desenvolvimento. A Seção 5.3 explica o que se entende por cultura e sua influência – em níveis público, institucional e organizacional – sobre a estratégia atual e a futura. Em seguida, há uma sugestão sobre como a cultura pode ser analisada e sua influência na compreensão da estratégia. A Figura 5.1 resume os temas do capítulo.

5.2 DESVIO ESTRATÉGICO

O **desvio estratégico** é a tendência de desenvolvimento incremental a partir das influências históricas e culturais, que, no entanto, não consegue acompanhar as mudanças do ambiente

Os estudos históricos sobre organizações mostram um padrão, representado na Figura 5.2. O **desvio estratégico**[1] é a tendência de desenvolvimento incremental a partir das influências históricas e culturais, que, no entanto, não consegue acompanhar as mudanças do ambiente. Um exemplo de desvio estratégico é dado no Exemplo 5.1. É importante compreender as razões e consequências do desvio estratégico, não apenas porque é algo comum, mas porque isso ajuda a explicar o motivo pelo qual as organizações "perdem o fôlego". Também ressalta alguns desafios significativos para os gerentes e, consequentemente, aponta para algumas lições importantes.

5.2.1 As estratégias mudam de maneira incremental

As estratégias das organizações tendem a mudar gradualmente, desenvolvendo-se a partir do que foi feito no passado – especialmente quando se trata de sucessos. A Sainbury's, por exemplo, foi uma das mais bem

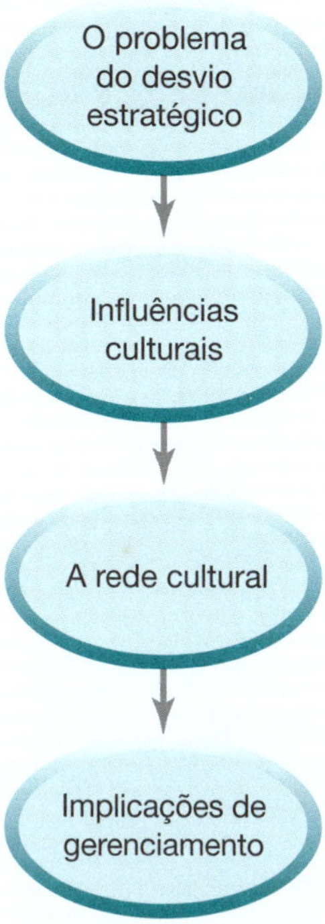

FIGURA 5.1 Temas do capítulo.

sucedidas redes de varejo do mundo até o início dos anos 1990, com sua fórmula de vender comida de qualidade mais alta do que a da concorrência por preços razoáveis. Sempre sobre a orientação patriarcal do executivo-chefe da família Sainsbury, a empresa gradualmente diversificou sua linha de produtos, aumentou o número de lojas e sua cobertura geográfica, mas sem desviar-se da sua maneira testada e comprovada de fazer negócios. Isso está mostrado na fase 1 da Figura 5.2. Na maioria dos negócios bem-sucedidos, há, geralmente, longos períodos de relativa *continuidade* durante os quais a estratégia estabelecida permanece a mesma ou suas mudanças são bastante *incrementais*. Há três razões principais para isso:

- *Alinhamento com a mudança do ambiente.* Também pode ocorrer que o ambiente, particularmente o mercado, esteja mudando gradualmente e a organização esteja acompanhando essa mudança por meio da mencionada mudança incremental. Não faria sentido a estratégia mudar radicalmente quando o mercado não está fazendo algo assim.
- *O sucesso do passado.* Pode haver uma relutância natural por parte dos gerentes em mudar decisivamente uma estratégia bem-sucedida no passado, especialmente se construída a partir de capacidades que mostraram ser a base de uma vantagem competitiva (veja os Capítulos 3 e 6) ou de uma inovação.

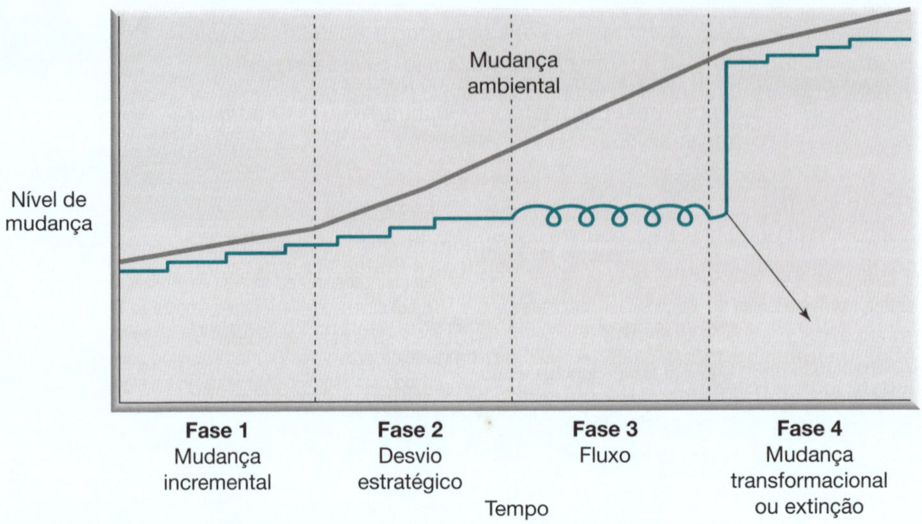

FIGURA 5.2 Desvio estratégico.

- *Experimentação sobre um tema.* É certo que os gerentes podem ter aprendido como empreender variações sobre sua fórmula de sucesso, isto é, experimentar sem se distanciar muito da sua base de capacidade.

Isso, entretanto, coloca desafios para os gerentes. Por quanto tempo e o quanto é possível contar com a mudança incremental que se estabelece a partir da experiência? Quando os gerentes devem implementar mudanças estratégicas mais decisivas? Como detectar quando isso se torna necessário?

5.2.2 A tendência em direção ao desvio estratégico

Embora a estratégia de uma organização possa continuar a mudar de forma incremental, talvez a mudança não aconteça de acordo com o ambiente. Isso não significa necessariamente que tenha de acontecer uma mudança radical no ambiente – a fase 2 da Figura 5.2 mostra a aceleração da mudança do ambiente, que, no entanto, não é repentina. No caso da Sainsbury's, houve a participação crescente de sua rival, a Tesco, acompanhada pelo crescimento de lojas maiores, com maior oferta de produtos (além de comida, por exemplo) e mudanças na logística de distribuição dos concorrentes. Essas mudanças, no entanto, foram acontecendo ao longo de vários anos. O problema que dá origem ao desvio estratégico é que, como muitas organizações, a estratégia da Sainsbury's não estava acompanhando aquelas mudanças. Há pelo menos cinco razões para isso:

- *O problema da percepção tardia.* O Capítulo 2 forneceu maneiras de analisar o ambiente, e esses enfoques podem produzir alguns *insights.* Mas como os gerentes podem ter certeza sobre o rumo e o significado das mudanças? De outro modo, as mudanças podem ser vistas como algo

Exemplo 5.1

Motorola: uma história analógica diante de uma revolução digital

As bases do sucesso de uma empresa podem ter como causa o desvio estratégico.

Em 1994, a Motorola tinha 60% do mercado de telefones celulares dos Estados Unidos. Fundada em 1928, a empresa era conhecida por sua inovação tecnológica. Havia inventado o *walkie-talkie* transmissor/receptor usado na Segunda Guerra Mundial e lançou no mercado o primeiro televisor com preço inferior a U$ 200, em 1948. Nos anos 1950, desenvolveu tecnologias de circuitos impressos e substratos cerâmicos, além de projetos de sistemas eletrônicos. Por volta da década de 1970, a empresa era um dos principais fabricantes de microprocessadores e considerada líder mundial em tecnologia.

Entretanto, mesmo naquelas oportunidades era evidente que a ênfase da Motorola recaía sobre tecnologia, mais do que sobre o mercado. Os críticos diziam que a empresa dava primazia à tecnologia antes dos consumidores.

Os telefones celulares haviam sido desenvolvidos pelos laboratórios Bell nos anos 1970. Em meados da década de 1980, a Motorola era a principal fabricante de celulares usando tecnologia analógica. A empresa, entretanto, já contava, a partir do desenvolvimento pós-guerra de seus sistemas militares de *walkie-talkie*, com uma tecnologia aprimorada. Os aparelhos, no entanto, eram grandes e caros, desejados pelos gerentes de negócios que estavam sempre em trânsito e não podiam usar as linhas convencionais. Os telefones não eram muito conhecidos nem estavam muito disponíveis.

Até meados dos anos 1990, a Motorola teve um incrível sucesso. De 1992 a 1995, sua receita de vendas cresceu a taxas anuais de 27% até atingir R$ 46 bilhões (U$ 27 bilhões) e a renda líquida anual cresceu a 58% até atingir R$ 3 bilhões.

Entretanto, em meados da década de 1990, a tecnologia digital para celulares estava sendo desenvolvida por meio do Serviço de Comunicação Pessoal (SCP). Essa tecnologia superou algumas das falhas da tecnologia analógica. Reduziu a interferência, permitiu a criptografia de códigos de segurança e era capaz de suportar mais usuários do que a tecnologia analógica. Foi essa tecnologia a base para o desenvolvimento do mercado de massa da telefonia móvel. A demanda por telefones digitais cresceu rapidamente, não apenas entre gente de negócio, como num mercado consumidor mais amplo, cujos consumidores estavam bem menos preocupados com a funcionalidade do que com a facilidade de uso e o apelo estético.

De acordo com executivo-chefe da Motorola à época, Robert Galvin, a empresa "estava à frente do desenvolvimento da tecnologia digital". Entretanto, a decisão foi de permanecer com a tecnologia analógica por vários anos e dar autorização de sua tecnologia digital a Nokia e Ericsson, por meio da qual recebeu *royalties* cada vez maiores. De fato, a Motorola lançou um novo telefone analógico, o Star-TAC, e promoveu uma agressiva campanha de *marketing* para promovê-lo.

A situação não era evidente apenas pelo aumento de receita gerado pelo uso crescente de telefones digitais: os consumidores de tecnologia sem fio faziam *lobby* para que a Motorola desenvolvesse telefones digitais. "Eles nos diziam que não sabíamos o que estávamos fazendo... Não eram conversas amigáveis. Mas a Motorola não mudou de ideia. Ao contrário, fizemos o lançamento do produto com a Ericsson e depois com a Nokia".

Em 1998, a fatia de mercado da Motorola havia despencado para 34% e a empresa foi forçada a demitir 20 mil pessoas.

Fonte: Adaptado de S. Finkelstein, 'Why smart executives fail: four case histories of how people learn the wrong lessons from history', *Business History*, vol. 48, no. 2 (2006), pp. 153–170.

Questões

1 Identifique numa linha do tempo de 1928 a 1998 os principais eventos apontados aqui. O que essa análise informa sobre as razões da resistência da Motorola à nova tecnologia?

2 Dado que a Motorola tinha a tecnologia e sabia sobre o desenvolvimento do mercado digital, aponte razões para a persistência da empresa com a tecnologia analógica.

temporário. Os gerentes podem ficar compreensivelmente cautelosos quanto a alterar o que provavelmente consideram ser uma estratégia vencedora por causa de algo que pode ser somente uma moda do mercado ou um declínio temporário na demanda. Pode ser fácil perceber grandes mudanças em retrospecto, mas não é tão fácil perceber sua significação no momento em que acontecem.

- *Reforçando o que é conhecido.* Os gerentes podem ver mudanças no ambiente sobre as quais não estão seguros ou que não compreendem inteiramente. Em tais circunstâncias, podem tentar minimizar a escala do que enfrentam de modo indeciso olhando para respostas que são conhecidas, que são compreensíveis e que foram úteis no passado. Isso os deixará propensos a continuar com a mudança estratégica incremental. Os gerentes da Sainbury's, por exemplo, se agarram à crença de que possuíam consumidores leais que valorizavam a qualidade superior dos seus produtos. A Tesco era uma varejista mais barata que vendia o que os gerentes da Sainbury's consideravam ser produtos inferiores. Era claro que a qualidade superior da Sainsbury's iria continuar a ser reconhecida.
- *Competências rígidas.* De acordo com o Capítulo 3, o sucesso do passado pode ter sido baseado em capacidades que são exclusivas de uma organização e difíceis de serem imitadas por outras. Entretanto, as capacidades que serviram de base para a vantagem competitiva podem se tornar difíceis de mudar – na verdade, podem se tornar *competências rígidas.* Há duas razões para isso. A primeira, com o passar do tempo, é que os modos de fazer as coisas que foram bem-sucedidos no passado podem ser aceitos como óbvios. Isso também pode ter sido uma vantagem no passado pela dificuldade imposta aos concorrentes que queriam imitá-las. Entretanto, as competências rígidas tomadas como garantidas raramente são questionadas e assim tendem a continuar para além de sua utilidade. A segunda razão é que os modos de fazer as coisas se desenvolvem ao longo do tempo e ficam cada vez mais atrelados às rotinas organizacionais, as quais se reforçam, numa relação de confiança mútua difícil de ser resolvida.
- *Os relacionamentos se tornam grilhões.*[2] O sucesso provavelmente foi construído com base em excelentes relacionamentos com consumidores, fornecedores e funcionários. Manter esse estado de coisas pode ser visto como fundamental para o bem-estar a longo prazo da organização. Contudo, esses relacionamentos podem dificultar a implementação de mudanças estratégicas radicais capazes de promover uma mudança dos rumos ao mercado ou ao consumidor, um desenvolvimento de produtos necessitando de fornecedores diferentes ou uma alteração da base de conhecimento profissional da organização com o risco de romper o relacionamento com a força de trabalho.
- *Efeitos do desempenho lento.* Os efeitos do desvio podem não ser fáceis de perceber em termos de desempenho da organização. O desempenho financeiro pode continuar a subir durante os estágios iniciais do desvio estratégico. Os consumidores podem ser leais e a organização – ao tornar-se mais eficiente, cortar custos ou simplesmente trabalhar de modo

mais eficiente – pode continuar a melhorar o próprio desempenho. Dessa forma, talvez não haja sinais internos da necessidade de mudanças ou pressão dos gerentes, ou mesmo de observadores externos para que sejam feitas mudanças maiores.

Entretanto, caso o desvio estratégico continue por algum tempo, os sintomas se tornarão evidentes: um declínio do desempenho financeiro, talvez uma perda de fatias do mercado para os concorrentes ou uma queda na cotação das ações. Na verdade, o mencionado declínio pode ocorrer muito rapidamente logo que observadores externos, principalmente concorrentes ou analistas financeiros, tiverem identificado o desvio. Até as mais bem-sucedidas empresas podem sofrer um desvio desse tipo. Elas se tornam presas da fórmula responsável pelo sucesso.

5.2.3 Um período de fluxo

A fase seguinte (fase 3) pode ser um período de *fluxo* acionado pelo declínio do desempenho. As estratégias podem mudar, mas não com segurança. Também pode haver mudanças de gerenciamento, frequentemente na própria alta administração enquanto a organização sofre pressões por mudanças de seus *stakeholders*, não apenas de acionistas, no caso de empresas públicas. Pode haver rivalidade interna sobre qual estratégia seguir, bastante provavelmente pelas diferenças de opinião – se a futura estratégia deve ser baseada em capacidades históricas ou se tais capacidades estão se tornando redundantes. De fato, há discussões em reuniões que ganham muito destaque quando isso acontece. Tudo isso pode resultar numa deterioração posterior da confiança na organização – talvez uma queda de desempenho ou da cotação das ações no futuro, dificuldades para recrutar gerentes de alta qualidade ou uma nova diminuição da lealdade do cliente.

5.2.4 Mudança transformacional ou morte

Quando as coisas pioram, é provável que o resultado (fase 4) seja um dos três seguintes: (i) a organização pode ser extinta (no caso de uma organização comercial, a situação pode ser de falência, por exemplo); (ii) pode ser tomada por outra organização; ou (iii) pode passar por um período de *mudança transformacional*. Essa mudança pode acontecer por múltiplas mudanças relacionadas com a estratégia da organização. Uma mudança dos produtos, por exemplo, nos mercados ou no foco dos mercados, mudanças de capacidades nas quais a estratégia é baseada, mudanças na alta administração da organização e talvez o modo pelo qual a organização está estruturada.

A mudança transformacional não acontece com frequência nas organizações e geralmente é o resultado de um grande período de baixo desempenho. Geralmente são as mudanças transformacionais que compõem as histórias de sucesso dos grandes executivos – é a ocasião em que eles fazem a diferença de modo mais visível. O problema é que, do ponto de vista da posição de mercado, do bem-estar dos *stakeholders* e dos empregos, ela pode acontecer tarde demais. A posição competitiva pode ter sido perdida, o valor dos *stakeholders* provavelmente já foi destruído e, é bastante provável, muitos empregos também terão se perdido. O momento em que "fazer a diferença" realmente importa é no estágio 2 da Figura 5.2, quando a organização começa a se desviar. O problema é que, muito provavelmente, esse desvio não é fácil de ser notado antes de afetar o desempenho. Tanto para compreender a posição estratégica de uma organização como para evitar os efeitos nocivos do desvio estratégico é vital levar a sério o alcance das tendências históricas em desenvolvimento estratégico que tendem a persistir na estrutura cultural da organização. O restante deste capítulo irá tratar disso.

5.3 O QUE É CULTURA E POR QUE ELA É IMPORTANTE?

A **cultura organizacional** são "os *pressupostos* e as *crenças* básicas partilhadas por membros de uma organização, que operam de forma inconsciente e definem, de um modo tomado como óbvio, a visão que uma organização tem de si e de seu ambiente"

Edgar Schein define **cultura organizacional** como "os *pressupostos* e as *crenças* básicas partilhadas por membros de uma organização, que operam de forma inconsciente e definem, de um modo tido como verdadeiro, a visão que uma organização tem de si e de seu ambiente".[3] Relacionados a isso estão os modos tidos como óbvios de fazer as coisas, as rotinas, que se acumulam ao longo do tempo. Em outras palavras, a cultura trata do que é tomado como óbvio, mas que, entretanto, contribui para o modo do grupo reagir e se comportar em relação a questões que enfrentam. Desse modo, a cultura exerce influência importante no desenvolvimento e mudança da estratégia organizacional.

Na realidade, influências culturais existem em vários níveis, como mostra a Figura 5.3. As seções a seguir irão identificar os fatores e questões importantes em termos de diferentes estruturas culturais de referência e

FIGURA 5.3 Estruturas culturais de referência.

em seguida mostrar como a cultura organizacional pode ser analisada e caracterizada como um meio de compreender as influências da cultura nos propósitos e nas estratégias atuais e futuras da organização.

5.3.1 Culturas nacionais e regionais

Vários escritores, dentre os quais talvez o mais conhecido seja Geert Hofstede,[4] têm mostrado como atitudes em relação a trabalho, autoridade, igualdade e outros fatores importantes diferem entre si de um país para outro. Tais diferenças têm sido moldadas por forças culturais poderosas relacionadas a história, religião e mesmo clima ao longo de vários séculos. As organizações que operam internacionalmente precisam entender e lidar com tais diferenças, as quais podem se manifestar em termos de diferentes padrões, valores e expectativas nos vários países em que as organizações operam.[5] Por exemplo, a tentativa da Euro Disney de repetir o sucesso dos parques temáticos da Disney nos Estados Unidos foi chamado de "imperialismo cultural" pela mídia francesa e tem passado por dificuldades. Houve uma diminuição no número de visitantes de 0,3% ao ano entre 1999 e 2005. O Exemplo 5.2. também mostra como as diferenças culturais podem apresentar desafios para gerentes em busca do desenvolvimento de mercados na China.

Embora não sejam mostradas separadas na Figura 5.3 (para simplificar), também pode ser importante compreender as culturas *subnacionais* (geralmente chamadas de regionais). As atitudes, por exemplo, em relação a alguns aspectos de relações com trabalhadores e fornecedores podem diferir regionalmente mesmo em países relativamente pequenos e coesos, como o Reino Unido, e praticamente em toda a Europa, de forma marcante (por exemplo, entre o sul e o norte da Itália). Também é possível haver mudanças entre as regiões do campo e da cidade.

5.3.2 Cultura organizacional

A cultura de uma organização geralmente é concebida como sendo formada por quatro camadas (veja a Figura 5.4):

- Os *valores* geralmente são facilmente identificados numa organização e geralmente expressos em declarações sobre a missão, os objetivos e estratégias da organização (veja Seção 4.5). Entretanto, eles podem ser vagos, como "servir à comunidade" ou "promover oportunidades iguais de emprego".
- As *crenças* são mais específicas, mas talvez não sejam expressas por escrito, e sim percebidas no modo como as pessoas falam sobre os problemas que a organização enfrenta – uma crença, por exemplo, de que a empresa não deve fazer negócios com determinados países ou que o quadro de funcionários não deve ter suas atitudes profissionais avaliadas pelos gerentes.

Tanto em relação a valores quanto a crenças culturais de uma organização, o importante é observar mais a coletividade do que aos valores e crenças dos indivíduos. Na verdade, é possível que os indivíduos nas organizações possam ter valores e crenças que ocasionalmente contrariem

Exemplo 5.2

Quando na China...

Quando uma empresa ocidental se estabelece na China, entender o modo chinês de fazer negócios se torna crucial.

David Hands trabalha em Pequim para a empresa imobiliária Jones Lang Lasalle (JLL), na qual ele teve de desenvolver os negócios no país. A revista *Management Today* publicou uma entrevista com ele:

"Há um grande número de oportunidades na China, mas é fundamental separar o joio do trigo, e você precisa trabalhar com eficiência para fazer isso. Por exemplo, tivemos problemas com a gestão do tempo nos estágios iniciais. Imagine tentar marcar uma reunião onde todos chegam em horários diferentes, e em que ninguém tenha pensado em especificar uma agenda para a reunião. Ou fazer três reuniões demoradas para um cliente que não nos proporciona quase nenhum negócio. Foi difícil fazer as pessoas entenderem a importância de comparar os custos com os benefícios."

Levou tempo até fazer os chineses valorizarem o conselho que a JLL podia dar, já que, embora acostumados a pagar por produtos, pagar por serviços foi um choque cultural:

"'Você tem que aprender a ir passo a passo e ceder um pouco. Você não pode virar-se para alguém no escritório e dizer: 'Pague-me uma grande quantidade de dinheiro antecipadamente'. E você tem que realmente mostrar-lhes onde você pode adicionar valor às suas operações."

Também há problemas para compreender a hierarquia:

"Você pode pensar que está lidando com o sujeito mais importante, e ele está lhe pedindo um desconto. Você dá. Mas então você se encontra com outros cinco gerentes em ascensão e todos eles pedem descontos. Portanto, cuidado!"

Os símbolos de hierarquia também não são os mesmos. Ao contrário de alguns países ocidentais onde símbolos como carros e roupas de grife podem indicar *status*, na China os gerentes mais importantes costumam se vestir de modo "mais desalinhado":

"Roupa barata é importante numa cultura flagelada pela corrupção: vestir-se mal desvia a atenção de quaisquer ganhos ilícitos, mas o chefe principal ainda quer fazer valer sua autoridade – e um modo de fazê-lo é ter um séquito de lacaios... Aprendi desde cedo que se eu não retribuir indo a reuniões com um ou mais assistentes, as pessoas não iriam me levar tão a sério."

Para os ocidentais pode parecer haver falta de educação: "Basicamente, eles pensam que possuem você, da mesma forma que possuem um carro ou um relógio de luxo depois de terem pago por eles".

Os relacionamentos dos funcionários com o chefe também são mais importantes que os relacionamentos dos funcionários com a empresa: "É por isso que você vai encontrar funcionários limpando o carro de seus chefes no fim de semana. Tivemos de ensinar o pessoal que isto não iria fazer com que ganhassem uma promoção..."

Outro entrevistado tinha experiência com a burocracia chinesa:

"Quando você está negociando com o governo, precisa encontrar alguém que sinta que pode ajudá-lo pessoalmente com o acordo. Uma vez que seus interesses estão alinhados, então ele pode orientá-lo através do labirinto... Não é uma questão de receber cartão de visita de alguém e sair para uma bebida. Na China, você tem que ganhar a gratidão e a confiança da pessoa, e você faz isso concedendo favores. Quanto maior for o favor, mais eles irão ajudá-lo profissionalmente, bem como em particular".

Fonte: D. Slater, 'When in China...', Management Today, May (2006). Reproduzido da revista *Management Today* com a permissão do dono do copyright, Haymarket Business Publications Limited.

Questões

1 De acordo com as evidências da entrevistas, identifique como as normas culturais e os pressupostos tidos como óbvios dos gerentes chineses diferem daqueles dos gerentes ocidentais.

2 Se você está tentando operar num país de cultura bastante diferente, além de conversar com pessoas experientes naquele mercado, como você tentaria entender a cultura e seus pressupostos subjacentes?

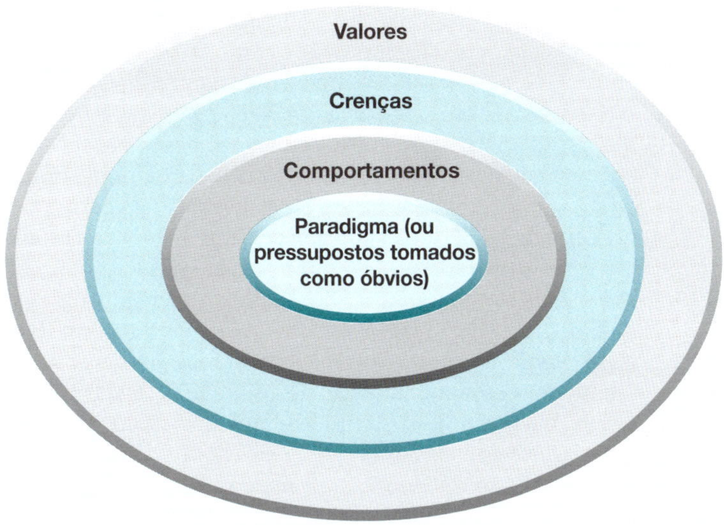

FIGURA 5.4 A cultura em quatro camadas.

as de suas organizações, o que pode fazer surgir tensões e problemas de natureza ética.

- O *comportamento* é o modo cotidiano pelo qual a organização opera e pode ser percebido por pessoas do lado de dentro e do lado de fora da organização. Isso inclui as rotinas de trabalho, o modo como a organização é estruturada e controlada, além de questões "mais leves" em relação a comportamentos simbólicos.
- Os *pressupostos tidos como óbvios* são o núcleo da cultura de uma organização. São os aspectos da vida organizacional que as pessoas têm dificuldade para identificar e explicar. Aqui são referidos como o paradigma organizacional. O **paradigma** é o conjunto de pressupostos comuns e tomados como óbvios numa organização. Para que uma organização opere efetivamente, deve haver um conjunto de pressupostos aceitos de maneira geral. Como mencionado anteriormente, esses pressupostos representam a *experiência coletiva* sem a qual as pessoas teriam de "reinventar seu mundo" de acordo com as diferentes circunstâncias com que se deparassem. O paradigma pode sustentar estratégias bem-sucedidas ao fornecer uma base comum de compreensão numa organização, mas também pode ser um grande problema quando, por exemplo, é necessária uma mudança estratégica significativa ou quando as organizações experimentam uma fusão e descobrem ser incompatíveis. A importância do paradigma é discutida mais adiante na Seção 5.3.5.

paradigma é o conjunto de pressupostos relativamente comuns e tomados como óbvios

5.3.3 Subculturas da organização

A fim de compreender a relação entre cultura e as estratégias de uma organização, talvez seja possível identificar alguns aspectos da cultura que perpassam a organização como um todo. Entretanto, as *subculturas* dentro de uma organização também são importantes. Elas podem se relacionar diretamente com a estrutura da organização: por exemplo, as diferenças entre divisões geográficas numa empresa multinacional ou entre os grupos funcionais como finanças, *marketing* e operações. As diferenças entre divisões podem ser bastante evidentes em organizações que cresceram por meio de aquisições. As diferentes divisões também podem estar seguindo diferentes tipos de estratégia e esses diferentes posicionamentos de mercado exigem ou encorajam culturas diferentes. De fato, alinhar posicionamento estratégico e cultura organizacional é um recurso vital das organizações bem-sucedidas. Diferenças entre funções de negócios também podem estar relacionadas a diferenças de natureza em funções distintas. Numa empresa como a Shell ou a BP, por exemplo, as diferenças provavelmente ocorrem entre aquelas funções encarregadas de exploração "*upstream*", em que os horizontes de tempo podem ser contados em décadas, e outras relacionada com varejo "*downstream*", cujos horizontes de tempo mais exíguos são guiados pelo mercado. Como se vê, esta é uma razão pela qual tanto a Shell quanto a BP esforçam-se tanto para forjar uma cultura corporativa que atravesse tais funções.

5.3.4 A influência da cultura na estratégia

A característica de "tomada como óbvia" é o que constitui a importância central da cultura em relação à estratégia e ao gerenciamento da estratégia. Há duas razões principais para isso:

- *Cultura de gerenciamento.* Por ser difícil observar, identificar e controlar algo que é tomado como óbvio, também é difícil gerenciá-lo. Essa é a razão pela qual é tão importante ter uma maneira de analisar a cultura de modo a torná-la mais visível – o assunto da próxima seção.
- *Cultura como um guia da estratégia.* As organizações podem ser "capturadas" por sua cultura e pensar que é muito difícil mudar a estratégia para além dos limites dessa cultura. Os gerentes, confrontados com um ambiente de negócio em mudança, são mais propícios a tentar lidar com a situação por meio de uma busca por aquilo que conseguem entender e com o que conseguem lidar em termos da cultura existente. O resultado provável é a mudança estratégica incremental com o risco de desvio estratégico eventual, como explicado na Seção 5.2. A cultura é, de fato, um guia involuntário da estratégia.

O efeito da cultura na estratégia é mostrado na Figura 5.5.[6] Confrontados com um estímulo para ação, como uma queda de desempenho, os gerentes inicialmente tentam melhorar a implementação da estratégia existente. Isso pode se dar através da tentativa de diminuição de custos, melhoria da eficiência, aumento do controle ou aprimoramento do modo usual de fazer as coisas. Se isso não funcionar, uma mudança de estratégia pode ocorrer, mas alinhada com a cultura existente. Os gerentes podem, por exemplo, tentar ampliar o mercado para seus negócios, mas admitem que esse mercado será similar ao existente e, desse modo,

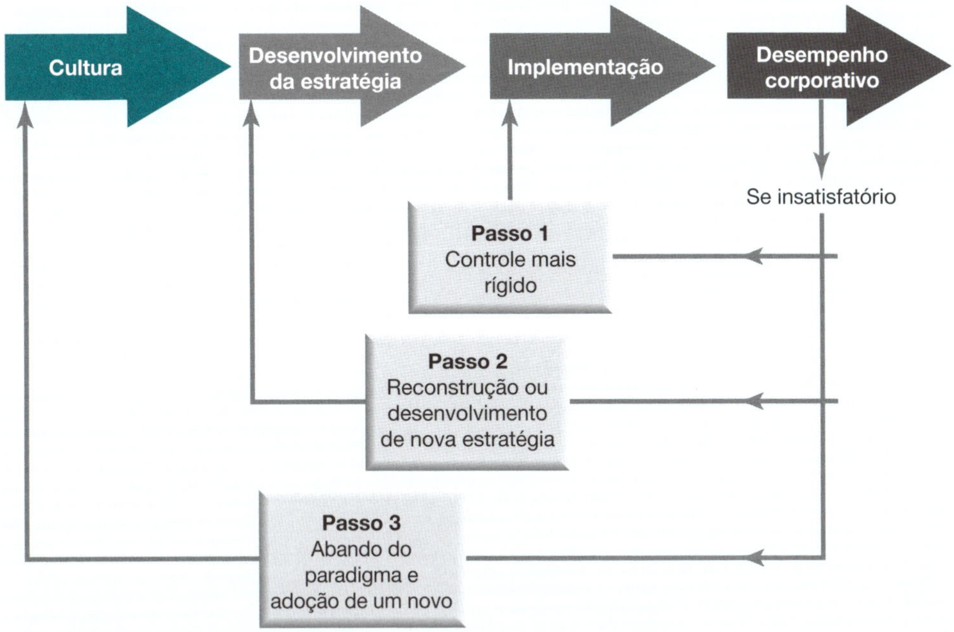

Fonte: Adaptado de P. Grinyer and J.-C. Spender, *Turnaround: Managerial Recipes for Strategic Success*, Associated Business Press, 1979, p. 203.

FIGURA 5.5 Influência da cultura no desenvolvimento da estratégia.

tomam providências de gerenciamento do novo empreendimento de um modo bastante parecido com o usual. Por outro lado, mesmo quando os gerentes sabem realmente que precisam mudar, e mesmo quando sabem como fazer isso, sentem-se constrangidos pelas rotinas organizacionais tomadas como óbvias e pelos pressupostos ou processos políticos, como visto no Exemplo 5.1. Isso costuma acontecer, por exemplo, quando há tentativas de mudar organizações muito burocráticas para modelos orientados pelo gosto do cliente. Mesmo se as pessoas aceitarem racionalmente a necessidade de mudar a ênfase de uma cultura na importância do atendimento a normas estabelecidas, rotinas e relacionamentos hierárquicos, elas não o fazem prontamente. É falha a noção de que argumentos razoáveis de fato mudam pressupostos firmemente constituídos e encravados na experiência coletiva construída ao longo de períodos prolongados de tempo. Para perceber isso, os leitores precisam apenas pensar em sua própria experiência ao tentar persuadir outras pessoas para que repensem suas crenças religiosas ou mesmo suas preferências por determinados times de futebol. O que acontece é a ação predominante do que é familiar e a tentativa de evitar ou reduzir a incerteza ou a ambiguidade. Isso poderá continuar a ocorrer até que haja, talvez, provas cabais da redundância da cultura, provavelmente como resultado da entrada das organizações nas fases 3 ou 4 do desvio estratégico (veja Figura 5.2).

5.3.5 Análise da cultura: a rede cultural

A **rede cultural** mostra as manifestações comportamentais, físicas e simbólicas de uma cultura que informa e é informada por pressupostos tomados como óbvios, ou paradigmas, de uma organização

Para compreender a cultura existente e seus efeitos, é importante conseguir fazer uma análise da cultura. A **rede cultural** é um meio para isso.[7] A rede cultural mostra as manifestações comportamentais, físicas e simbólicas de uma cultura que informa e é informada por pressupostos tomados como óbvios, ou paradigma, de uma organização (veja Figura 5.6). Corresponde, de fato, aos dois círculos ovalados mais internos da Figura 5.4. A rede cultural pode ser usada para compreender a cultura em qualquer estrutura de referência examinada anteriormente, mas costuma ser mais usada nos níveis organizacional e/ou funcional da Figura 5.3. Os elementos da rede cultural são os seguintes:

- O *paradigma* está no núcleo das Figuras 5.4 e 5.6. Na verdade, os pressupostos tomados como óbvios e as crenças do paradigma são a *experiência coletiva* aplicada à situação para entendê-la e indicam um curso provável de ação. Os pressupostos do paradigma podem ser bastante básicos. Por exemplo, pode ser óbvio que os pressupostos centrais de um negócio jornalístico sejam principalmente sobre a cobertura de notícias e reportagem. Entretanto, de um ponto de vista estratégico, as receitas crescentes dos jornais são relativas à renda de publicidade, e a estratégia deve ser direcionada para isso. O paradigma de uma instituição de caridade pode ser fazer o bem aos necessitados, mas isso não pode ser alcançado se o propósito de levantar dinheiro não funcionar de modo efetivo. Desse modo, é importante entender o que é o paradigma e como ele alimenta o debate sobre estratégia. O problema reside no fato de que, uma vez que é improvável falar sobre o paradigma, tentar identificá-lo pode ser difícil, especialmente se você faz parte daquela organização. Observadores

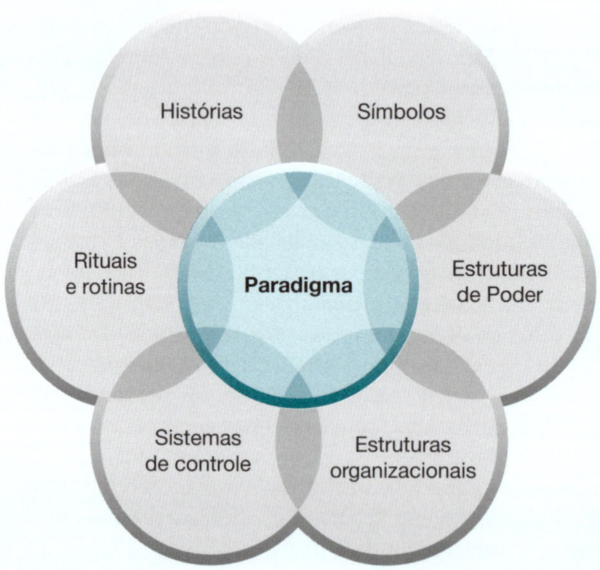

FIGURA 5.6 **A rede cultural de uma organização.**

externos podem considerar a identificação relativamente fácil simplesmente por escutar o que as pessoas dizem e observar o que fazem e ao que dão importância, mas isso não é tão fácil para quem está dentro e faz parte daquela cultura. Um modo de quem está dentro perceber quais são os pressupostos tomados como óbvios é dirigir inicialmente a atenção a outros aspectos da rede cultural, pois estes dizem mais respeito a aspectos mais visíveis da cultura. Além disso, esses outros aspectos provavelmente irão reforçar os pressupostos daquele paradigma.

- As **rotinas** são "o modo como fazemos as coisas por aqui" cotidianamente. Podem ter uma longa história e serem corriqueiras ao longo de toda a organização. Na melhor das hipóteses, melhoram o trabalho da organização e podem fornecer uma competência organizacional distintiva. Entretanto, também podem representar uma qualidade tomada como óbvia sobre como as coisas devem acontecer que, novamente, podem ser difíceis de mudar.

As **rotinas** são "o modo como fazemos as coisas por aqui" cotidianamente

- Os **rituais** da vida organizacional são atividades ou eventos que enfatizam, ressaltam ou reforçam o que é especialmente importante naquela cultura. Os exemplos incluem programas de treinamento, painéis de entrevista, procedimentos de promoção e avaliação, conferências de venda e assim por diante. Um exemplo extremo, é claro, é o treinamento de recrutas do exército para a disciplina exigida em conflito. Entretanto, os rituais também podem ser atividades informais como beber num bar após o expediente ou fazer fofocas perto das máquinas copiadoras.

Os **rituais** são atividades ou eventos que enfatizam, ressaltam ou reforçam o que é especialmente importante naquela cultura

- As *histórias*[8] contadas pelos membros de uma organização – uns para os outros, para pessoal de fora, novatos e assim por diante – podem funcionar para ligar o presente à história organizacional e assim mencionar eventos e personalidades importantes. Geralmente têm a ver com sucessos, desastres, heróis, vilões e dissidentes (que se desviaram do caminho). Podem ser um modo de contar às pessoas o que é importante na organização.
- Os **símbolos** são objetos, eventos, atos ou pessoas que carregam, mantêm ou criam significado além e acima de seu propósito funcional. Por exemplo, escritórios e decoração de escritórios, carros e títulos possuem um propósito funcional, mas geralmente são sinais de *status* e de hierarquia. Algumas pessoas em particular podem vir a representar aspectos importantes de uma organização ou de mudanças históricas. O tipo de linguagem usada numa organização pode também ser particularmente revelador, especialmente em relação aos consumidores ou clientes. Por exemplo, o presidente de uma agência de proteção ao consumidor na Austrália descreveu seus clientes como "queixosos". Num grande hospital universitário no Reino Unido, os especialistas descreveram os pacientes como "material clínico". Embora tais exemplos possam ser divertidos, eles revelam um pressuposto básico sobre consumidores (ou pacientes) que pode desempenhar um papel significativo na influência da estratégia de uma organização. Embora os símbolos sejam mostrados separadamente na rede cultural, deve-se lembrar que muitos elementos da rede são simbólicos. Assim, rotina, controle, sistemas de recompensa e estruturas não são apenas funcionais, mas também simbólicos.

Os **símbolos** são objetos, eventos, atos ou pessoas que carregam, mantêm ou criam significado além e acima de seu propósito funcional

- *Estruturas de poder.* Os agrupamentos mais poderosos no interior de uma organização geralmente estão intimamente associados aos pressupostos e às crenças centrais. Por exemplo, nas empresas que passaram por desvio estratégico, não é incomum encontrar executivos poderosos bastante acostumados com modos tradicionais de fazer as coisas. Para analisar o poder, a orientação disponível na Seção 4.4.1 é bastante útil.
- A *estrutura organizacional* serve geralmente para refletir o poder e mostrar papéis e relacionamentos importantes. A hierarquia formal e as estruturas dos mecanismos podem enfatizar que a estrutura é o lugar da alta administração e todos os demais estão "cumprindo ordens". Estruturas altamente delegadas podem indicar que a colaboração é menos importante do que a competição e assim por diante.
- Os *sistemas de controle* e os sistemas de medidas e recompensas mostram o que é importante controlar na organização. As organizações de serviços públicos, por exemplo, frequentemente são acusadas de se preocupar mais com a administração de fundos do que com a qualidade do serviço. Planos de gratificações individuais relacionados com volumes geralmente são sinais de uma cultura de individualidade, competição interna e ênfase no volume de vendas, mais do que no trabalho em equipe e na qualidade.

O Exemplo 5.3 mostra uma rede cultural feita por gerentes e funcionários da Comissão Florestal do Reino Unido com parte de um programa de desenvolvimento de estratégia, junto com uma explicação sobre o significado de seus elementos. O principal ponto era que na época que este órgão público foi encarregado de alterar a estratégia de abrir as florestas ao público, seus integrantes viam a si mesmos como técnicos especialistas e consideravam o público um incômodo. Problemas parecidos podem acontecer com frequência por conta desse tipo de análise. Uma análise da rede cultural de uma empresa de contabilidade que considerava a aproximação com seus clientes como peça central de sua estratégia revelou uma cultura de "cuidado e centralização com o parceiro" mais do que com o cliente. Talvez mais significativo seja o fato de que políticos e dirigentes do Partido Trabalhista Britânico tenham feito uma análise da rede cultural em meados dos anos 1990, antes de sua vitória eleitoral em 1997. Essa análise revelou um partido "feito para ser oposição", como tinha sido com todos os governos no poder ao longo da história – inclusive com governos trabalhistas! Não foi surpresa que Tony Blair, que se tornou primeiro-ministro, tenha julgado como necessidade prioritária uma mudança cultural do partido.

5.3.6 Realizando a análise cultural

Para realizar uma análise da cultura de uma organização é importante ter em mente algumas questões:

- *As perguntas a fazer.* A Figura 5.7 ressalta algumas questões que podem ajudar a compreender a cultura através da rede cultural.
- *Declarações dos valores culturais.* Uma vez que as organizações cada vez mais tornam visíveis as declarações públicas – geralmente examinadas com bastante cuidado – de seus valores, crenças e propósitos – por

Exemplo 5.3

A rede cultural da Comissão Florestal do Reino Unido

A rede cultural pode ser usada para identificar os comportamentos e pressupostos tomados como óbvios de uma organização.

Esta é uma versão adaptada de uma rede cultural produzida pelos gerentes e funcionários da Comissão Florestal do Reino Unido. Esse órgão era uma organização do setor público encarregada de administrar as florestas no Reino Unido.

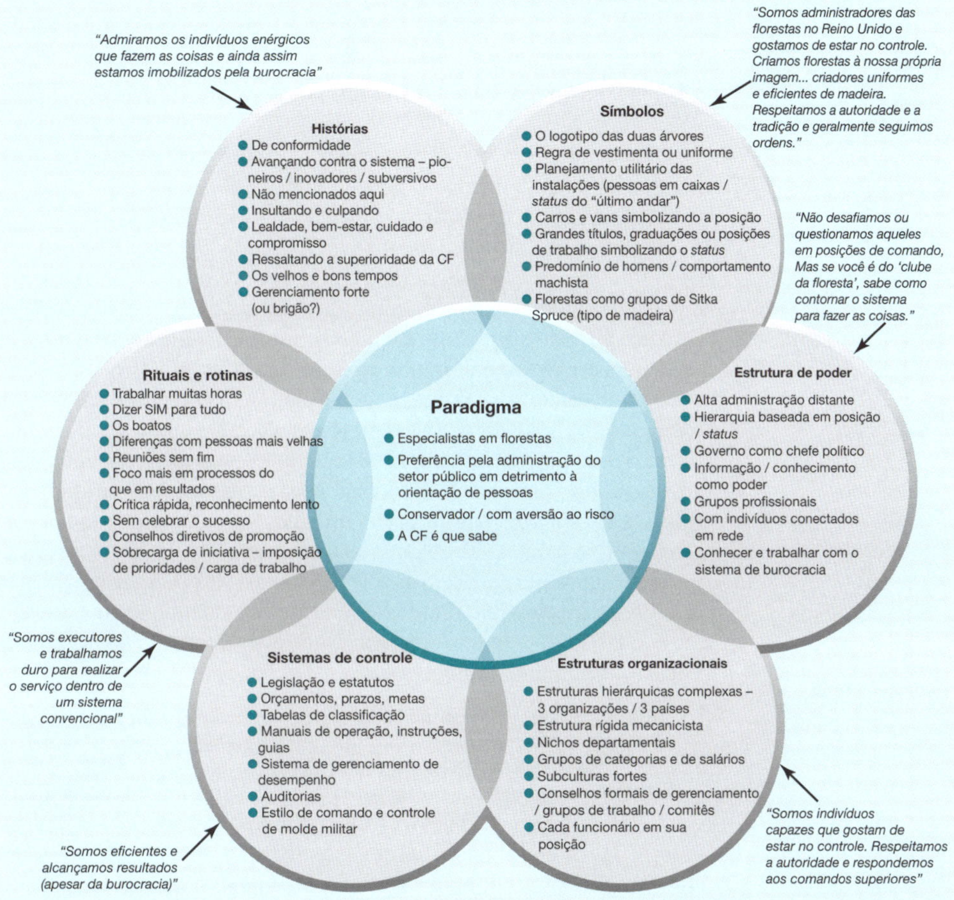

Fonte: Adaptado do estudo de caso da Comissão Florestal, de Anne McCann.

Questões

1 Como você caracterizaria a cultura dominante neste caso?

2 Quais são as implicações estratégicas?

exemplo, em relatórios anuais, declarações da missão ou dos valores e planos de negócios –, há o perigo que estas sejam consideradas descrições úteis e corretas da cultura organizacional. Na melhor das hipóteses, isso é apenas parcialmente verdadeiro; na pior, algo enganoso. Não se trata de considerar isso como uma fraude planejada: simplesmente, os valores e crenças são frequentemente aspirações de determinado *stakeholder* (como o CEO) antes de serem descrições rigorosas da cultura real. Por exemplo, um observador externo de uma força policial pode chegar a conclusão, a partir das declarações públicas de propósito e prioridades, de que essa organização apresenta uma abordagem equilibrada sobre os vários aspectos do trabalho policial – captura de criminosas, prevenção do crime, relações com a comunidade. Entretanto, uma sondagem mais profunda pode rapidamente revelar que (em termos de cultura) há trabalho policial "de verdade" (capturar criminosos) e trabalho "menos importante" (prevenção do crime e relações com a comunidade).

- *Trabalho conjunto.* O "mapa" detalhado produzido pela rede cultural é um ótimo recurso de informação sobre a cultura de uma organização, mas é útil conseguir caracterizar a cultura que as informações representam. Isso às vezes é possível por meio de uma descrição gráfica. Por exemplo, os gerentes que empreenderam uma análise cultural no Serviço Nacional de Saúde do Reino Unido resumiram sua cultura como "Serviço Nacional de Doença". Embora grosseira e pouco científica, essa abordagem pode ser eficaz para mostrar como seus membros enxergam a organização tal como ela realmente é – o que pode não ser imediatamente visível a partir de todos os pontos detalhados na rede cultural. Também pode ajudar as pessoas a entenderem que a cultura guia as estratégias – por exemplo, um "serviço nacional de doença" claramente daria prioridade a estratégias a respeito do desenvolvimento espetacular da cura de pessoas doentes em relação a estratégias de promoção da saúde e de prevenção. Assim, aqueles que preferem as estratégias de promoção de saúde precisam entender que estão diante da necessidade de mudar uma cultura e que ao fazê-lo podem não ser capazes de aceitar que serão necessários processos racionais como planejamento e alocação de recursos.

A análise cultural sugerida neste capítulo também é valiosa em relação a outras partes deste livro e ao gerenciamento da estratégia:

- *Capacidades estratégicas.* Como está claro no Capítulo 3, as capacidades historicamente integradas são, muito provavelmente, parte da cultura da organização. A análise cultural da organização fornece assim uma base complementar de análise para um exame das capacidades estratégicas (veja o Capítulo 3). Na verdade, uma análise das capacidades desse tipo deve acabar por obter informações sobre a cultura da organização, especialmente em termos de rotinas, sistemas de controle e modos cotidianos por meio dos quais a organização funciona, bastante similar a uma base "tomada como óbvia".
- *Desenvolvimento estratégico.* Uma compreensão da cultura organizacional sensibiliza os gerentes para o caminho no qual as influências históricas e culturais provavelmente irão afetar, para o bem ou para o mal, a estratégia futura.

Histórias
- Quais as principais crenças que as histórias refletem?
- O quão difundidas são essas crenças (em níveis)?
- As histórias dizem respeito a
  - pontos fortes ou fracos?
  - sucessos ou fracassos?
  - conformidade ou desafio?
- Quem são os heróis e os vilões?
- De que normas os dissidentes se desviaram?

Símbolos
- Há símbolos específicos que designam a organização?
- Qual é o *status* dos símbolos?
- O que significam a linguagem e o jargão?
- Quais os aspectos da estratégia que são ressaltados na publicidade?

Rotinas e rituais
- Que rotinas são enfatizadas?
- Quais são integradas na história?
- Que tipo de comportamento as rotinas encorajam?
- Quais são os principais rituais?
- Que crenças principais eles refletem?
- O que o programa de treinamento enfatiza?
- Os rituais/rotinas são fáceis ou difíceis de mudar?

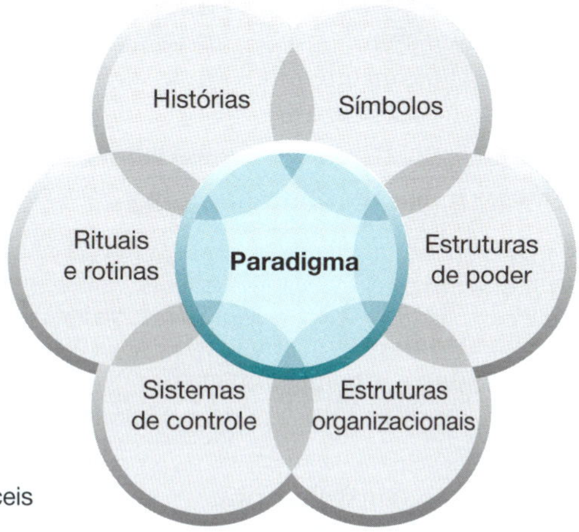

Estruturas de poder
- Como o poder é distribuído na organização?
- Quais são os pressupostos e crenças principais da liderança?
- Essas crenças são firmemente mantidas? De que modo (idealistas ou pragmáticos)?
- Quais são os principais bloqueios de poder a mudar?

Sistemas de controle
- O que é mais rigorosamente monitorado/controlado?
- Há ênfase em recompensa ou punição?
- Os controles são relacionados com a história ou com as estratégias atuais?
- Há poucos ou muitos controles?

Estruturas organizacionais
- O quanto as estruturas são mecanicistas/orgânicas?
- O quanto as estruturas são niveladas/ hierárquicas?
- O quanto as estruturas são formais/informais?
- As estruturas encorajam a colaboração ou a competição?
- Que tipos de estrutura de poder são suportadas?

Geral
- O que as respostas a essas questões sugerem são os (quatro) pressupostos fundamentais que formam o paradigma?
- Como você caracterizaria a cultura dominante?
- É fácil fazer isso mudar?

FIGURA 5.7 **A rede cultural: algumas questões úteis.**

- *Gerenciamento da mudança estratégica.* Uma análise da cultura também fornece uma base para o gerenciamento da mudança estratégica, uma vez que dá uma descrição da cultura existente que pode ser antagônica a uma estratégia desejada – e assim fornecer critérios para o que pode ser feito para impedir o desenvolvimento dessa estratégia ou do que precisa mudar para que ela seja implementada (veja a Seção 10.4).

RESUMO

- A *cultura* de uma organização pode contribuir para suas capacidades estratégicas, mas também pode fazer surgir o *desvio estratégico* quando sua estratégia se desenvolve de forma incremental sobre uma base dessas influências e não consegue acompanhar o ambiente em mudança.
- As *influências culturais* formam e restringem o desenvolvimento estratégico de uma organização. Assim, é importante compreender a cultura da organização como parte da estratégia de gerenciamento.
- Uma compreensão da cultura de uma organização e sua relação com a estratégia organizacional pode ser obtida pelo uso da *rede cultural.*

Leituras básicas recomendadas

- Para uma explicação mais abrangentes do fenômeno do desvio estratégico, consulte Gerry Johnson, 'Re-Thinking Incrementalism', *Strategic Management Journal*, vol. 9 (1988), pp. 75–91; and 'Managing Strategic Change - Strategy, Culture and Action', *Long Range Planning*, vol. 25, no. 1 (1992), pp. 28–36. (esses artigos também debatem a rede cultural). Veja também Donald S. Sull, 'Why Good Companies Go Bad', *Harvard Business Review*, July/Aug (1999), pp. 42–52.
- Para uma explicação extensa e crítica da cultura organizacional, veja Mats Alvesson, *Understanding Organizational Culture*, Sage, 2002.

Referências

1. Para uma explicação do desvio estratégico, G. Johnson, 'Re-Thinking Incrementalism', *Strategic Management Journal*, vol. 9 (1988), pp. 75–91; and 'Managing Strategic Change - Strategy, Culture and Action', *Long Range Planning*, vol. 25, no. 1 (1992), pp. 28–36. Veja também E. Romanelli and M.L. Tushman, 'Organizational Transformation as Punctuated Equilibrium: an Empirical Test', *Academy of Management Journal*, vol. 7, no. 5 (1994), pp. 1141–1166 - explicam a tendência das estratégias a serem desenvolvidas bastante incrementalmente com mudança tranformacional periódica.
2. Esse é um termo usado por Donald S. Sull em contabilidade para o declínio de empresas de alto desempenho (veja 'Why Good Companies Go Bad', *Harvard Business Review*, July/Aug (1999), pp. 42–52).
3. Essa definição de cultura é tomada de E. Schein, *Organisational Culture and Leadership*, 2nd edition, Jossey-Bass, 1997, p. 6.
4. Consulte G. Hofstede, *Culture's Consequences*, 2nd edition, Sage, 2001. Para uma crítica ao trabalho de Hofstede, veja B. McSweeney, 'Hofstede's model of national cultural differences and their consequences: A triumph of faith - a failure of analysis', *Human Relations*, vol. 55, no. 1 (2002), pp. 89–118.
5. Sobre gerenciamento intracultural, veja também R. Lewis, *When Cultures Collide: Managing successfully across cultures*, 2nd edition, Brealey, 2000, um guia prático para gerentes. Também oferece uma visão sobre diferentes culturas nacionais, convenções de negócios e estilos de liderança. Veja também S. Schneider and J.-L. Barsoux, *Managing Across Cultures*, 2nd edition, Financial Times/Prentice Hall, 2003.

6. A Figura 5.3 é uma adaptação do original em P. Grinyer and J.-C. Spender, *Turnaround: Managerial Recipes for Strategic Success*, Associated British Press, 1979, p. 203.
7. Uma explicação mais abrangente da rede cultural pode ser encontrada em G. Johnson, *Strategic Change and the Management Process*, 1987; and G. Johnson, 'Managing strategic change: strategy, culture and action', *Long Range Planning*, vol. 25, no. 1 (1992), pp. 28–36.
8. Veja A.L. Wilkins, 'Organisational Stories as Symbols which Control the Organisation', in L.R. Pondy, P.J. Frost, G. Morgan and T.C. Dandridge (eds), *Organisational Symbolism*, JAI Press, 1983.
9. O significado do simbolismo organizacional é explicado em G. Johnson, 'Managing strategic change: the role of symbolic action', *British Journal of Management*, vol. 1, no. 4 (1990), pp. 183–200.

Marks & Spencer (A)

Nardine Collier

A fórmula do sucesso da M&S

Michael Marks criou seu bazar de produtos baratos no final da década de 1880. Logo ele decidiu que precisava de um sócio para ajudar a administrar a empresa que crescia, e Tom Spencer, um caixa de um dos fornecedores de Marks, foi recomendado. A partir dessa parceria, a Marks & Spencer (M&S) cresceu constantemente. Simon Marks assumiu a direção da empresa antes comanda pelo pai e transformou os bazares em lojas, estabelecendo uma política de preço simples e utilizando o logotipo de "St. Michael" como sinal de qualidade. Havia um sentimento de camaradagem e uma atmosfera familiar nas lojas, resultado da contratação de funcionários que os gerentes achavam que iriam "se encaixar" e tornar-se parte da família. Os funcionários também eram bem tratados e mais bem pagos do que em outras empresas. A natureza familiar da empresa também dominava a alta administração: até o final dos anos 1970, a diretoria era controlada apenas por membros da família.

Marks era reconhecido por seu controle pessoal dos negócios e sua atenção aos detalhes. Isso também se fazia notar no jeito que ele lidava com os fornecedores. Ele sempre utilizou os mesmos fornecedores estabelecidos no Reino Unido e certificava-se meticulosamente de que os produtos estavam exatamente de acordo com as especificações – uma relação que pretendia estabelecer confiança nos fornecedores e assegurar qualidade alta e constante.

Até o final dos anos 1990, a M&S era muito bem-sucedida em termos de lucros e participação de mercado, operando de acordo com um conjunto de princípios fundamentais:

- oferecer aos clientes uma linha selecionada de mercadorias de alta qualidade, bem planejada e atraente, sob a marca St. Michael;
- encorajar os fornecedores a usar técnicas de produção mais modernas e eficientes;
- trabalhar junto com os fornecedores para assegurar os mais altos padrões de controle de qualidade;
- oferecer serviço gentil e prestativo, assegurar maior conforto na loja e conveniência para os clientes;
- melhorar a eficiência da empresa simplificando os procedimentos operacionais;

Photo: Charles Hewitt/Picture Post/Getty Images

- promover boas relações humanas com clientes, fornecedores e funcionários e com as comunidades com as quais a M&S opera.

Seus compradores especializados operavam a partir de um escritório central de compras por meio do qual as mercadorias eram alocadas para as lojas. Os gerentes de loja seguiam as orientações gerais em relação a comercialização, *layout*, projeto da loja e treinamento. Todas as lojas M&S tinham o mesmo procedimento, resultando em consistência de imagem e garantia dos padrões da empresa. Isso, porém, também significava que os gerentes de lojas tinham sérias restrições quanto ao modo de atender as necessidades locais dos clientes.

Durante o crescimento da M&S, houve poucas mudanças nos métodos de operação ou nas estratégias. A reputação da M&S de ter roupas de boa qualidade foi construída sobre o básico, do essencial que cada cliente necessitava e sobreviveria às modas e tendências em voga vistas em outras lojas populares. Como a loja não tinha provadores até os anos 1990, todos os vendedores tinham uma fita métrica e a M&S garantia reembolso "sem rodeios" para qualquer cliente insatisfeito com o produto que havia comprado. Como os produtos permaneciam nas lojas durante todo o ano, nunca havia liquidações.

O sucesso da M&S continuou nos anos 1990. Richard Greenbury, CEO desde 1991, explicou esse sucesso:

Esta é uma versão resumida do caso "A" completo (que pode ser encontrado na coleção clássica de casos). Uma versão "B" pode ser encontrada na versão Text and Classes da 8ª edição de *Exploring Corporate Strategy* (*Explorando a Estratégia Corporativa*).

Este caso foi preparado por Nardine Collier, da Cranfield School of Management. Seu objetivo é servir de base para discussão em aula, não como ilustração de boa ou má prática de gerenciamento. Não deve ser reproduzido ou citado sem permissão.

"seguimos de forma total e absoluta os princípios da empresas com as quais fui embuído... administro esta empresa com a ajuda dos meus colegas e baseado em formas muito antigas e comprovadas de fazer isso" (Radio 4, agosto de 2000).

Um após o outro, os CEOs eram reconhecidos por sua atenção aos detalhes em relação ao controle de fornecedores, mercadorias e *layout* da loja – e isso parecia funcionar. O sucesso da M&S durante a gestão de Marks sempre foi atribuído a seu entendimento das preferências e tendências dos clientes. Entretanto, por essa razão isso poderia significar também que os compradores escolhiam mercadorias que sabiam que os CEOs aprovariam. Por exemplo, desde que souberam que Greenbury não queria que a M&S estivesse no topo da moda, os compradores se concentraram em tipos de produtos que sabiam que ele iria gostar – "roupas clássicas, que podiam ser usadas".

Aconteceram outros problemas decorrentes da autoridade centralizada. Numa ocasião, Greenbury decidiu que, para controlar custos, haveria menos assistentes de vendas em período integral. Embora isso tornasse as lojas incapazes de manter os mesmos níveis de serviço exigidos pela M&S, quando visitava uma loja, os gerentes asseguravam que ela estivesse cheia de funcionários trazendo todo o pessoal disponível, de forma que parecesse que a loja estava mantendo os níveis de serviço que, na verdade, não estava. Isso também indicava que havia pouca discordância em relação às ordens superiores, de forma que as políticas e decisões não eram questionadas nem mesmo quando os executivos ou gerentes de loja se preocupavam com os efeitos negativos. As pesquisas que mostravam queda nos índices de satisfação dos clientes no final dos anos 1990 eram escondidas de Greenbury pelos altos executivos que temiam sua irritação por conta dos resultados.

Um problema na fórmula

Os problemas da M&s começaram a figurar nas manchetes em outubro de 1998, quando a empresa parou seu programa de expansão na Europa e América do Norte. Em novembro, a M&S anunciou uma queda de 23% nos lucros do primeiro semestre, fazendo com que o preço das suas ações caísse de forma drástica. Greenbury culpou o turbulento ambiente competitivo, dizendo que a M&S tinha perdido vendas e participação de mercado para seus competidores de nível mais alto e de nível mais baixo. Os concorrentes de nível mais alto eram organizações de nicho, como a Gap, Oasis e Next, que ofereciam produtos com preços similares, mas com *design* mais voltado para a moda atual. No nível mais baixo do mercado, a Matalan e marcas de supermercado, como a linha "George", do Asda, ofereciam roupas essenciais e básicas, mas com preços significativamente mais baixos. Além disso, a Tesco a Sainsbury's passaram a oferecer alimentos com valor agregado, outrora uma iniciativa pioneira da M&S.

Comentaristas sugeriam que a M&S não entendia mais ou não reagia mais às necessidades de seus clientes. A empresa interpretava de forma errônea seu mercado-alvo e não conseguia entender que clientes que compravam alimentos ou roupas íntimas podiam não estar interessados nos itens da linha de produtos domésticos. A M&S havia levado muito longe sua fórmula tradicional avessa a riscos e ignorou as mudanças no mercado. Greenbury estava muito centrado nas operações do dia a dia da empresa em vez de focar-se na estratégia de longo prazo. A M&S estava presa a uma visão generalizada do mercado, ao invés de tentar entender e adaptar suas ofertas aos vários segmentos do mercado. A M&S não tinha cartão de fidelidade numa época em que quase todos os outros varejistas tinham o seu. Embora uma grande parte dos clientes da empresa fosse formada por mulheres e a maior parte das mercadorias fosse de roupas femininas, a alta administração era formada por homens. Quase todos os gerentes e executivos eram promovidos internamente, tendo começado na parte mais baixa da organização e se tornando imersos nas rotinas e tradições estabelecidas da empresa. Havia uma cultura fechada continuamente reforçada por Greenbury e sua abordagem autocrática.

Em novembro de 1998, Greenbury anunciou que deixaria a empresa. Depois disso, teve início uma série de discussões amplamente divulgadas entre Keith Oates, representante de Greenbury, e outro diretor, Peter Salsbury, que a mídia sugeria ser o sucessor favorito de Greenbury, que foi indicado como CEO. Oates, por sua vez, foi convidado a uma aposentadoria precoce. Analistas comentaram que, como Salsbury só tinha trabalhado com roupas femininas, uma das unidades com pior desempenho na M&S, teria sido mais sensato trazer alguém de fora.

Durante esse período de brigas na diretoria, os problemas da empresa aumentaram com a compra, no valor de £ 192 milhões (R$ 550 milhões), de 19 lojas de departamento Littlewoods, que foram reformadas a um custo de £ 100 milhões (R$ 286 milhões), enquanto as lojas M&S estavam sendo reformadas no mesmo período. Essa interrupção teve um efeito muito pior sobre os clientes do que a empresa previra, levando Greenbury a descrever a seção de roupas como uma "carnificina". Em janeiro de 1999, a M&S anunciou sua segunda perda de lucros. O período ruim de vendas natalinas piorou por conta da previsão de vendas superestimada e a compra de produtos no valor de £ 250 milhões (R$ 715 milhões), que precisaram ser vendidos com grandes descontos.

Novas táticas... e mais problemas

Em uma tentativa de reconquistar a confiança, Salsbury implementou uma estratégia de reestruturação, dividindo a empresa em três: os negócios de varejo no Reino Unido, os negócios no exterior e os serviços financeiros. Ele também estabeleceu um departamento de *marketing* para toda a empresa para destruir o poder dos tradicionais feudos de compras, que se estabeleciam em torno das linhas de produtos. O departamento de *marketing* deveria adotar um método focado no cliente, em vez de permitir que os compradores ditassem o que as lojas deveriam ter em estoque. Houve uma nova linha de roupas e de alimentos, reforçada por uma campanha promocional em larga escala, para estabelecer sua imagem de varejista inovador que oferecia produtos únicos e de qualidade. Explicando que queria afastar a M&S de sua cultura burocrática e criar um ambiente de tomada de decisão que não fosse atrapalhado pela hierarquia, Salsbury eliminou camadas hierárquicas e estabeleceu uma divisão de propriedades para permitir a cobrança de aluguel das lojas, com o objetivo de tornar os gerentes de loja mais responsáveis pelas ações de suas unidades.

Em junho, Greenbury aposentou-se com um ano de antecedência, uma decisão tomada pouco antes de a diretoria reunir-se por três dias para discutir "algumas centenas de páginas de sua nova estratégia". Segundo o comentário de Salsbury:

"O que estamos fazendo agora é diferente de sua (de Greensbury) metodologia e chegamos a processos... e decisões ponderadas sem que ele tivesse qualquer participação."

Em setembro de 1999, a M&S declarou que estava em processo de passar a comprar no exterior e cortar vínculos com fornecedores do Reino Unido, dinamizando as operações internacionais, diversificando em compras domésticas e via Internet, e criando um departamento dedicado à identificação de novas oportunidades de negócios. Entretanto, os clientes continuavam expressando suas preocupações em relação à linha de roupas:

"Há muitos itens aqui para procurar e eles não estão separados – então há algo que pode me agradar ao lado de algo que pode agrada minha avó (*Financial Times*, 28 de setembro de 1999)."

Em novembro, a M&S apresentou mais más notícias para seus acionistas quando revelou que suas ações tinham caído para o preço mais baixo desde 1991. Seguiram-se notícias de que a Tesco, fundos de pensão norte-americanos e a empreendedora de varejo Philip Green tinham interesse em adquirir a M&S. Para neutralizar esses rumores, a empresa implantou outra reestruturação gerencial para se tornar mais focada no cliente, dividindo-se em sete unidades de negócios: lingerie, roupa feminina, roupa masculina, roupa infantil, alimentos, casa e beleza. Foram indicados executivos logo abaixo do nível de diretoria para comandar as unidades, que se reportavam diretamente a Salsbury, que acreditava que a estrutura mais achatada permitiria que a M&S fosse mais receptiva às mudanças de mercado e às necessidades do cliente.

Um novo horizonte

Em janeiro de 2000, Luc Vandevelde foi nomeado presidente. O belga Vandevelde havia deixado seu cargo de diretor administrativo da Promodés, varejista francês de alimentos, onde tinha conseguido um aumento de seis vezes no valor das ações. Essa foi a primeira vez que alguém de fora da M&S era nomeado presidente.

Nos dois anos seguintes aconteceram mais mudanças. Vandevelde inaugurou uma coleção de roupas exclusiva de estilistas de alta costura. A compra da linha de roupas foi de quase 100% de fornecedores da Ásia. A M&S parou de usar suas famosas sacolas verdes e a marca St. Michael foi relegada às etiquetas internas das peças. As lojas foram agrupadas com base em características demográficas e padrões de estilo de vida, ao invés de operar com o velho sistema, que alocava mercadorias de acordo com o espaço de estoque. Ainda assim, o valor da empresa diminuiu. Em maio de 2000, a M&S anunciou uma queda nos lucros de £ 71,2 milhões (R$ 203 milhões).

Houve uma reestruturação adicional em cinco divisões operacionais: varejo no Reino Unido, varejo internacional, serviços financeiros, propriedade e empreendimentos. Dentro da divisão de varejo do Reino Unido foram estabelecidas sete unidades de negócios com os clientes e, para assegurar o foco no cliente, cada unidade teria equipes de compra e venda dedicadas. Houve modernização adicional das lojas, mais vendedores para auxiliar os clientes e a abertura de três lojas protótipos, onde todas as novas iniciativas e conceitos seriam testados. A M&S revelou seus planos de oferecer roupas a preços mais baixos em pontas de estoque. No início de 2001, a empresa anunciou planos de fechar suas lojas na Europa e as lojas Brooks Brothers nos Estados Unidos, além de vender as lojas de Hong Kong para franquias. Em meio a tudo isso, Salsbury se aposentou, em setembro de 2000.

Analisando os resultados de fim de ano ainda desanimadores, Vandevelde diminuiu a promessa feita em sua chegada sobre a recuperação da empresa em dois anos. Mesmo assim, estava confiante de que tinha a receita certa para a recuperação – era apenas uma questão de tempo.

Seguiu-se a decisão de mudar o escritório central na Baker Street, em Londres, para um novo prédio em Paddington. Para aqueles que haviam trabalho no escritório central da M&S, o prédio cinzento e imponente simbolizava muito do que havia dado errado com a empresa. Seus corredores sem fim eram descritos como os do Kremlin, e os pequenos escritórios individuais refletiam o *status* do ocupante pela espessura do carpete. Ex-gerentes descreviam o prédio como "opressivo", com instalações que não condiziam com as modernas práticas de trabalho, poucas salas de reuniões informais e uma hierarquia altamente estruturada para os 4.000 empregados que lá trabalhavam. Analistas ficaram encantados, pois isso mostrava que a empresa estava interessada em fazer mudanças significativas e atacar os problemas de frente, e não apenas fazendo mudanças em mercadorias e no *layout* de lojas.

Antes do final de novembro de 2001, surgiram sinais de uma mudança positiva no desempenho comercial. Isso aconteceu depois da chegada de Yasmin Yousef, uma nova e criativa *designer*, e a colaboração bastante anunciada de George Davies, fundador da Next e criador da linha de roupas "George", da Asda. Davies apresentou a linha feminina Per Uno, para clientes preocupadas com moda na faixa dos 25 a 35 anos, para competir com marcas como Mango e Kookai. Davies tinha um acordo pelo qual mantinha a propriedade de sua linha e ficava com os lucros obtidos pela venda na M&S. Para operar de modo tão autônomo ele investiu £ 21 milhões (R$ 60 milhões) de seu próprio dinheiro. Assim, estava desenhando, fabricando e distribuindo as roupas independentemente da M&S.

Em 2001, Vandervelde também contratou Roger Holmes para chefe de varejo do Reino Unido. Holmes começou sua carreira como consultor da McKinsey, tornando-se depois diretor financeiro da cadeia DIY da B&Q, diretor administrativos das redes de varejo Woolworths e finalmente chefe de setor eletrônico da Kingfisher. Seria o começo de uma nova era para a M&S?

Fontes:

BBC2, 'Sparks at Marks', The Money Programme, 1 November (2000).

BBC2, 'Marks and Spencer', Trouble at the Top, 6 December (2001).

G. Beaver, 'Competitive advantage and corporate governance: shop soiled and needing attention, the case of Marks and Spencer plc', *Strategic Change*, vol. 8 (1999), pp. 325-334.

J. Bevan, *The rise and fall of Marks and Spencer*, Profile Books, (2001).

Channel 4, 'Inside Marks and Spencer', 25 February (2001).

Radio 4, Interview with Sir Richard Greenbury, 22 August (2000).

G. Rees, St Michael: *A history of Marks and Spencer*, Weidenfeld and Nicolson, (1969).

K. Tse, Marks and Spencer: *Anatomy of Britain's most efficiently managed company*, Pergamon, (1985).

Questões

1. Analise a cultura organizacional da M&S nos anos 1990.
2. Por que a M&S foi tão bem-sucedida por tanto tempo?
3. Por que a empresa sofreu um declínio nos anos 1990?
4. Por que as mudanças feitas entre 1998 e 2001 não conseguiram acabar com os problemas?

6

Estratégia em Nível de Negócios

RESULTADO DE APRENDIZAGEM

Após a leitura deste capítulo, você será capaz de:

→ Explicar as bases para alcançar a vantagem competitiva em termos de "rotas" do relógio estratégico.

→ Avaliar o quanto essas "rotas" podem fornecer uma vantagem competitiva sustentável.

→ Explicar a relação entre competição e colaboração.

Photo: © BAA Ltd. www.baa.com/photolibrary

6.1 INTRODUÇÃO

Este capítulo trata de uma escolha estratégica fundamental: qual a estratégia competitiva adotar para conseguir vantagem competitiva num mercado em nível de unidade de negócios. Por exemplo, em face da competitividade crescente das empresas aéreas de preço baixo, a British Airways deve tentar competir em preços ou manter e melhorar sua estratégia de diferenciação? A Figura 6.1 mostra os temas principais que fornecem a estrutura para o restante do capítulo:

- Primeiramente, são consideradas as *bases da estratégia competitiva*, que incluem as estratégias baseadas em preço, estratégias de diferenciação, estratégias híbridas e de foco.
- A Seção 6.3 considera os *modos de sustentar a vantagem competitiva* ao longo do tempo.
- A seção final (6.4) examina a questão de quando as *estratégias colaborativas* podem ser mais vantajosas do que a competição direta.

FIGURA 6.1 Estratégias em nível de negócios.

6.2 AS BASES DA VANTAGEM COMPETITIVA: O "RELÓGIO ESTRATÉGICO"

Esta seção examina as diferentes maneiras de pensar sobre a **estratégia competitiva**, as bases nas quais uma unidade de negócios pode alcançar vantagem competitiva em seu mercado. Para as organizações de serviços públicos, o equivalente são as bases nas quais a organização decide alcançar uma qualidade de serviços superior competindo com outras por financiamento, ou seja, como fornecer a "melhor relação qualidade/preço".

A **estratégia competitiva** diz respeito às bases nas quais uma unidade de negócios pode alcançar vantagem competitiva em seu mercado

Este livro aproveita as estratégicas genéricas "em relação ao mercado" similares àquelas usadas por Bowman e D'Aveni,[1] as quais se baseiam no princípio de que a vantagem competitiva é obtida ao se fornecer aos clientes tudo o que quiserem, ou precisarem, de uma maneira melhor ou mais efetiva do que a concorrência. De acordo com essa proposição, as categorias de Porter[2] de diferenciação e foco junto a preços podem ser representadas pelo relógio estratégico (veja Figura 6.2), como discutido nas próximas seções.

Em uma situação de competição, os clientes fazem escolhas com base em suas percepções *value-for-money*, a combinação de preços e benefícios de produtos/serviços percebidos. O "relógio estratégico" representa as diferentes posições num mercado em que os consumidores (ou os consumidores em potencial) possuem diferentes "exigências" em termos de *value-for-money*. Essas posições também representam um conjunto de exemplos das diversas estratégias competitivas seguidas por empresas em termos dessas diferentes posições no relógio estratégico. A análise a seguir de cada uma dessas estratégias também reconhece a importância dos custos de uma organização – especialmente os relativos aos concorrentes. Entretanto, como será mostrado a seguir, o custo é um fato estratégico para todas as estratégias no relógio – não apenas para aquelas em que o principal é o preço baixo.

Uma vez que essas estratégias são "em relação ao mercado", é importante compreender os fatores decisivos de sucesso para cada posição no relógio. Os clientes na posição 1 e 2 estão primordialmente preocupados com preços, mas apenas se os benefícios do produto/serviço atenderem suas exigências iniciais. Isso geralmente significa que os clientes enfatizam mais a funcionalidade sobre o serviço ou aspectos como *design* ou embalagem. Os clientes na posição 5, ao contrário, exigem um produto ou serviço personalizado pelo qual estão preparados a pagar um preço diferenciado. O volume da demanda num mercado provavelmente não se espalha uniformemente pelas posições no relógio. Em mercados de produtos, a demanda é substancialmente direcionada para as posições 1 e 2. Muitos serviços públicos também são desse tipo. Outros mercados possuem demandas significativas nas posições 4 e 5. Historicamente, os serviços profissionais eram desse tipo. Entretanto, os mercados mudam com o tempo. Mercados de produtos desenvolvem nichos de valor agregado que crescem enquanto as rendas disponíveis aumentam. Isso ocorreu, por exemplo, no mercado de bebidas, com as cervejas diferenciadas e as especiais. Os mercados personalizados podem se tornar mais do tipo de produtos, particularmente onde a TI é capaz de desmistificar e tornar rotineiro o conteúdo profissional do produto – como nos serviços financeiros.

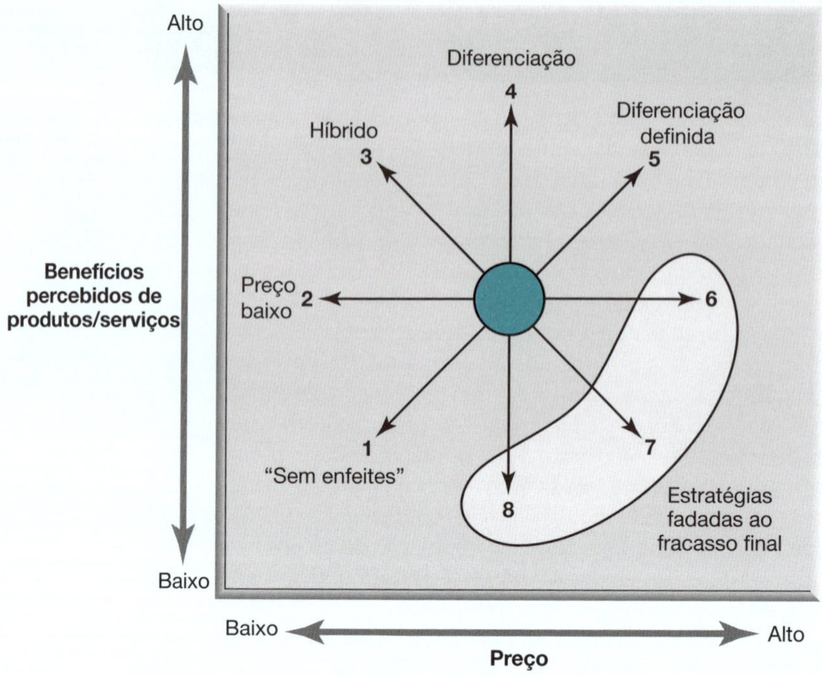

	Necessidades/riscos	
1 "Sem enfeites"	Provavelmente é específico por segmento	
2 Preço baixo	Risco de guerra de preços e rendimentos baixos; necessidade de ser líder em custos	
3 Híbrido	Base de baixo custo e reinvestimento em preço baixo e diferenciação	**Diferenciação**
4 Diferenciação		
(a) Sem preço diferenciado	Valor agregado percebido pelo usuário, produzindo benefícios de participação no mercado	
(b) Com preço diferenciado	Suficiente percepção do valor agregado para manter o preço diferenciado	
5 Diferenciação definida	Valor agregado percebido para um segmento específico, garantindo o preço diferenciado	
6 Preço maior/valor padrão	Rendimentos mais altos se não houver concorrência; risco de perder participação no mercado	**Fracasso provável**
7 Preço maior/valor baixo	Possível apenas em situação de monopólio	
8 Valor baixo/preço padrão	Perda de participação no mercado	

Nota: o relógio estratégico é uma adaptação do trabalho de Cliff Bowman (veja D. Faulkner e C. Bowman, *The Essence of Competitive Strategy*, Prentice Hall, 1995); Bowman, entretanto, usa a medida "Valor de Uso Percebido".

FIGURA 6.2 O relógio estratégico: opções de estratégia competitiva.

Exemplo 6.1

Estratégias competitivas no relógio estratégico

As estratégias competitivas nas redes de alimentos do Reino Unido mudaram nas três últimas décadas.

A revolução dos supermercados no Reino Unido começou no final dos anos 1960 e nos anos 1970, quando, inicialmente, a Sainsbury's começou a inaugurar seus supermercados. Uma vez que a principal forma de comércio naquela época era a mercearia de esquina, os supermercados da Sainsbury's eram, de fato, uma estratégia híbrida: muito claramente diferenciados em termos de *layout* físico e tamanho das lojas e também na qualidade das mercadorias, embora também com preços mais baixos que muitos dos concorrentes tradicionais.

Quanto mais e mais varejistas abriam supermercados, mais surgia um padrão. A Sainsbury's era a principal rede de supermercados diferenciados. A Tesco cresceu como um operador sem enfeites do tipo "compre muito, venda barato". Competindo com preços mais baixos, mas também com menor qualidade do que a Sainsbury's, havia uma quantidade de outros supermercados.

Em meados dos anos 1990, aconteceu uma grande mudança. Sob a liderança de Ian Maclaurin, a Tesco mudou drasticamente sua estratégia. Aumentou significativamente o tamanho e o número de suas lojas, abandonou a postura "compre muito, venda barato" e começou a oferecer uma linha de mercadorias muito mais ampla. Ainda não se igualava à Sainsbury's em termos de qualidade, mas aumentou sua participação no mercado à custa de outros varejistas e começou a desafiar o domínio da Sainsbury's. Entretanto, a grande novidade aconteceu quando a Tesco começou a oferecer mercadorias de qualidade mais alta, mas ainda com preços mais baixos do que da Sainsbury's. Na verdade, a empresa estava então adotando uma estratégia híbrida, e ao fazer isso, conquistou uma grande participação no mercado. No início de 2007, dominava mais de 30% do mercado de redes de alimento no Reino Unido. A Sainsbury's, ao contrário, havia visto sua participação cair para apenas 16%, enquanto buscava um modo de refazer sua imagem de qualidade diferenciada em face à tal competição.

Enquanto isso, outras posições de estratégia competitiva haviam se consolidado. A estratégia de preços baixos estava sendo seguida pela Asda (Wal-Mart), que também possuía 16% de participação no mercado, e pela Morrisons (com 11%). No segmento "sem enfeites" estava Netto, Lidl e Aldi, todos varejistas que chegaram nos anos 90 vindos dos vizinhos europeus e com uma participação combinada de 6%.

A estratégia de diferenciação já não existe em sua forma pura. O mais perto disso foi feito pela Waitrose (perto de 4%), enfatizando uma imagem de qualidade superior, mas visando a um mercado mais seleto, de classe média-alta, em locais selecionados. A postura diferenciada definida permaneceu sob domínio dos especialistas: *delicatessens* e, óbvio, num contexto londrino, a Harrods Food Hall.

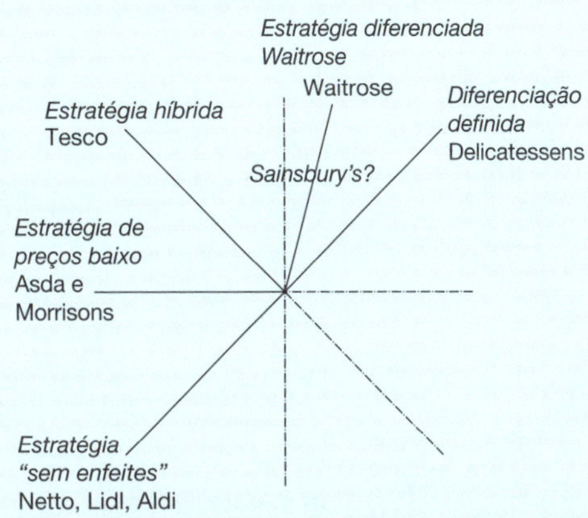

Questões

1. Quem está "preso no meio do caminho" aqui? Por quê?
2. O que é justificável, uma estratégia diferenciada ou uma estratégia de preços baixos, no caso de uma estratégia híbrida bem-sucedida, similar àquela sendo seguida pela Tesco?
3. O que impede outros concorrentes de seguir a estratégia da Tesco e competir com eles de modo exitoso? (Isto é, a Tesco possui capacidades estratégicas que dão vantagem competitiva sustentável?)
4. Com outro mercado a sua escolha, mapeie as posições estratégicas dos competidores em termos de relógio estratégico.

(A Tesco é o estudo de caso do Capítulo 9.)

Assim, o relógio estratégico pode auxiliar os gerentes a compreender a mudança de exigências de seus mercados e as escolhas que podem ser feitas sobre posicionamento e vantagem competitiva. Cada posição no relógio será agora discutida.

6.2.1 Estratégias baseadas em preço (rotas 1 e 2)

Uma **estratégia "sem enfeites"** é aquela que combina preço baixo com benefícios de produto/serviço pouco percebidos e foco num segmento de mercado sensível a preços

A rota 1 é a **estratégia "sem enfeites"**, que combina preço baixo com benefícios de produto/serviço pouco percebidos e foco num segmento de mercado sensível a preços. Esses segmentos devem existir por causa dos seguintes motivos:

- A existência dos *mercados de produtos*. Há mercados em que os consumidores não valorizam ou percebem diferenças na oferta de fornecedores distintos, de forma que o preço se torna a principal questão competitiva. Os gêneros alimentícios básicos – principalmente em economias em desenvolvimento – são um exemplo.
- Pode haver *consumidores sensíveis a preços*, que não podem, ou não querem, pagar por produtos de qualidade superior. Esse segmento de mercado pode ser pouco atraente para a maior parte dos fornecedores, mas oferece uma oportunidade para outros (Aldi, Lidl e Netto, no Exemplo 6.1, por exemplo). Nos serviços públicos, financiadores com orçamentos apertados podem decidir apoiar apenas fornecimentos de nível básico (por exemplo, óculos ou serviço odontológicos subsidiados).
- Compradores têm *muito poder e/ou baixos custos de mudança*, e assim há pouca escolha – por exemplo, em situações de concorrência por contratos com o governo.
- Oportunidades de *evitar os maiores concorrentes*. Onde quer que os maiores fornecedores concorram em outras bases, um segmento de preço baixo pode ser uma oportunidade para pequenos atores ou novas empresas formarem um nicho ou usar a rota 1 como ponte para estabelecer volume antes de tentar outras estratégias.

A **estratégia de preço baixo** busca obter um preço mais baixo do que os concorrentes e, ainda assim, manter benefícios de produtos ou serviços percebidos de maneira similar em relação aos outros competidores

A rota 2, a **estratégia de preço baixo**, busca obter um preço mais baixo do que os concorrentes e, ainda assim, manter benefícios de produtos ou serviços percebidos de maneira similar em relação aos outros competidores. Cada vez mais essa tem sido a estratégia competitiva escolhida por Asda (de propriedade da Wal-Mart) e Morrisons no setor de supermercados do Reino Unido (veja o Exemplo 6.1). No setor público, uma vez que o "preço" do serviço para o provedor de fundos (geralmente o governo) são os custos de unidade da organização que recebe a receita, o equivalente são os ganhos anuais de eficiência atingidos sem perda dos benefícios percebidos.

A vantagem competitiva através da estratégia de preço baixo pode ser alcançada com o foco num segmento de mercado pouco atraente para concorrentes, desse modo eliminando-se as pressões de competição que baixam os preços. Entretanto, uma situação mais comum e mais desafiadora acontece quando há competição baseada em preços – por exemplo, no setor público e em mercados de produtos. Há duas armadilhas quando a competição se dá a partir do preço:

- *Reduções das margens de lucro para todos.* Embora possam-se obter vantagens táticas pela redução de preço, é provável que isso seja seguido pelos concorrentes, diminuindo as margens de lucros para todos.
- *Falta de habilidade para reinvestir.* Baixas margens de lucro reduzem os recursos disponíveis para o desenvolvimento de produtos ou serviços e resultam em perda de benefícios percebidos do produto.

Assim, a longo prazo, uma estratégia "sem enfeites" e uma estratégia de preço baixo não podem ser perseguidas sem uma *base de baixo custo.* Entretanto, o baixo custo não é por si uma base para a vantagem. Os gerentes costumam buscar baixo custo que não proporciona vantagem competitiva. O desafio é descobrir de que maneira os custos podem ser reduzidos de modo que outros não possam fazer o mesmo e que uma estratégia de preço baixo possa resultar em vantagem sustentável. Isso é difícil, mas as maneiras possíveis são debatidas na Seção 6.3.1, a seguir. O Exemplo 6.2 também mostra como a easyJet tem procurado diminuir custos para alcançar sua estratégia "sem enfeites".

6.2.2 Estratégias de (ampla) diferenciação (rota 4)

A próxima opção é uma **estratégia de** (ampla) **diferenciação**, que forneça produtos ou serviços que ofereçam benefícios diferentes daqueles dos concorrentes e que sejam bastante valorizados pelos clientes.[3] A meta é obter vantagem competitiva pela oferta de melhores produtos ou serviços pelo mesmo preço ou o aumento dos rendimentos por meio de preços levemente maiores. Nos serviços públicos, o equivalente é o recebimento do *status* de "centro de excelência", atraindo maiores financiamentos do governo (por exemplo, universidades que tentam mostrar que são as melhores em pesquisa ou ensino do que outras).

Uma **estratégia de diferenciação** procura fornecer produtos ou serviços que ofereçam benefícios diferentes daqueles dos concorrentes e que sejam bastante valorizados pelos clientes

O sucesso de uma abordagem de diferenciação provavelmente dependerá de dois fatores principais:

- *Identificar e compreender o consumidor estratégico.* O conceito de consumidor estratégico é útil, uma vez que se concentra em quem é o alvo da estratégia. Entretanto, nem sempre acontece de maneira direta, como discutido na Seção 2.4.3. Para um negócio jornalístico, por exemplo, o consumidor é o leitor do jornal, o anunciante ou ambos? Eles provavelmente têm necessidades diferentes e querem benefícios diferentes. Para um fabricante de alimentos reconhecido, trata-se do consumidor final ou do varejista? Pode ser importante que as organizações do setor público ofereçam benefícios percebidos, mas para quem? Para o usuário do serviço ou para o provedor de fundos? Entretanto, *o que é valorizado* pelo consumidor estratégico também pode ser perigosamente tomado como óbvio pelos gerentes, um lembrete da importância da identificação dos principais fatores de sucesso (Seção 2.4.4).
- *Identificar os principais concorrentes.* Contra quem a organização está competindo? Na indústria da cerveja, por exemplo, atualmente há apenas alguns grandes competidores globais, mas há também várias cervejarias locais ou regionais. Os atores em cada grupo estratégico (veja Seção 2.4.1) precisam decidir quem consideram como concorrentes e, depois disso, quais as bases de diferenciação que podem ser pensadas.

Exemplo 6.2

A estratégia "sem enfeites" da easyJet

Bases múltiplas para manter os custos reduzidos podem fornecer uma base para uma bem-sucedida estratégia "sem enfeites".

Inaugurada em 1995, a easyJet foi considerada como a frágil recém-chegada da indústria europeia de aviação e amplamente apontada como futuro fracasso. Mas até meados do ano 2000, essa empresa aérea sediada em Luton havia feito mais do que apenas sobreviver. Iniciando com seis aviões alugados operando numa única rota, chegou a 2006 com 122 aeronaves voando por 262 rotas para 74 aeroportos e transportando mais de 33 milhões de passageiros anualmente, com incríveis resultados financeiros: rendimentos de £ 129 milhões (R$ 368 milhões) e lucro de £ 1,619 milhão (R$ 4,6 milhões).

Os princípios de sua estratégia e seu modelo de negócios foram transcritos em relatórios anuais, ano após ano. Em 2006, por exemplo:

- A Internet é utilizada para reduzir custos de distribuição... atualmente, mais de 95% de todos os assentos são vendidos *on-line*, fazendo da easyJet uma das maiores varejistas na Internet da Europa.
- Maximizar a utilização dos ativos substanciais. Voamos com nossas aeronaves de forma intensiva, com tempos de resposta rápidos a cada vez que aterrissamos. Isso nos dá um custo de unidade muito baixo.
- Viagens sem bilhete. Passageiros recebem detalhes de reserva através de uma mensagem de *e-mail* em vez de papel. Isso ajuda a reduzir significativamente o custo de emissão, distribuição, processamento e a conciliar milhões de transações a cada ano.
- Sem "almoço grátis". Eliminamos os serviços desnecessários que são difíceis de administrar como comida grátis, lugares marcados, conexões de Internet e serviços de carga. Isso nos permite manter baixo nosso custo total de produção.
- Utilização eficiente dos aeroportos. A easyJet voa para os principais aeroportos de toda a Europa; porém com tempos de resposta rápidos e acordos de cobrança de pouso progressivos com aeroportos, é mais eficiente na comparação com as empresas de transporte tradicionais. (Deve-se acrescentar que, uma vez que a empresa não opera com sistema de distribuição, os passageiros têm de fazer *check-in* e recolher a bagagem a cada trecho. Isso significa que os aviões não ficam à disposição enquanto a bagagem é transferida entre os voos).

Pode-se acrescentar outros fatores que contribuíram para os custos reduzidos:

- O foco na aeronave Airbus 319 e a retirada da "velha geração" de aviões Boeing 737 indicou "uma nova frota de modernas aeronaves, seguradas por taxas bastante competitivas", beneficiando os custos de manutenção. E, uma vez que uma quantidade crescente desses aviões eram de propriedade da easyJet, os custos de financiamento foram reduzidos.
- Um foco persistente na diminuição dos custos de permanência no solo.
- Em face dos custos crescentes de combustível, salvaguardas em futuras compras de combustível.

Além de todos esses fatores acima, o relatório de 2006 dizia que a proposta da easyJet para o consumidor era definida por

"baixo custo com cuidado e conveniência... Voamos para os principais destinos da Europa a partir de aeroportos locais convenientes e fornecemos um serviço de bordo amigável. As pessoas são um diferencial-chave na easyJet e são parte integrante do nosso sucesso. Isso nos permite atrair a mais ampla gama de clientes para utilizar os nossos serviços – tanto para negócios quanto para lazer."

Fonte: relatório anual de 2006 da easyJet.

Questões

1. Leia as seções 6.2.1 e 6.3.1 e identifique as bases da estratégia "sem enfeites" da easyJet.
2. Seria fácil para uma empresa aerea maior, como a British Airways, imitar essa estratégia? Como?
3. Em que bases outras empresas aéreas de preço baixo poderiam competir com a easyJet?

A Heineken parece ter decidido quem são os outros concorrentes globais – Carlsberg e Anheuser Busch, por exemplo. A SABMiller fez sua busca global na base da aquisição e do desenvolvimento de marcas nacionais, competindo com base no gosto e nas tradições locais; porém, mais recentemente, adquiriu a Miller para competir globalmente.

A análise do concorrente explicada na Seção 2.4.4 (e na Figura 2.7) pode ajudar nesses dois casos:

- A *dificuldade de imitação*. O sucesso de uma estratégia de diferenciação deve depender do quão facilmente ela pode ser imitada pelos concorrentes. Isso ressalta a importância das capacidades estratégicas que não podem ser copiadas, discutida na Seção 3.4.3.
- O alcance da *vulnerabilidade da competição baseada em preços*. Em alguns mercados, os consumidores são mais sensíveis aos preços do que em outros. Assim, pode acontecer que as bases de diferenciação não sejam suficientes em face de preços mais baixos. Os gerentes costumam reclamar, por exemplo, que os clientes não parecem valorizar os níveis superiores de serviço oferecidos – ou, para pegar o exemplo do varejo de alimentos do Reino Unido (veja Exemplo 6.1), a Sainsbury's podia reivindicar o primeiro lugar em diferenciação, com base na qualidade, mas os consumidores agora percebem que a Tesco é comparável e parece oferecer preços mais baixos.

6.2.3 A estratégia híbrida (rota 3)

Uma **estratégia híbrida** procura simultaneamente obter diferenciação e preço baixo em relação aos concorrentes. O sucesso dessa estratégia depende da capacidade de proporcionar benefícios otimizados aos consumidores junto com preços baixos e, ao mesmo tempo, conseguir rendimentos suficientes para reinvestimento, a fim de manter e desenvolver bases de diferenciação. Essa é, na verdade, a estratégia que a Tesco está procurando seguir. Pode-se argumentar que, se a diferenciação pode ser alcançada, não haveria necessidade de ter preços mais baixos, uma vez que seria possível obter preços ao menos iguais aos dos concorrentes, ou mesmo mais altos. De fato, é um bom assunto para se debater: uma estratégia híbrida pode ser uma estratégia competitiva bem-sucedida, em vez de um compromisso menos eficiente entre preço baixo e diferenciação? Se for este último, muito provavelmente não será efetivo. Entretanto, a estratégia híbrida pode ser vantajosa quando:

Uma **estratégia híbrida** procura simultaneamente obter diferenciação e preço baixo em relação aos concorrentes

- *Volumes muito maiores* podem ser obtidos em relação aos competidores, de modo que as margens de lucro ainda podem melhorar por causa da base de custo reduzido, parecido com o que a Tesco está conseguindo, dada a sua participação no mercado no Reino Unido.
- *As reduções de custos estão disponíveis fora das atividades diferenciadas.* A IKEA, por exemplo, concentrou-se em estabelecer a diferenciação com base em *marketing*, linha de produtos, logística e operações de lojas, mas as baixas expectativas dos consumidores quanto aos níveis de serviço permitem a redução de custos, uma vez que os consumidores estão preparados para transportar e montar seus próprios produtos.

- *É usada como estratégia de entrada num mercado com competidores estabelecidos.* Por exemplo, ao desenvolver uma estratégia global, um negócio pode visar a uma operação mal conduzida do *portfolio* de negócios de um concorrente numa área geográfica do mundo e entrar naquele mercado com um produto superior a um preço mais baixo para estabelecer um ponto de apoio a partir do qual pode avançar ainda mais.

6.2.4 Diferenciação definida (rota 5)

Uma **diferenciação definida** busca fornecer benefícios altamente percebidos de produtos/serviços, justificando um preço substancialmente diferente, quase sempre para um segmento seleto de mercado (ou nicho)

Uma estratégia de **diferenciação definida** busca fornecer benefícios altamente percebidos de produtos/serviços, justificando um preço substancialmente diferente, quase sempre para um segmento seleto de mercado (ou nicho). Podem ser produtos diferenciados e com marca muito valorizada, por exemplo. Os fabricantes de cervejas diferenciadas, uísques de puro malte e vinhos de um *chateaux* específico procuram convencer aqueles consumidores que valorizam ou se consideram capazes de perceber a qualidade de que seus produtos são suficientemente diferenciados dos de seus concorrentes para justificar os preços significativamente mais altos. Nos serviços públicos, os centros de excelência (como um museu especializado) recebem financiamento significativamente mais alto do que a maior parte dos provedores comuns. Entretanto, a diferenciação definida levanta algumas questões importantes:

- Uma *escolha* deve ser feita entre uma estratégia de foco (posição 5) e uma diferenciação ampla (posição 4). Uma empresa que segue uma estratégia de crescimento internacional pode ter de escolher entre estabelecer vantagem competitiva com base num produto ou marca global comum (rota 4) ou adaptá-los a mercados específicos (rota 5).
- *Tensões entre uma estratégia de foco e outras estratégias.* Por exemplo, fabricantes de carro com sedes espalhadas, como a Ford, adquiriram marcas renomadas, como Jaguar e Aston Martin, mas aprenderam que tentar gerenciá-las do mesmo modo que mercados de carros populares não era possível. Até 2007, a Ford havia vendido a Aston Martin e estava procurando vender as outras marcas. Essas tensões limitam o grau de diversidade do posicionamento estratégico que uma organização pode sustentar, uma questão importante para a estratégia em nível corporativo, discutida no Capítulo 7.
- *Possível conflito com as expectativas dos stakeholders.* Um serviço de biblioteca pública, por exemplo, pode ser mais eficiente em termos de custos se concentrar seus esforços de desenvolvimento em serviços de informações *on-line* baseadas em TI. Entretanto, isso muito possivelmente entrará em conflito com seu propósito de inclusão social, uma vez que irá excluir as pessoas que não versadas em TI.
- *Dinâmicas de crescimento para novos empreendimentos.* Novos empreendimentos geralmente começam de modo bastante definido – oferecendo produtos ou serviços inovadores para atender necessidades específicas. Há a possibilidade, no entanto, de ser difícil encontrar modos de crescer. Ir da rota 5 para a rota 4 significa baixar os preços e consequentemente os custos, ao mesmo tempo mantendo os recursos de diferenciação.

- *As mudanças do mercado podem acabar com as diferenças entre os segmentos*, deixando a organização aberta demais para uma competição muito mais ampla. Os clientes podem não querer pagar preços diferenciados enquanto os recursos das ofertas "normais" estão melhorando. Ou o mercado pode ser mais segmentado por ofertas ainda mais diferenciadas dos concorrentes. Os restaurantes sofisticados, por exemplo, têm sido alvo da elevação de padrões em toda a parte e pelo advento dos restaurantes de "nicho" que se especializam em determinados tipos de comida.

6.3 SUSTENTANDO A VANTAGEM COMPETITIVA

As organizações que tentam alcançar a vantagem competitiva esperam preservá-la com o passar do tempo, e muito do que foi escrito sobre estratégia competitiva considera a necessidade da sustentabilidade como uma expectativa central. Esta seção baseia-se explicação da Seção 3.2 sobre capacidade estratégia para avaliar como a sustentabilidade pode ser possível.

6.3.1 Sustentando a vantagem baseada no preço

Uma organização em busca da vantagem competitiva por meio de preços baixos pode conseguir sustentar isso de várias maneiras;

- *Operar com margens de lucro mais baixas* pode ser possível para uma empresa que tiver volumes de vendas bem acima daqueles da concorrência ou que seja capaz de proporcionar subsídios cruzados para uma unidade de negócio de algum lugar de seu *portfolio* (veja a Seção 7.5 para mais exames de estratégias de *portfolio*).
- *Uma estrutura exclusiva de custo.* Algumas empresas podem ter acesso exclusivo a canais de distribuição de baixo custo, serem capazes de obter matéria-prima a preços mais baixos do que os concorrentes ou estarem localizadas numa área onde o custo de mão de obra é baixo.
- *Capacidades organizacionalmente específicas* podem existir para uma empresa que consegue diminuir custos por meio de sua cadeia de valor. De fato, Porter define liderança em custos como "aquele produtor de baixo custo em sua indústria... (que) deve encontrar e explorar todos os recursos de vantagem de custos"[4] (veja a Seção 3.3 e a Figura 3.3).

É claro que se alguma dessas duas últimas abordagens for seguida, significa que as áreas operacionais de custo baixo realmente irão resultar em vantagens de custo que garantem verdadeiras vantagens de preço sobre a concorrência. Também é importante que os concorrentes achem difícil imitar essas vantagens, como visto no Capítulo 3. Isso exige uma mentalidade na qual a inovação em redução de custos é considerada essencial para a sobrevivência. Um exemplo é a RyanAir no setor de aviação de baixo preço "sem enfeites", que, em 2006, declarou ser sua ambição conseguir um dia oferecer voos grátis para seus passageiros.

- *Foco em segmentos de mercado* em que o preço baixo seja particularmente valorizado pelo consumidor, mas que o mesmo não aconteça

Exemplo 6.3

A batalha de estratégias na indústria do vinho: Austrália x França

Pode ser difícil manter os benefícios da diferenciação bem-sucedida.

Por séculos os vinhos franceses foram vistos como superiores. Fundamentada no sistema de *Appellation d'Origine Contrôlée* (AOC), com exigências e controles próprios para os rótulos de cerca de 450 regiões viníferas, a indústria francesa dava ênfase à regionalidade distinta dos vinhos e às marcas com base no *chateau*. No sistema AOC, o viticultor tem sob sua custódia o *terroir* e suas tradições. A qualidade dos vinhos e as diferenças locais se devem a diferenças no solo e no clima e também à habilidade dos viticultores, muitas vezes baseada em décadas de experiência no local.

Em 2001, porém, o domínio tradicional dos vinhos franceses no Reino Unido parecia ter chegado ao fim, com as vendas de vinhos australianos superando as dos franceses pela primeira vez. Isso aconteceu a par e passo com um enorme crescimento no consumo de vinho, pois este se tornava cada vez mais amplamente disponível em supermercados, onde o vinho australiano era especialmente bem-sucedido. O sucesso dos vinhos australianos com os varejistas deveu-se a diversas razões. A qualidade era consistente, quando comparada à de vinhos franceses que podiam variar de acordo com o ano e o local. Enquanto os vinhos franceses sempre ressaltaram a importância da área local de origem do vinho, a Austrália virtualmente usou o país como "marca" de uma região vinífera e depois se concentrou na variedade da uva – um Shiraz ou um Chardonnay, por exemplo. Isso evitava os detalhes confusos dos locais dos vinhedos e dos nomes de *chateaux* que muitos clientes achavam difíceis nos vinhos franceses. A abordagem do Novo Mundo à produção de vinhos em termos de estilo, qualidade e sabor também se baseavam na demanda do consumidor, não nas condições locais de produção. As uvas vinham de qualquer fonte necessária para criar um produto confiável. Os vinhos franceses podiam ser imprevisíveis – atraentes para o especialista, mas exasperantes para o anfitrião de um jantar, que espera receber aquilo por que pagou.

Entre 1994 e 2003, a França perdeu 84.000 viticultores. A preocupação era tanta que em 2001 o governo francês formou um comitê para estudar o problema. As propostas do comitê eram que a França devia aumentar a qualidade de seu vinho de *appellation* e também criar uma categoria de qualidade inteiramente nova, de vinhos genéricos chamados "*vins de cepage*" (vinhos baseados na variedade da uva). Uma empresa chamada OVS planejou comercializar a marca Chamarré – palavra francesa para "explosão de cores", para vender por preços entre £5 e £7 (€7,25 e € 10,15), a faixa de preços em que os vinhos do Novo Mundo tinham melhor inserção. O presidente da OVS, Pascal Rènaudat, que está há 20 anos na indústria do vinho, explicou:

> "Precisemos simplificar nosso produto e rejeitar uma abordagem arrogante que era talvez natural para nós. É importante produzir um vinho que corresponda ao que as pessoas querem beber e por um bom preço... Este não é um vinho para especialistas. É para o prazer.

"Está na hora de acabar com a pretensão pomposa que cerca o vinho francês", disse Renaud Rosari, o enólogo-chefe da Chamarré. "A Chamarré quer trazer os vinhos à vida para os consumidores – a marca é vivaz, simples e acessível e significa vinhos com alta qualidade consistente, com o estilo fresco e fácil de beber que os consumidores estão procurando."

Houve otimismo qualificado: Jamie Goode, do *site* wineanorak.com, viu esta como uma decisão comercial corajosa. Apesar disso: "O problema é que todos estão fazendo isso... O acesso ao mercado é a chave. É preciso ter espaço nos supermercados, mas também é preciso ter uma marca forte para fazer negócios ou vão atacar você no preço".

Fontes: Adaptado de Financial Times, 11 February and 3/4 March (2001); *Independent*, 4 August (2003); *Sunday Times*, 5 February (2006); Guardian Unlimited, 7 February(2006).

Questões

1 Explique a elevada e distinta reputação dos vinhos franceses do passado em termos das bases de diferenciação sustentável explicadas nas Seções 3.4 e 6.3.2.

2 Quais são as razões do sucesso dos vinhos australianos? Elas têm a mesma sustentabilidade?

3 Qual estratégia competitiva a Chamarré está adotando para lidar com o desafio dos vinhos australianos (e outros vinhos do Novo Mundo)?

com outras característica. Um exemplo é o sucesso de produtores dedicados de alimentos com marca própria para supermercados. Eles são capazes de manter preços baixos porque evitam as grandes despesas e os custos de *marketing* dos principais fabricantes com marcas reconhecidas. Entretanto, somente podem fazê-lo ao manterem o foco naquele produto e naquele segmento de mercado.

Contudo, há perigos em tentar alcançar as estratégias de preço baixo:

- *Os concorrentes podem conseguir fazer a mesma coisa.* Não há motivo para tentar obter vantagem por meio do preço baixo com base na redução de custos se os concorrentes também fazer o mesmo.
- Os consumidores começam a *associar o preço baixo com poucos benefícios do produto/serviço* e a estratégia escolhida de seguir a rota 2 acaba indo parar na rota 1 por descuido.
- As reduções de custo podem resultar numa *falta de habilidade para alcançar uma estratégia de diferenciação.* Por exemplo, a terceirização dos sistemas de TI, por conta da eficiência de custos, pode indicar que ninguém adotou uma visão estratégica sobre como a vantagem competitiva poderia ser alcançada por meio de TI.

6.3.2 Sustentando a vantagem baseada na diferenciação

Não há muito porque esforçar-se em ser diferente se os concorrentes podem imitar com facilidade; o que é preciso é a sustentabilidade com base em vantagem. Por exemplo, muitas empresas que tentam obter vantagem por meio do lançamento de novos produtos ou serviços rapidamente os encontram copiados pela concorrência. O Exemplo 6.3 mostra como os produtores de vinho da França e da Austrália estão em busca de bases de diferenciação uns dos outros ao longo dos anos.

Maneiras de tentar sustentar a vantagem pela diferenciação incluem:

- *Criar dificuldades de imitação.* A Seção 3.4.3 examinou os fatores que podem elaborar estratégias difíceis de serem imitadas.
- *Mobilidade imperfeita*, de modo que as capacidades que sustentam a diferenciação não possam ser *negociadas*. Por exemplo, uma empresa farmacêutica pode obter grandes benefícios por ter os melhores pesquisadores científicos, ou um clube de futebol por ter grandes jogadores, mas tanto cientistas quanto jogadores podem ser aliciados pela concorrência - eles são negociáveis. Por outro lado, algumas bases de vantagem vão muito difíceis de negociar. Por exemplo:
  - *Bens intangíveis*, como marca, imagem ou reputação que são intangíveis ou competências encravadas na cultura de uma organização são difíceis de imitar ou de serem obtidas por um concorrente. Na verdade, mesmo se a concorrência adquire a empresa para alcançar esse bens, eles talvez não sejam prontamente transferidos para um novo dono qualquer.
  - Pode haver *custos de mudança.* O custo real ou percebido para um comprador que muda a fonte de fornecimento de um produto ou

serviço pode ser alto. Também é possível que o comprador possa ser dependente do fornecedor em relação a componentes, serviços ou práticas específicas. Além disso, os benefícios da mudança podem simplesmente não valer o custo ou o risco.

– *Coespecialização*, caso os recursos ou competências de uma organização estejam intimamente ligados às operações dos compradores. Por exemplo, um elemento inteiro da cadeia de valor para uma organização - talvez distribuição ou fabricação - pode ser encampado por outra.

- Uma *posição inferior de custo* do que a dos concorrentes podem permitir a uma organização sustentar rendimentos melhores, que podem ser reinvestidos para alcançar e manter a diferenciação. A Kellogg's ou a Mars, por exemplo, podem ter os custos mais baixos em seus mercados, mas ambas reinvestem seus lucros em promoção da marca, produtos e diferenciação do serviço, não em preços baixos.

6.3.3 O *lock-in* estratégico

***Lock-in* estratégico** ocorre quando uma organização atinge uma posição exclusiva em sua indústria e se torna o padrão da indústria

Outra abordagem para sustentabilidade, seja para estratégias baseadas em preço ou em diferenciação, é a criação do ***lock-in* estratégico**.[5] Isso acontece quando uma organização atinge uma posição exclusiva em sua indústria e se torna um padrão da indústria. A Microsoft, por exemplo, se tornou um padrão da indústria. Muitos afirmam que tecnicamente a Apple Macintosh tem um sistema operacional melhor, mas o Microsoft Windows se tornou o padrão da indústria ao esforçar-se para garantir que a "arquitetura" da indústria fosse construída a seu redor. Os outros negócios precisam se conformar ou se relacionar com aquele padrão para conseguir prosperar.

A obtenção do *lock-in* provavelmente depende de alguns fatores:

- *Tamanho ou domínio do mercado*. É improvável que outros competidores se conformem ao padrão a menos que percebam que a organização que o estabelece é dominante em seu mercado.
- *Domínio do primeiro proponente*. Esses padrões devem ser estabelecidos *logo no início dos ciclos de vida do mercado*. Na volatilidade dos mercados em desenvolvimento, é mais provável que a busca decidida pelo *lock-in* dos *primeiros proponentes* seja bem-sucedida, em relação ao período de maturidade desse mercado. A Sky, por exemplo, com o apoio financeiro da News Corporation, conseguiu minar a concorrência e investir pesadamente em tecnologia e em rápido crescimento de participação no mercado, sustentando perdas substanciais ao longo de vários anos a fim de alcançar o domínio.
- *Comprometimento com autorreforço*. Quando uma ou mais empresas sustentam o padrão, as demais que se juntam à indústria são obrigadas a fazer o mesmo - e assim por diante.
- *Insistência na preservação* da posição *lock-in*. A insistência na conformidade ao padrão é absoluta, de modo que os rivais serão ferozmente expulsos. Isso pode, é claro, ocasionar problemas, como os enfrentados pela Microsoft nos tribunais norte-americanos quando a empresa foi condenada por operar contra os interesses do mercado.

6.3.4 Reagindo à ameaça competitiva[6]

A preservação da vantagem competitiva em face de concorrentes cujo ataque se concentra nos consumidores, com base em estratégias competitivas diferentes, pode ser uma séria ameaça. Uma das mais comuns advém de concorrentes de preço baixo que entram em mercados dominados por empresas com sólida posição estabelecida por meio da diferenciação. Por exemplo, as empresas aéreas de preço baixo têm conquistado participações substanciais no mercado das empresas de ponta no mundo inteiro. Uma situação parecida surge no setor público, dada a insistência dos provedores de financiamento em "ganhos de eficiência" ano a ano. É uma oportunidade para novas empresas minar os provedores de serviço existentes, ou na verdade pode ser que esses provedores considerem que estão sendo forçados a destruir a si mesmos.

A Figura 6.3 sugere uma série de questões que podem ser perguntadas e as respostas adequadas, junto com algumas normas gerais. Primeiramente, *se uma estratégia de diferenciação é mantida* como base da retaliação (ou, no setor público, se a decisão é por manter um *status* de "centro de excelência"):

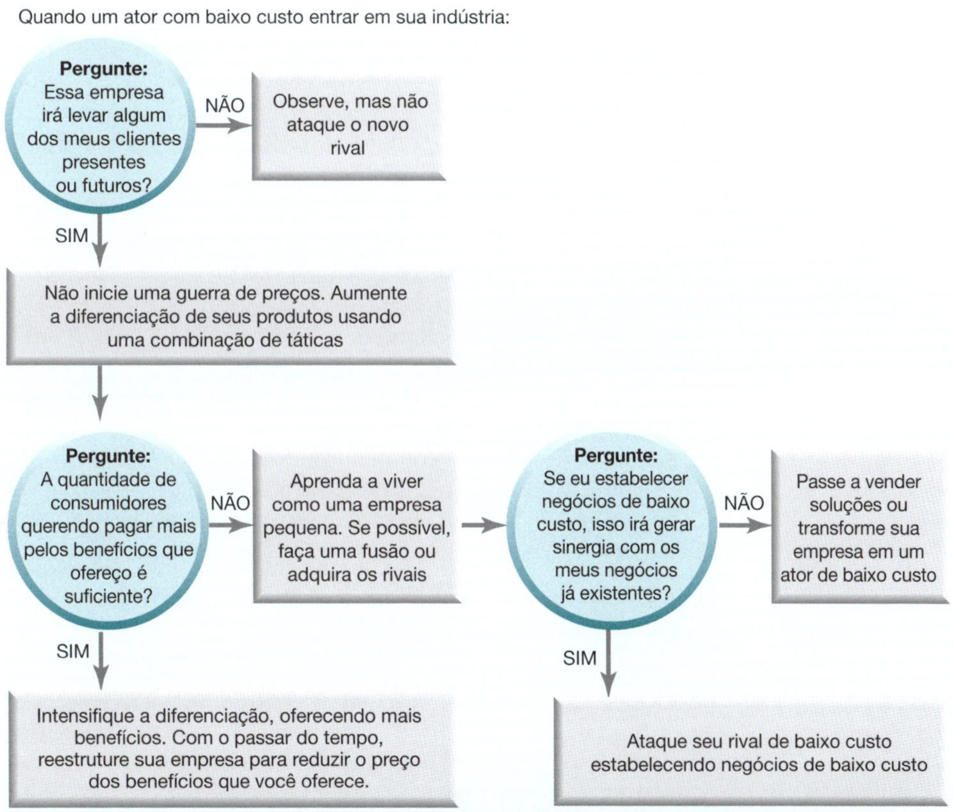

FIGURA 6.3 Uma estrutura de reação contra rivais com baixos custos.

- *Estabeleça múltiplas bases de diferenciação.* Há mais probabilidade de se ressaltar benefícios relativos se estes forem múltiplos. Por exemplo, o *design* de sistemas *hi-fi* da Bang & Olufsen ligado a inovação de produtos e as relações da empresa com varejistas a fim de garantir a presença diferenciada dos seus produtos nas lojas.
- *Assegure uma base expressiva de diferenciação.* Os consumidores devem conseguir perceber um benefício expressivo. Por exemplo, a Gillette achou difícil convencer seus clientes dos benefícios das pilhas Duracell de longa duração não apenas porque os concorrentes ofereciam embalagens múltiplas de pilhas baratas mas também porque a demanda pelo produto diminuiu.
- *Minimize as diferenças de preço* de produtos ou serviços superiores. Esta é uma razão óbvia pela qual a estratégia híbrida pode ser tão efetiva.
- *Concentre-se em segmentos de mercado sensíveis a preços.* A British Airways, por exemplo, tem alterado seu foco estratégico para voos de longa duração com ênfase em passageiros que viajam a negócios.

Em segundo lugar, se as empresas diferenciadoras decidem *estabelecer um negócio de preço baixo*:

- *Estabeleça uma marca separada* para o negócio de preço baixo para evitar confusões por parte do cliente.
- *Administre separadamente o negócio* e *certifique-se de que ele será bem provido de recursos.* O perigo é que a alternativa de preço baixo seja considerada de "segunda classe" ou sofra grandes impedimentos por conta dos procedimentos e da cultura do negócio tradicional.
- *Assegure benefícios para os produtos diferenciados* da alternativa de preço baixo. Alguns bancos, por exemplo, oferecem tarifas mais baixas através de subsidiárias que operam pela Internet. Essas alternativas mais baratas atingem clientes que o banco tradicional não alcança e geram receitas que, de outra forma, o banco não teria.
- *Permita a competição dos negócios.* Lançar negócios de preço baixo de um modo puramente defensivo provavelmente não irá funcionar. Os negócios devem conseguir competir como unidades estratégicas de negócios autônomas; como tais, é bastante provável que aconteça a substituição de um produto por outro. Os gerentes precisam ter isso em seus planos estratégicos e em suas projeções financeiras.

Uma terceira possibilidade é que os negócios diferenciados possam *alterar seu próprio modelo de negócios.* Por exemplo:

- *Passar a ser fornecedor de soluções.* Novas empresas de preços baixos provavelmente se concentração em produtos ou serviços básicos. Assim, pode ser possível reconstruir o modelo de negócios para enfocar serviços de maior valor. Muitas empresas de engenharia, por exemplo, perceberam o potencial de maior valor de serviços de projeto e consultoria em relação às operações de engenharia baseadas em mão de obra, facilmente barateadas.
- *Passar a ser um fornecedor de preços baixos.* A reação mais radical seria abandonar a confiança na diferenciação e aprender a competir direta-

mente com o concorrente de preço baixo.[7] Não deve ser surpresa que não haja muitas evidências de que essa é uma reação bem-sucedida, ao menos porque isso significaria competir com base em competências mais bem compreendidas pelo competidor experimentado.

6.4 COMPETIÇÃO E COLABORAÇÃO[8]

Até agora, a ênfase tem recaído em competição e vantagem competitiva. Contudo, a vantagem nem sempre pode ser obtida pela competição. A colaboração entre organizações pode ser um meio de obter vantagem ou evitar a competição. A colaboração entre concorrentes potenciais ou entre compradores e vendedores provavelmente é vantajosa quando os custos combinados das transações de compras (como negociações e contratações) ficam mais baixos através da colaboração do que pelos custos de operar isoladamente. A colaboração também auxilia no estabelecimento dos custos de mudança. Isso pode ser demonstrado voltando-se para a estrutura das cinco forças da Seção 2.3.1 (veja também a Figura 6.4):

- *Colaboração para aumentar o poder de venda.* Na indústria aeroespacial, os fabricantes podem procurar estabelecer elos estreitos com os clientes. Alcançar o *status* de fornecedor reconhecido pode ser difícil, mas pode significar, uma vez obtido, um aumento significativo de poder do vendedor. Também pode ser útil para atividades de pesquisa e desenvolvimento, para diminuição de estoques e para o planejamento conjunto para novos produtos.
- *Colaboração para aumentar o poder de compra.* Historicamente, o poder e a lucratividade das empresas farmacêuticas foram auxiliadas pela

FIGURA 6.4 Competição e colaboração.

natureza fragmentada de seus compradores – médicos particulares e hospitais. No entanto, muitos governos têm promovido, ou exigido, a colaboração entre compradores de produtos farmacêuticos e as agências de medicamentos governamentais, tendo como resultado um poder de compra mais coordenado.

- *Colaboração para estabelecer barreiras de entrada ou evitar a substituição.* Confrontadas com a ameaça de entrada de novos produtos ou com a substituição, as empresas de uma indústria podem colaborar para investir em pesquisa e desenvolvimento ou em *marketing*. Associações comerciais podem promover os recursos comuns de uma indústria, como padrões de segurança ou especificações técnicas, para acelerar a inovação e impedir a possibilidade de substituição.
- *Colaboração para adquirir poder de entrada e poder competitivo.* Organizações que buscam se desenvolver para além de suas fronteiras tradicionais (expansão geográfica, por exemplo) podem colaborar com outras para conseguir entrar em novas arenas. Adquiri conhecimentos sobre mercados locais pode exigir também a colaboração com operadores locais. Na verdade, em algumas partes do mundo os governos exigem certos tipos de colaboração de novas empresas que entram no mercado. A colaboração também pode auxiliar no desenvolvimento da infraestrutura necessária, como canais de distribuição, sistemas de informação ou atividades de pesquisa e desenvolvimento. Ela também pode ser necessária por conta da preferência dos compradores em fazer negócio com agentes locais em vez de gerentes vindos de outros lugares. Especialmente em situações envolvendo alta tecnologia e hipercompetitividade, há cada vez mais desintegração (ou "fragmentação") das cadeias de valor por causa da competição inovadora em cada estágio de determinada cadeia. Em tais circunstâncias, também há a possibilidade de aumento da necessidade de estratégias cooperativas entre tais concorrentes para oferecer soluções coerente aos consumidores.[9]
- *Colaboração para partilhar o trabalho com os consumidores.* Uma tendência importante no setor público é a *coprodução* com clientes – por exemplo, a autoavaliação do imposto de renda. Os motivos incluem eficiência de custos, melhoria da qualidade/confiabilidade ou aumento da "responsabilidade/direito à propriedade" do cliente. Os *sites* também facilitam o "autosserviço" dos consumidores (a cesta de produtos virtual é um exemplo) ou permitem o planejamento ou adaptação de um produto ou serviço de acordo com as especificações do cliente (quando se compra um novo computador, por exemplo).
- No setor público, obter *maior alavancagem de investimentos públicos* pode exigir colaboração para aumentar os padrões gerais do setor ou atender a questões sociais que passam por vários campos profissionais (como medicamentos ou segurança comunitária). Uma diferença do setor privado é que o compartilhamento do conhecimento e a disseminação dos melhores métodos são considerados um dever ou uma exigência.

Entretanto, a colaboração com os concorrentes não é tão fácil quanto parece. O Exemplo 6.4 é uma amostra da colaboração dos setores público/privado num mesmo setor.

Exemplo 6.4

Colaboração negócios-universidade nas indústrias criativa e cultural

A colaboração entre os setores público e privado pode trazer benefícios para ambas as partes

Em 2003, o governo do Reino Unido estabeleceu um comitê (o Comitê Lambert) para produzir relatórios sobre a colaboração entre negócios e universidades na região e para propor como esta poderia ser melhorada. O primeiro estágio foi buscar ideias de uma ampla gama de *stakeholders*. A seguir, apresentamos um fragmento do relatório do Conselho de Pesquisa de Artes e Humanidades (*Arts and Humanities Research Council*, AHRC), que apoiou o trabalho que foi fundamental para diversas indústrias criativas e culturais:

Estamos nos estágios iniciais da exploração de uma variedade de parcerias e de possíveis intervenções estratégicas (ver a seguir). Em colaboração com o Departamento de Cultura Mídia e Esportes (*Department for Culture, Media and Sports*, DCMS) e outros, um Fórum de Indústrias Criativas/Educação Superior foi estabelecido. Esse grupo irá buscar unir o lado da oferta e da demanda dessa relação a fim de promover ligações mais fortes e novas atividades.

Indústrias criativas e culturais: um papel para novos *clusters* criativos

Muitas universidades desenvolveram ligações com negócios das indústrias criativa e cultural... Muitas das empresas nas indústrias criativas são, no entanto, pequenas empresas (SMEs).

... um desenvolvimento orgânico nos últimos anos foi a criação de diversos "*clusters* criativos", unindo HEIs locais e regionais com negócios para a geração de novos produtos, processos e ideias. Exemplos podem ser encontrados em todo o país, incluindo a Escócia, Sheffield, Londres, Bristol, Nottingham. Esses *clusters* criativos apoiados por empreendimentos de negócios e serviços de apoio podem dar a base para o apoio de empreendimentos individuais de pequena escala.

Trabalhando com Agências de Desenvolvimento Regional (Regional Development Agencies, RDAs)

Tanto os Conselhos de Pesquisa quando as RDAs são canais para suas respectivas comunidades, e já foi iniciado um trabalho para identificar maneiras para que possam funcionar conjuntamente como um catalisador de novas ideias e um facilitador da transferência de conhecimentos. Tais atividades podem englobar projetos individuais, esquemas patrocinados em conjunto e a facilitação de *clusters* de setor, como *clusters* criativos.

Incorporando profissionais e profissionais liberais nas HEIs

Muitos modelos tradicionais do relacionamento entre HEIs e negócios descrevem um processo linear em que o conhecimento é passado para a indústria. Pode ser argumentando, contudo, que a transferência de conhecimento cada vez mais deixa de ser um processo, constituindo-se uma interação baseada no acesso a pessoas, informações, dados e infraestrutura. Nas artes criativas e performáticas, o conceito de *portfolio* de carreiras não é incomum. Os indivíduos podem realizar pesquisas em turno parcial ou ter cargos de professor ao mesmo tempo em que possuem outras formas de emprego ou de profissão liberal, incluindo a artística. Além disso, não é incomum que negócios e outras organizações do ramo não privado ofereçam posições de professor visitante.

Ampliando a definição de transferência de conhecimento em uma economia de conhecimento

Cada vez mais um grande número de pessoas está trocando conhecimentos, habilidades e especialidades através de meios não convencionais de emprego. Porém, ao buscar por evidências da transferência de conhecimento da academia para negócios, o foco tende a ser dado ao número de patentes, empresas derivadas e empresas criadas. Esses são certamente indicadores importantes para o desempenho industrial, mas uma base de evidências mais ampla que analisasse padrões de emprego e trabalho liberal daria uma perspectiva alargada.

Mapeando esta nova paisagem

É o papel de organizações como o AHRC fornecer um ambiente propício para que as ideias e a criatividade da comunidade acadêmica sejam reveladas e desenvolvidas. Trabalhando com organizações análogas em outros setores, como as RDAs, a aspiração é encontrar maneiras de ampliar as ligações da academia com uma sociedade e economia mais amplas.

Fonte: Resposta do AHRC ao Relatório Lambert sobre a Colaboração Negócios-Universidade, http://www.ahrc.ac.uk

Questões

1. Analise a Seção 6.4 e identifique os possíveis benefícios da colaboração negócios-universidade para diversos *stakeholders* importantes.
2. Quais são os riscos da colaboração para cada um desses *stakeholders* (em oposição a agir independentemente)?

RESUMO

- A estratégia competitiva diz respeito a procurar a vantagem competitiva em mercados em nível de negócios, ou, nos serviços públicos, fornecendo serviços com a melhor relação qualidade/preço.
- As diferentes bases de estratégia competitiva incluem:
  - Uma estratégia *"sem enfeites"*, combinando preço baixo e valor agregado pouco percebido.
  - Uma estratégia de *preço baixo*, oferecendo preço mais baixo do que os concorrentes com valor agregado similar ao do produto ou serviço dos concorrentes.
  - Uma estratégia de *diferenciação*, que procura fornecer produtos ou serviços que são exclusivos ou diferentes dos produtos/serviços da concorrência.
  - Uma estratégia híbrida, que procura simultaneamente obter diferenciação e preço mais baixo do que o da concorrência;
  - Uma estratégia de *diferenciação definida*, que procura fornecer alto valor percebido, justificando um preço substancialmente diferenciado.
- Os gerentes precisam considerar as bases nas quais as estratégias baseadas em preço ou diferenciação podem ser sustentadas pelas capacidades estratégicas, desenvolvendo relações duradouras com os clientes ou a habilidade de alcançar uma posição "*lock-in*", tornando-se assim um "padrão da indústria", reconhecido por fornecedores e compradores.
- As estratégias de colaboração podem oferecer alternativas para estratégias competitivas ou podem correr em paralelo.

Leituras básicas recomendadas

- As bases das discussões de estratégias competitivas comuns podem ser encontradas nos trabalhos de Michael Porter, que incluem *Competitive Strategy* (1980) e *Competitive Advantage* (1985), ambos publicados por Free Press. Os dois são recomendados para leitores que desejam compreender as práticas das discussões nas Seções 6.3 e 6.4 deste capítulo sobre estratégia competitiva e vantagem competitiva.
- Há um debate acalorado sobre a possibilidade da vantagem competitiva sustentável. Dois artigos com evidências distintas sobre isso são R. W. Wiggins and T. W. Ruefli, "Schumpeter's Ghost: Is Hypercompetition Making the Best of Times Shorter?", *Strategic Management Journal*, vol. 26 (2005), 887-911, que afirma não haver prova da vantagem competitiva sustentável; e G. McNamara, P. M. Vaaler and C. Devers, "Same as it Ever Was: the Search for Evidence of Increasing Hypercompetition", *Strategic Management Journal*, vol. 24 (2003), 261-278, que afirma haver.

Referências

1. Veja D. Faulkner and C. Bowman, *The Essence of Competitive Strategy*, Prentice Hall, 1995. Uma estrutura semelhante também é usada por Richard D'Aveni, *Hypercompetitive Rivalries: Competing in highly dynamic environments*, Free Press, 1995.
2. M. Porter, *Competitive Advantage*, Free Press, 1985.
3. B. Sharp and J. Dawes, 'What is differentiation and how does it work?', *Journal of Marketing Management*, vol. 17, no. 7/8 (2001), pp. 739–759 examina a relação entre diferenciação e rentabilidade.
4. Essas citações sobre as três estratégias competitivas de Porter foram retiradas de seu livro *Competitive Advantage*, Free Press, 1985, pp. 12–15.
5. O modelo Delta é mais bem explicado e detalhado em A.C. Hax and D.L. Wilde II, 'The Delta Model', *Sloan Management Review*, vol. 40, no. 2 (1999), pp. 11–28.
6. Esta seção é baseada em pesquisa de N. Kumar, 'Strategies to Fight Low Cost Rivals', *Harvard Business Review*, vol. 84, no. 12 (2006), 104–113.
7. Para um exame sobre como competir em tais circunstâncias, veja A. Rao, M. Bergen and S. Davis, 'How to fight a price war', *Harvard Business Review*, vol. 78, no. 2 (2000), pp. 107–115.
8. Livros úteis sobre estratégias colaborativas são os de Y. Doz and G. Hamel, *Alliance Advantage: The art of creating value through partnering*, Harvard Business School Press, 1998; *Creating Collaborative Advantage*, ed. Chris Huxham, Sage Publications, 1996 and D. Faulkner, *Strategic Alliances: Co-operating to compete*, McGraw-Hill, 1995.
9. Este caso de cooperação em indústrias *hi-tech* está explicado e esclarecido por V. Kapur, J. Peters and S. Berman, 'High Tech 2005: the Horizontal, Hypercompetitive Future', *Strategy and Leadership*, vol. 31, no. 2 (2003).

Madonna: ainda a rainha do pop?

Phyl Johnson, Strategy Explorers

A indústria da música sempre foi o cenário de prodígios com apenas um sucesso e carreiras meteóricas. São muito poucas as estrelas do pop que permaneceram no topo por décadas. Madonna é um desses fenômenos; a questão é, depois de mais de 25 anos no topo, por quanto tempo isso ainda pode durar?

Descrita pela *Billboard Magazine* como a mulher de negócios mais esperta no *show business*, Madonna, Louise Ciccone, começou sua carreira musical em 1983 com o sucesso *Holiday* e em 2005-2006 novamente teve sucesso nas paradas com seu disco *Confessions on a Dance Floor.* Nesse meio tempo, ela teve sucesso consistente nas paradas com seus *singles* e discos, várias turnês mundiais com ingressos esgotados, grandes papéis em seis filmes, recebeu 18 prêmios de música, foi o ícone de estilo por trás de uma variedade de produtos que vai da Pepsi e da Max Factor até a Gap e a H&M e se tornou uma autora de *best-sellers* infantis.

A base do sucesso de Madonna nos negócios foi sua capacidade de manter seu reinado como "rainha do pop" desde 1983. Assim como muitos outros, Phil Quattro, presidente da Warner Brothers, afirmou que "ela sempre consegue aterrissar no ápice do que chamamos de música contemporânea; todo artista estabelecido encara o dilema de manter sua importância e relevância, Madonna nunca falha em ser relevante." A capacidade que Madonna tem de modificar sua *persona* e gênero musical como uma camaleoa e ainda assim atingir grandes vendas de discos sempre foi a marca de seu sucesso.

O estilo pop inicial de Madonna tinha como objetivo as jovens garotas *wannabe.* A imagem que ela retratou em sucessos como *Holiday* e *Lucky Star* em 1983 foi apropriada pela Macy's, a loja de departamentos norte-americana. Esta produziu uma linha de roupas no estilo Madonna que as mães alegremente compravam para suas filhas. Um ano depois, em 1984, Madonna passou por sua primeira transformação de imagem e, ao fazê-lo, deu a primeira pista da esperteza por trás de sua imagem na mídia. No vídeo para seu sucesso *Material Girl* ela deliberadamente representou a imagem da jovem *sexy* e glamorosa de Marilyn Monroe, ao mesmo tempo em que zombava do crescente materialismo do final dos anos 1980 e dos homens que a bajulavam. Os analistas de mídia Sam e Diana Kirschner comentaram que, com esse tipo de embalagem, Madonna permitiu que as gravadoras usassem uma "imagem de Marilyn" que podia ser vendida para um novo grupo de fãs, mas também permitiu que suas fãs anteriores, o grupo de jovens *wannabes* que agora estavam crescendo, recebesse uma mensagem mais crítica da música. O tema de flertar com a controvérsia e ao mesmo tempo permanecer suficientemente vendável foi recorrente em toda a sua carreira, se não um pouco amenizado em anos mais recentes.

Photo: Roland weihrauch/DPA/PA Photos

As mudanças de imagem subsequentes de Madonna foram mais drásticas. Primeiro ela provocou a igreja católica em seu vídeo de 1989 *Like a Prayer*, em que, como uma "pecadora" de vermelho, beijou um santo negro facilmente interpretado como uma figura de Jesus Cristo. Sua imagem tinha se tornado cada vez mais sexual, sem deixar de lado um tema de crítica social: por exemplo, seu uso deliberado de imagens exclusivamente brancas na Igreja Católica. Nesse ponto de sua carreira, Madonna assumiu controle total de sua imagem no contrato de US$60 milhões de dólares (€48m; £33m) com a Time-Warner que criou sua gravadora, a Maverick. Em 1991, ela publicou um livro de fotos eróticas chamado *Sex* que apresentava somente fotos dela mesma em poses eróticas. Sua imagem e música também refletiam esse tema erótico. Em sua turnê *Girlie*, seus *singles* *Erotica* e *Justify my Love* e em seu filme para *voyeurs* "Na cama com Madonna", ela interpretou cenas de fantasias sadomasoquistas e lésbicas. Embora esse seja um período de sua carreira que ela diz que preferiria esquecer, Madonna sobreviveu muito bem a ele. Na verdade, ela ganhou toda uma nova população de fãs que não apenas respeitavam sua coragem artística, mas também não deixavam de perceber que ela era consistente em sua mensagem: sua sexualidade pertencia a ela própria e não precisava de um olhar masculino. Ela usou a paixão que a mídia tinha por ela e o *status* de escândalo obtido pela proibição da MTV ao vídeo de *Justify my Love* para promover a mensagem de que a sexualidade e a liberdade da mulher são tão importantes e aceitáveis quanto as do homem.

Mudando de rumo em 1996, Madonna finalmente ganhou o palco principal com o papel de protagonista no filme *Evita*, o qual ela desejava há mais de cinco anos. Ela derrotou outras competidoras fortes pelo papel, como Meryl Streep e Elaine Page, ambas com passados mais aceitáveis que Madonna. Porém, ela conseguiu realizar a transição de imagem de erótica para a *persona* santificada de Eva Perón e ainda recebeu elogios da crítica. Outro voto de confiança do *establishment* veio da Max Factor, que em 1999 a escolheu para ser o rosto de uma campanha de relançamento que foi elaborada em torno do tema do *glamour*. A Procter e Gamble (proprietária da marca de maquiagens Max Factor) explicou que via em Madonna "o que há de mais próximo nos anos 90 de uma estrela de Hollywood à moda antiga... ela é uma mulher de verdade".

Com muitos vazamentos antes de seu lançamento, o tão esperado álbum *Ray of Light* foi lançado em 1998. Estações de rádio de todo o mundo estavam desesperadas para conseguir o disco que estava sendo creditado como sua jornada musical mais bem-sucedida até o momento. Em uma atitude inteligente, Madonna tinha se juntado ao pioneiro do *techno* William Orbit para escrever e produzir o álbum. Ele foi um grande sucesso, que levou Madonna ao mundo supermoderno do *techno*, um ambiente que não é natural para uma estrela do pop do início dos anos 80. Madona assumiu uma imagem "mãe terra/espiritual" e disseminou uma tendência de elementos orientais na moda e na música. Essa fase pode ter produzido mais do que apenas uma imagem, pois é a época da vida de Madonna em que se encontra o início de sua fé continuada na tradição da Cabala de culto espiritual oriental.

Em 2001, sua próxima *persona* foi revelada junto com seu álbum *Music.* Neste álbum, ela mudou novamente seu estilo para o "acid rock". Com seu casamento com o diretor de cinema britânico Guy Ritchie, a namoradinha da América se tornara uma perfeita garota britânica, ganhando o apelido carinhoso de "Madge" na imprensa britânica.

Em 2003, alguns comentaristas estavam sugerindo que uma reviravolta interessante indicava que talvez a Madonna "vanguardista", "a destemida", estava começando a pensar em *ser parte* em vez de *combater* o sistema quando lançou sua nova imagem, inspirada em Che Guevara. Em vez de maximizar o potencial dessa imagem em termos de seu simbolismo político e social durante a Segunda Guerra do Golfo, em abril de 2003, ela retirou sua imagem militar e vídeo do álbum *American Life*. Essa ação coincidiu com o lançamento de seu livro infantil *The English Roses*, baseado nos temas da compaixão e da amizade, fazendo com que a imprensa se perguntasse se "a Madonna ficou delicada?".

No final de 2003, ela já tinha apagado a imagem militar da memória coletiva do Ocidente com uma grande campanha publicitária para a loja de roupas Gap, em que dançava acompanhada pela rapper Missy Elliot num *remix* retrospectivo de sua canção dos anos 1980 *"Get into the Groove".* Aqui, Madonna estava agradando o público na faixa dos trinta anos de idade, que lembrava da primeira vez em que a canção fora sucesso. Eles podia comprar jeans para eles e para suas filhas que entravam na adolescência, ao mesmo tempo em que compravam o CD relançado (à venda na loja) para compartilharem e uma cópia de *The English Roses* (também vendido nas lojas Gap) talvez para o membro mais jovem da família.

No fim de 2005, aconteceu o lançamento do álbum *Confessions on a Dance Floor*, o qual foi anunciado como seu retorno após seu recorde negativo de vendas, *American Life.* O álbum e sua turnê atingiram um dos maiores picos de vendas de sua carreira. Ele bateu um recorde mundial para cantoras solo quando estreou em primeiro lugar em 41 países. Em fevereiro de 2007, já tinham sido vendidos 8 milhões de cópias.

Neste período, Madonna concentrou-se no princípio altamente lucrativo do *remix*, escolhendo *samples* de sucessos icônicos da música *disco* entre o público gay como Abba e Giorgio Moroder, como centro de sua reinvenção simbólica, transformando-se de artista em DJ. Fazendo *marketing* cruzado da imagem do *disco* com a grife Dolce & Gabbana em seus desfiles de moda masculinos, Madonna lucrou com a recuperação da coroa do dance-pop. Será que seu álbum mais recente vai passar no teste musical do tempo? Quem sabe? Mas por enquanto parece estar indo muito bem.

Lançamentos	Ano	Imagem	Público-alvo
Lucky Star	1982	Pop barato	Jovens meninas *wannabe*, juntando o estilo *disco* que perdia força com a "cena *club*" emergente
Like a Virgin *Like a Prayer*	1984	Originalmente uma imagem do *glamour* de Marilyn Monroe, depois uma santa e pecadora	Grupo de fãs mais pouco mais velho, mais público de mulheres críticas e adoradores masculinos
Vogue *Erotica* *Bedtime Stories*	1990 1992 1994	Estrela pornô erótica, sadomasoquista, controle sexual, mais para Liza Minelli em *Cabaret* do que para Marilyn Monroe	Mistura peculiar de públicos-alvo: cena *club* gay, mulheres dos anos 90 tomando controle de suas vidas e também pura excitação masculina
Something to Remember Evita	1995	Imagem mais suave, baladas preparando para o *glamour* do papel no filme *Evita*	Público-alvo mais amplo, abrangendo possíveis espectadores do filme e o conjunto regular de fãs. Imagem mais convencional. A Max Factor mais tarde usou a mistura de Marilyn e Eva Perón para comercializar sua imagem de *glamour*
Ray of Light	1998	mãe terra, misticismo oriental, fusão com a música dance	Geração de *clubbers* dos anos 1990, novo grupo de fãs mais o grupo original de fãs agora na faixa dos 30 anos de idade e tentando desesperadamente continuar na moda
Music	2000	*Acid rock*, Miss EUA/*cow girl* debochada, garota britânica descolada	Capaz de atingir a cena *club* que mudava e britânicos na faixa dos 30 anos de idade
American Life	2003	Imagem militar Che Guevara Anticonsumismo do Sonho Americano	O público não é claro, baseado no grupo já existente
Confessions on a Dance Floor	2005	Imagética retrô da *disco* da década de 80, som dance-pop movimentado	Forte público como ícone gay, público pop-disco, público da música *dance*

Fontes: 'Bennett takes the reins at Maverick', *Billboard Magazine*, 7 August (1999); 'Warner Bros expects Madonna to light up international markets', *Billboard Magazine*, 21 February (1998); 'Maverick builds on early success', *Billboard Magazine*, 12 November (1994); A. Jardine 'Max Factor strikes gold with Madonna', *Marketing*, vol. 29 (1999), pp. 14-15; S. Kirschner and D. Kirschner, 'MTV, adolescence and Madonna: a discourse analysis', in *Perspectives on Psychology & the Media*, American Psychological Association, Washington, DC, 1997; 'Warner to buy out maverick co-founder', *Los Angeles Times*, 2 March (1999); 'Why Madonna is back in Vogue', *New Statesman*, 18 September (2000); 'Madonna & Microsoft', *Financial Times*, 28 November (2000).

Questões

1 Descreva e explique a estratégia seguida por Madonna em termos da exploração de estratégia competitiva dada no Capítulo 6.

2 Por que ela teve um sucesso sustentado nas últimas duas décadas?

3 O que poderia ameaçar a sustentabilidade de seu sucesso?

7

Direções Estratégicas e Estratégia em Nível Corporativo

RESULTADO DE APRENDIZAGEM

Após a leitura deste capítulo, você será capaz de:

- → Identificar direções alternativas para a estratégia, incluindo inserção ou consolidação em mercados, desenvolvimento de produtos, desenvolvimento e diversificação de mercado.
- → Reconhecer quando a diversificação é uma estratégia de crescimento efetiva.
- → Distinguir entre as diferentes estratégias de diferenciação (relacionadas e não relacionadas) e identificar as condições sob as quais elas funcionam melhor.
- → Analisar os modos pelos quais uma controladora corporativa pode acrescentar ou minar valor de seu *portfolio* de unidades de negócios.
- → Analisar os *portfolios* de unidades de negócios e determinar em quais investir e de quais se livrar.

Photo: Dynamic Graphics, Inc.

7.1 INTRODUÇÃO

O Capítulo 6 tratou das escolhas em termos de um só negócio ou de unidades organizacionais – por exemplo, através de estratégias de preços ou de diferenciação. Este capítulo trata de escolhas de *produtos e mercados* nos quais uma organização pode entrar ou de onde pode sair. As organizações devem se concentrar totalmente em apenas alguns produtos e mercados? Ou devem ter alcance mais amplo, talvez se diversificando em termos de produtos (ou serviços) e mercados? Muitas organizações de fato escolhem lançar muitos produtos novos e entrar em várias áreas de mercado. O grupo Virgin, por exemplo, começou no negócio da música, mas atualmente está bastante diversificado, operando em mercados de férias, cinema, varejo, viagens aéreas e ferrovias. A Sony começou fabricando pequenos aparelhos de rádio, mas atualmente trabalha com jogos, músicas e filmes, além de ser uma empresa de produtos eletrônicos. Quando as organizações passam a adquirir novas unidades, suas estratégias não mais se relacionam apenas em nível de negócios, mas também com escolhas em nível corporativo envolvidas na participação em vários negócios ou mercados diferentes.

O capítulo se inicia pela apresentação da matriz de Ansoff, que origina um conjunto inicial de direções estratégicas alternativas. As quatro direções básicas são o *aumento da inserção* em mercados já existentes; *desenvolvimento do mercado*, que inclui o estabelecimento de novos mercados, talvez no exterior ou em novos segmentos de clientes; *desenvolvimento de produto*, em relação a melhoria e inovação de produtos; e *diversificação*, envolvendo uma abertura significativa do alcance de uma organização em termos de mercados e de produtos. Este capítulo examina com bastante ênfase a opção de diversificação, propondo bons motivos para realizá-la e alertando quanto a motivos não tão bons: a diversificação nem sempre vale a pena. O Capítulo 8 indica a internacionalização como uma forma de desenvolvimento de mercado.

A diversificação suscita os outros temas do capítulo. O primeiro deles é o papel dos executivo em "nível corporativo" que desempenham um papel de **controladora corporativa** em relação às unidades individuais de negócios que compõem os *portfolios* diversificados das organizações. Dada a sua separação do mercado real, como atividades, decisões e recursos em nível corporativo podem agregar valor aos negócios reais? O segundo tema é como obter uma boa combinação de negócios no *portfolio* corporativo. Quais negócios devem ser estimulados pela controladora corporativa e quais devem ser abolidos? Aqui as *matrizes de portfolio* ajudam a estruturar as escolhas em nível corporativo.

A **controladora corporativa** se refere aos níveis de gerenciamento acima das unidades de negócios e, desse modo, sem interação direta com compradores e concorrentes

O capítulo não trata apenas de grandes negócios comerciais. Mesmo os pequenos empreendimentos podem ser formados por diversas unidades de negócios. Um construtor local, por exemplo, pode encarregar-se de contratar mão de obra para o governo, trabalhar para compradores industriais e para proprietários locais. Esses segmentos não são apenas diferentes entre si, mas o modo de operação e as capacidades exigidas para o sucesso competitivo também devem ser diferentes. Além disso, o proprietário do negócio precisa tomar decisões sobre o alcance do investimento e da atividade em cada segmento. As organizações do setor público, como o governo local ou os serviços de saúde, também fornecem serviços distintos, que correspondem às unidades de negócios das organizações comerciais. A estratégia em nível corporativo é altamente relevante para o esboço adequado dos limites organizacionais no setor público, e as decisões de privatização e de terceirização podem ser consideradas como reações ao fracasso das organizações do setor público em acrescentar valor suficiente graças à própria ação.

A Figura 7.1 resume os temas principais deste capítulo. Após reexaminar as direções estratégicas de Ansoff, o capítulo se concentra especialmente na diversificação, a qual, consequentemente, suscita os dois tópicos relacionados de controladora corporativa e o uso das matrizes de *portfolio* de negócios.

7.2 DIREÇÕES ESTRATÉGICAS

A matriz de crescimento de produto/mercado de Ansoff fornece uma maneira simples de criar quatro direções alternativas básicas para o desenvolvimento estratégico (veja a Figura 7.2). Uma organização geralmente começa no bloco A, no canto superior esquerdo, com seus produtos e mercados já existentes. De acordo com a matriz, a organização basicamente dispõe da escolha de *se inserir* ainda mais em sua esfera já existente (permanecer no bloco A); mover-se para a direita ao *desenvolver novos produtos* para seu mercado já existente (bloco B); mover-ser para baixo ao *levar seus produtos já existentes para novos mercados* (bloco C); ou dar o passo mais radical de *diversificação* total, com novos mercados e novos produtos combinados (bloco D).

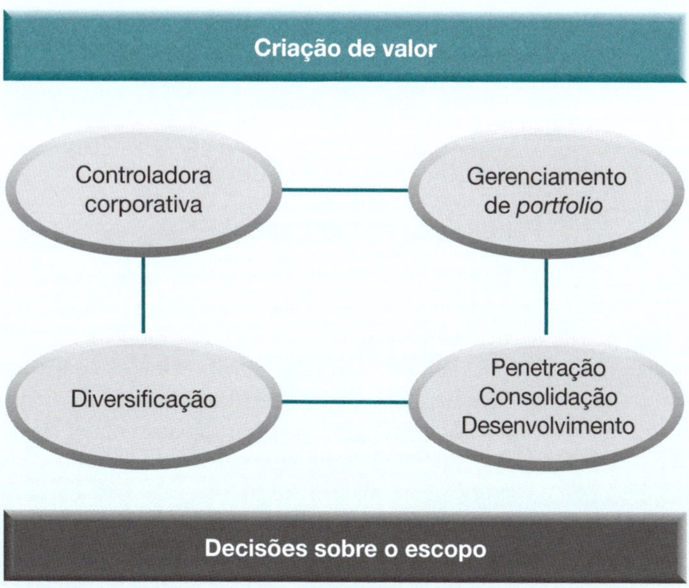

FIGURA 7.1 Direções estratégicas e estratégia em nível corporativo.

		Produtos	
		Existentes	Novos
Mercados	Existentes	**A** **Penetração no mercado Consolidação**	**B** **Desenvolvimento de produtos**
	Novos	**C** **Desenvolvimento de mercado**	**D** **Diversificação**

Fonte: Adaptado de H.I. Ansoff, *Corporate Strategy*, Penguin, 1988, Chapter 6. (A matriz de Ansoff foi desenvolvida posteriormente – veja a referência 1).

FIGURA 7.2 Direções estratégicas (matriz de Ansoff).

A matriz de Ansoff considera expressamente as opções de crescimento. O crescimento raramente se configura como um bom objetivo em si mesmo. As organizações do setor público são frequentemente acusadas pelo crescimento de burocracias descontroladas; de modo semelhante, alguns gerentes do setor privado são acusados de "edificar impérios" à custa dos acionistas. Este capítulo, portanto, coloca a *consolidação* como uma quinta opção. A consolidação envolve a proteção a produtos e mercados já existentes e pertence, desta forma, ao bloco A. O restante desta seção examina as cinco direções estratégicas de modo mais detalhado.

7.2.1 Penetração no mercado

A **penetração no mercado** acontece quando as organizações aumentam sua participação no mercado

A posterior **penetração no mercado**, pela qual as organizações aumentam a participação em seus mercados já existentes com sua linha de produtos já existente, aparentemente é a direção estratégica mais óbvia. Ela se baseia nas capacidades estratégicas existentes e não requer que a organização se arrisque em território desconhecido. O alcance da organização é exatamente o mesmo. Além disso, uma participação maior no mercado implica em maior poder perante compradores e fornecedores (em termos das cinco forças), maiores economias de escala e benefícios da curva de experiência.

Contudo, as organizações em busca de maior inserção no mercado podem se defrontar com dois impedimentos:

- *Retaliações dos concorrentes.* Nos termos das cinco forças (Seção 2.3), o aumento da inserção no mercado é capaz de exacerbar a rivalidade na indústria na medida em que os outros concorrentes no mercado defendem sua participação. A rivalidade crescente pode envolver guerra de preços ou dispendiosas batalhas de *marketing*, as quais podem acabar saindo mais caro do que qualquer ganho real de participação no mercado. Os perigos de provocar uma retaliação feroz são maiores em mercados de crescimento lento, uma vez que qualquer ganho em volume será à custa, em sua maior parte, de outros atores. Onde quer que haja risco de retaliação, as organizações em busca de inserção no mercado precisam de capacidades estratégicas que proporcionem uma vantagem competitiva clara. Em mercados de crescimento lento ou em declínio, pode ser mais efetivo simplesmente adquirir os concorrentes. Algumas empresas conseguiram crescer rapidamente dessa maneira. Na indústria do aço, por exemplo, a companhia indiana LNM (Mittal) agiu rapidamente na primeira década dos anos 2000 ao se tornar a maior produtora de aço do mundo com a aquisição de empresas de aço em má situação em todo o planeta. As aquisições podem realmente diminuir a rivalidade, removendo os atores independentes e consolidando-os em uma só posição (veja também a estratégia de consolidação em 7.2.2, abaixo).

- *Impedimentos legais*. Uma maior inserção no mercado pode fazer surgir preocupações dos reguladores oficiais de competição quanto ao excessivo poder do mercado. A maior parte dos países possui reguladores com poder para restringir empresas poderosas ou impedir fusões e aquisições capazes de criar um poderio exorbitante. No Reino Unido, a Comissão de Concorrência pode investigar qualquer fusão ou aquisição capaz de corresponder a mais de 25% do mercado nacional e também de interromper as negociações ou propor medidas para reduzir o poder do mercado. A Comissão Europeia tem uma visão geral de todo o mercado do continente e pode intervir de maneira semelhante. Por exemplo, quando a Gaz de France e a Suez, duas empresas de utilidades públicas com posições dominantes na França e na Bélgica, decidiram fundir-se em 2006, a Comissão Europeia insistiu que as duas empresas diminuíssem seu poder por meio da venda de algumas de suas subsidiárias e pela abertura de suas redes à competição.[2]

7.2.2 Consolidação

A **consolidação** acontece quando as organizações se concentram de modo defensivo em seus mercados atuais com seus produtos atuais. Formalmente, essa estratégia ocupa o mesmo bloco da inserção no mercado na matriz de Ansoff, mas não se orienta para o crescimento. A consolidação pode adotar duas formas:

A **consolidação** acontece quando as organizações se concentram de modo defensivo em seus mercados atuais com seus produtos atuais

- A *defesa da participação no mercado*. Ao encarar concorrentes agressivos dispostos a aumentar sua participação no mercado, as organizações têm de trabalhar duro e geralmente de modo criativo a fim de proteger o que já alcançaram. Embora raramente a participação no mercado seja um fim em si mesmo, é importante assegurar que isso é suficiente para sustentar o negócio a longo prazo. Por exemplo, o movimento de vendas tem de ser suficiente para distribuir os custos fixos básicos, como P&D. Para preservar a participação no mercado, geralmente são efetivas as estratégias de diferenciação para estabelecer a lealdade do cliente e os custos de mudança.

- *Downsizing ou desinvestimento.* A redução do tamanho do negócio através do encerramento da capacidade de produção frequentemente é inevitável, especialmente quando o tamanho do mercado como um todo está em declínio. Uma alternativa é o desinvestimento (venda) de algumas atividades para outras empresas. Algumas vezes o *downsizing* se deve às necessidades dos *stakeholders*, como o desejo de um empreendedor em simplificar seus negócios quando próximo da aposentadoria, por exemplo. O desinvestimento ou o encerramento de negócios periféricos também pode facilitar a venda do negócio principal para um comprador em potencial.

O termo consolidação também é por vezes usado para descrever estratégias de *apropriação dos rivais* numa indústria fragmentada, particularmente uma em declínio. Ao adquirir concorrentes mais fracos, e encerrar a capacidade de produção, a empresa em consolidação pode obter poder de mercado e aumentar a eficiência como um todo. Como esse tipo de consolidação aumenta a participação no mercado, pode ser considerado uma espécie de penetração, mas nesse caso a motivação é essencialmente defensiva.

Embora tanto a consolidação quanto a penetração no mercado não sejam de modo algum estáticas, suas limitações geralmente fazem com que os gerentes as considerem direções estratégicas alternativas.

7.2.3 Desenvolvimento de produto

O **desenvolvimento de produto** se dá quando a organização entrega produtos novos ou modificados a mercados já existentes

O **desenvolvimento de produto** se dá quando a organização entrega produtos (ou serviços) novos ou modificados a mercados já existentes. Isso representa um prolongamento limitado do alcance organizacional. Na prática, mesmo a inserção no mercado provavelmente irá necessitar de algum desenvolvimento de produto, mas neste caso o desenvolvimento de produto implica em graus mais desenvolvidos de inovação. Para a Sony, esse desenvolvimento de produto inclui mudar o sistema portátil de música Walkman de fitas cassete para CDs e até sistemas MP3. Na realidade, os mesmos mercados estão envolvidos, mas as tecnologias são radicalmente diferentes. No caso do Walkman, é provável que não restasse outra escolha à Sony a não ser realizar esses desenvolvimentos de produto significativos. Entretanto, o desenvolvimento de produto pode ser uma atividade dispendiosa e de alto risco ao menos por duas razões:

- *Novas capacidades estratégicas.* O desenvolvimento de produto geralmente envolve o domínio de novas tecnologias que podem ser desconhecidas para uma organização. Muitos bancos, por exemplo, começaram a operar pela Internet no início do século, mas sofreram vários reveses com tecnologias radicalmente diferentes de seus modos tradicionais de operar serviços bancários. O sucesso frequentemente dependia da disposição de adquirir novas tecnologias e capacidades de *marketing*, geralmente com o auxílio de empresas de consultoria especializadas em tecnologia da informação e comércio eletrônico.[3] Desse modo, o desenvolvimento de produto costuma envolver investimentos pesados e grandes riscos de fracasso dos projetos.

- *Risco de gerenciamento de projetos.* Mesmo em domínios absolutamente conhecidos, os projetos de desenvolvimento de produto costumam estar sujeitos ao risco de atrasos e de aumentos de custos devido à sua complexidade e à mudança de especificações ao longo do tempo. Um caso recente que ficou famoso foi o do projeto da linha com aviões Airbus A380 com dois níveis de passageiros, ao custo de € 11 bilhões (R$ 28 bilhões), que sofreu dois anos de atraso até meados da primeira década por causa de problemas nas instalações elétricas. A Airbus já havia administrado vários desenvolvimentos de novas aeronaves antes, mas os elevados graus de personalização exigidos por cada cliente da empresa aérea e as incompatibilidades no *software* de desenho assistido por computador (CAD – *computer-aided design*) levaram a uma complexidade maior do que os funcionários de gerenciamento de projeto da empresa conseguiam lidar.

7.2.4 Desenvolvimento de mercado

Se o desenvolvimento de produto é arriscado e caro, uma estratégia alternativa é o desenvolvimento de mercado. O **desenvolvimento de mercado** envolve a oferta de produtos existentes para novos mercados. Uma vez mais, a extensão do alcance é limitada. Geralmente, é claro, isso pode acarretar também algum desenvolvimento de produto, mas apenas em termos de embalagens ou serviço. O desenvolvimento de mercado pode assumir três formas:

O **desenvolvimento de mercado** envolve a oferta de produtos existentes para novos mercados

- *Novos segmentos.* Nos serviços públicos, por exemplo, uma faculdade pode oferecer seus serviços educacionais para estudantes mais velhos do que os calouros tradicionais, utilizando-se talvez de cursos noturnos.
- *Novos usuários.* Um exemplo desse caso poderia ser o alumínio, cujo conjunto de usuários originais da fabricação de embalagens e de instrumentos cortantes atualmente conta também com a indústria aeroespacial e automobilística.
- *Novas regiões geográficas.* O exemplo primordial disso é a internacionalização, mas a disseminação de pequenos varejistas por novas cidades também pode configurar um caso.

Em todos os casos, é essencial que as estratégias de desenvolvimento de mercado sejam baseadas em produtos ou serviços adequados aos *fatores críticos de sucesso* do novo mercado (veja Seção 2.4.4). As estratégias baseadas simplesmente na descarga de produtos ou serviços em novos mercados parecem fadadas ao fracasso. Além disso, o desenvolvimento de mercado enfrenta problemas semelhantes aos do desenvolvimento de produto. Em termos de capacidades estratégicas, os desenvolvedores de mercado geralmente não possuem as habilidades e qualidades de *marketing* certas para fazer progresso num mercado com clientes desconhecidos. Pelo lado do gerenciamento, o desafio é coordenar os diferentes segmentos, usuários e regiões geográficas, entes que podem ter diferentes necessidades. A estratégia de desenvolvimento de mercado internacional é examinada no Capítulo 8.

Há uma descrição das várias direções estratégicas estudadas pelo CEO Mattias Döpfner para a editora alemã Axel Springer no Exemplo 7.1.

7.2.5 Diversificação

A **diversificação** é definida como uma estratégia que afasta a organização de seus mercados e produtos já existentes

A **diversificação** é rigorosamente uma estratégia que afasta a organização de seus mercados e produtos já existentes (ou seja, o bloco D na Figura 7.2). Nesse sentido, aumenta formidavelmente o alcance da organização. Na verdade, boa parte da diversificação não é tão extremada quanto indicado pelos blocos fechados na matriz de crescimento de Ansoff. O bloco D tende a indicar diversificação sem relação ou conglomerada (veja a Seção 7.3.2), mas uma parte da diversificação envolve, na prática, o estabelecimento de relações com os mercados ou produtos já existentes. Frequentemente, a penetração no mercado e o desenvolvimento de produto em demasia acarretam alguns ajustes de diversificação desses produtos ou mercados. A diversificação é uma questão de proporção.

Contudo, a matriz de Ansoff deixa claro que quanto mais a organização se afasta de seu ponto de partida de produtos e mercados já existentes, mais ela tem de aprender a fazê-lo. A diversificação é uma direção para o desenvolvimento da organização e precisa ser considerada junto a suas alternativas. As orientações da diversificação, suas várias formas e os modos como é administrada são os tópicos principais deste capítulo.

7.3 RAZÕES PARA DIVERSIFICAÇÃO

Nos termos das matriz de Ansoff, a diversificação é a direção estratégica mais radical.[4] A diversificação pode ser eleita por vários motivos, alguns dos quais com mais criação de valor do que outros – sendo três desses motivos, potencialmente, os seguintes:

- Os *ganhos de eficiência* podem ser alcançados pela destinação dos recursos ou capacidades existentes da organização a novos mercados e a novos produtos ou serviços. São denominados frequentemente de *economias de escopo*, em contraste com as economias de escala.[5] Se uma organização subaproveita recursos ou competência que não pode realmente encerrar ou vender para outros usuários em potencial, pode fazer sentido usar tais recursos ou competência por meio da diversificação em uma nova atividade. Em outras palavras, há economias a serem alcançadas por meio da ampliação do alcance das atividades da organização. Muitas universidades, por exemplo, têm grandes recursos em termos de alojamentos para alunos, que devem ser mantidos mas que são pouco utilizados fora do período letivo. Esses alojamentos serão usados de modo mais eficiente se a universidade expandir o alcance de suas atividades por meio da promoção de conferências e atividades turísticas durante o período de férias. As economias de escopo podem se aplicar tanto a recursos *tangíveis*, como alojamentos de alunos, quanto a recursos *intangíveis*, como marcas ou habilidades de funcionários. Algumas vezes essas vantagens de escopo

Exemplo 7.1

Direções estratégicas para a Axel Springer

Essa editora alemã tem muitas oportunidades e o dinheiro necessário para tentar alcançá-las

Em 2007, Mathias Döpfner, presidente e executivo-chefe da editora Axel Springer, tinha cerca de 2 bilhões de euros (£1,5bn) para investir em novas oportunidades. No ano anterior, as autoridades reguladoras de competição tinham proibido que ela tomasse total controle da maior emissora de televisão da Alemanha, a ProSiebenSat 1. Agora, Döpfner estava procurando caminhos alternativos.

Fundada em 1946 pelo próprio Axel Springer, a empresa era em 2007 a maior editora de jornais e revistas da Alemanha, com mais de 10.000 funcionários e mais de 150 títulos. Títulos famosos da editora incluem *Die Welt*, o *Berliner, Morgenpost, Bild* e *Hörzu*. Fora da Alemanha, Axel Springer era a mais sólida da Europa Ocidental. A empresa também tinha diversos investimentos, em sua maioria pequenos, em empresas de rádio e televisão alemãs, entre os quais se destacava uma parte correspondente a 12% na ProSiebenSat 1. A Axel Springer descreveu seus objetivos estratégicos como liderança de mercado no negócio principal em língua alemã, internacionalização e digitalização do negócio principal.

Estender a digitalização do negócio principal de jornais e revistas era claramente importante e exigiria um financiamento substancial. Também havia oportunidades para o lançamento de novos títulos de revistas impressas no mercado alemão. Mas Döpfner estava considerando a aquisição de oportunidades: "é óbvio", disse ele ao *Financial Times*, "que sempre que uma grande empresa internacional de comunicação entrar no mercado (isto é, quando ela está à venda), a examinaremos com muito cuidado – seja ela do setor impresso, de televisão ou do setor *on-line*".

Döpfner mencionou diversos tipos específicos de oportunidades de aquisição. Por exemplo, ele ainda estava interessado em comprar uma grande emissora de televisão europeia, mesmo se isso provavelmente tivesse de acontecer fora da Alemanha. Ele também estava atraído pela possibilidade de comprar bens desvalorizados nos velhos meios de comunicação (ou seja, nos impressos) e valorizá-los como um investidor de risco: "Eu adoraria comprar negócios que precisem de reestruturação, onde podemos agregar valor introduzindo nossa capacidade em gestão e no setor." Döpfner tranquilizou os *stakeholders*, no entanto, afirmando que não sentia nenhuma necessidade de "fazer algo grande por fazer algo grande". Ele também estava considerando o que fazer com a parte minoritária de 12% da ProSiebenSat 1.

Fonte principal: Financial Times Deutschland, 2 de abril (2007)

Questões

1 Tomando como referência o Exemplo 7.1, classifique as várias direções estratégicas consideradas por Mathias Döpfner para a Axel Springer.

2 Usando a matriz de Ansoff, quais são as outras opções que Döpfner poderia buscar?

são referidas como benefícios de **sinergia**,[6] o que significa que as atividades ou os ativos são mais efetivos em conjunto do que separados (a famosa equação 2+2=5). Desse modo, uma companhia de cinema e uma gravadora seriam mais sinérgicas se valerem mais juntas do que separadas. O Exemplo 7.2 mostra como uma empresa francesa, a Zodiac, se diversificou seguindo essa abordagem.

A **sinergia** se refere a benefícios obtidos quando as atividades ou os ativos se complementam e seu efeito conjunto é maior do que soma das partes

- A *ampliação das capacidades de controladoras corporativas* para novos mercados e produtos ou serviços pode ser outra fonte de ganhos. Em certo sentido, isso amplia a questão acima sobre a aplicação de competências existentes para novas áreas. Entretanto, este ponto ressalta as habilidades da controladora corporativa que de outro modo podem facilmente ser negligenciadas. No nível da controladora corporativa, os gerentes devem desenvolver uma competência ao administrar uma gama de diferentes produtos ou serviços que podem ser aplicados mes-

Exemplo 7.2

Zodiac: diversificações infláveis

Uma organização pode buscar os benefícios de sinergias construindo um portfolio de negócios através de diversificação relacionada.

A empresa Zodiac foi fundada perto de Paris, França, em 1800 por Maurice Mallet logo depois que seu primeiro balão de ar quente subiu. Por quarenta anos, a Zodiac manufaturou apenas dirigíveis. Em 1937, o zepelim alemão *Hindenburg* caiu perto de Nova York, o que interrompeu abruptamente o desenvolvimento do mercado dessas aeronaves. Devido à extinção de sua atividade tradicional, a Zodiac decidiu alavancar sua capacidade técnica e passou dos dirigíveis para botes infláveis. Essa diversificação revelou-se muito bem-sucedida: em 2004, com mais de 1 milhão de unidades vendidas em 50 anos, o bote de borracha da Zodiac (com preço de aproximadamente € 10.000 (£7.000)) era extremamente popular em todo o mundo.

Porém, devido ao aumento da competição, especialmente de fabricantes italianos, a Zodiac diversificou seus interesses de negócios. Em 1978, ela comprou a Aerazur, uma empresa especializada em para-quedas, mas também em coletes salva-vidas e botes salva-vidas infláveis. Esses produtos tinham um forte mercado e sinergias técnicas com botes de borracha, e seus principais clientes eram fabricantes de aeronaves. A Zodiac confirmou essa mudança para um novo mercado em 1987 com a aquisição da Air Cruisers, uma fabricante de escorregadores de emergência infláveis para aeronaves. Como consequência, a Zodiac se tornou uma importante fornecedora da Boeing, da McDonnell Douglas e da Airbus. A Zodiac solidificou essa posição através da aquisição de duas grandes fabricantes de assentos para aeronaves: a Simca Aero Seats, da França, e a Weber Aircraft, dos Estados Unidos. Em 1997, a Zodiac também adquiriu, por € 150 milhões, a MAG Aerospace, líder mundial em sistemas de lixo à vácuo para aeronaves. Finalmente, em 1999, a Zodiac adquiriu a Intertechnique, um participante de destaque na área de componentes ativos para aeronaves (circulação de combustível, hidráulica, oxigênio e suporte de vida, energia elétrica, controles e telas do painel de voo, sistemas de monitoramento, etc.). Ao combinar essas competências com sua especialização tradicional em produtos infláveis, a Zodiac lançou uma nova unidade de negócio: *airbags* para a indústria automotiva.

Em paralelo a essas diversificações, a Zodiac fortaleceu sua posição em botes infláveis ao adquirir diversos competidores: Bombard-L'Angevinière em 1980, Sevylor em 1981, Hurricane and Metzler em 1987.

Finalmente, a Zodiac desenvolveu um negócio de piscinas. A primeira linha de produtos, em 1981, foi baseada na tecnologia de estruturas infláveis, e a Zodiac depois passou – novamente através de aquisições – para piscinas rígidas acima do solo, piscinas modulares no solo, limpadores de piscina e sistemas de purificação de água, acessórios infláveis para praia e colchões de ar.

Em 2003, o total de vendas do grupo Zodiac alcançou € 1,48 bilhão, com um lucro líquido de € 115 milhões. A Zodiac era uma companhia internacional, com presença forte nos Estados Unidos. Estava listada na bolsa de Paris e os rumores de aquisições de poderosos grupos norte-americanos eram frequentes. Porém, a família do fundador, os investidores institucionais, a diretoria e os funcionários tinham juntos 55% das ações.

Bem acima das empresas da área de marinha e lazer, os produtos para aeronaves respondiam por quase 75% da movimentação total do grupo. A Zodiac tinha 40% da participação no mercado mundial de alguns equipamentos para companhias aéreas: por exemplo, os sistemas de energia elétrica do novo Airbus A380 eram produtos Zodiac. Em 2004, a Zodiac chegou até Marte: as sondas da NASA *Spirit* e *Opportunity* estavam equipadas com produtos Zodiac, desenvolvidos por sua subsidiária norte-americana Pioneer Airspace.

Preparado por Frédéric Fréry, ESCP-EAP European School of Management.

Questões

1 Quais eram as bases das sinergias por trás de cada uma das diversificações da Zodiac?

2 Quais são as vantagens e os potenciais perigos de uma base de diversificação como essa?

mo a negócios que não compartilham recursos em nível de unidade operacional. Prahalad e Bettis descreveram esse conjunto de habilidades de controladora corporativa como "lógica dominante do gerenciamento geral" ou simplesmente "lógica dominante".[7] Desse modo, o conglomerado francês LVMH inclui um amplo leque de negócios – de *champanhe*, passando por moda e perfume, e chegando a mídia financeira – que compartilham de muito poucos recursos ou competência. A LVMH cria valor para essas empresas especializadas pela agregação de habilidades controladoras – por exemplo, o apoio de marcas consagradas e o estímulo de pessoal altamente criativo – que são relevantes para todos esses negócios tomados individualmente (veja a Seção 7.4.1).

- O *aumento do poder de mercado* pode ser resultado de uma gama diversificada de negócios. Com várias empresas, uma organização é capaz de sustentar subsídios cruzados para um negócio a partis dos excedentes obtidos de outro, de um modo que não está ao alcance dos concorrentes. Isso propicia a uma organização uma vantagem competitiva para os negócio subsidiados, e o efeito a longo prazo pode expulsar a concorrência, dando à organização um monopólio do qual se podem extrair grandes lucros. Foi esse o temor por trás da recusa da Comissão Europeia em permitir a compra, por U$ 43 bilhões (R$ 75 bilhões), da empresa de controles eletrônicos Honeywell pela General Electric, em 2001. A General Electric poderia equipar seus motores de avião com os equipamentos eletrônicos da Honeywell com um pacote mais barato do que seria possível para as rivais fabricantes do mesmo produto. As fabricantes de aviões e as empresas de aviação poderiam passar a escolher o pacote completo mais barato, o que faria com que as rivais da GE fossem expulsas do negócio – e a empresa então teria o poder de mercado para elevar seus preços sem a ameaça de competição.

Há várias outras razões geralmente relacionadas à diversificação, mas algumas claramente têm menos condições de criar valor e servem ocasionalmente mais aos interesses gerenciais do que aos dos *stakeholders*.

- A *reação a um declínio de mercado* é uma razão comum mas incerta para a diversificação. Pode-se afirmar que a diversificação da Microsoft em jogos eletrônicos como o Xbox – cujo custo apenas de *marketing* consumiu U$ 500 milhões (R$ 870 milhões) – é uma reação ao crescimento lento de seus negócios principais de *software*. Os acionistas provavelmente teriam preferido receber de volta dinheiro do Xbox, deixando a tarefa de fazer jogos para a Sony e a Nintendo, enquanto a Microsoft graciosamente entrava em declínio. A própria empresa defende suas várias diversificações como uma reação necessária para a convergência de mídia eletrônica e de computadores.
- A *distribuição do risco* por uma gama de negócios é outra justificativa para a diversificação. Contudo, a teoria financeira convencional é bastante cética quanto à distribuição de riscos por meio da diversificação de negócios. Segundo essa teoria, os próprios investidores podem diversificar de modo efetivo ao investir em um *portfolio* diversificado de empresas bastante diferentes. Embora os gerentes possam preferir a

segurança de uma ampla gama de negócios, os investidores não precisam que as próprias empresas em que investem também sejam diversificadas – eles preferiram que os gerentes concentrassem seus negócios principais da melhor maneira que puderem. Por outro lado, para empresas privadas nas quais os proprietários têm uma grande proporção de seus recursos imobilizados, pode fazer sentido diversificar os riscos por várias atividades distintas, de modo que, se uma parte enfrentar problemas, o negócio como um todo não seja afetado.

- As *expectativas de stakeholders poderosos*, incluindo a alta gerência, pode algumas vezes resultar em diversificação inadequada. No final dos anos 1990, sob a pressão de analistas de Wall Street para promover crescimento contínuo de receita, a companhia de energia norte-americana Enron se diversificou além de seu interesse principal em comércio de energia para mercadorias como produtos petroquímicos, alumínio e até mesmo largura de banda.[8] Ao satisfazer os analistas a curto prazo, essa estratégia elevou a cotação das ações e permitiu a permanência da alta gerência. Entretanto, logo se soube que muito pouco dessa diversificação havia sido lucrativa, e em 2001 a Enron se desfez na maior falência de toda a história.

A fim de decidir se tais razões fazem ou não sentido e se ajudam ou não no desempenho organizacional, é importante fazer esclarecimentos sobre as diferentes formas de diversificação, especialmente quanto ao grau de conexão (ou a falta de conexão) das unidades de negócios num *portfolio*. As próximas seções examinam a diversificação relacionada e a não relacionada.

7.3.1 Diversificação relacionada

A **diversificação relacionada** é o desenvolvimento corporativo além dos produtos e mercados atuais, mas dentro das capacidades ou da rede de valor das organizações

A **diversificação relacionada** pode ser definida como o desenvolvimento corporativo além dos produtos e mercados atuais, mas dentro das capacidades ou da rede de valor das organizações (veja a Seção 3.4). Por exemplo, a Procter and Gamble e a Unilever são corporações diversificadas, mas na prática todos os seus interesses estão em bens de consumo de movimentação rápida distribuídos entre varejistas. Consequentemente, suas várias empresas se beneficiam da capacidade em pesquisa e desenvolvimento, *marketing* para o consumidor, construção de relações com varejistas poderosos e desenvolvimento de uma marca global.

A rede de valor fornece um modo de examinar os diferentes formatos da diversificação relacionada, como mostra a Figura 7.3.

A **integração vertical** é a integração a montante ou a jusante em atividades adjacentes na rede de valor

A **integração a montante** é o desenvolvimento de atividades relacionadas com os dados de entrada ligados aos negócios atuais da empresa

A **integração a jusante** é o desenvolvimento de atividades relacionadas aos resultados da empresa

- A **integração vertical** descreve a integração a montante ou a jusante em atividades adjacentes na rede de valor. A **integração a montante** refere-se ao desenvolvimento de atividades relacionadas com os dados de entrada ligados aos negócios atuais da empresa (ou seja, que estão mais para trás na rede de valor). Por exemplo, a aquisição de um fornecedor de componentes por um fabricante de veículos seria diversificação relacionada por meio da integração a montante. A **integração a jusante** refere-se ao desenvolvimento de atividades relacionadas aos resultados da empresa (ou seja, estão mais para frente no rede de valor): para um fabricante de veículos, isso pode ser distribuição, assistência técnica e serviços.

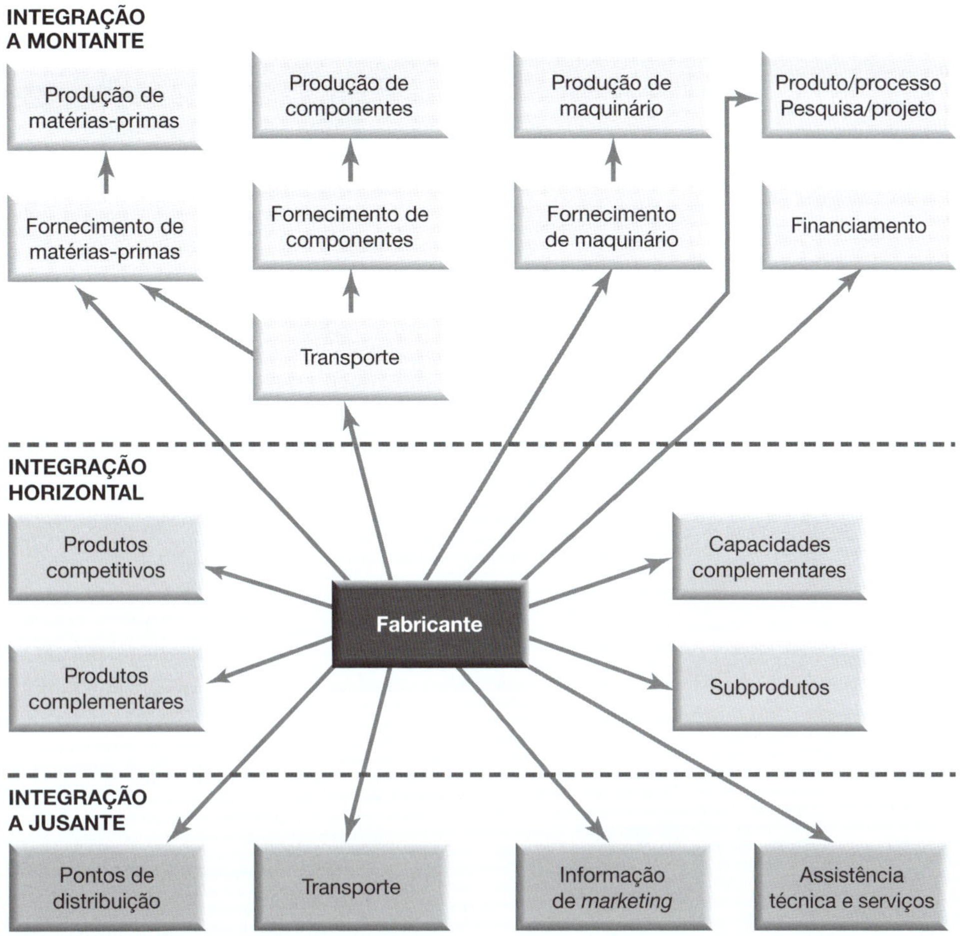

Observação: Algumas empresas fabricam componentes ou itens semiacabados. Nesses casos, haverá oportunidade de integração adicional em montagem ou fabricação de produto acabado.

FIGURA 7.3 Opções de diversificação relacionada para um fabricante.

- A **integração horizontal** é o desenvolvimento de atividades que complementam as atividades atuais. Por exemplo, o Google, uma empresa de pesquisa na Internet, ampliou-se horizontalmente em notícias, imagens e mapas, entre outros serviços (outro exemplo é a Zodiac – veja o Exemplo 7.2).

A **integração horizontal** é o desenvolvimento de atividades que complementam as atividades atuais.

É importante reconhecer que as capacidades e os elos de valor são distintos. Um elo através da cadeia de valor não implica necessariamente na existência de capacidades. Por exemplo, no final dos anos 1990, alguns fabricantes de veículos passaram a fazer a integração a jusante na área de assistência técnica e serviços, seguindo uma lógica da rede de valor. Os fabricantes de automóveis pensaram que podiam criar valor usando elos para frente para assegurar uma melhor experiência total do consumidor com seus carros. Entretanto, rapidamente perceberam que isso envolvia capacidades muito diferentes: a fabricação não se daria em grandes fábricas, mas seria em várias pequenas unidades espalhadas. No final, a ausência de capacidades relevantes foi mais importante do que o potencial dos elos da rede de valor, e os fabricantes de veículos desistiram dessas iniciativas de integração a jusante. As sinergias são sempre mais difíceis de identificar e mais caras de extrair na prática do que os gerentes gostam de admitir.[9]

Também é importante reconhecer que as relações tem desvantagens em potencial A diversificação relacionada pode ser problemática por pelo menos duas razões:

- o *tempo e o custo* envolvidos na alta gerência em *nível corporativo* para tentar assegurar que os benefícios da relação sejam atingidos por meio de compartilhamento ou transferência entre unidades de negócios;
- a *complexidade da unidade de negócios*, quando os gerentes das unidades de negócio atendem as necessidades de outras unidades de negócios, talvez compartilhando recursos ou ajustando estratégias de *marketing*, em vez de se concentrarem exclusivamente nas necessidades de sua própria unidade.

Em resumo, uma simples declaração como "o relacionamento faz a diferença" precisa ser questionada.[10] Embora existam evidências de que pode haver efeitos positivos no desempenho (veja 7.3.3), é necessário pensar cuidadosamente em cada decisão individual de diversificação sobre o que relacionamento significa e o que gera benefícios de desempenho.

7.3.2 Diversificação não relacionada

A **diversificação não relacionada** é o desenvolvimento de produtos ou serviços além das capacidades e da rede de valores atuais

Se a diversificação relacionada envolve desenvolvimento dentro das capacidades atuais ou da rede de valor atual, a **diversificação não relacionada** é o desenvolvimento de produtos ou serviços além das capacidades ou da rede de valores atuais. A diversificação não relacionada é sempre descrita como uma estratégia de conglomerado. Como não há economias de escopo óbvias entre as diferentes empresas, mas há um custo óbvio do escritório central, o preço das ações de companhias com diversificação não relacionada sempre sofre do chamado "desconto de conglomerado" – em outras palavras, uma valorização mais baixa do que cada empresa teria individualmente. Em 2003, o conglomerado francês Vivendi-Universal, com interesses que vão desde serviços de utilidade pública, passando por telefonia celular, até telefonia celular e mídia, tinha suas ações comercializadas com um desconto estimado de 15 a 20%. Naturalmente, os acionistas estavam pressionando a diretoria para dividir o conglomerado em partes mais valorizadas.

Contudo, a questão contra os conglomerados pode ser exagerada e há certamente vantagens em potencial na diversificação não relacionada em algumas condições:

- A *exploração da lógica dominante*, mais do que as relações operacionais concretas, pode ser uma fonte de valorização do conglomerado. No caso da Berkshire Hathaway (veja o Exemplo 7.3), um investidor habilidoso como Warren Buffet – o chamado Oráculo de Omaha e um dos

Exemplo 7.3

Berkshire Hathaway Inc.

Um gerente de portfolio pode tentar administrar um conjunto altamente diverso de unidades de negócios em nome de seus acionistas.

O presidente da Berkshire Hathaway é Warren Buffett, um dos homens mais ricos do mundo, e Charles Munger é vice-presidente. Os negócios no *portfolio* são altamente diversos. Há empresas de seguros, incluindo a GEICO, a sexta maior seguradora de automóveis nos EUA, fabricante de carpetes, produtos para construção, roupas e calçados. Há empresas de serviços (treinamento de operadores de aeronaves e navios), varejo de móveis para casa, joias, um jornal diário e um dominical e a maior empresa de vendas diretas de produtos para o lar nos Estados Unidos.

O relatório anual da Berkshire Hathaway (2002) traz informações sobre suas bases e sua administração. Warren Buffett explica como ele e seu vice-presidente administram a empresa.

Charlie Munger e eu pensamos em nossos acionistas como sócios-proprietários e em nós mesmos como sócios-gerentes. (Devido ao volume de nossas ações, também somos, para o bem ou para o mal, sócios-controladores.) Não vemos a companhia em si como a dona final de nossos ativos empresariais, mas vemos a companhia como um condutor através do qual nossos acionistas possuem os ativos... Nossa meta econômica de longo prazo... é maximizar o índice anual médio de ganho da Berkshire em valor intrínseco por ação. Não medimos a importância econômica ou o desempenho da Berkshire por seu tamanho; medimos pelo progresso por ação.

Nossa preferência seria alcançar nossa meta possuindo diretamente um grupo diversificado de empresas que gerasse dinheiro e tivesse retorno sobre capital consistentemente acima da média. Nossa segunda opção é possuir partes de empresas similares, alcançada principalmente através da compra de ações comuns comercializáveis por nossas subsidiárias de seguro... Charlie e eu estamos interessados apenas em aquisições que acreditamos que vão aumentar o valor intrínseco por ação da Berkshire.

Qualquer que seja o preço, não temos interesse algum em vender quaisquer das boas empresas que a Berkshire possui. Também relutamos muito em vender empresas com desempenho abaixo do esperado, desde que elas gerem pelo menos algum dinheiro e desde que estejamos satisfeitos com seus gerentes e com as relações de trabalho... Jogar com o desempenho gerencial (desfazendo-se da empresa menos promissora do momento) não é nosso estilo. Preferimos penalizar um pouco nosso resultado geral a adotar esse tipo de comportamento.

Buffett depois explica como eles administram suas empresas subsidiárias:

... delegamos até quase o ponto da abdicação: embora a Berkshire tenha cerca de 45.000 funcionários, somente 12 deles estão no escritório central... Charlie e eu atendemos principalmente as alocações de capital e cuidamos de nossos principais gerentes. A maioria desses gerentes fica mais feliz quando é deixado livre para administrar seus negócios e é geralmente isso que fazemos. Isso os coloca como responsáveis por todas as decisões operacionais e por despachar o excesso de caixa que geram para o escritório central. Ao enviar esse caixa para nós, eles não se distraem com preocupações que teriam se fossem responsáveis pela disposição do dinheiro que suas empresas geram. Além disso, Charlie e eu estamos expostos a um leque muito mais amplo de possibilidades para investir esse dinheiro do que qualquer gerente poderia estar em seu próprio segmento.

Fonte: Relatório anual da Berkshire Hathaway, 2002.

Questões

1 Os negócios da Berkshire Hathaway são muito diversos, mas não incluem empresas de alta tecnologia. Quais são os possíveis motivos para isso, considerando o estilo de gestão de subsidiárias?

2 Usando a lista de verificação explicada na Seção 7.4, sugira como e por que meios a Berkshire Hathaway pode ou não agregar valor para seus acionistas.

homens mais ricos do mundo – pode conseguir agregar valor às diversas empresas dentro de sua lógica dominante.[11] A Berkshire Hathaway inclui empresas em diferentes áreas de atuação e de produção, seguros, distribuição e varejo, mas Buffet concentra-se em empresas maduras que ele possa compreender e em cujos gerentes possa confiar. Durante o *boom* do comércio eletrônico do final dos anos 1990, Buffet deliberadamente evitou comprar empresas de alta tecnologia porque sabia que elas estavam fora de sua lógica dominante.

- *Países com mercados subdesenvolvidos* podem ser terreno fértil para conglomerados. Onde quer que o capital externo e os mercados de trabalho ainda não funcionem bem, os conglomerados oferecem um mecanismo de substituição para capital de alocação e desenvolvimento ou para talento gerencial dentro de seus próprios limites organizacionais. Por exemplo, os conglomerados coreanos (os *chaebol*) foram bem-sucedidos na fase de crescimento rápido da economia de seu país em parte porque conseguiram mobilizar investimentos e desenvolver gerentes de modo que as companhias individuais na Coreia do Sul tradicionalmente não conseguiam. Além disso, a forte coesão cultural entre os gerentes nesses *chaebol* reduz os custos de coordenação e monitoramento que poderiam ser necessários num conglomerado ocidental, em que os gerentes poderiam ser menos confiávies.[12] O mesmo pode acontecer atualmente em economias de crescimento acelerado que ainda não desenvolveram plenamente os mercados de trabalho e de capital.

Também é importante reconhecer que a distinção entre diversificação relacionada e não relacionada é frequentemente uma questão de grau. Como no caso da Berkshire Hathaway, embora haja poucas relações operacionais entre as empresas participantes, há uma relação em termos de exigências semelhantes da controladora. Como no caso dos fabricantes de veículos que diversificaram para frente em negócios aparentemente relacionados como assistência técnica e serviços, as relações operacionais podem acabar se mostrando menos valiosas do que à primeira vista. A fronteira entre diversificação relacionada e não relacionada é tênue e é fácil se deixar levar pela do tipo relacionada.

7.3.3 Diversificação e desempenho

Como a maioria das empresas atualmente é diversificada, mas também porque algumas vezes a diversificação pode ser de interesse próprio dos gerentes, muitos acadêmicos e legisladores preocupam-se em determinar se as companhias diversificadas realmente têm um desempenho melhor do que as companhias não diversificadas. Afinal de contas, seria bastante problemático se as grandes corporações estivessem diversificando apenas para distribuir o risco entre os gerentes, para manter postos administrativos nas empresas em declínio ou para preservar a imagem do crescimento, como no caso da Enron.

As pesquisas de diversificação tiveram como resultado generalizado a descoberta de alguns benefícios de desempenho: as *empresas com diversificação relacionada* tiveram desempenho melhor do que aquelas que permaneceram *especializadas* e do que aquelas que se desenvolveram através de *diversificação não relacionada*.[13] Em outras palavras, a relação entre diversificação e desempenho tende a apresentar a forma de um "U" invertido (ou de cabeça para baixo), como na Figura 7.4. A implicação é que um pouco de diversificação é bom – mas sem exagero.

Porém, esses exames de desempenho produzem médias estatísticas. Algumas estratégias de diversificação relacionada fracassam – como no caso da in-

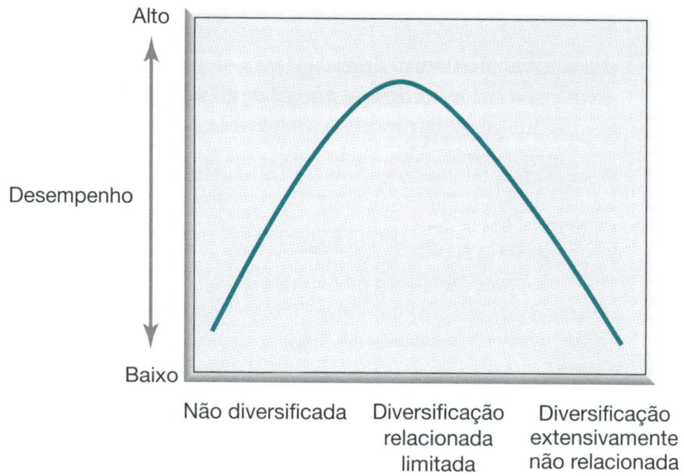

FIGURA 7.4 Diversidade e desempenho.

tegração vertical dos fabricantes de veículos –, ao passo que alguns conglomerados são bem-sucedidos – como no caso da Berkshire Hathaway. A oposição à diversificação não relacionada não é sólida, e lógicas dominantes efetivas ou contextos nacionais específicos podem tomar parte em seu favor. A conclusão dos estudos de desempenho é que, embora a diversificação relacionada se saia melhor do que a não relacionada, qualquer estratégia de diversificação precisa de exames rigorosos sobre seus méritos particulares.

7.4 CRIAÇÃO DE VALOR E A CONTROLADORA CORPORATIVA

Dados os incertos benefícios da diversificação, é claro que algumas controladoras corporativas não agregam valor. Em 2006, dois grandes conglomerados norte-americanos, a Tyco e a Cendant, decidiram separar-se voluntariamente, reconhecendo que suas unidades de negócios subsidiárias seriam mais valiosas separadas do que sob seu controle mútuo. No setor público também acontece o mesmo: unidades como escolas ou hospitais recebem cada vez mais liberdade de suas autoridades controladoras, já que a independência é considerada mais efetiva. Esta seção examina como as controladoras corporativas podem tanto agregar quanto destruir valor e analisa três diferentes abordagens de controle que podem ser efetivas.

7.4.1 Atividades das controladoras corporativas que agregam valor e que destroem valor[14]

Qualquer controladora corporativa precisa demonstrar que é capaz de agregar mais valor do que custos. Isso se aplica tanto às organizações comerciais quanto às do setor público. Para estas últimas, privatização e terceirização parecem ser a consequência da impossibilidade de mostrar valor. As empresas cujas ações são comercializadas livremente nas bolsas enfrentam um desafio ainda maior: devem demonstrar que criam mais valor do que qualquer outra controladora corporativa rival é capaz de criar. O fracasso em fazê-lo pode levar a uma aquisição hostil ou a uma dissolução (veja a provável dissolução da Cadbury Schweppes no Exemplo 7.4). As empresas rivais que se consideram capazes de valorizar mais as unidades de negócios podem fazer ofertas pelas ações da companhia, na expectativa de administrar melhor os negócios ou vendê-los para outras controladoras em potencial. Se a oferta do rival é mais atraente e crível do que aquilo que a controladora atual pode prometer, os *stakeholders* irão apoiá-los à custa do gerenciamento encarregado do negócio.

Neste caso, a competição acontece entre diferentes controladoras corporativas pelo direito de posse e controle dos negócios. No mercado competitivo pelo controle dos negócios, as controladoras corporativas devem mostrar que dispõem de "vantagem de controle", do mesmo modo que as unidades de negócios devem demonstrar que têm vantagem competitiva. Elas devem demonstrar que são as melhores controladoras para o negócio em seu poder. Desse modo, devem ter uma abordagem bastante clara sobre como irão criar valor. Na prática, entretanto, muitas das suas atividades podem ser destruidoras bem como criadoras de valor.

Atividades que agregam valor[15]

Há quatro tipos principais de atividade por meio das quais uma controladora corporativa pode agregar valor.

- *Visão*. A controladora corporativa pode estabelecer uma clara visão geral ou um objetivo estratégico para suas unidades de negócio.[16] Esta visão deve guiar e motivar os gerentes das unidades de negócio a fim de maximizar o desempenho corporativo através do comprometimento com um propósito comum. A visão também deve dar aos *stakeholders* uma *clara imagem externa* sobre o que a organização é como um todo: isso pode tranquilizá-los quanto às bases para ter uma estratégia diversificada em primeiro lugar. Finalmente, uma visão clara dá uma *disciplina* à controladora corporativa para que ela não se desvie em direção a atividades inadequadas ou assuma custos desnecessários.
- *Instrução e facilitação*. A controladora corporativa pode auxiliar os gerentes das unidades de negócios a *desenvolver capacidades estratégicas*, instruindo-os a aprimorar suas habilidades e melhorar sua confiança. Eles também poderão facilitar a cooperação e a coordenação entre as unidades de negócios, melhorando assim as sinergias do interior da mesma organização corporativa. Os cursos de gerenciamento corporativo são meios efetivos de atingir tais objetivos, levando os gerentes através das empresas para adquirir habilidades administrativas que também dão a eles oportunidade de estabelecer relações uns com os outros e detectar oportunidades para cooperação.
- *Fornecer serviços e recursos centrais*. O centro é obviamente um fornecedor de capital para *investimento*. O centro também pode fornecer

Exemplo 7.4

Um negócio doce para Nelson Peltz?

Financistas podem ganhar dinheiro com corporações muito diversificadas, e gerentes precisam reagir.

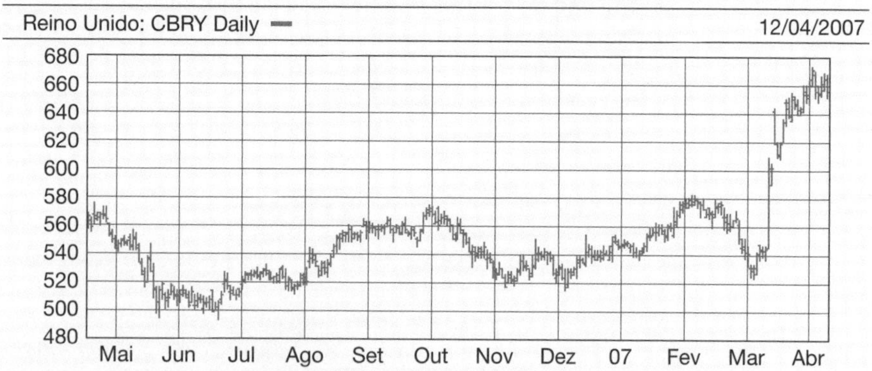

QUADRO 1 Preço das ações da Cadbury Schweppes, 2006-2007.

Fonte: www.bigcharts.com. Marketwatch. Disponibilizado *on-line* por BigCharts.com. Copyright 2007 de Dow jones & Company, Inc. Reproduzido com a permissão da Dow Jones & Company, Inc. no formato Livro Didático através do Copyright Clearance Center.

Em março de 2007, o financista norte-americano Nelson Peltz usou seu fundo de cobertura Trian Fund Management LP para adquirir 3% da Cadbury Schweppes PLC. Peltz era conhecido com um acionista ativista, o qual gostava de extrair o máximo de valor ao acionista pressionando a gerência ou desmanchando grupos de baixo desempenho. Alguns dias após isso, o preço das ações da Cadbury Schweppes subiu 15% (ver Quadro 1).

Desde 1969, a Cadbury Schweppes tinha combinado o chocolate e o negócio de doces e confeitos da companhia Cadbury original (fundada em 1824) com o negócio das bebidas gaseificadas da Schweppes (fundada em 1790). As principais marcas de doces da Cadbury incluíam Dairy Milk, Creme Eggs e o chiclete Dentyne. A empresa era a maior produtora de doces do mundo, com 10% do mercado, logo à frente da Mars e da Nestlé. A Schweppes era dona dos refrigerantes 7 Up e Dr Pepper, bem como das bebidas Schweppes originais. Porém, em seu principal mercado dos Estados Unidos, ainda estava em um distante terceiro lugar em relação à Coca-Cola e à PepsiCo, que juntas representavam 75% do mercado de bebidas gaseificadas. A gerência da Cadbury Schweppes estava investindo substancialmente no ramo das bebidas, tendo adquirido duas grandes estações de engarrafamento durante o ano de 2006. Todd Stitzer, o CEO da Cadbury Schweppes, tinha desempenhado um papel importante na aquisição da Dr Pepper e da 7 Up em 1995.

Dois dias após o anúncio da participação de Peltz, a Cadbury Schweppes anunciou que estava considerando ativamente a separação de sua empresa de bebidas. As opções examinadas para a empresa de bebidas incluíam: fazer dela uma empresa independente; simplesmente vender a empresa para outra empresa ou fundo de capital de risco; e negociar uma parte minoritária da empresa e, ao longo do tempo, ir vendendo as outras ações.

Pouco depois, começaram a surgir rumores de uma possível fusão entre a Cadbury Schweppes e a Hershey, a fábrica de doces norte-americana com mais de 5% do mercado mundial de doces. Esse negócio daria ao conglomerado liderança em relação a seus concorrentes e substancial influência sobre varejistas poderosos. A Cadbury era fraca no mercado norte-americano de doces, enquanto a Hershey era fraca na Europa.

Fontes: Wall Street Journal e *Financial Times*, várias datas

Questões

1. Por que o preço das ações da Cadbury Schweppes se comportou como se comportou?
2. Por que você acha que a Cadbury Schweppes não tinha agido mais cedo em relação à opção de separação?

serviços centrais, como informações de tesouraria, impostos e recursos humanos, que, centralizados, podem ter *escala suficiente* para serem eficientes e estabelecer *perícias relevantes*. Os serviços centralizados geralmente têm maior *alavancagem*: por exemplo, a combinação das compras de unidades de negócios separadas aumenta seu poder de compra para insumos compartilhados, como energia. Essa alavancagem podem ser útil em corretagem com associações externas, como reguladores governamentais ou outras empresas em alianças de negociação. Finalmente, o centro pode ter um papel importante em administrar as perícias em toda a organização, como, por exemplo, na transferência de gerentes através das unidades de negócios ou pela criação de sistemas compartilhados de *gerenciamento de conhecimento*.

- *Intervenção*. Por fim, a controladora corporativa pode também intervir nas unidades de negócios para melhorar seu desempenho. A controladora corporativa deve ser capaz de *monitorar* rigorosamente o desempenho das unidades de negócios e *melhorar seu desempenho* através da substituição de gerentes menos capazes ou pelo apoio a esses gerentes para reviravoltas em seus negócios. A controladora também pode *desafiar e desenvolver* as ambições estratégica das unidades de negócios; assim as empresas de desempenho satisfatório são encorajadas a se saírem ainda melhor.

Atividades destruidoras de valor

No entanto, também há três modos pelos quais a controladora corporativa pode inadvertidamente destruir valor:

- *Aumento dos custos de gerenciamento*. De forma simples, o pessoal e as instalações do centro corporativo são caros. O centro corporativo geralmente conta com os gerentes mais bem pagos e os escritórios mais luxuosos. São as empresas de verdade que têm de gerar os rendimentos para pagar por aquilo. Se seus custos são maiores do que o valor que criam, então os gerentes do centro corporativo formam uma rede de destruição de valor.
- *Aumento da complexidade burocrática*. Do mesmo modo que os custos financeiros, há um "nevoeiro burocrático" criado por uma camada adicional de gerenciamento e a necessidade de coordenar com empresas irmãs. Isso geralmente diminui a responsabilidade dos gerentes para com os problemas e leva a compromissos entre os interesses dos negócios individuais.
- *Desconhecimento do desempenho financeiro*. Um perigo em empresas amplamente diversificadas é que o baixo desempenho de empresas fracas pode permanecer desconhecido. Empresas fracas podem receber subsídios cruzados das mais fortes. Internamente, a possibilidade de ocultar o fraco desempenho diminui os incentivos para os gerentes das unidades de negócios se esforçarem ao máximo por seus negócios: eles dispõem de uma rede controladora de segurança. Externamente, os *stakeholders* e os analistas financeiros não podem julgar facilmente o desempenho das unidades individuais na corporação como um todo. Os preços das ações das empresas diversificadas geralmente caem porque os acionistas preferem as empresas de atividade exclusiva, em que o fraco desempenho não pode ser ocultado.

Esses perigos sugerem caminhos claros para as controladoras corporativas que desejam evitar a destruição de valor. Elas devem manter os olhos abertos para os custos centrais, tanto financeiros quanto burocráticos, assegurando que não são mais necessários à sua estratégia corporativa. Também devem fazer todo o possível pela transparência financeira, de modo que as unidades de negócios permaneçam sobre pressão para obter desempenho e os acionistas fiquem confiantes que não haja desastres ocultos.

Além de tudo, há várias maneiras pelas quais as controladoras corporativas podem agregar valor. É difícil, sem dúvida, perseguir todas elas – e alguma são difíceis de combinar com outras. Por exemplo, uma controladora corporativa que faça um grande trabalho de intervenção de cima para baixo não tem muita oportunidade de ser considera por seus gerentes como instrutora ou facilitadora útil. Os gerentes das unidades de negócios irão se concentrar em maximizar seu próprio desempenho individual em vez de procurar maneiras de cooperar com outros gerentes para o bem comum. Por essa razão, os papéis da controladora corporativa tendem a se ajustar em três tipos principais, cada qual coerente em si mesmo, mas distinto dos outros.[17] Esses três tipos de papéis de controladoras corporativas estão resumidos na Figura 7.5.

7.5 AS MATRIZES DE *PORTFOLIO*

A discussão na Seção 7.4 foi sobre as base que as controladoras corporativas devem dotar para o gerenciamento de uma organização multiempresas.

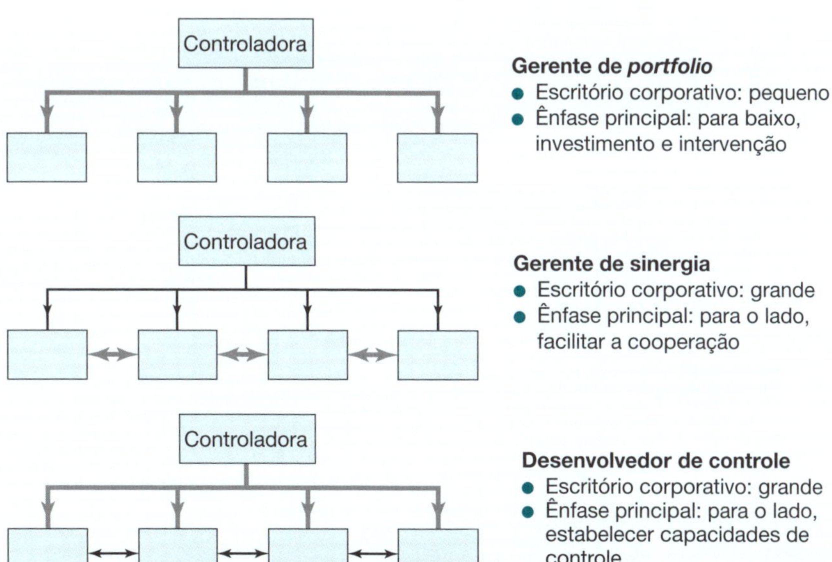

Fonte: Adaptado de M. Goold, A. Campbell and M. Alexander, *Corporate Leves Strategy*, Wiley, 1994.

FIGURA 7.5 Gerentes de *portfolio*, gerentes de sinergia e desenvolvedores de controle.

Esta seção apresenta dois modelos por meio dos quais os gerentes podem administrar as várias partes de seu *portfolio* de outro modo, ou agregar e diminuir unidades de negócios no *portfolio*. Cada modelo relaciona-se com dois critérios básicos:

- o *equilíbrio do portfolio*, por exemplo em relação a seus mercados e às necessidades da corporação.
- a *atratividade* das unidades de negócios em termos de o quanto são fortes individualmente e o quão lucrativos seus mercados e indústrias devem ser.

7.5.1 A matriz de crescimento/participação (ou BCG)[18]

Uma das formas mais comuns e mais antigas de conceber o equilíbrio de um *portfolio* de empresas é a matriz do Boston Consulting Group (BCG). Aqui a participação no mercado e o crescimento do mercado são variáveis importantes para determinar a atratividade e o equilíbrio. Alta participação no mercado e alto crescimento indicam, é claro, atratividade. Entretanto, a matriz BCG também alerta que o alto crescimento demanda grande investimento – por exemplo, para expandir a capacidade ou desenvolver marcas. Precisa haver um equilíbrio no *portfolio*, de modo que alguns negócios de crescimento lento que estejam fornecendo rendimentos suficientes para suprir as necessidades de investimento em negócios de crescimento mais alto.

Os eixos da crescimento/participação da matriz BCG definem quatro tipos de negócios:

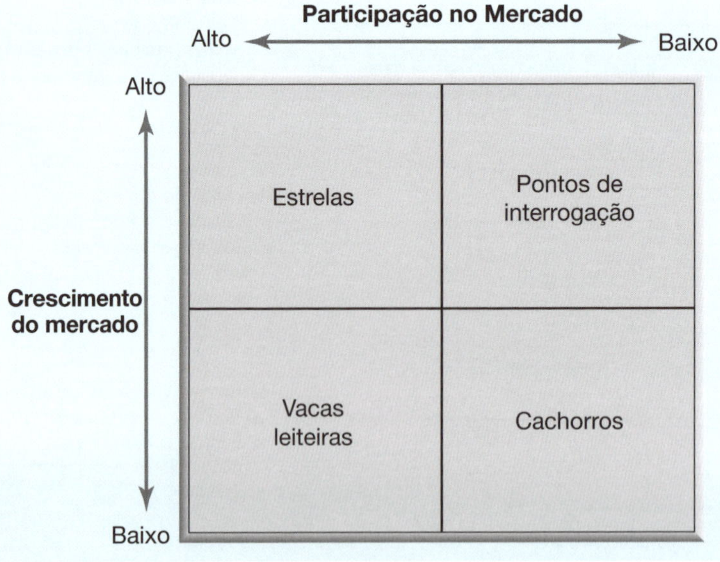

FIGURA 7.6 A matiz de crescimento/participação (ou BCG).

- Uma **estrela** é uma unidade de negócios que tem alta participação em um mercado em crescimento. A unidade de negócio pode estar gastando muito para ganhar esse crescimento, mas a alta participação no mercado devem prover lucros suficientes para a sua autossuficiência em termos de necessidades de investimento.

Uma **estrela** é uma unidade de negócios que tem alta participação num mercado em crescimento

- Um **ponto de interrogação** (ou criança-problema) é uma unidade de negócios num mercado em crescimento, mas sem alta participação no mercado. Desenvolver pontos de interrogação até que virem estrelas com alta participação no mercado requer investimentos pesados. Muitos pontos de interrogação não conseguem se desenvolver; por isso, a BCG aconselha as controladoras corporativas a estimular vários por vez. É importante assegurar que alguns pontos de interrogação se desenvolvam em estrelas, já que as estrelas cedo ou tarde se transformam em vacas leiteiras, que podem entrar em declínio e virar cachorros.

Um **ponto de interrogação** (ou criança-problema) é uma unidade de negócios num mercado em crescimento, mas sem alta participação no mercado

- Uma **vaca leiteira** é uma unidade de negócios com alta participação num mercado maduro. Entretanto, devido ao crescimento lento, as necessidades de investimento são menores, embora a grande participação no mercado indique que a unidade de negócios deva ser rentável. A vaca leiteira deve então ser um fornecedor de dinheiro, auxiliando o financiamento de pontos de interrogação.

Uma **vaca leiteira** é uma unidade de negócios com alta participação num mercado maduro

- **Cachorros** são unidades de negócios com baixa participação em mercados estáticos ou em declínio e, consequentemente, a pior de todas as combinações. Podem ser um escoadouro de dinheiro e utilizar uma quantidade desproporcional de tempo e recursos da empresa.

Cachorros são unidades de negócios com baixa participação em mercados estáticos ou em declínio

A matriz de crescimento/participação tem várias vantagens. Ela fornece um bom modo de visualizar as diferentes necessidades e o potencial de todos os diversos negócios no *portfolio* corporativo. Além disso, alerta as controladoras corporativas sobre demandas financeiras do que de outro modo pareceria um *portfolio* desejável de negócios de alto crescimento. Também lembra as controladoras corporativas que as estrelas provavelmente irão desaparecer. Por fim, dá uma disciplina útil para os gerentes das unidades de negócio, ressaltando o fato de que a controladora corporativa detém os recursos excedentes finais que eles geram e pode alocá-los da melhor maneira para a corporação como um todo. As vacas leiteiras não devem reunir seus lucros. Ademais, os recursos excedentes podem não ser apenas fundos de investimento; a controladora corporativa também pode realocar os gerentes das unidades de negócios que são completamente utilizados graças ao crescimento lento das vacas leiteiras ou dos cachorros.

Entretanto, há ao menos três problemas em potencial com a matriz BCG:

- *Incerteza quanto à definição.* Pode haver dificuldades para decidir o que exatamente podem significar alto ou baixo crescimento/participação numa determinada situação. Geralmente os gerentes se mostram prontos para definir a si mesmos como "alta participação", descrevendo seus mercados de maneira muito limitada (ignorando, por exemplo, mercados internacionais relevantes).
- *Hipóteses de mercados de capital.* A noção de que a controladora corporativa precisa de um *portfolio* equilibrado para investimento financeiro

a partir de fontes internas (vacas leiteiras) indica que o capital não pode ser obtido em mercados externos, como, por exemplo, pela emissão de ações ou por empréstimos. A noção de *portfolio* equilibrado pode ser mais relevante em países em que os mercados de capital são subdesenvolvidos ou em empresas privadas que desejem diminuir a dependência de acionistas externos ou bancos.

- *Crueldade com animais.* Vacas leiteiras e cachorros recebem tratamento mesquinho: as primeiras sendo simplesmente ordenhadas; os segundos, sacrificados ou expulsos da corporação. Esse tratamento pode causar *problemas de motivação*, com os gerentes nessas unidades não vendo sentido em trabalhar duro para o ganho de outras empresas. Também há o perigo da *profecia autorrealizável.* As vacas leiteiras irão se tornar cachorros ainda mais rapidamente do que o modelo espera se forem apenas ordenhadas e o investimento adequado for negado. Por fim, a noção de que um cachorro podem ser simplesmente vendido ou sacrificado também indica que *não há laços com as outras unidades de negócios* no *portfolio*, cujo desempenho pode depender parcialmente em manter o cachorro vivo. Essa abordagem de *portfolio* funciona melhor para estratégias de conglomerado, em que os desinvestimentos ou encerramentos têm menor possibilidade de causar efeitos indiretos nas outras partes do *portfolio.*

7.5.2 A matriz de política direcional (GE-McKinsey)

Outra forma de considerar o *portfolio* de uma empresas é através da *matriz de política direcional*,[19] que categoriza as unidades de negócios em unidades com bom potencial e unidades com potencial não tão bom. A matriz foi desenvolvida originalmente pela McKinsey & Co. para ajudar o conglomerado norte-americano da General Electric a gerenciar seu *portfolio* de unidades de negócios. Especificamente, a **matriz de política direcional** posiciona as unidades de negócio segundo (a) a atratividade do mercado relevante no qual elas operam e (b) a força competitiva da UEN (Unidade Estratégica de Negócios) naquele mercado. A atratividade pode ser identificada pela análise PESTEL, ou das cinco forças; a força das unidades de negócios pode ser definida pela análise de competidor (por exemplo, o quadro estratégico): veja o Capítulo 2. Alguns analistas também decidem mostrar graficamente o tamanho do mercado para uma determinada unidade de negócios, e até a participação de mercado daquela unidade, como mostrado na Figura 7.7. Por exemplo, os gerentes de uma empresa com o *portfolio* da Figura 7.7 estarão preocupados por ter participação relativamente baixa no mercado maior e mais atrativo, enquanto sua maior força está num mercado com atratividade média e em mercados menores, como pouca atratividade a longo prazo.

A **matriz de política direcional** posiciona as unidades de negócio segundo (a) a atratividade do mercado relevante no qual elas operam e (b) a força competitiva da UEN naquele mercado

A matriz também fornece uma maneira de analisar estratégias apropriadas em nível corporativo, de acordo com o posicionamento das unidades e negócios, como mostra a Figura 7.4. Ela sugere que as empresas com potencial de crescimento mais alto e com mais força são aquelas nas quais se deve investir para crescer. Outras, que são mais fracas e estão em mercados menos atraentes, devem ser vendidas ou "colhidas" (ou seja, usadas para gerar o máximo possível de caixa antes de serem vendidas ou fechadas).

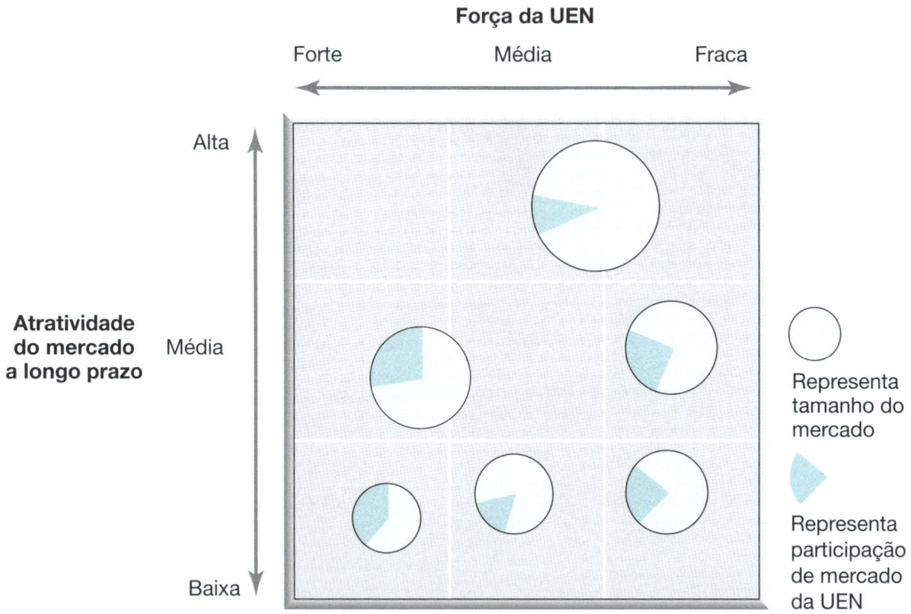

FIGURA 7.7 Matriz de política direcional (GE-McKinsey).

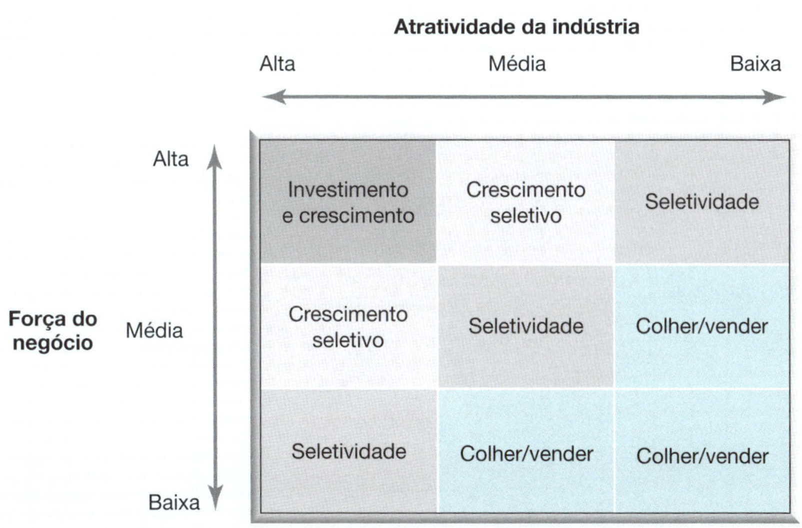

FIGURA 7.8 Diretrizes de estratégia baseadas na matriz de política direcional.

A matriz de política direcional é mais complexa do que a matriz BCG. Entretanto, pode apresentar duas vantagens. A primeira é que, ao contrário da matriz BCG mais simples, de quatro blocos, as nove células da matriz de política direcional reconhece a possibilidade de um meio termo intrincado. Nesse caso os gerentes devem ser cuidadosamente seletivos. Nesse sentido, a matriz de política direcional é menos mecanicista do que a matriz BCG, encorajando o debate franco em casos menos nítidos. Em segundo lugar, os dois eixos da matriz de política direcional não se baseiam em medidas simples (ou seja, participação no mercado e crescimento do mercado). A força dos negócios pode derivar de vários outros fatores além da participação no mercado, e a atratividade da indústria não se concentra apenas nas suas taxas de crescimento. Por outro lado, a matriz de política direcional compartilha de alguns problemas com a matriz BCG, particularmente em relação às definições incertas, hipóteses de mercado de capital, motivação e profecias autorrealizáveis. Acima de tudo, porém, o valor da matriz é ajudar os gerentes a investir nos negócios com maior probabilidade de compensação.

RESUMO

- Muitas corporações abrangem várias – às vezes, excessivas – unidades de negócios. As decisões acima do nível das unidades de negócios são o foco daquilo que é chamado neste capítulo de *controladora corporativa.*
- A estratégia corporativa trata de decisões da controladora corporativa sobre (a) o *alcance do produto e do mercado*, e (b) como se busca *agregar valor* ao que é criado pelas unidades de negócios.
- A diversidade de produtos geralmente é considerada em termos de diversificação *relacionada* e *não relacionada.*
- O desempenho tende a decair se as organizações tornarem-se muito diversificadas, ou não relacionadas, em suas unidades de negócios.
- As controladoras corporativas podem tentar agregar valor adotando diferentes *papéis de controle*: o gerente de *portfolio*, o gerente de sinergia ou o desenvolvedor de controle.
- As controladoras corporativas podem destruir valor bem como criá-lo, e devem estar prontas para *desinvestir* em unidades para as quais não conseguem agregar valor.
- A matriz BCG e a matriz direcional são úteis para auxiliar as controladoras corporativas a gerenciar o equilíbrio e a atratividade total de seus *portfolios* de negócios.

Leituras básicas recomendadas

- Uma discussão acessível sobre direções estratégicas se encontra em A. Campbell and R. Park, *The Growth Gamble: When leaders should bet on big new businesses*, Nicholas Brealey, 2005.
- M. Goold and K. Luchs, 'Why diversify: four decades of management thinking' in D. Faulkner and A. Campbell (eds), *The Oxford Handbook of Strategy*, vol. 2, Oxford University Press, pp. 18–42, em que se encontra uma visão geral competente sobre a opção de diversificação ao longo do tempo.
- Um resumo das diferentes análises de *portfolio* se encontra em D. Faulkner, 'Portfolio matrices', in V. Ambrosini (ed.), *Exploring Techniques of Analysis and Evaluation in Strategic Management*, Prentice Hall, 1998.

Referências

1. Esta figura é uma extensão da matriz produto/mercado. Veja H.I. Ansoff, *Corporate Strategy*, 1988, chapter 6. A matriz de Ansoff foi posteriormente desenvolvida no modelo abaixo:

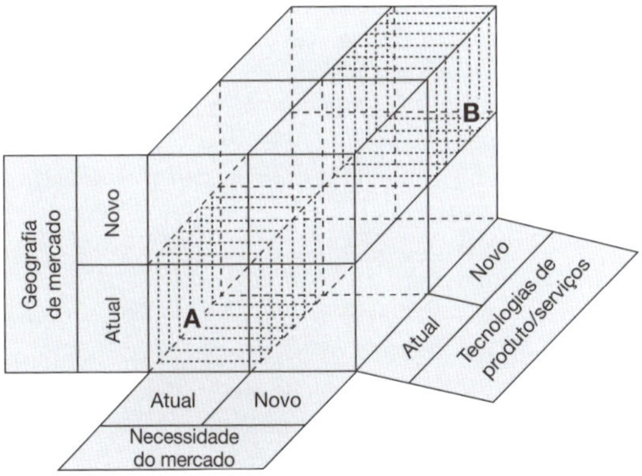

Fonte: H. Ansoff, *The New Corporate Strategy*, Wiley, 1988.

2. Para a autoridade reguladora de concorrência da Comissão Europeia, veja ec.europa.eu/comm/competition; para Comissão de Concorrência do Reino Unido, veja www.competition-commission.org.uk.
3. Veja, por exemplo, J. Huang, M. Enesi, and R. Galliers, 'Opportunities to learn from failure with electronic commerce: a case study of electronic banking', *Journal of Information Technology*, vol. 18, no. 1 (2003), pp. 17–27.
4. Para exames sobre o desafio do crescimento sustentável e diversificação, veja A. Campbell and R. Parks, *The Growth Gamble*, Nicholas Brearley (2005) and D. Laurie, Y. Doz and C. Sheer, 'Creating new growth platforms', *Harvard Business Review*, vol. 84, no. 5 (2006), pp. 80–90. (2006) p. 80-90.
5. Sobre economias de escopo, veja D.J. Teece, 'Towards an economic theory of the multi-product firm', *Journal of Economic Behavior and Organization*, vol. 3 (1982), pp. 39–63.
6. M. Goold and A. Campbell, 'Desperately seeking synergy', *Harvard Business Review*, vol. 76, no. 2 (1998), pp. 131–145.

7. Veja C.K. Prahalad and R. Bettis, 'The dominant logic: a new link between diversity and performance', *Strategic Management Journal*, vol. 6, no. 1 (1986), pp. 485–501; and R. Bettis and C.K. Prahalad, 'The dominant logic: retrospective and extension', *Strategic Management Journal*, vol. 16, no. 1 (1995), pp. 5–15.
8. Para uma discussão teórica e um estudo empírico dos interesses de gerenciamento e a diversificação, veja M. Goranova, T. Alessandri, P. Brandes and R. Dharwadkar, 'Managerial ownership and corporate diversification: a longitudinal view', *Strategic Management Journal*, vol. 28, no. 3 (2007), pp. 211–226.
9. A. Pehrson, 'Business relatedness and performance: a study of managerial perceptions', *Strategic Management Journal*, vol. 27, no. 3 (2006), pp. 265–282.
10. A. Campbell and K. Luchs, *Strategic Synergy*, Butterworth/Heinemann, 1992.
11. Veja Prahalad e Bettis, na referência 7, acima.
12. Veja C. Markides, 'Corporate strategy: the role of the centre' in A. Pettigrew, H. Thomas and R. Whittington (eds), *Handbook of Strategy and Management*, Sage, 2002. Para um exame das mudanças recentes em *chaebol*, veja J. Chang and H.-H. Shin, 'Governance system effectiveness following the crisis: the case of Korean business group headquarters', *Corporate Governance: an International Review*, vol. 14, no. 2 (2006), pp. 85–97.
13. L.E. Palich, L.B. Cardinal and C. Miller, 'Curvilinearity in the diversification-performance linkage: an examination of over three decades of research', *Strategic Management Journal*, vol. 21 (2000), pp. 155–174. A relação do "U" invertido é o consenso entre pesquisadores, mas alguns estudos discordam, especialmente por encontrar variações ao longo do tempo e de acordo com o país. Para estudos detalhados do contexto recente, veja M. Mayer and R. Whittington, 'Diversification in Context: a Cross National and Cross Temporal Extension, *Strategic Management Journal*, vol. 24 (2003), pp. 773–781 and A. Chakrabarti, K. Singh and I. Mahmood, 'Diversification and performance: evidence from East Asian firms', *Strategic Management Journal*, vol. 28, (2007), pp. 101–120.
14. Para um bom debate sobre os papéis de controle corporativo, veja Markides na referência 12 acima. Um estudo empírico recente dos escritórios centrais corporativos é o de D. Collis, D. Young and M. Goold, 'The size, structure and performance of corporate headquarters', *Strategic Management Journal*, vol. 28, no. 4 (2007), pp. 383–406.
15. M. Goold, A. Campbell and M. Alexander, *Corporate Level Strategy*, Wiley 1994, trata da capacidade de agregar e de destruir valor das controladoras corporativas.
16. Para um exame do papel da clareza da missão, veja A. Campbell, M. Devine and D. Young, *A Sense of Mission*, Hutchinson Business, 1990. Porém, G. Hamel e C. K, Prahalad afirmam no Capítulo 6 do livro *Competing for the Future*, Harvard Business School Press, 1994, que as declarações de missão não têm impacto suficiente para a competência da clareza da "intenção estratégica". É provável que isso seja uma breve, porém clara, declaração que centra-se mais na clareza da direção estratégica (eles usam a palavra "destino") do que em como a direção estratégica será alcançada. Veja também Hamel e Prahalad sobre intenção estratégica em *Harvard Business Review*, vol. 65, no. 3 (1987), p. 63-76.
17. As duas primeiras bases examinadas aqui são baseadas em um artigo de Michael Porter, 'From competitive advantage to corporate strategy', *Harvard Business Review*, vol. 65, no. 3 (1987), pp. 43–59.

18. Para um exame mais detido sobre o uso da matriz de participação no crescimento, veja A.C. Hax and N.S Majluf in R.G. Dyson (ed.), *Strategic Planning: Models and analytical techniques*, Wiley, 1990; para explicações originais da matriz BCG, veja D. Faulkner, 'Portfolio matrices', in V. Ambrosini (ed.), *Exploring Techniques of Analysis and Evaluation in Strategic Management*, Prentice Hall, 1998; para explicações de fonte sobre a matriz BCG, veja B.D. Henderson, *Henderson on Corporate Strategy*, Abt Books, 1979.
19. A. Hax and N. Majluf, 'The use of the industry attractiveness-business strength matrix in strategic planning', in R. Dyson (ed.), *Strategic Planning: Models and analytical techniques*, Wiley, 1990.

O Grupo Virgin

Aidan McQuade

Introdução

O Grupo Virgin é uma das maiores companhias privadas do Reino Unido. O grupo incluía, em 2006, 63 empresas tão diversas quanto companhias aéreas, academias de ginástica, lojas de música e trens. O grupo incluía a Virgin Galactic, que prometia levar passageiros pagantes para o espaço suborbital.

A imagem pessoal e a personalidade do fundador, Richard Branson, estavam altamente ligadas às da companhia. O gosto de Branson pela publicidade levou-o a proezas tão diversas quanto aparecer como um camelô londrino na comédia americana *Friends* e tentar um voo de balão ininterrupto ao redor do mundo. Isso certamente contribuiu para a definição e distinção da marca. Pesquisas mostraram que o nome Virgin era associado a palavras como "diversão", "inovação", "ousadia" e "sucesso".

Em 2006, Branson anunciou planos de investir US$3 bilhões (€ 2,4 bilhões; £ 1,7 bilhão) em energias renováveis. A Virgin, através de sua parceria com a empresa de cabo NTL, também realizou uma expansão para os meios de comunicação, desafiando publicamente a maneira de operar da NewsCorp no Reino Unido e seus efeitos sobre a democracia britânica. A natureza e a escala dessas duas iniciativas sugerem que o gosto de Branson por sua marca de negócios permanece inalterado.

Origens e atividades

A Virgin foi fundada em 1970 como uma empresa de venda de discos por correio e cresceu, transformando-se em uma empresa privada da área de publicações e varejo musical. Em 1986, a companhia flutuava no mercado de ações com uma movimentação de £250 milhões (€359 milhões). Porém, Branson se cansou das obrigações de empresas públicas: ele se ressentia de fazer apresentações para pessoas que, ele acreditava, não entendiam os negócios. A pressão para gerar lucro em curto prazo, especialmente quando o preço das ações começou a cair, foi a gota d'água: Branson decidiu transformar a empresa novamente numa companhia privada e as ações foram compradas de volta ao preço de oferta original.

O nome Virgin foi escolhido para representar a ideia de que a companhia era virgem em cada negócio que entrava. Branson disse que: "A marca é o bem mais importante dentre todos os que possuímos; nosso objetivo final é estabelecê-la como um grande nome mundial". Isso não quer dizer que a Virgin subestime a importância de entender os *negócios* que está nomeando. Referindo-se a sua intenção de estabelecer uma companhia de energia "verde" que produza etanol e combustíveis celulósicos de etanol em competição com a indústria do petróleo, ele disse: "Somos uma empresa um pouco peculiar, pois entramos em segmentos sobre os quais não sabemos nada e mergulhamos por inteiro."

Photo: Steve Bell/Rex Features

A expansão da Virgin muitas vezes aconteceu através de *joint ventures* nas quais a Virgin fornecia a marca e sua parceira oferecia a maior parte do capital. Por exemplo, a entrada do Grupo Virgin nos ramos de roupas e cosméticos exigiu um investimento inicial de £1.000, enquanto sua parceira, a Victory Corporation, investiu £20 milhões. Com a Virgin Mobile, a Virgin construiu uma empresa formando parcerias com operadoras de Internet sem-fio existentes para vender serviços com o nome da marca Virgin. As competências das operadoras encontravam-se no gerenciamento de redes. A Virgin propôs diferenciar-se oferecendo serviços inovadores. Embora não operasse com sua própria rede, a Virgin recebeu o prêmio de melhor operadora de Internet sem-fio no Reino Unido.

A Virgin Combustíveis parece ser um pouco diferente, pois a Virgin está entrando com capital e usando a marca Virgin para atrair atenção para as questões e possibilidades oferecidas pela tecnologia.

Em 2005, a Virgin anunciou o estabelecimento de uma empresa de telecomunicações "quádrupla", oferecendo televisão, banda larga, telefone fixo e telefone móvel através da fusão da empresa de telefonia móvel de Branson com as duas empresas de cabo do Reino Unido. Essa empresa da Virgin teria 9 milhões de clientes diretos, 1,5 milhão mais que a BSkyB, e portanto teria capacidade financeira para competir com a BSkyB por conteúdos diferenciados

Este caso foi atualizado e revisado por Aiden McQuade, da Escola de Pós-Graduação em Negócios da Universidade de Strathclyde, com base no trabalho de Urmilla Lawson.

como esportes e filmes. A Virgin tentou expandir seus negócios ainda mais fazendo uma oferta pela ITV. Esta foi rejeitada como uma subvalorização e depois prejudicada ainda mais pela compra de uma parcela de 18% da ITV pela BSkyB. Isso fez com que Branson apelasse para que reguladores forçassem a BSkyB a reduzir ou abrir mão de sua parte, citando preocupações de que a BSkyB teria influência material sobre a emissora de sinal não encriptado.

A Virgin já foi descrita como uma organização "keiretsu" – uma organização de unidades autônomas soltas, geridas por equipes autoadministradas, que usam uma marca comum. Branson argumentou que, enquanto se expandia, preferiria sacrificar lucros de curto prazo por crescimento de longo prazo dos diversos negócios.

Alguns analistas alegavam que a Virgin tinha se tornado uma marca de endosso que nem sempre podia oferecer experiência real às empresas com as quais se associava. Contudo, Will Whitehorn, Diretor de Assuntos Corporativos da Virgin disse: "Na Virgin, sabemos o que significa a marca e quando colocamos nossa marca em alguma coisa estamos fazendo uma promessa".

Branson via a Virgin agregando valor de três maneiras principais, além da marca. Eram elas: suas habilidades em relações públicas e *marketing*; sua experiência em inícios pioneiros; e seu conhecimento sobre as oportunidades apresentadas por mercados "institucionalizados". A Virgin via um mercado "institucionalizado" como aquele dominado por poucos competidores, não oferecendo um bom valor para os clientes por terem se tornado ou ineficientes ou preocupados uns com os outros. A Virgin acreditava que agia bem quando identificava complacência no mercado e oferecia mais por menos. A entrada nos segmentos dos combustíveis e dos meios de comunicação certamente está de acordo com o modelo de tentar chacoalhar mercados "institucionalizados".

Base corporativa

Em 2006, a Virgin ainda não tinha a pompa de uma típica multinacional. Branson descrevia o Grupo Virgin como "uma empresa de capital de investimento com marca". Não havia nenhum "grupo" como esse; os resultados financeiros não eram consolidados para análise externa nem, dizia a Virgin, para uso interno. Seu *site* descrevia a Virgin como uma família em vez de uma hierarquia. Suas operações financeiras eram gerenciadas a partir de Genebra.

Em 2006, Branson explicou a base sobre a qual analisava as oportunidades: elas têm de ser globais em escopo, melhorar a marca, valer a pena e ter uma expectativa razoável de retorno dos investimentos. Cada empresa era "isolada", de forma que aqueles que ofereciam empréstimos para uma companhia não tivessem direitos sobre os ativos de outra. Esse "isolamento" parece estar relacionado não apenas à proteção financeira, mas também a um aspecto de ética dos negócios. Numa entrevista em 2006, Branson criticou supermercados por venderem CDs baratos. Sua crítica estava centrada na prática dos supermercados de vender CDs abaixo do preço de custo, o que apenas prejudicava os varejistas do setor musical, em vez de representar um desafio fundamental ao modo de negociar dos varejistas de música. Branson tornou uma característica central da Virgin o fato de chacoalhar mercados institucionalizados através da inovação. A venda abaixo do preço de custo não é uma abordagem inovadora.

A Virgin evoluiu de um grupo quase que totalmente composto por empresas privadas para um grupo em que algumas empresas públicas estavam listadas.

Virgin e Branson

Historicamente, o grupo Virgin é controlado principalmente por Branson e seus homens de confiança, muitos dos quais estão com ele há mais de vinte anos. A crescente conformidade entre interesse pessoal e iniciativas de negócios poderia ser percebida no estabelecimento da Virgin Fuels. Ao discutir seus esforços para estabelecer uma empresa de combustíveis "verde" em competição com a indústria do petróleo, Branson fez a observação geopolítica de que combustíveis não derivados do petróleo poderiam "evitar outra guerra no Oriente Médio no futuro"; a oposição de Branson a uma Segunda Guerra do Golfo é bastante difundida. Em algumas instâncias, a relação entre convicção pessoal e interesses de negócios é menos clara. Os comentários de Branson sobre a ameaça à democracia britânica colocada pelo fato de que a NewsCorp possui uma porcentagem tão grande dos meios de comunicação britânicos poderia ser retratada tanto como uma preocupação genuína de uma figura pública quanto como amargor de um rival nos negócios que acabava de perder uma batalha pela compra da ITV.

Mais recentemente, relatou-se que Branson falou em se retirar dos negócios, os quais "se conduziam mais ou menos por si só agora" e em seu desejo de que seu filho Sam pudesse se tornar uma figura mais importante na Virgin. Porém, enquanto publicamente cogitava sua retirada dos negócios, Branson também estava lançando suas iniciativas em meios de comunicação e combustíveis. Talvez a ideia que Branson faz de uma aposentadoria precoce seja um pouco mais ativa do que para a maioria".

Desempenho corporativo

Em 2006, a Virgin tinha, com resultados variados, entrado em segmentos estabelecidos, um após o outro, em um esforço para chacoalhar "setores empresariais gordos e complacentes". Tinha ainda começado a visar os setores dos meios de comunicação britânicos e da indústria de petróleo mundial.

Companhias aéreas eram certamente um dos entusiasmos de Branson. De acordo com ele, a Virgin Atlantic, da qual 49% pertencia à Singapore Airlines, era uma empresa que ele simplesmente não venderia: "Há alguns negócios que você mantém, que jamais seriam vendidos; este é um deles". Apesar das preocupações de alguns analistas de que o sucesso da companhia aérea não pudesse ser mantido devido à natureza "cíclica" do negócio, Branson mantinha um forte interesse na indústria, e incluía empresas aéreas como a Virgin Express (Europa), a Virgin Blue (Austrália) e a Virgin Nigéria no grupo. O engajamento de Branson com a busca de combustíveis mais "verdes" e com a redução do aquecimento global não o levou a recolher suas frotas, mas sim a iniciar um debate sobre as medidas para reduzir as emissões de carbono por parte dos aviões.

No início do século XXI, o maior problema público enfrentado por Branson era a Virgin Trains, cujas linhas Cross Country (Transnacional) e West Coast (Costa Oeste) estavam em vigésimo terceiro e vigésimo quarto lugares dentre 25 franquias que operavam trens no país, de acordo com a avaliação da Strategic Rail Authority do ano 2000. Em 2002, A Virgin Trains estava divulgando lucros e pela primeira vez pagou ágio ao governo britânico.

O futuro

O começo do século XXI também viu uma expansão adicional da Virgin, de companhias aéreas, *spa finance* e companhias de telecomunicações móveis na África para companhias de telecomunicações na Europa e nos Estados Unidos. A flutuação pública de empresas individuais em vez de o grupo como um todo se tornou uma parte intrínseca do "malabarismo" de finanças que fundamenta a expansão da Virgin.

Alguns analistas identificaram um risco nessa abordagem da Virgin: "A maior ameaça [é] que... a marca Virgin... possa se tornar associada ao fracasso." Esse ponto foi enfatizado por um analista que observou que "um cliente que tem uma experiência ruim o suficiente com qualquer uma das linhas de produtos pode rejeitar todas as outras". Porém, a Virgin argumenta que sua pesquisa de marca indica que pessoas que tiveram experiências negativas culpam aquela empresa ou aquele produto da Virgin em particular, mas que estariam dispostas a usar outros produtos ou serviços da Virgin, devido à extrema diversidade da marca. Tal confiança na marca ajuda a explicar por que a Virgin sequer contempla desafios de mudanças tão arriscadas e demoradas como sua companhia ferroviária.

Sarah Sands conta que a mãe de Branson "uma vez orgulhosamente anunciou que seu filho se tornaria primeiro-ministro". Sands ainda comentou que ela pensava que a mãe de Branson estava subestimando sua ambição. Com a entrada da Virgin nos segmentos de combustíveis e meios de comunicação e as declarações de Branson de que vai fazer frente às corporações de petróleo e à NewsCorp, o comentário de Sands pode acabar se revelando premonitório.

Notas:

1. *Sunday Telegraph,* 4 de dezembro (2005)
2. *Independent,* 22 de novembro (2006).
3. Hawkins (2001ª, b).
4. PR Newswire Europe, 16 de outubro (2006).
5. *Fortune,* 6 de fevereiro (2006).
6. *Independent on Sunday,* 26 de novembro (2006).
7. Ibid.
8. *The Times* 1998, citado em Vignali (2001).
9. Wells (2000).
10. *Independent on Sunday,* 26 de novembro (2006)

Fontes: The Economist, 'Cross his heart', 5 October (2002); 'Virgin on the ridiculous', 29 May (2003); 'Virgin Rail: tilting too far', 12 July (2001). P. McCosker, 'Stretching the brand: a review of the Virgin Group', *European Case Clearing House*, 2000. *The Times*, 'Virgin push to open up US aviation market', 5 June (2002); 'Branson plans $1bn US expansion', 30 April (2002). *Observer*, 'Branson eyes 31bn float for Virgin Mobile', 18 January (2004). *Strategic Direction*, 'Virgin Flies High with Brand Extensions', vol. 18, no. 10, (October 2002). R. Hawkins, 'Executive of Virgin Group outlines corporate strategy' *Knight Ridder/Tribune Business News*, July 29 (2001a). R. Hawkins, 'Branson in new dash for cash', *Sunday Business*, 29 July (2001b); *South China Morning Post*, 'Virgin shapes kangaroo strategy aid liberalisation talks between Hong Kong and Australia will determine carrier's game-plan', 28 June (2002). C. Vignali, 'Virgin Cola', *British Food Journal*, vol. 103, no. 2 (2001), pp. 131–139. M. Wells, 'Red Baron', *Forbes Magazine*, vol. 166, no. 1, 7 March (2000).

Questões

1 Qual é a lógica corporativa da Virgin como um grupo de companhias?

2 Há alguma relação de natureza estratégica entre os negócios no *portfolio* da Virgin?

3 Como o Grupo Virgin, na posição de controlador corporativo, agrega valor a suas empresas?

4 Quais são as principais questões que o Grupo Virgin enfrenta no final do caso e como elas devem ser tratadas?

8

Estratégia Internacional

RESULTADO DE APRENDIZAGEM

Após a leitura deste capítulo, você será capaz de:

- Avaliar o potencial de internacionalização de diferentes mercados, sensíveis a variações ao longo do tempo.
- Identificar as fontes de vantagem competitiva na estratégia internacional, por meio da terceirização global e da exploração de fatores locais incorporados pelo Diamante de Porter.
- Distinguir os quatro tipos principais de estratégia internacional.
- Classificar mercados por entrada ou expansão, levando em conta atratividade, cultura e outras formas de distância e ameaças de retaliação da concorrência.
- Avaliar os méritos relativos dos diferentes modelos de entrada no mercado, incluindo *joint ventures*, licenciamentos e investimentos estrangeiros diretos.

Photo: (FREELENS Pool) Tack/STILL Pictures. The Whole Earth Photo Library

8.1 INTRODUÇÃO

O capítulo anterior apresentou o desenvolvimento de mercado como uma estratégia, em relação à matriz de Ansoff. O presente capítulo se concentra num tipo de desenvolvimento de mercado específico mas importante, que opera em diferentes mercados geográficos. Essa espécie de internacionalização proporciona escolhas sobre em quais países competir, o quanto se deve modificar a linha de produtos ou serviços da organização e como gerenciar internacionalmente. Esses tipos de questões são relevantes para uma ampla gama de organizações atualmente. Existem, claro, as grandes multinacionais tradicionais, como Nestlé, Toyota e McDonalds, mas cada vez mais novas e pequenas empresas também "nascem globalmente", estabelecendo relações internacionais logo no início. As organizações do setor público também estão tendo de fazer escolhas a respeito de colaboração, terceirização e mesmo competição com organizações internacionais. A legislação da União Europeia exige que as organizações de serviços públicos aceitem propostas de concorrência de fornecedores estrangeiros.

A Figura 8.1 coloca a estratégia internacional como o tema principal do capítulo. A estratégia internacional, contudo, depende basicamente do ambiente externo (como no Capítulo 2) e das capacidades organizacionais (como no Capítulo 3). Pelo lado do ambiente, a Figura 8.1 ressalta os condutores da internacionalização; pelo lado das capacidades, enfatiza-se as fontes nacionais e internacionais de vantagem. A escolha da estratégia internacional, por sua vez, tende a moldar a seleção de mercados territoriais e os modos de entrada no mercado.

A seguir, este capítulo examina as principais questões na estratégia internacional. A seção seguinte apresenta os *condutores da internacio-*

FIGURA 8.1 Estrutura da estratégia internacional.

nalização. O capítulo em seguida examina as fontes nacionais e internacionais de vantagem competitiva, especialmente aquelas localizadas na *terceirização global* e aquelas nos fatores nacionalmente específicos incorporados na *estrutura do Diamante* de Porter. À luz desses condutores e fontes de vantagem competitiva, o capítulo descreve diferentes *tipos de estratégia internacional*. Uma vez que os diferentes mercados geográficos tendem a requerer modificações específicas de produtos ou serviços, algumas estratégias internacionais levam a organização do simples desenvolvimento do mercado a estratégias cada vez mais diversificadas.[1] A partir desse ponto, o capítulo analisa a seleção de mercado e a entrada no mercado. Nessa parte, o capítulo enfatiza a interdependência da atratividade do mercado com vários tipos de *distância* e a ameaça de *retaliação da concorrência*. Por fim, o capítulo examina as vantagens relativas dos diferentes *modos de entrada*, incluindo *joint ventures*, investimentos estrangeiros diretos e licenciamento. As *sequências de entrada* são analisadas, incluindo aquelas para novas empresas e multinacionais de mercado emergentes.

8.2 CONDUTORES DA INTERNACIONALIZAÇÃO

Há várias pressões em geral que aumentam a internacionalização. Barreiras ao comércio internacional, investimento e migração atualmente são fatores de menor intensidade do que eram algumas décadas atrás. A regulamentação e a governança internacionais melhoraram, de modo que o investimento e o comércio internacionais são menos arriscados. As melhorias em comunicações - desde viagens aéreas mais baratas até a Internet - facilitam muito os deslocamentos e a dispersão de ideias pelo mundo. Não menos importante, o sucesso de novas potências econômicas importantes, como o chamado BRIC - Brasil, Rússia, Índia e China -, está gerando novas oportunidades e desafios para negócios internacionalmente.

Entretanto, nem todas essas tendências de internacionalização são de mesmo tipo - e nem servem para todas as indústrias. A migração, por exemplo, atualmente é mais difícil entre alguns países. A Internet e as viagens aéreas baratas facilitam contato de comunidades expatriadas com sua cultura original, mais do que formar um único "caldeirão" global de gostos e ideias. Muitas das chamadas multinacionais se concentram em poucos mercados específicos, como a América do Norte e a Europa Ocidental, por exemplo, ou têm um conjunto muito limitado de ligações internacionais, como operações de fornecimento e terceirização com apenas um ou dois países. Os mercados variam muito conforme a padronização das necessidades dos consumidores - de sistemas operacionais de computadores a tipos de chocolates. Em resumo, os gerentes precisam estar atentos em relação à "bobagem global", por meio da qual a integração econômica num único mundo homogêneo e competitivo é enormemente exagerada. Como no caso do mercado varejista chinês (Exemplo 8.1), os condutores da internacionalização costumam ser bem mais complicados do que isso.

Exemplo 8.1

O varejo na China: global ou local?

A internacionalização não é um processo simples, conforme a descoberta das redes de supermercados Carrefour e Wal-Mart.

Desde o início do século XXI, a China é considerada um ímã para as ambiciosas redes de supermercado do Ocidente. Com um crescimento anual de 13%, o mercado chinês deve crescer, segundo o Euromonitor, até atingir a marca de US$ 747 bilhões (£ 418 bilhões : € 380 bilhões) em 2010. A classe média do país deve receber cerca de 520 milhões de novos membros até 2025. Com a indústria local fragmentada e concentrada em regiões específicas, é possível que as grandes empresas ocidentais tenham uma vantagem.

Em 1995, após uma experiência de seis anos na vizinha Taiwan, a rede de supermercados francesa Carrefour foi a primeira a entrar no mercado chinês de maneira sólida. Em 2006, o Carrefour era o sexto maior varejista da China, ainda que isso, por conta do modo como é aquele mercado, representasse apenas 0,6% do total da participação no mercado. A maior empresa de varejo do mundo, a norte-americana Wal-Mart, estava logo atrás, especialmente devido a sua aquisição, em 2006, de uma rede taiwanêsa com lojas no continente. Esses dois rivais estão adotando estratégias bastante diferentes. A Wal-Mart segue sua estratégia padrão centralizada de compra e distribuição, fornecendo o máximo possível a partir de seu novo e "de primeira linha" centro de distribuição em Shenzhen. O Carrefour segue uma estratégia descentralizada: com a exceção de Xangai, onde tem várias lojas, o Carrefour permite que seus gerentes de loja locais, espalhadas pelas várias regiões do país, tomem suas próprias decisões sobre os processos de compra e fornecimento.

O crescimento de empresas como o Carrefour e o Wal-Mart, bem como o de redes locais, demonstra que já existe uma mercado substancial para a tipo de supermercado ocidental. O Carrefour, por exemplo, foi pioneiro em produtos de marca própria na China, enquanto que o Wal-Mart levou ao país seu conhecimento em logística. A prosperidade crescente e a exposição à ideias de fora sem dúvida irão aumentar a receptividade chinesa. Ainda assim, o progresso tem se mostrado lento. O Wal-Mart ainda está por obter lucro no país, o que já foi alcançado pelo Carrefour, embora com margens de 2 a 3%, significativamente menores do que os quase 5% de que a empresa dispõe na França.

Uma descoberta tardia do Wal-Mart foi que os consumidores chineses preferem idas frequentes ao supermercado, comprando pequenas quantidades de produtos a cada vez. Embora a empresa pensasse que os consumidores chineses fossem até as lojas nos limites das cidades e enchessem seus carros com grandes embalagens múltiplas de congelados em compras semanais, como fazem os norte-americanos, na verdade os consumidores chineses preferiam romper as embalagens e pegar apenas quantidades menores. Atualmente o Wal-Mart fornece a maior parte de seus alimentos congelados em forma avulsa, oferecendo aos consumidores uma pá para que peguem exatamente a quantidade que quiserem. Além disso, em 2006 a empresa permitiu sindicatos em suas lojas, uma diferença gritante em sua política em relação ao restante do mundo.

Outra descoberta dos varejistas ocidentais é a quantidade de variação regional naquele país vasto e multirracial. No norte da China, os molhos de soja são importantes; na China central exige-se molho de pimenta; no sul, o importante são os molhos para ostra. No caso das frutas, a sazonalidade é importante no norte, enquanto no sul sempre há demanda por lechias. No norte, o frio significa uma maior necessidade por carne vermelha e, por causa da grande quantidade de roupas que os consumidores usam, corredores mais amplos nas lojas. Como os habitantes do norte não têm muito acesso à água quente, eles lavam o cabelo com menor frequência, o que faz com que pequenos sachês de xampu vendam melhor do que grandes embalagens.

Fontes: Financial Times, Wall Street Journal e Euromonitor (várias datas).

Questões

1. Quais são os prós e os contras das diferentes estratégias adotadas na China pelo Carrefour e pelo Wal-Mart?
2. Qual pode ser o perigo para um grande varejista ocidental ao ficar fora do mercado chinês?

Dada a complexidade da internacionalização, a estratégia internacional deve ser sustentada por um diagnóstico cuidadoso da força e da direção das tendência em mercados específicos. A estrutura de "condutores da globalização" de George Yip fornece uma base para esse diagnóstico (veja a Figura 8.2).[3] Note-se entretanto que, embora essa estrutura se refira à necessidade de uma estratégia global, com todas as partes do negócio cuidadosamente coordenadas em todo o mundo, a maior parte desses controladores também se aplica a estratégias internacionais mais amplas, permitindo mais operações internacionais limitadas e coordenação mais livre entre elas (veja a Seção 8.4). Portanto, os condutores de Yip podem ser concebidos simplesmente como "condutores de internacionalização". Os quatro condutores de internacionalização são os seguintes:

- *Condutores de mercado.* Um facilitador vital da internacionalização e um pouco de padronização dos mercados. Há três componentes que ressal-

Fonte: adaptado de Yip, G. S. (2003), p. 10, Exhibit 1-4, Yip, George S., *Total Global Strategy II*, 2nd, © 2003. Reproduzido eletronicamente com permissão de Pearson Education, Inc. Upper Saddle River, New Jersey.

FIGURA 8.2 Os condutores de internacionalização.

tam esse condutor. Primeiramente, a presença de *necessidades e gostos semelhantes do consumidor*: o fato de que na maioria das sociedades o consumidor tem necessidades semelhantes de crédito gerou a expansão mundial de um grande número de empresas de cartão de crédito, como a Visa. Em segundo lugar está a presença de *consumidores globais*: por exemplo, as fabricantes de peças de carros tornaram-se mais internacionais à medida que seus clientes, como a Toyota ou a Ford, se internacionalizaram e passaram a precisar de peças padronizadas para todas as suas fábricas pelo mundo. Por fim, o *marketing* transferível fomenta a globalização do mercado: marcas como a Coca-Cola continuam a ser comercializadas de forma bem-sucedida de maneiras bastante semelhantes pelo mundo.

- *Condutores de custos*: Os custos podem ser reduzidos ao se operar internacionalmente. Novamente, há três elementos principais para os condutores de custos. Em primeiro lugar, o volume crescente além do que um mercado nacional pode suportar é capaz de resultar em *economias de escala*, tanto na produção quanto na compra de suprimentos. As empresas de países menores, como a Holanda e a Suíça, tendem assim a tornarem-se proporcionalmente muito mais internacionais do que as empresas dos Estados Unidos, que dispõem de um grande mercado doméstico. As economias de escala são particularmente importantes em indústrias com grandes custos de desenvolvimento de produtos, como a indústria aérea, na qual os custos iniciais precisam ser disseminados pelos grandes volumes dos mercados internacionais. Em segundo lugar, a internacionalização é promovida onde é possível obter vantagem das *diferenças específicas do país*. Dessa maneira, faz sentido colocar a fabricação de roupas na China ou na África, onde a mão de obra ainda continua consideravelmente mais barata, e manter atividades de projeto em cidades como Nova York, Paris, Milão ou Londres, onde está concentrada a especialização em moda. O terceiro elemento é a *logística favorável*, ou os custos de movimentação de produtos ou serviços através de fronteiras em relação ao seu valor final. Desse ponto de vista, os microchips são fáceis de serem fornecidos internacionalmente, enquanto materiais volumosos, como mobiliário, são mais difíceis.
- *Condutores de governo*. Estes condutores podem tanto facilitar quanto inibir a internacionalização. Os elementos importantes de política são inúmeros, incluindo barreiras tarifárias, padrões técnicos, subsídios a empresas locais, restrições ao direito de propriedade, exigências de conteúdo local, controles sobre transferência de tecnologia, normas de propriedade intelectual (patentes) e controles de moeda corrente e de fluxo de capital. Nenhum governo permite abertura econômica completa e essa abertura varia imensamente de indústria para indústria, com a agricultura e as indústrias de alta tecnologia militar sendo particularmente sensíveis geralmente. Entretanto, a Organização Mundial do Comércio continua a pressionar por uma maior abertura e a União Europeia e o Tratado Norte-Americano de Livre Comércio têm realizado melhorias significativas em suas regiões.[4]
- *Condutores de competitividade*. Esses condutores se relacionam especificamente à globalização como estratégica mundial integrada em vez

de estratégias internacionais mais simples. Esses condutores envolvem dois elementos. O primeiro mostra que a *interdependência* entre operações de países aumenta a pressão pela coordenação global. Por exemplo, uma empresa com uma fábrica no México servindo os mercados norte-americano e japonês têm de coordenar-se cuidadosamente entre as três localidades: o aumento de vendas num país, ou o colapso em outro, vai proporcionar efeitos colaterais importantes nos demais países. O segundo elemento diz respeito especificamente à estratégia dos concorrentes. A presença de *concorrentes globalizados* aumenta a pressão pela adoção de uma estratégia global de reação, pois os concorrentes podem usar os lucros de um país para o subsídio cruzado de suas operações em outro. Uma empresa com uma estratégia internacional pouco coordenada fica vulnerável aos concorrentes globalizados por não ser capaz de sustentar as subsidiárias do país que estão sob ataque da concorrência agressiva e subsidiada. O perigo é de uma retirada gradativa dos países sob ataque, e a destruição gradual de quaisquer economias de escala espalhadas que o ator internacional possa ter iniciado.[5]

A consideração principal da estrutura dos condutores de Yip é que o potencial de internacionalização das indústrias é variável. Há vários fatores diferentes que podem apoiar ou inibir o processo, e uma etapa importante ao determinar a estratégia de internacionalização é uma avaliação realista do alcance real da internacionalização na indústria específica. O Exemplo 8.2 mostra algumas razões para o aumento da diversidade internacional da Deutsche Post a partir do final dos anos 1990.

8.3 FONTES NACIONAIS E INTERNACIONAIS DE VANTAGEM

Como ficou claro no exame anterior dos condutores de custos na estratégia internacional, o local das atividades é uma fonte vital de vantagem potencial e um dos recursos que diferenciam a estratégia internacional de outras estratégias de diversificação. De acordo com Bruce Kogut, uma organização pode aprimorar a configuração de sua *cadeia e rede de valor*[6] ao obter vantagens das diferenças específicas do país (veja a Seção 3.5.1). Há duas vantagens principais disponíveis: o aproveitamento de vantagens nacionais específicas, geralmente no país-sede da empresa, e o fornecimento de vantagens de outros países por meio de uma *rede de valor internacional.*

8.3.1 O diamante nacional de Porter[7]

Como qualquer estratégia, a internacionalização precisa estar baseada na posse de alguma vantagem competitiva sustentável (veja o Capítulo 3). Essa vantagem competitiva geralmente tem de ser substancial. Afinal, um competidor que entra num mercado vindo do exterior geralmente começa com *des*vantagens consideráveis em relação aos competidores já existentes no país, os quais provavelmente terão maior conhecimento do mercado doméstico, relacionamentos estabelecidos com os consumidores locais,

Exemplo 8.2

Deustsche Post aumentando sua diversidade internacional

A globalização de mercados e as mudanças políticas e de regulamentação estão entre as razões para o aumento na diversidade internacional da organização.

A internacionalização da Deutsche Post está muito ligada às oportunidades e pressões resultantes da privatização de mercados nacionais e internacionais e da globalização associada dos segmentos de transporte e logística. A base foi lançada pela grande reforma no sistema postal alemão em 1990. A "Lei relativa à estrutura de Correios e Telecomunicações" considerava a Deutsche Post como uma companhia pública, mas visava preparar a empresa para uma privatização gradual (a empresa tornou-se pública em 2000, com venda inicial de 29% de suas ações). Nos anos seguintes, a companhia passou por um período de consolidação e reestruturação, no qual houve a integração da antiga East German Post. Em 1997, ano em que ocorreu a liberalização do mercado postal alemão, a companhia já tinha as bases para um período de rápida expansão internacional.

A globalização subsequente das atividades da Deutsche Post foi conduzida em grande parte pelas demandas de um número crescente de clientes corporativos para um único provedor de serviços integrados de remessas e logística nacional e internacional. Durante os cinco anos seguintes, a Deutsche Post reagiu adquirindo os principais participantes no mercado internacional de transporte e logística, com destaque para Danzas e DHL, com o objetivo de "tornar-se o provedor global líder em serviços de encomendas expressas e logísticas". Essa expansão internacional permitiu à Deustsche Post – rebatizada como Deustsche Post World Net (DPWN) –, por exemplo, ganhar um contrato importante com a companhia alemã BMW para transporte, armazenagem e entrega de carros às concessionárias asiáticas. Como parte do programa chamado "START", que a DPWN iniciou em 2003, a empresa tinha o intuito de harmonizar seus produtos e estruturas de vendas, criar redes integradas e implementar gerenciamento de processos em todo o grupo para converter os benefícios das economias de escala resultantes de suas operações globais. Ao mesmo tempo, a DPWN implementou seu lema "Uma marca – uma face para o cliente", fazendo da marca DHL sua "face pública" global com a expectativa de que esse "nome familiar e de confiança nos ajude a continuar a desenvolver serviços globalizados".

A privatização e mudanças políticas amplas, refletidas na eliminação de restrições comerciais, continuaram a conduzir a expansão nacional. A entrada da China na Organização Mundial do Comércio aumentou o potencial de crescimento em seu mercado postal. Assim, a DPWN fortaleceu seu comprometimento com esse mercado cada vez mais importante e foi recompensada com uma taxa de crescimento de 35% no período de 2002 a 2004, além de obter, por meio de uma *joint venture* com a Sinotrans, 40% de participação de mercado nos serviços de encomenda expressa internacionais chineses. A DPWN também visava explorar mudanças reguladoras mais perto de casa. Com sua subsidiária Deutsche Post Global (Reino Unido) obtendo da agência reguladora britânica "Postcom" uma licença de longo prazo para entrega postal de baixo custo sem limite, a DPWN viu ainda mais oportunidades para crescer naquele país e continuar a expandir sua presença no mercado postal britânico através da aquisição do operador postal Speedmail.

Fontes: www.dpwn.de/enrde/press/news; DPWN Annual Report 2002.

Preparado por Michael Mayer, Bath University

Questões

1. Quais são os condutores de internacionalização associados à estratégia da DPWN?
2. Avalie os prós e os contras da estratégia multidoméstica e da estratégia global da DPWN.

sólidas cadeias de fornecimento e assim por diante. Uma nova empresa estrangeira deve ter vantagem competitiva significativa para ultrapassar essas desvantagens. O exemplo do gigante do varejo norte-americano, o Wal-Mart, mostra como isso acontece. O Wal-Mart tem obtido sucesso em vários lugares da Ásia com mercados relativamente subdesenvolvidos, mas foi forçado a se retirar do mercado mais maduro da Alemanha após cerca de uma década de fracassos, em 2006. Na Alemanha, ao contrário da situação na maioria dos mercados asiáticos, o Wal-Mart não tinha vantagem competitiva significativa em relação aos competidores domésticos.

O Capítulo 3 descreve de forma geral a vantagem competitiva, mas o contexto internacional mostra especificamente as fontes de vantagem nacionais que podem ser substanciais e difíceis de imitar. Os países e suas regiões geralmente compõem tipos específicos de vantagem competitiva permanente: por exemplo, a Suíça e seus bancos privados, os italianos do norte em acessórios de pele e couro, além dos taiwanêses e seus *laptops*. O **Diamante de Porter** ajuda a explicar por que algumas nações tendem a gerar empresas com vantagens competitivas sustentadas em algumas indústrias mais do outras (veja a Figura 8.3). O grau da vantagem nacional varia de indústria para indústria.

O **Diamante de Porter** sugere que há razões inerentes pelas quais algumas nações são mais competitivas do que outras e que explicam porque algumas indústrias no interior dessas nações são mais competitivas do que outras

O Diamante de Porter sugere que há quatro fatores determinantes de interação da vantagem competitiva nacional ou doméstica em indústrias específicas (esses quatro determinantes juntos formam uma figura em formato de diamante), que são os seguintes:

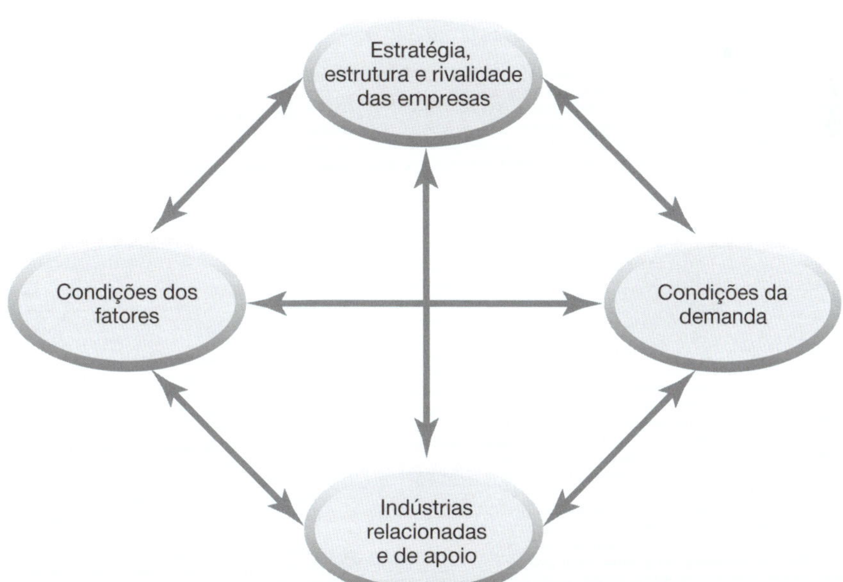

Fonte: Adaptado com permissão de The Free Press, a Division of Simon & Schuster Adult Publishing Group, from *The Competitive Advantage of Nations* by Michael E. Porter. Copyright © 1990, 1998 by Michael E. Porter. Todos os direitos reservados.

FIGURA 8.3 Diamante de Porter – os determinantes da vantagem nacional.

- *As condições dos fatores.* Referem-se aos "fatores de produção" envolvidos na fabricação de um produto ou serviço (ou seja, matéria-prima, região e mão de obra). As vantagens das condições dos fatores em nível nacional podem se traduzir em vantagens competitivas gerais para empresas nacionais em mercados internacionais. Por exemplo, a capacidade idiomática da Suíça também resultou em vantagem significativa para seu setor bancário. A energia barata tradicionalmente tem fornecido uma vantagem para indústria norte-americana do alumínio.
- *As condições de demanda doméstica.* As características dos consumidores domésticos pode se tornar uma fonte de vantagem competitiva. Lidar com clientes sofisticados e exigentes em casa é útil para uma empresa se tornar eficaz em mercados internacionais. Por exemplo, as altas expectativas dos clientes japoneses em relação a equipamentos elétricos e eletrônicos garantiram um impulso para esses segmentos no Japão, levando a um domínio global desses setores. Os sofisticados consumidores locais da França e da Itália tem mantido suas indústrias da moda locais na liderança do setor há várias décadas.
- *Indústrias relacionadas e de apoio.* "Aglomerados" locais de indústrias relacionadas e de apoio mútuo podem ser uma importante fonte de vantagem competitiva. Esses aglomerados geralmente têm bases regionais, tornando mais fácil a interação pessoal. No norte da Itália, por exemplo, a indústria de calçados de couro, a indústria de máquinas para trabalhar com couro e os serviços de *design* trabalham em conjunto no mesmo aglomerado e se beneficiam mutuamente. O Vale do Silício forma um aglomerado de organizações de *hardware*, *software*, pesquisa e capital de risco, que, juntas, criam um círculo virtuoso de empreendimentos de alta tecnologia.
- *Estratégia, estrutura e rivalidade da indústria.* As estratégias, estruturas e rivalidades da indústria específicas em diferentes países também podem ser bases de vantagem. A estratégia de empresas alemãs em investir em excelência técnica lhes confere uma vantagem característica nas indústrias de engenharia, além de criar grandes conjuntos de especializações. Uma estrutura industrial de competitividade local também é útil: se forem por demais dominantes em seu território, as organizações locais podem se tornar complacentes e perder vantagem no exterior. Desse modo, um pouco de rivalidade doméstica pode de fato ser uma vantagem. Por exemplo, o sucesso a longo prazo das empresas automobilísticas do Japão deve-se em parte à política do governo de sustentar vários participantes nacionais (ao contrário do que aconteceu no Reino Unido, onde uma fusão incorporou todas as empresas em apenas uma), e a indústria farmacêutica suíça se tornou forte em parte porque cada empresa tinha de competir com vários concorrentes locais poderosos.

O Diamante de Porter tem sido usado por governos que visam aumentar a vantagem competitiva de suas indústrias locais. A constatação de que a rivalidade pode ser positiva tem levado a uma grande mudança política em vários países na direção de encorajar a competição em vez de proteger as indústrias locais. Os governos também podem encorajar as indústrias locais aumentando os padrões de segurança ou ambientais (ou seja, criando condições de demanda sofisticada), ou incentivando a cooperação entre fornecedores e compradores em nível doméstico (ou seja, estabelecendo aglomerados de indústrias relacionadas e de apoio em regiões específicas).

Para organizações individuais, entretanto, o valor do Diamante de Porter é o de identificar o quanto é possível estabelecer vantagens domésticas para criar vantagem competitiva em relação a outras organizações numa frente global. Por exemplo, as empresas cervejeiras alemãs - como a Heineken - têm se beneficiado da globalização prematura resultante das características do mercado doméstico da Alemanha. A empresa de roupas italiana Benetton alcançou sucesso mundial ao usar sua experiência de operar por meio de uma rede de fabricantes bastante independentes (muitas vezes negócios familiares) para estabelecer sua rede de varejistas franqueados. Antes de adotar uma estratégia de internacionalização, os gerentes devem procurar fontes de vantagens nacionais em geral a fim de sustentar suas fontes de vantagem individual da empresa.

8.3.2 A rede internacional de valor

Contudo, as fontes de vantagem não precisam ser unicamente domésticas. Para as empresas internacionais, a vantagem pode ser obtida a partir da configuração internacional de sua *rede de valor*. Nesse caso, os diferentes recursos, habilidades e custos dos países pelo mundo podem ser aproveitados sistematicamente a fim de localizar cada elemento da cadeia de valor naquele país ou região em que podem ser administrados de modo mais efetivo e eficiente. Isso pode ser atingido através do investimento estrangeiro direto e *joint ventures*, mas também através de **terceirização global**, ou seja, ao adquirir serviços e componentes de fornecedores mais apropriados em todo o mundo, independentemente de sua localização. Por exemplo, no Reino Unido, o SNS terceiriza pessoal médico do exterior para compensar a falta de qualificação e capacidade doméstica.

Terceirização global: adquirir serviços e componentes de fornecedores mais apropriados em todo o mundo, independentemente de sua localização.

É possível identificar diferentes vantagens de localização:

- As *vantagens de custo* incluem custos de mão de obra, custos de transporte e comunicações, além de impostos e incentivos de investimentos. Os custos de mão de obra são decisivos. Empresa norte-americanas e europeias, por exemplo, estão cada vez mais passando as tarefas de programação de *software* para a Índia, onde um programador de computador custa para uma empresa norte-americana cerca de 1/4 do que ela pagaria por um trabalhador com aptidões semelhantes nos Estados Unidos. Uma vez que os salários na Índia aumentaram, as empresas de TI indianas já começaram a se mover para trabalhar em locais de custo ainda mais baixo, como a China, e alguns preveem que as subsidiárias das empresas indianas vão passar a controlar até 40% da exportação de serviços de TI na China.
- As *capacidades únicas* podem permitir que uma organização aumente sua vantagem competitiva. Um motivo para a Accenture abrir um escritório de desenvolvimento de *software*, que está em rápida expansão, na cidade chinesa de Dalian foi o fato de a comunicação com potenciais empresas multinacionais japonesas e coreanas operando nessa região

ser mais fácil do que em uma localização equivalente na Índia ou nas Filipinas. As organizações também podem tentar explorar vantagens relacionadas a capacidades tecnológicas e científicas específicas. A Boeing, por exemplo, tem seus maiores centros de engenharia fora dos Estados Unidos, em Moscou, para ajudar no acesso ao conhecimento russo em áreas como aerodinâmica. Organizações como a Boeing estão alavancando cada vez mais sua capacidade de explorar seletivamente as vantagens de localização com vistas a construir e melhorar suas capacidades estratégicas existentes. Em outras palavras, a internacionalização está cada vez mais não apenas explorando as capacidades existentes em novos mercados nacionais, mas também desenvolvendo capacidades estratégicas ao se basear em capacidades localizadas em qualquer outro lugar do mundo.

- *As características nacionais* podem permitir às organizações desenvolver ofertas de produto diferenciadas, visando diferentes segmentos de mercado. A fabricante norte-americana de guitarras Gibson, por exemplo, complementa seus produtos feitos nos Estados Unidos com alternativas geralmente semelhantes de custo mais baixo, produzidas na Coreia do Sul sob a marca Epiphone. Contudo, por causa da tradição musical norte-americana, as guitarras de alta qualidade da Gibson se beneficiam da reputação de ainda serem "made in USA".

Evidentemente, umas das consequências das organizações tentarem aproveitar as vantagens de localização disponíveis em diferentes países pode ser o fato de criarem redes complexas de relações infra e interorganizacionais. A Boeing, por exemplo, desenvolveu uma rede global de atividades de P&D através de suas subsidiárias e de parcerias com organizações colaboradoras (veja o Exemplo 8.3).

8.4 ESTRATÉGIAS INTERNACIONAIS

O **dilema global-local** está relacionado ao grau em que os produtos ou serviços podem ser padronizados entre as fronteiras nacionais ou precisam ser adaptados para atender as exigências de mercados nacionais específicos

Dada a capacidade de obter recursos de vantagem competitiva internacional por meio de fatores domésticos ou de redes de valor internacionais, as organizações continuam a enfrentar questões árduas quanto ao tipo de estratégia a seguir em seus mercados. Nesse caso, o problema principal geralmente é chamado de **dilema global-local** e está relacionado ao grau em que os produtos ou serviços podem ser padronizados entre as fronteiras nacionais ou precisam ser adaptados para atender as exigências de mercados nacionais específicos. Para alguns produtos e serviços – como aparelhos de televisão –, os mercados se assemelham em todo o mundo, oferecendo tremendas economias de escala em potencial se houver a possibilidade de centralização das atividades de *design*, produção e entrega. Para outros produtos e serviços – como programas para televisão –, a preferência ainda parece ser bastante específica de acordo com o país, fazendo com que as empresas descentralizem operações e controle para o mercado local tanto quanto possível. Esse dilema global-local pode suscitar uma quantidade de reações das empresas à procura de estratégias internacionais, que vão da descentralização à centralização, além das posições intermediárias.

Exemplo 8.3

Rede global de P&D da Boeing

As organizações podem tentar explorar vantagens de localização por todo o mundo.

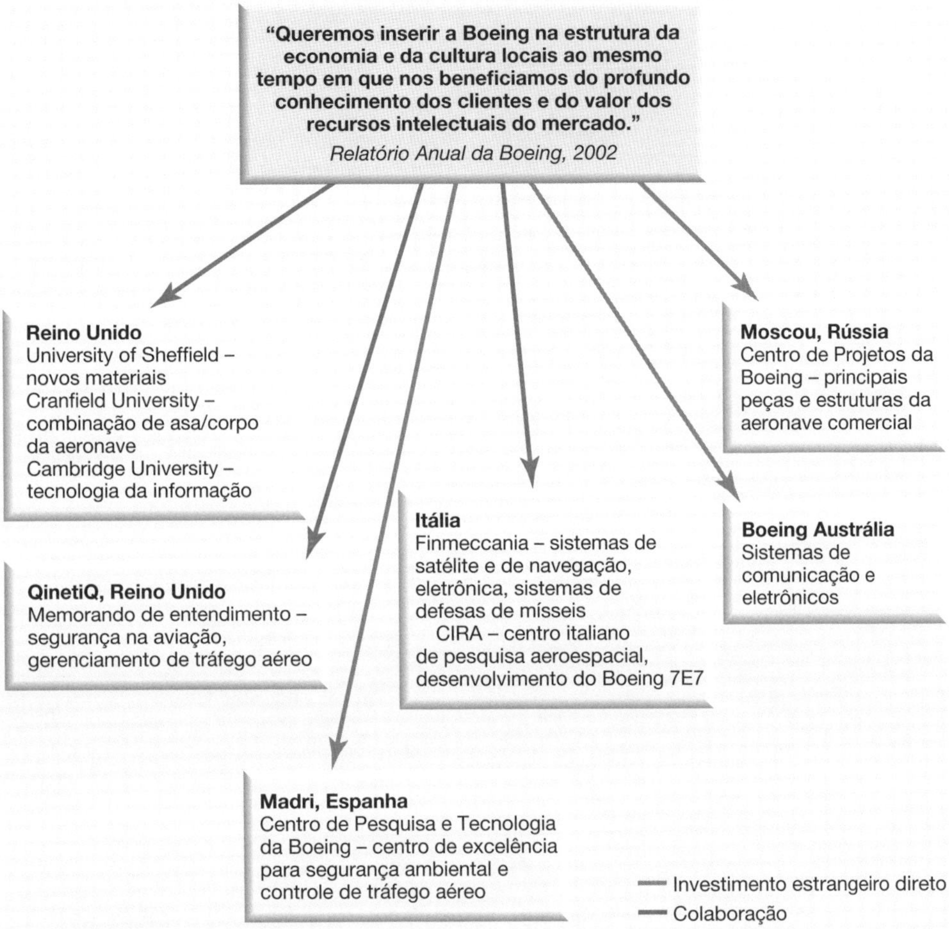

Fonte: Boeing.com, Relatório Anual da Boeing, 2002, Aviation International News Online.

Preparado por Michael Mayer, Bath University

Questões

1 Que razões podem estar por trás da internacionalização das atividades de P&D da Boeing?

2 Que desafios a Boeing pode enfrentar à medida que internacionaliza suas atividades de P&D?

Esta seção apresenta quatro tipos diferentes de estratégia internacional, baseadas nas escolhas da *configuração* internacional das várias atividades que uma organização tem de executar e o grau com que essas atividades são então *coordenadas* internacionalmente (veja a Figura 8.4). De forma mais precisa, a configuração se refere a dispersão ou concentração geográficas de atividades como fabricação e P&D, enquanto a coordenação se refere ao grau das operações em diversos países que são administradas de forma descentralizada ou centralizadas. As quatro estratégias internacionais básicas são as seguintes:

- *Exportação simples.* Esta estratégia envolve uma concentração de atividades (especialmente a fabricação) num único país, em geral o país de origem da organização. Ao mesmo tempo, o comércio do produto exportado é pouco coordenado no exterior, ou mesmo administrado por agentes de vendas independentes em diferentes mercados. As políticas de preço, acondicionamento, distribuição e mesmo de marca comercial podem ser determinadas localmente. Essa estratégia geralmente é escolhida por organizações com sólida vantagem em localização – como determinado pelo Diamante de Porter, por exemplo –, salvo onde as organizações tampouco tenham capacidades gerenciais insuficientes para coordenar internacionalmente o comércio, ou onde o comércio coordenado agregue pouco valor, como, por exemplo, na agricultura ou em matérias-primas.

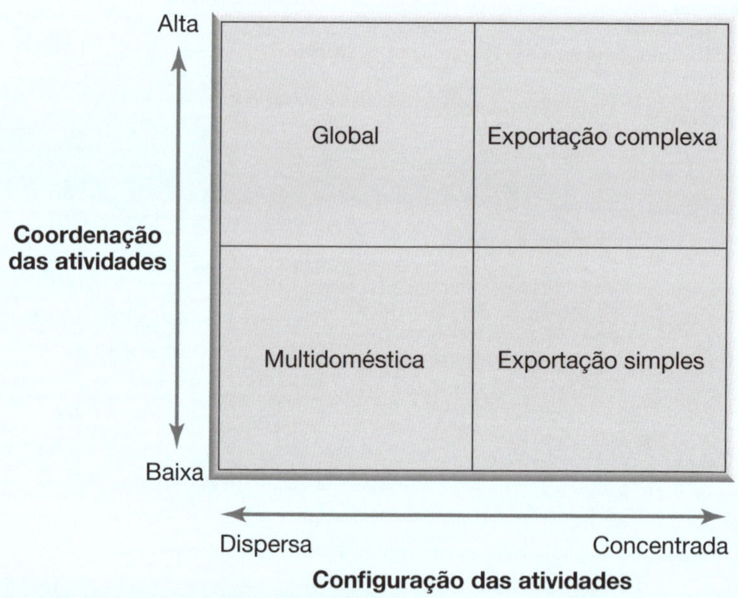

Fonte: Adaptado de M. E. Porter, "Changing patterns of international competition", Copyright © 1986, by The Regents of The University of California. Reimpresso a partir de *California Management Review*, vol. 28, no. 2. Com permissão de The Regents. Note-se que as estratégias foram renomeadas para manter a consistência com o restante do livro.

FIGURA 8.4 Quatro estratégias internacionais.

- *Multidoméstica*. Esta estratégia é igualmente pouco coordenada internacionalmente, mas envolve uma dispersão de várias atividades no exterior, incluindo a fabricação e algumas vezes o desenvolvimento do produto. Em vez de exportados, contudo, os bens e serviços são produzidos localmente em cada mercado nacional. Cada mercado é tratado de forma independente, com prioridade para as necessidades de cada mercado local doméstico – por isso, "multidoméstico". As adaptações locais podem tornar o *portfolio* corporativo, como um todo, cada vez mais diversificado. Essa estratégia é apropriada onde há poucas economias de escala e amplos benefícios para adaptação às necessidades locais. Esta estratégia multidoméstica é especialmente atrativa em serviços profissionais, no quais os relacionamentos locais são decisivos, mas traz riscos à marca e à reputação se as práticas nacionais se tornarem diversificadas demais.
- *Exportação complexa*. Essa estratégia também envolve a locação da maior parte das atividades num único país, mas resulta num comércio mais coordenado. As economias de escala ainda podem ser obtidas em fabricação e P&D, mas as oportunidades de marcas e preços são gerenciadas de modo mais sistemático. As demandas da coordenação são, é claro, consideravelmente mais complexas do que na estratégia de exportação simples. Esta é uma etapa comum para empresas de economias emergentes, uma vez que detêm alguma vantagem de seu país de origem, mas procuram estabelecer uma marca mais sólida e redes no exterior com uma maturidade organizacional crescente.
- *Estratégia global*. Essa é a mais madura de todas as estratégias internacionais, com atividades altamente coordenadas dispersas geograficamente pelo mundo. A utilização das redes internacionais de valor para a localização geográfica completa acontece de acordo com a vantagem local específica para cada atividade, de forma que o desenvolvimento do produto, a fabricação, a comercialização e as funções do escritório central podem estar todas localizadas em diferentes países. Por exemplo, a General Motors, com sede em Detroit, projetou seu carro Pontiac Le Mans na subsidiária alemã, Opel, onde há grande experiência e habilidade em engenharia; desenvolveu a publicidade por meio de uma agência britânica, com os pontos fortes na criatividade de Londres; produziu a maior parte dos componentes mais complexos no Japão, aproveitando as sofisticadas capacidades de fabricação e de tecnologia do país; e montou o carro na Coreia do Sul, local em que havia disponível uma mão de obra de baixo custo e habilidosa.

Na prática, estas quatro estratégias internacionais não são absolutamente distintas. Coordenação gerencial e concentração geográfica são questões de grau, mais do que diferenças exatas. As empresas podem oscilar dentro e entre as quatro estratégias. Suas escolhas, contudo, serão influenciadas por mudanças nos condutores da internacionalização apresentados anteriormente. Em locais e ocasiões, por exemplo, em que as preferências sejam altamente padronizadas, as empresas terão a tendência de favorecer a exportação complexa ou as estratégias globais. Quando for o caso de poucas economias de escala, a lógica penderá para as estratégias multidomésticas.

8.5 SELEÇÃO DE MERCADO E ENTRADA

Após decidir-se por uma estratégia internacional estabelecida a partir de fontes significativas de vantagem competitiva e apoiados por sólidos condutores de internacionalização, os gerentes precisam em seguida decidir em quais países entrar. Nem todos os países são igualmente atraentes. Até certo ponto, contudo, os países podem inicialmente ser comparados por meio de técnicas padronizadas de análise do ambiente – por exemplo, pelas dimensões identificadas na estrutura PESTEL (veja a Seção 2.2.1), ou de acordo com as Cinco Forças da indústria (Seção 2.3). Entretanto, há determinantes específicos da atratividade do mercado que precisam ser considerados na estratégia de internacionalização, e que podem ser analisados sob dois pontos principais: as características intrínsecas do mercado e a natureza dos competidores. Um ponto-chave nesse caso é como as estimativas iniciais da atratividade do país podem ser modificadas pelas várias medidas de *distância* e a probabilidade de *retaliação* por parte da concorrência. A seção se encerra com o exame dos diferentes *modos de entrada* nos mercados nacionais.

8.5.1 Características do mercado

Pelo menos quatro elementos da estrutura PESTEL são particularmente importantes na comparação de países para entrada:

- *Político*. Os ambientes políticos variam imensamente entre os países e podem se alterar rapidamente. Desde a queda do comunismo, a Rússia tem mudado de posição frequentemente a favor e contra o empreendimento estrangeiro privado. É claro que os governos podem criar oportunidades significativas para as organizações. Por exemplo, a Scottish Enterprise forneceu um subsídio para atrair o prêmio de música de 2003 da MTV para Edinburgo, capital da Escócia, enquanto mudanças políticas e de regulamentação podem criar oportunidades para expansão, como no caso da Deutsche Post (veja o Exemplo 8.2). É importante, contudo, determinar o nível de *risco político* antes de entrar num país.
- *Econômico*. Comparações decisivas ao se decidir entrar são feitas a partir dos níveis do produto interno bruto e de renda disponível, que ajudam a estimar o tamanho potencial do mercado. As economias de rápido crescimento obviamente geram oportunidades, e, em economias em desenvolvimento como a da China, o crescimento se traduz em uma criação ainda mais veloz de uma classe média de alto consumo. Porém, as empresas também devem estar cientes quanto a estabilidade da moeda do país, capaz de afetar sua movimentação de renda.
- *Social*. Fatores sociais claramente serão importantes – por exemplo, a disponibilidade de uma força de trabalho bem qualificada ou o tamanho dos segmentos demográficos de mercado – jovens e idosos – relevantes para a estratégia. As variações culturais precisam ser consideradas para, por exemplo, definir as preferências do mercado.
- *Legal*. Os países variam muito quanto regimes legais, o que determina o grau com que os países podem fazer contratos, proteger a propriedade in-

telectual ou evitar a corrupção. Da mesma forma, a manutenção da ordem será importante para a segurança dos empregados, um fator que no passado restringiu a ação de empresas em alguns países da América do Sul.

É bastante comum classificar os mercados dos países uns em relação aos outros de acordo com esses critérios e em seguida escolher entrar naqueles que oferecem as melhores pontuações relativas. Contudo, Pankaj Ghemawat salientou que o importante não é apenas a atratividade dos diferentes países quando comparados entre si, mas também a compatibilidade dos possíveis países com a própria empresa que está se internacionalizando.[9] O argumento é que, para empresas que vêm de países específicos, alguns países se mostram mais "distantes" – ou incompatíveis – do que outros. Em outras palavras, as empresas com diferentes nacionalidades podem não se adaptar perfeitamente em todos os países mais bem classificados. Um mercado sul-americano pode ter a mesma classificação que um mercado do leste da África em termos de atratividade, mas uma empresa espanhola provavelmente se sentiria mais em casa no primeiro do que no segundo. Desse modo, tanto quanto a classificação dos países, cada empresa tem de incluir sua avaliação dos países de acordo com a "proximidade" de cada um deles.

Ao argumentar que "a distância também é importante", Ghemawatt oferece uma "estrutura CAGE", na qual cada letra do acrônimo ressalta as diferentes dimensões da distância:

- *Distância cultural.* A dimensão da distância nesse caso diz respeito às diferenças de idioma, etnia, religião e normas sociais. As distância cultural não é apenas uma questão de semelhança das preferências do consumidor, como também atinge compatibilidades importantes em termos de comportamento administrativo. Nesse caso, por exemplo, as empresas norte-americanas podem estar mais próximas do Canadá do que do México, país que as empresas espanholas podem considerar relativamente compatível.
- *Distância administrativa e política.* Nesse caso, a distância é em termos de incompatibilidade na administração, na política ou em tradições legais. Os laços coloniais podem diminuir a diferença, de forma que a herança compartilhada pela França e suas antigas colônias do oeste da África cria determinados ajustes que vão além das vantagens idiomáticas. A fraqueza institucional – por exemplo, administração ociosa ou corrupta – podem aumentar a distância entre os países. O mesmo pode acontecer em relação às diferenças políticas: as empresas chinesas cada vez mais são capazes de operar em áreas do mundo em que as empresas norte-americanas encontram dificuldades, como, por exemplo, em partes do Oriente Médio e da África.
- *Distância geográfica.* Não é apenas um questão de quilômetros separando um país do outro, mas envolve outras características geográficas do país, como tamanho, acesso por via marítima e a qualidade da infraestrutura de comunicações. As dificuldades do Wal-Mart na Europa, por exemplo, se relacionam ao fato de que os sistemas de logística da empresa foram desenvolvidos no vasto espaço geográfico da América do Norte, o qual se revelou muito menos apropriado para os países menores e mais povoados da Europa. A infraestrutura de transporte pode

diminuir ou aumentar a distância física. A França está bem mais próxima de grandes porções da Europa continental do que o Reino Unido por causa da barreira representada pelo Canal da Mancha e pela estrutura britânica relativamente pobre de estradas e ferrovias.

- *Econômica.* O elemento final da estrutura CAGE se refere especificamente a distâncias em termos de riquezas. Aqui, em vez de simplesmente admitir que um mercado rico é bom de se entrar, e que um mercado pobre é ruim para isso, a estrutura indica as capacidades diversas das empresas de diferentes países. As multinacionais de países ricos geralmente são fracas no atendimento aos consumidores de mercados mais pobres (veja o Exemplo 8.4 sobre como a Unilever abordou esse problema). Em países em desenvolvimento, as multinacionais de países ricos geralmente acabam se concentrando nas elites econômicas. De modo contrário, geralmente demora muito tempo para que as empresas de países em desenvolvimento aprendam tudo o que é necessário sobre o que as classes médias de países ricos geralmente esperam.[10]

8.5.2 Características competitivas

Avaliar a atratividade relativa dos mercados através das análises PESTEL e CAGE é apenas o primeiro passo. O segundo elemento diz respeito à competição. Nesse caso, é claro, a estrutura das cinco forças de Michael Porter pode ser útil (veja a Seção 2.3). Por exemplo, os mercados nacionais com vários competidores já existentes, compradores poderosos (talvez grandes redes de varejo como em boa parte da América do Norte e do norte da Europa) e pequenas barreiras para a entrada de novas empresas estrangeiras geralmente pode ser pouco estimulante. Contudo, um fato adicional é a probabilidade de retaliação de outros concorrentes.

A estrutura das cinco forças (veja a Seção 2.3.1) já abordou a questão da retaliação da concorrência quanto à rivalidade. Em relação à estratégia internacional, a probabilidade e a agressividade das reações de competidores em potencial se somam ao cálculo simples da atratividade relativa do mercado do país. Como mostra a Figura 8.5, os mercados nacionais estão alinhados sobre dois eixos.[11] O primeiro é a *atratividade do mercado* para novas empresas, baseado nas análises PESTEL, CAGE e das cinco forças, por exemplo. Na Figura 8.5, os países A e B são os mais atrativos para entrada. O segundo é a *reação do defensor*, provavelmente influenciada pela atratividade do mercado para o defensor, mas também pelo quanto o defensor está usando uma estratégia globalmente integrada preferivelmente a uma estratégia multidoméstica. Um defensor terá mais reação se considerar os mercados importantes e tiver as capacidades gerenciais para coordenar sua reação. Nesse caso, o defensor é altamente reativo nos países A e D. O terceiro elemento é a *influência* (ou seja, o poder) de que o defensor pode dispor para contra-atacar. A influência geralmente é uma função da participação no mercado específico, mas pode ser influenciada pelas conexões com outros agentes locais poderosos, como varejistas ou o governo. Na Figura 8.5, a influência é representada pelo tamanho das bolhas, com o defensor dispondo de mais influência nos países A, C, D e F.

Exemplo 8.4

Inovação estratégica na Hindustan Lever Ltd

Grandes corporações multinacionais ainda podem precisar adaptar seus produtos e serviços às necessidades do mercado local.

A Unilever é uma das maiores companhias de produtos de consumo do mundo. A empresa tenta estabelecer sua marca em bases globais e sustentá-la com pesquisa e desenvolvimento de primeira linha. Entretanto, ela sabe muito bem que os mercados diferem e que, se deseja ser global, tem de estar preparada para adaptar-se às condições do mercado local. Também reconhece que, se deseja ter alcance global, precisa estar apta a comercializar seus produtos tanto nas áreas mais pobres como nas mais ricas. Na verdade, a empresa estima que, em 2010, metade de suas vendas virá do mundo em desenvolvimento – um aumento de mais de 30% em relação aos números do ano 2000.

Nas áreas rurais da Índia, a Hindustan Lever está começando a comercializar os produtos Unilever de modo adequado às condições locais.

Grande parte do esforço está na comercialização de produtos nas feiras ou mercados locais, onde os representantes da Unilever vendem os produtos na traseira de caminhões usando altofalantes para explicar a proposta da marca. Os executivos locais explicam que, pobres como são, as pessoas "não estão inclinadas a escolher versões descartáveis do produto – se as empresas que fazem o produto se preocuparem em explicar a diferença".

Para ajuda a desenvolver as habilidades para fazer isso, os gerentes da Lever na Índia começam sua carreira vivendo em povoados rurais onde eles comem, dormem e falam com os habitantes locais: "Quando você passa algum tempo com os consumidores, percebe que eles querem as mesmas coisas que você. Eles querem boa qualidade de vida".

Os mesmos executivos inovaram ainda mais na forma como os produtos são comercializados. Eles desenvolveram modelos de vendas diretas nos quais as mulheres, pertencentes a grupos de autoajuda que administram operações de microcrédito, vendem produtos Lever de forma a aumentar as economias coletivas. Nos locais onde não é comum assistir televisão, os executivos de *marketing* montaram milhares de shows ao vivo em feiras de gado e comerciais, utilizando-se do folclore rural. O objetivo nesse caso não é apenas alavancar as marcas Lever, mas também explicar a importância de banhos mais frequentes e melhor higiene. Na verdade, o pessoal de vendas comparece aos festivais religiosos e usa lâmpada ultravioleta na mão das pessoas para mostrar os perigos de germes e sujeira.

Mas não é apenas a forma como os produtos são comercializados que é feita sob medida para a Índia. O desenvolvimento de produtos também é diferente. Por exemplo, as mulheres indianas têm muito orgulho do cuidado que têm com os cabelos e consideram isso um luxo. Porém, usam o mesmo sabão que usam no corpo para lavar os cabelos. A Lever então dedicou esforços de pesquisa e desenvolvimento para encontrar um sabão de baixo custo que pudesse ser usado no corpo e nos cabelos, voltado para pequenos povoados e áreas rurais.

Como diz Keki Dadiseth, um diretor da Hindustan Lever: "Todos querem marcas. E há muito mais pessoas pobres no mundo do que ricas. Para ser uma empresa global... você precisa participar de todos os segmentos".

Fonte: Rekha Balu, "Strategic innovation: Hindustan Lever Ltd", *FastCompany.com* (www.fastcompany.com/magazine), edição 47, junho de 2001.

Questões

1. Quais são os desafios que uma multinacional como a Unilever enfrenta ao desenvolver marcas globais ao mesmo tempo em que encoraja a receptividade local?
2. Que outros exemplos de adaptação local de marcas globais você poderia citar?
3. As multinacionais têm sido criticadas por comercializar produtos dos países em desenvolvimento. Qual sua visão das dimensões éticas das atividades da Hindustan Lever?

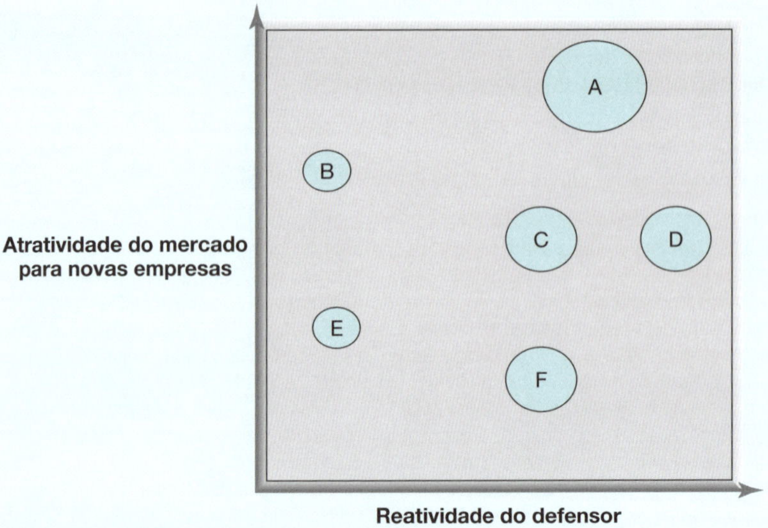

Observação: o tamanho da bolha indica a influência (poder) relativa do defensor.

Fonte: Reimpresso com permissão de *Harvard Business Review*. Quadro adaptado de "Global gamesmanship", de I. MacMillan, S. van Putten e R. McGrath, maio de 2003. Copyright © 2003 by the Harvard Business School Publishing Corporation, todos os direitos reservados.

FIGURA 8.5 Retaliação de competidores internacionais.

A escolha do país no qual entrar pode ser substancialmente modificada pela adição de reatividade e influência ao cálculo da atratividade. Se contar apenas a atratividade, o melhor país para entrar na Figura 8.5 é o país A. Infelizmente, esse também é um país em que o defensor é altamente reativo e em que dispõe de mais influência. O país B se torna um movimento internacional melhor do que o A. Desse modo, o país C é uma escolha melhor do que o D, uma vez que, embora sejam igualmente atraentes, o defensor é menos reativo. Um resultado surpreendente do fato de levar em conta a reatividade e a influência é a reavaliação do país E – embora classificado em quinto lugar somente pela atratividade, pode chegar ao segundo lugar geral se a retaliação da concorrência for computada.

Esse tipo de análise é particularmente proveitosa por considerar os movimentos internacionais de dois competidores interdependentes, como a Unilever e a Procter & Gamble, ou a British Airways e a Singapore Airlines. Nesses casos, a análise é relevante para qualquer movimento estratégico agressivo, como, por exemplo, a expansão das operações existentes num país bem como a entrada inicial. Além disso, especialmente no caos de competidores globalmente integrados, a influência geral do defensor deve ser levada em consideração. O defensor pode escolher retaliar em outro mercado além daquele visado, contra-atacando onde quer que sua influência fosse suficiente para prejudicar o agressor. Naturalmente, também, esse tipo de análise pode ser aplicada a interações entre competidores diversificados bem como a competidores internacionais: cada bolha pode representar diferentes produtos ou serviços.

8.5.3 Modos de entrada

Uma vez que um determinado mercado nacional tenha sido selecionado para entrada, a organização precisa escolher como entrar naquele mercado. Os modos de entrada diferem quanto ao grau de comprometimento de recurso para um determinado mercado e quanto ao grau de envolvimento operacional de uma organização numa determinada localização. Os principais modos de entrada são exportação; acordos contratuais através de licenciamento e franquia; *joint ventures* e alianças; e investimento estrangeiro direto, que pode envolver a aquisição de empresas estabelecidas (ou os investimentos *greenfield*) e o desenvolvimento de instalações "a partir do zero". Esses métodos alternativos de desenvolvimento de estratégia são explicados a seguir na Seção 9.3, mas as vantagens e desvantagens específicas para entrada no mercado internacional estão resumidas na Figura 8.6.

Os modos de entrada geralmente são escolhidos de acordo com os estágios de desenvolvimento organizacional. A internacionalização leva as organizações a territórios novos e geralmente desconhecidos, exigindo que os gerentes aprendam novas formas de fazer negócios.[12] Desse modo, a internacionalização geralmente é vista como um processo sequencial através do qual as empresas aumentam gradualmente seu comprometimento com os mercados em que entraram recentemente, acumulando conhecimento e aumentando sua capacidade ao longo do processo. Essa estratégia de **expansão internacional escalonada** significa que as empresas usam inicialmente modos de entrada como licenciamento e exportação que lhes permitam a aquisição de conhecimento local ao mesmo tempo em que minimizam a exposição de seus ativos. Uma vez que as empresas tenham conhecimento e confiança suficientes, elas podem então aumentar sequencialmente sua exposição, talvez inicialmente por meio de uma *joint venture* e finalmente pelo investimento estrangeiro direto. Um exemplo é a entrada dos fabricantes de automóveis BMW no mercado norte-americano. Depois de um longo período exportando da Alemanha para os EUA, a BMW estabeleceu uma fábrica em Spartanburg, na Carolina do Sul, para fortalecer sua posição competitiva no mercado norte-americano, estrategicamente importante para a empresa.

Expansão internacional escalonada: as empresas usam inicialmente modos de entrada que lhes permitem maximizar a aquisição de conhecimento ao mesmo tempo em que minimizam a exposição de seus ativos

Em contraste com a internacionalização gradual seguida por muitas empresas grandes e estabelecidas, algumas pequenas empresas estão atualmente se internacionalizando rapidamente nos estágios iniciais de seu desenvolvimento, usando modos de entrada múltiplos para diversos países. São as chamadas empresas "*born-global*". A GNI, a minimultinacional do Exemplo 8.5, mostra esse processo *born-global*. Ao atingir essa rápida internacionalização, as empresas *born-global* precisam administrar simultaneamente o processo de internacionalização e desenvolver uma estratégia e infraestrutura mais ampla, ao mesmo tempo em que não possuem o conhecimento de experiência geralmente esperado para fazê-lo.

As multinacionais de países emergentes também costumam agir rapidamente através dos modos de entrada. Exemplos destacados são a multinacional chinesa de eletrodomésticos Haier, a empresa farmacêutica indiana Ranbaxy Laboratories e fábrica de argamassa mexicana Cemex. As estratégias internacionais dessas empresas não são apenas de exportação simples

Exportação

Vantagens	Desvantagens
• Instalações operacionais desnecessárias no país anfitrião • Economias de escala podem ser exploradas • Usando a Internet, empresas pequenas/inexperientes podem obter acesso aos mercados internacionais	• Não permite que as empresas se beneficiem das vantagens locais da nação anfitriã • Limita as oportunidades de obter conhecimento sobre mercados locais e competidores • Pode criar dependência dos intermediários de exportação • Exposição a barreiras comerciais como impostos de importação • Incorre em custos de transporte • Pode limitar a capacidade de responder rapidamente às demandas do cliente

Joint ventures e alianças

Vantagens	Desvantagens
• Risco de investimento compartilhado com o sócio • Combinação de recursos e conhecimentos complementares • Pode ser uma condição do governo para a entrada no mercado	• Dificuldade de identificar um sócio apropriado e acordar termos contratuais adequados • Administrar a relação com o sócio estrangeiro • Perda de vantagem competitiva através de imitação • Limita a capacidade de integrar e coordenar atividades entre as fronteiras nacionais

Licenciamento

Vantagens	Desvantagens
• Receita de venda de produção e direitos de comercialização acordada contratualmente • Limita a exposição econômica e financeira	• Dificuldades de identificar um sócio apropriado e acordar termos contratuais • Perda de vantagem competitiva através da imitação • Limita os benefícios da vantagem de localização do país anfitrião

Investimento estrangeiro direto

Vantagens	Desvantagens
• Controle total de recursos e capacidades • Facilita a integração e coordenação de atividades entre as fronteiras nacionais • Aquisições permitem entrada rápida no mercado • Investimentos *greenfield* permitem o desenvolvimento de instalações de primeira linha e podem atrair suporte financeiro do governo anfitrião	• Investimento substancial e comprometimento com o país anfitrião, resultando em exposição econômica e financeira • A aquisição pode resultar em problemas de integração e coordenação • A entrada *greenfield* consome tempo e é menos previsível em termos de custo

FIGURA 8.6 Modos de entrada no mercado: vantagens e desvantagens.

Exemplo 8.5

A minimultinacional

A GNI, uma iniciante no ramo da biotecnologia, conta como menos de cem empregados, mas opera em cinco países espalhados por quatro continentes.

Christopher Savoie é um empreendedor norte-americano que inicialmente estudou medicina no Japão, tornando-se fluente na língua do país e adotando cidadania japonesa. Em 2001, ele fundou a GNI, um empresa de biotecnologia que em 2006 havia levantado ¥ 3 bilhões (R$ 56 milhões) em fundos de investimento, incluindo uma parte do mundialmente famoso banco de investimentos Goldman Sachs. A empresa já operava em Tóquio e Fukuoka, no Japão; em Xangai, na China; em Cambridge e Londres, no Reino Unido; e em San Jose, na Califórnia. Também havia uma colaboração com um laboratório em Auckland, na Nova Zelândia. Savoie explica: "Pegamos o melhor de cada país e reunimos".

A estratégia da GNI é centrar-se em doenças asiáticas que tenham sido negligenciadas pelas grandes companhias farmacêuticas ocidentais, como, por exemplo, câncer do estômago e hepatite. De acordo com Savoie: "A Ásia tem levado a pior. Na qualidade de pequena empresa, tivemos de escolher um nicho, e pensamos que um local com metade da população do mundo era bom para começar".

Os cientistas da GNI trabalham com cordões umbilicais, fornecendo tecido genético que praticamente não tenha sido infectado pelo ambiente. Contudo, os pais japoneses tradicionalmente guardam os cordões umbilicais dos filhos. Assim, a GNI trabalha com a Rose Maternity Hospital, em Cambridge, como fornecedora de seus materiais genéticos básicos. Por outro lado, a GNI no Japão já tem acesso a supercomputadores, e os cientistas japoneses têm desenvolvido os algoritmos necessários para analisar os códigos genéticos. O Japão também tem servido de fonte principal dos fundos de investimento, em que as regulações de negócios recém-criados não são rigorosas. A China é um local eficaz para o teste de tratamentos em pacientes. As vantagens regulatórias indicam que os experimentos podem acontecer mais rapidamente na China, além de custarem 1/10 do que custam no Japão. Em 2005, a GNI se fundiu com a Shangai Genomics, uma empresa iniciante administrada por dois empreendedores com formação nos Estados Unidos. Enquanto isso, em San Jose, há um escritório de desenvolvimento de negócios em busca de relacionamentos com gigantes farmacêuticos norte-americanos.

Savoie descreve o modelo de negócios como essencialmente simples:

> "Temos uma estrutura de custos chinesa, supercomputadores japoneses e, em Cambridge, acesso a materiais éticos (cordões umbilicais) e ótimos cientistas clínicos. Esta é uma rede que podemos usar para ciência de primeiro nível e transformá-la em molécula para competir com os maiores do ramo".

Fontes: D. Pilling, "March of the mini-multinational", *Financial Times*, 4 de maio de 2006; www.gene-networks.com.

Questões

1 Analise a rede de valor da GNI em termos de vantagens de custo, capacidades únicas e características nacionais.

2 Quais desafios gerenciais a GNI irá enfrentar durante seu crescimento?

e baseadas em custos.[14] Elas normalmente desenvolvem *capacidades únicas* em seus mercados domésticos, em áreas negligenciadas pela multinacionais estabelecidas. Em seguida, avançam para os postos estabelecidos em mercados mais desenvolvidos. Por exemplo, por causa das necessidades do mercado chinês, a Haier desenvolveu habilidades de produção bastante eficientes de eletrodomésticos simples, estabelecendo uma vantagem de custo que é transferível para uma base de produção fora da China. Em 1999, a Haier estabeleceu uma operação de produção na Carolina do Sul, nos Estados Unidos, competindo de igual para igual com as gigantes multinacionais ocidentais, como a General Electric e a Whirlpool em seu território doméstico.

RESUMO

- O *potencial de internacionalização* em qualquer mercado específico é determinado por quatro condutores: mercado, custo, governo e estratégias dos competidores.
- As fontes de vantagem em estratégia internacional podem vir da terceirização global, através da *rede internacional de valor*, e das fontes nacionais de vantagem, como retratado no *Diamante de Porter*.
- Há quatro tipos principais de estratégia internacional, variando de acordo com o grau de *coordenação* e *configuração geográfica*: exportação simples, exportação complexa, multidoméstica e global.
- A seleção de mercado para a entrada ou expansão internacional deve ser baseada em atratividade, medidas multidimensionais de *distância* e expectativas de *retaliação* pela concorrência.
- Os modos de entrada em novos mercados incluem *exportação, licenciamento, joint ventures e alianças* e *investimento estrangeiro direto.*

Leituras básicas recomendadas

- Uma introdução esclarecedora dos procedimentos detalhados da economia global atual – e suas ineficiências – é a de P. Rivoli, *The Travels of a T-Shirt in the Global Economy: an Economist Examines the Markets, Power and Politics of World Trade*, Wiley, 2006. Uma visão mais otimista se encontra em T. Friedman, *The World is Flat: the Globalized World in the Twenty First Century*, Penguin, 2006.
- Uma perspectiva revigorante sobre estratégia international se encontra em G. Yip, *Total Global Strategy II*, Prentice Hall, 2003. Um manual geral e abrangente é o de A. Rugman e S. Collinson, *International Business*, 4th edition, FT Prentice Hall, 2006.

Referências

1. De fato, muitos autores se referem à internacionalização simplesmente como "diversificação internacional"; veja N. Capar e M. Kotabe, "The relationship between international diversification and performance in service firms", *Journal of International Business Studies*, vol. 34 (2003), p. 345-355.
2. T. Friedman, *The World is Flat: the Globalized World in the Twenty First Century*, Penguin, 2006, e P. Rivoli, *The Travels of a T-Shirt in the Global Economy: an Economist Examines the Markets, Power and Politics of World Trade*, Wiley, 2006.
3. G. Yip, *Total Global Strategy II*, Prentice Hall, 2003.
4. Dados úteis específicos sobre indústria a respeito de tendências em abertura a negócios e investimento podem ser encontrados no *site* da Organização Mundial do Comércio, www.wto.org.
5. G. Hamel e C. K. Prahalad, "Do you really have a global strategy?", *Harvard Business Review*, vol. 63, no. 4 (1985), p. 139-148.
6. B. Kogut, "Designing global strategies: comparative and competitive value added changes", *Sloan Management Review*, vol. 27 (1985), p. 15-28.
7. M. Porter, *The Competitive Advantage of Nations*, MacMillan, 1990.

8. Essa tipologia está de acordo com a estrutura básica de M. Porter, "Changing patterns of international competition", *California Management Review*, vol. 28, no. 2 (1987), p. 9-39, mas seus termos foram adaptados para as quatro estratégias de modo mais compreensível: note-se especialmente que nesse caso estratégia "global" refere-se ao quadro superior à esquerda, e o quadro superior à direita é descrito como "exportação complexa".
9. P. Ghemawat, "Distance still matters", *Harvard Business Review*, September (2001), 137-147.
10. Para uma boa análise de empresas de países em desenvolvimento e suas oportunidades, veja T. Khanna e K. Palepu, "Emerging giants: building world-class companies in developing countries", *Harvard Business Review*, October (2006), p. 60-69.
11. Essa estrutura é apresentada em I. MacMillan, A. van Putten e R. McGrath, "Global Gamesmanship", *Harvard Business Review*, vol. 81, no. 5 (2003), p. 62-71.
12. Para discussões detalhadas sobre o papel do aprendizado e da experiência em entrada de mercado, veja M. F. Guillén, "Experience, imiatition, and the sequence of foreign entry: wholly owned and joint-venture manufacturing by South Korean firms and business groups in China, 1987-1995", *Journal of International Business Studies*, vol. 83 (2003), p. 185-198; e M. K. Erramilli, "The experience factor in foreign market entry modes by service firms", *Journal of International Business Studies*, vol. 22, no. 3 (1991), p. 479-501.
13. G. Knights e T. Cavusil, "A taxonomy of born-global firms", *Management International Review*, vol. 45, no. 3 (2005), p. 15-35.
14. Para análises de multinacionais de países emergentes, veja T. Khanna e K. Palepu, "Emerging giants: building world-class companies in developing countries", *Harvard Business Review*, October (2006), p. 60-69; e J. Sinha "Global champions from emerging markets", *McKinsey Quarterly*, no. 2 (2005), p. 26-35.

Os computadores Lenovo: onde o Oriente encontra o Ocidente

Introdução

Em maio de 2005, a 13ª maior empresa de computadores pessoais do mundo, a Lenovo, assumiu os negócios da terceira maior empresa de computadores pessoais do mundo, a divisão de PCs da IBM. A Lenovo, naquela época sediada completamente na China, estava pagando US$ 1,75 bilhão (R$ 3 bilhões) para controlar uma empresa que funcionava em todo o mundo e tinha realmente inventado a indústria dos computadores pessoais, em 1981. Michael Dell, o criador da maior empresa de PCs do mundo, fez um simples comentário: "Isso não vai dar certo".

A Lenovo havia sido fundada em 1984 por Liu Chuanzhi, um pesquisador de 40 anos de idade que trabalhava para o Instituto de Computação da Academia Chinesa de Ciências. Suas atividades anteriores incluíam desmontar sistemas de radar norte-americanos capturados durante a Guerra do Vietnã e plantar arroz durante a Revolução Cultural chinesa. Liu Chuanzhi havia começado com um capital de US$ 25.000,00 do Instituto de Computação e prometido a seu chefe que construiria um negócio cujos rendimentos seriam de US$ 250.000,00. Trabalhando na velha cadeia do Instituto de Computação e tomando emprestadas as instalações do escritório, uma das primeiras iniciativas de Liu foi revender aparelhos de televisão em cores. Mas o sucesso de fato começou em 1987, quando a Lenovo foi uma das primeiras empresas a fazer pacotes de *software* com caracteres chineses nos computadores pessoais importados.

A Lenovo começava a decolar, com Liu usando o apoio de seu pai, que tinha boas relações no governo chinês, como auxílio para a importação de PCs baratos via Hong Kong. Durante o ano de 1988, a Lenovo veiculou seu primeiro anúncio de emprego e recrutou 58 jovens para se juntar à empresa. Enquanto a geração que fundou a companhia estava na casa dos quarenta anos de idade, os novatos estavam todos na casa dos vinte anos, uma vez que a Revolução Cultural havia impedido qualquer graduação universitária durante dez anos na China. Entre os novos recrutas estava Yang Yuanqing, que estaria administrando o negócio de computadores pessoais da Lenovo antes de completar trinta anos e mais tarde se tornaria, aos 41 anos de idade, presidente da *venture* Lenovo-IBM. Foi a nova equipe que ajudou a inaugurar a produção do primeiro PC da Lenovo, em 1990, e levou a empresa a uma participação de 30% no mercado interno chinês, em 2005. A Lenovo havia lançado parcialmente papéis negociáveis na bolsa de valores de Hong Kong em 1994.

Photo: Kim Cheung/AP/PA Photos

Yang Yuanqing, presidente da Lenovo

O acordo

O acordo com a IBM PC começou a ser trabalhado em 2004, com a Lenovo sendo orientada pela consultora em gerenciamento McKinsey & Co e o banco de investimentos Goldman Sachs. A IBM queria se desfazer de seus negócios de computadores pessoais, que tinham apenas 4% de participação no mercado nos Estados Unidos e padeciam de baixas margens de lucro num mercado competitivo dominado pela Dell e Hewlett Packard. Serviços com margens mais altas e computadores de grande porte seriam o futuro da IBM, que avaliava também a proposta da empresa de *private equity* Texas Pacific. A Lenovo ofereceu o melhor preço, mas a Texas Pacific estava convencida em ter uma parte do novo grupo, enquanto a IBM iria ficar com 13% do controle. A Academia Chinesa de Ciências, do governo daquele país, ainda teria 27% das ações, sendo a maior acionista.

O novo presidente, Yang Yuanqing, tinha uma visão clara do que a empresa tinha de atingir, embora reconhecesse alguns desafios:

"Em cinco anos, quero que esta (Lenovo) seja uma marca de PC muito famosa, com talvez o dobro do crescimento da indústria. Quero uma taxa de lucro bastante alta e talvez outros negócios similares ao dos computadores pessoais, em todo o mundo. Estamos no início desta nova empresa, então podemos definir alguns fundamentos sobre a cultura. As três palavras que uso para descrever isso são confiança, respeito e compromisso."

E acrescentou:

"Como uma empresa global, talvez tenhamos de sacrificar um pouco da velocidade, especialmente durante nossa primeira fase. Precisamos de mais comunicação. Precisamos de tempo para entendermos uns aos outros. Mas a velocidade está nos genes da velha Lenovo. Espero que esteja nos genes da nova Lenovo."

A IBM não estava deixando seu velho negócio para afundar ou continuar completamente por conta própria. A Lenovo tinha o direito de usar a marca IBM para PCs por cinco anos, incluindo o valioso nome ThinkPad. A força de trabalho da IBM seria incentivada a vender computadores pessoais Lenovo, como se fossem os próprios equipamentos com a marca IBM. A IBM Global Services foi contratada para fornecer manutenção e assistência técnica. A IBM teria dois observadores sem direito a voto na diretoria da Lenovo. Além disso, Stephen Ward, o ex-presidente de 51 anos da divisão de PCs da IBM, iria se tornar CEO da Lenovo.

Administrando o novo gigante

Ter um CEO da IBM não era uma surpresa completa. Afinal, o negócio de US$ 13 bilhões era aproximadamente 80% ex-IBM, e os clientes e funcionários precisavam ter certeza da continuidade. Mas houve mudanças significativas para a administração da nova empresa.

As coisas não começaram bem. Quando a equipe chinesa viajou pela primeira vez até Nova York para conhecer a equipe da IBM, não foram recepcionados no aeroporto, como esperavam e como era uma prática normal e polida na China. Yang e Ward não entraram em acordo sobre o local dos novos escritórios centrais, com Yang desejando que fossem divididos entre Pequim e as proximidades de Nova York. Ward venceu, e Yang se mudou com a família para os Estados Unidos. A estrutura da nova organização manteve a velha empresa IBM e a nova Lenovo como divisões separadas. Ainda assim, a nova companhia precisava de consideráveis contatos com a China, um voo de 13 horas que passava por 12 fusos horários. A teleconferência entre a Costa Leste e a China se tornou um modo de vida, com chamadas por parte dos norte-americanos às seis horas da manhã ou às 11 horas da noite para encontrar os colegas chineses. As conversas eram sempre em inglês, com muitos chineses sem fluência e a impossibilidade de observar a linguagem corporal.

A natureza chinesa da empresa foi um problema para algumas partes do eleitorado. A IBM tinha muitos negócios com o governo, e alguns membros populistas do congresso norte-americano lançaram uma campanha de medo quanto à entrada de computadores chineses em áreas sensíveis. Na Alemanha, as leis trabalhistas permitiam uma transição voluntária dos funcionários da IBM para a Lenovo, e muitos trabalhadores alemães preferiram não se transferir, deixando a empresa com o quadro de pessoal reduzido. Houve algum desconforto entre ex-empregados da IBM no Japão por conta da empresa ser de propriedade chinesa. Havia, entre as culturas norte-americana e chinesa, diferenças consideráveis. Qiao Jian, vice-presidente de RH, explicou:

"Os americanos gostam de conversar; os chineses gostam de ouvir. Inicialmente, ficávamos imaginando por que eles continuavam falando quando não tinham já nada a dizer. Mas aprendemos a ser mais diretos quando temos um problema, e os americanos estão aprendendo a ouvir."

As diferenças culturais não eram apenas nacionais. A Lenovo era uma empresa nova e relativamente simples – basicamente um país, um produto. A corporação multinacional gigante IBM, fundada em 1924, era muito mais complexa. A equipe de gerenciamento da Lenovo, com a maior parte de seus membros na casa dos trinta anos, era bem mais jovem do que a da IBM, e a idade média da empresa como um todo era de apenas 28 anos. A IBM era famosa por seus processos e rotinas de gerenciamento. Qiao Jian comentou que "o pessoal da IBM marca um horário para uma reunião e a repete toda a semana. Mas por que temos uma reunião se não há o que relatar?". Por outro lado, o pessoal da IBM tinha uma tendência de se atrasar para as reuniões, algo que foi energicamente desencorajado pela Lenovo.

Alguns resultados

No início, a reação à nova Lenovo foi positiva. Os clientes da IBM permaneceram leais e o preço das ações começou a subir (veja a Figura 1). Os executivos da IBM que permaneceram reconheceram que pelo menos eram parte de um negócio comprometido com computadores pessoais, em vez de a Cinderela de gigantesco império da IBM. O fato de um PC Lenovo fabricado na China ter um custo de força de trabalho de apenas US$ 3,00 oferecia grandes oportunidades.

Porém, o líder de mercado, a Dell, reagiu à nova empresa com pesados cortes nos preços, oferecendo descontos de US$ 100,00 nos equipamentos mais comprados. Com a participação no decisivo mercado norte-americano começando a derrapar, o

Figura 1 Preço das ações do grupo Lenovo, 2001-2006, comparado com o índice NASDAQ.

Fonte: www.bigcharts.com (11 de outubro de 2006). Marketwatch.Online by BigCharts.com Copyright 2006 by Dow Jones & Company, Inc. Reproduzido com permissão de Dow Jones & Company, Inc. em formato Textbook via Copyright Clearance Center.

ex-CEO da IBM, Stephen Ward, foi substituído, em dezembro de 2005, por Willaim Armelio. Isso foi um golpe de sorte para a Lenovo, uma vez que Armelio estava à frente dos negócios da Dell na região da Ásia e do Pacífico. Além de conhecer intimamente o concorrente, Armelio, morando há vários anos em Cingapura, tinha uma boa compreensão dos negócios na Ásia:

"Nos cinco anos em que estive na Ásia, uma coisa que aprendi... é ter muita paciência. Preciso contar com pessoas com grande senso de urgência e orientação, mas também aprendi a combinar isso com as várias culturas com que tenho lidado a fim de ser mais efetivo".

Armelio começou cortando custos, eliminando 1.000 empregos, ou 10%, da força de trabalho da Lenovo fora da China. Ele integrou as empresas da IBM e as antigas empresas da Lenovo num única estrutura. A empresa lançou uma nova linha de PCs com a marca Lenovo para empresas norte-americanas de pequeno e médio porte, um mercado tradicionalmente ignorado pela IBM. Para melhorar suas metas nesse segmento, a Lenovo expandiu as vendas para grandes varejistas norte-americanos, como a Office Depot. A participação no mercado norte-americano começou a se recuperar, ultrapassando novamente os 4%. A Lenovo começou a pensar em entrar no mercado indiano.

As ações de Armelio pareciam dar resultado. Após uma variação abrupta na primeira metade de 2005, o preço das ações subiu. Mas não havia como disfarçar que o preço das ações no outono de 2006 continuava abaixo do preço de cinco anos antes, e que continuava a seguir o índice da NASDAQ.

Fontes: L. Zhijun, *The Lenovo Affair*, Willey, Singapore, 2006; *Business Week*, 7 de agosto (2006), 20 de abril (2006), 22 de dezembro(2005) e 9 de maio (2005); *Financial Times*, 8 de novembro (2005), 9 de novembro (2005) e 10 de novembro (2005).

Questões

1. Quais as fontes de vantagem competitiva que podem ser retiradas da base chinesa da Lenovo? Quais desvantagens derivam da sua base chinesa?
2. À luz da estrutura CAGE e da estrutura de retaliação da concorrência de MacMillan *et al.*(Figura 8.5), comente a entrada da Lenovo no mercado norte-americano.
3. Agora que a Lenovo é internacional, que tipo de estratégia internacional genérica a empresa deve seguir – exportação simples, multidoméstica, exportação complexa ou global?

9

Métodos e Avaliação da Estratégia

RESULTADO DE APRENDIZAGEM

Após a leitura deste capítulo, você será capaz de:

- → Identificar os *métodos* pelos quais as estratégias podem ser adotadas: *desenvolvimento orgânico*; *fusões* e *aquisições*; e *alianças estratégicas*.
- → Empregar três *critérios de sucesso* para avaliar opções estratégicas: *adequação*, *aceitabilidade* e *viabilidade*.
- → Usar um leque de diferentes *técnicas para avaliar opções estratégicas*.

Photo: © Tracey Fahy/Alamy

9.1 INTRODUÇÃO

O Capítulo 6 mostrou uma gama de escolhas sobre como posicionar a organização em relação aos concorrentes. No cerne dessa escolha generalizada sobre as bases da estratégia competitiva há escolhas mais específicas a serem tomadas sobre a direção estratégica da organização; particularmente, quais mercados e quais produtos são os mais apropriados. Essas escolhas foram apresentadas no Capítulo 7 e desenvolvidas posteriormente no Capítulo 8, no contexto da estratégia internacional. Entretanto, há um terceiro nível de escolha relacionado com os *métodos pelos quais a estratégia competitiva e a direção estratégica podem ser adotadas*. Esse é o tema da Seção 9.2, a metade inicial deste capítulo.

Tendo em mente que o uso dos conceitos e ferramentas apresentados nos Capítulos 2 a 5 do livro também terão criado ideias sobre estratégias que podem ser seguidas, o estrategista pode precisar considerar várias opções possíveis. Assim, a segunda metade deste capítulo examina os *critérios de sucesso* pelos quais as opções podem ser avaliadas e, estabelecendo esses critérios, explica algumas *das técnicas para avaliar as opções estratégicas*.

A Figura 9.1 resume a estrutura geral do capítulo.

9.2 MÉTODOS DE ADOÇÃO DAS ESTRATÉGIAS

O **método estratégico** envolve os *meios* pelos quais uma estratégia pode ser adotada

Qualquer uma das direções estratégicas examinadas nos Capítulos 6 a 8 pode ser interpretada de várias maneiras ou por diferentes **métodos estratégicos**: os *meios* pelos quais uma estratégia pode ser adotada. Esses métodos podem ser divididos em três tipos: desenvolvimento orgânico, aquisição (ou venda) e alianças.

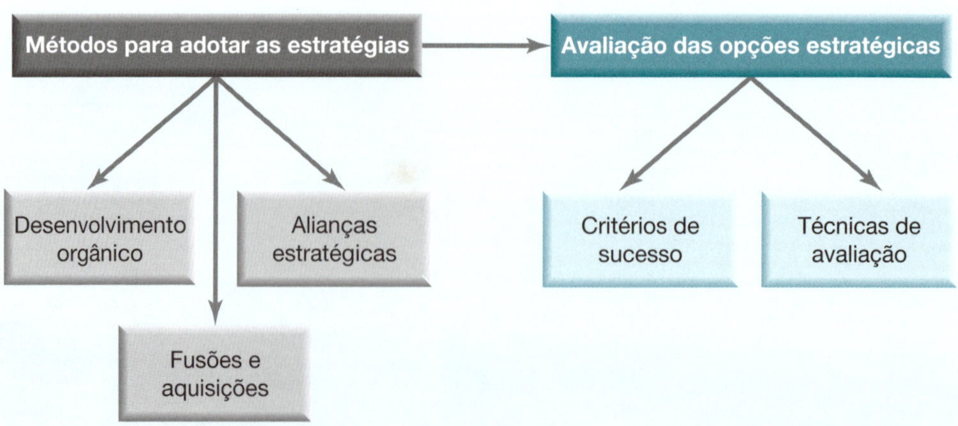

FIGURA 9.1 Métodos e avaliação da estratégia: estrutura do capítulo.

9.2.1 Desenvolvimento orgânico[1]

O **desenvolvimento orgânico** ou interno é a situação em que as estratégias são desenvolvidas com base nas próprias capacidades da organização. Para muitas organizações, o desenvolvimento orgânico tem sido o método principal de desenvolvimento da estratégia, e há algumas ótimas razões pelas quais isso ocorre:

O **desenvolvimento orgânico** é a situação em que as estratégias são desenvolvidas com base nas próprias capacidades da organização

- Os *produtos altamente técnicos* em termos de projeto ou método de produção prestam-se ao desenvolvimento orgânico, uma vez que o processo de desenvolvimento pode ser a melhor maneira de adquirir as capacidades necessárias para competir de forma bem-sucedida.
- O *desenvolvimento do conhecimento e da capacidade* pode ser otimizado pelo desenvolvimento orgânico. Por exemplo, uma empresa pode pensar que o envolvimento direto obtido a partir da própria equipe de vendas, em vez de agentes de vendas, obtém maior conhecimento do mercado e resulta, portanto, em vantagem competitiva sobre outros rivais mais distantes de seus consumidores.
- A *distribuição do investimento ao longo do tempo*. O custo final de desenvolvimento de novas atividades internamente pode ser mais alto do que o de adquirir outras empresas. Entretanto, a distribuição desses custos ao longo do tempo pode ser uma opção mais favorável do que uma grande despesa necessária para uma aquisição. Esse é um forte motivo para o desenvolvimento orgânico em pequenas companhias ou em muitos serviços públicos que podem não ter recursos disponíveis para grandes investimentos.
- *Minimizar a interrupção*. O índice mais lento de mudança associado ao desenvolvimento orgânico pode também minimizar a interrupção de outras atividades e evitar problemas políticos e culturais que podem ocorrer devido à integração da aquisição (veja a Seção 9.2.2).
- A *natureza dos mercados* pode impor o desenvolvimento orgânico. Em muitas circunstâncias, as organizações que entram em novos territórios podem não estar em posição de desenvolver-se através de aquisições ou desenvolvimento conjunto, pois são os únicos em campo. Ou pode haver poucas oportunidades para aquisição, como, por exemplo, para companhias estrangeiras que tentam entrar no Japão.

9.2.2 Fusões e aquisições

Uma **aquisição** é a situação em que uma organização toma posse de outra organização, enquanto a **fusão** implica uma decisão de comum acordo para a posse conjunta entre organizações. Na prática, poucas aquisições são hostis e poucas fusões acontecem entre empresas semelhantes. Assim, as aquisições e fusões geralmente envolvem os gerentes de uma organização exercendo influência estratégica sobre os outros. A atividade global nas aquisições é dominada pela América do Norte e pela Europa Ocidental, já que se trata de uma situação bem menos comum em outras economias, como, por exemplo, o Japão. Isso reflete a influência das diferenças nos sistemas de governo existentes (veja a Seção 4.2).

Uma **aquisição** é a situação em que uma organização toma posse de outra organização

Uma **fusão** é uma decisão de comum acordo para a posse conjunta entre organizações

Motivos para aquisições e fusões

Há diferentes motivos para o desenvolvimento através de aquisições ou fusões. Uma razão importante pode ser a necessidade de acompanhar o *ambiente* em mudança.

- *Velocidade de entrada.* Os produtos ou mercados podem estar em mudança tão acelerada que a aquisição se torna o único modo de entrar no mercado, uma vez que o desenvolvimento interno é lento demais.
- A *situação competitiva* pode influenciar uma empresa a ponto de fazê-la preferir a aquisição. Em mercados estáticos e em situações em que a participação no mercado é estável, a entrada de uma nova empresa pode ser difícil, pois sua presença pode criar excesso de capacidade. Se a entrada acontecer por aquisição, o risco de reação competitiva pode ser reduzido.
- *Oportunidades de consolidação.* Onde houver baixos níveis de concentração da indústria, pode haver uma oportunidade para melhorar o equilíbrio entre oferta e demanda por meio da aquisição de empresas e o encerramento da capacidade excessiva. Em vários países, a *desregulamentação/privatização* dos serviços públicos também criou um nível de fragmentação considerado como abaixo do ideal. Isso foi então uma oportunidade para organizações aquisitivas racionalizar a provisão e/ou procurar obter outros benefícios, como, por exemplo, por meio da criação de empresas de serviços múltiplos que oferecem eletricidade, gás, telecomunicações e outros serviços aos consumidores.
- *Mercados financeiros* podem fornecer condições para motivar as aquisições. Se o valor da ação ou o índice de preço/ganho (P/G) de uma companhia é alto, o motivo pode ser localizar e adquirir uma empresa com baixo valor de ação ou baixo índice P/G. Na verdade, esse é um dos principais estímulos para companhias aquisitivas mais oportunistas. Um exemplo extremo é a venda de ativos, em que o principal motivo para a aquisição é o ganho de curto prazo ao se comprar ativos desvalorizados e vendê-los aos poucos.

Também pode haver *considerações de capacidade*:

- A *exploração das capacidades estratégicas* pode motivar aquisições – por exemplo, através da compra de empresas estrangeiras para alavancar o comércio ou pelas habilidades em P&D internacionais.
- A *eficiência de custo* é muitas vezes o motivo declarado para aquisições geralmente pela fusão de unidades a fim de racionalizar recursos (por exemplo, serviços do escritório central ou instalações de produção) ou para o ganho de vantagens de escala.
- A *obtenção de novas capacidades* também pode ser alcançada através de aquisições, ou ao menos ser um motivo para a aquisição. Uma empresa pode ser adquirida, por exemplo, por sua experiência em P&D, ou por seu conhecimento sobre processos específicos de negócios ou de mercados.

As aquisições também podem ser conduzidas pelas *expectativas dos stakeholders*:

- Os *stakeholders institucionais* podem esperar por crescimento contínuo e as aquisições podem ser uma forma rápida de conseguir esse crescimento. Mas há perigos consideráveis de que o crescimento aquisitivo possa resultar em destruição de valor ao invés de criação de valor – por algumas razões discutidas no Capítulo 7.
- A *ambição gerencial* pode motivar aquisições, pois aceleram o crescimento da empresa. Consequentemente, pode aumentar a importância dos gerentes, garantir melhores planos de carreira e mais recompensas financeiras.
- Os *motivos especulativos* de alguns *stakeholders* podem favorecer aquisições capazes de trazer algum impulso a curto prazo para compartilhar valor. Outros *stakeholders* geralmente se preocupam com essa especulação, pois seu ganho de curto prazo pode destruir as prospecções de prazo mais longo.

Aquisições e desempenho financeiro

As aquisições não são um caminho fácil ou garantido para melhorar o desempenho financeiro. Em cerca de 70% dos casos, elas resultam em rendimentos mais baixos para os acionistas de ambas as organizações. O erro mais comum está em pagar muito por uma companhia – possivelmente pela falta de experiência em aquisições ou por aconselhamento financeiro deficiente (por exemplo, de um banco de investimentos). Além disso, os gerentes da empresa que faz a aquisição podem estar otimistas demais sobre os benefícios do processo. Uma aquisição provavelmente vai incluir recursos e competências deficitários, além daqueles que foram a razão da compra; ou talvez as capacidades das organizações que estejam se fundindo não sejam compatíveis. Esse foi o caso, por exemplo, da aquisição no Reino Unido, em 2004, da rede de supermercados Safeway por sua concorrente, a Morrisons. Entre os problemas, estava o de que a Morrisons perdeu um ano tentando integrar os sistemas de TI das duas empresas antes de desistir da empreitada. Na verdade, por essa razão, agentes da aquisição podem tentar comprar produtos ou processos em vez de toda a empresa, se possível. Na melhor das hipóteses, isso dá à companhia adquirente um período considerável para obter algum benefício financeiro com as aquisições.

Fazendo as aquisições darem certo

A agenda da implementação após uma aquisição ou fusão vai variar de acordo com seu propósito. Entretanto, há quatro questões frequentes que podem resultar em sucesso ou fracasso de uma aquisição/fusão:

- *Agregar valor*. O adquirente pode achar difícil agregar valor ao negócio adquirido (a questão da controladora, como visto na Seção 7.4).
- *Obter o comprometimento dos gerentes de nível médio* responsáveis pelas operações e relações com o consumidor na empresa adquirida é importante para evitar as incertezas internas e manter a confiança do

consumidor. Ligado a isso, decidir quais executivos manter no negócio adquirido é algo que precisa ser feito rapidamente.

- As *sinergias esperadas podem não se realizar*, seja porque não correspondem ao esperado ou porque de fato é difícil integrar as atividades da empresa adquirida. Por exemplo, no caso do motivo ser a transferência de competências ou conhecimentos, pode ser difícil identificar quais são esses fatores (veja a Seção 3.4.3).
- *Problemas de ajuste cultural.* Isso pode acontecer quando as empresas adquirentes descobrem que os aspectos "cotidianos", porém profundos, da cultura (por exemplo, as rotinas da organização) são tão diferentes dos seus que se revela muito difícil superá-los. O problema é que esses aspectos não são prontamente identificados antes da aquisição. Isso pode ser particularmente problemático com aquisições multipaíses.

9.2.3 Alianças estratégicas

Uma **aliança estratégica** é a situação em que duas ou mais organizações compartilham recursos e atividades para adotar uma estratégia

A **aliança estratégica** é a situação em que duas ou mais organizações compartilham recursos e atividades para adotar uma estratégia. Variam desde simples alianças entre dois parceiros que fabricam um produto até múltiplos parceiros fornecendo produtos e soluções complexas. Até o final do século, as 500 principais companhias globais tinham uma média de 60 alianças cada. Esse tipo de desenvolvimento conjunto de novas estratégias vem se tornando cada vez mais popular. Isso ocorre porque as organizações nem sempre podem lidar com ambientes ou estratégias cada vez mais complexos (como a globalização) apenas a partir de recursos e competências internos. Elas podem achar necessário obter materiais, habilidades, inovação, financiamento ou acesso a mercados, mas reconhecem que isso pode estar prontamente disponível tanto por meio de cooperação quanto por meio de propriedade. Apesar disso, cerca da metade das alianças fracassa, o que torna necessário um exame cuidadoso sobre as razões do sucesso e do fracasso.

Motivos para alianças

Uma razão frequente para alianças é a obtenção de recursos de que a organização precisa mas que não possui de fato. Por exemplo, os bancos precisam obter acesso aos sistemas de pagamento que permitem a utilização de cartões de crédito em lojas de varejo (Visa ou Mastercard, por exemplo) e para os caixas automáticos que permitem saques em dinheiro. Entretanto, esses recursos não conferem vantagem competitiva aos membros da aliança; nem se espera que o façam – esses recursos são exigências iniciais do moderno sistema bancário. Esses arranjos são "*alianças de infraestrutura*" que envolvem o compartilhamento ou combinação de recursos e mecanismos de cooperação, mas que não buscam obter vantagem competitiva[3]. Aqui, entretanto, tratam-se de *alianças estratégicas* que buscam realmente obter tal vantagem.

Os motivos para essas alianças são de três tipos principais:

- A necessidade de *massa crítica*, que as alianças podem conseguir ao formar parcerias com concorrentes ou fornecedores de produtos complementares. Isso pode gerar redução de custo e melhor oferta para o cliente.

- *Coespecialização* – permitindo que cada parceiro se concentre em atividades que são adequadas às suas capacidades. Por exemplo, as alianças são usadas para entrar em novos mercados geográficos nos quais a organização precisa de conhecimento local e experiência em distribuição, *marketing* e suporte ao cliente. De maneira similar, alianças com organizações em outras partes da cadeia de valor (fornecedores ou distribuidores, por exemplo) são muito comuns.
- *Aprender com os parceiros* e desenvolver competências que podem ser exploradas de forma mais ampla em outros locais. Por exemplo, a primeira etapa para o comércio eletrônico pode acontecer com um parceiro que tenha experiência no desenvolvimento de *websites*. Contudo, a intenção de longo prazo pode ser realizar essas atividades internamente. As organizações também podem entrar em alianças como um meio de experimentação, uma vez que isso permite que superem a pouca confiança na exploração de seus próprios recursos e capacidades. Na verdade, as organizações podem usar alianças como uma base para o desenvolvimento de opções estratégicas diferentes daquelas que são típicas de seu desenvolvimento interno.[4]

Tipos de aliança

Há diferentes tipos de aliança estratégica. Alguns podem ser relações interorganizacionais formalizadas. No outro extremo, pode haver acordos de cooperação pouco rigorosos e redes informais entre organizações, sem ações ou propriedades envolvidas:

- As *joint ventures* são alianças relativamente formalizadas e podem adquirir formas variadas. Aqui as organizações permanecem independentes, mas estabelecem uma nova empresa de propriedade conjunta dos sócios. A *joint venture* é a forma preferida de empreendimentos colaborativos na China, por exemplo. As empresas locais fornecem mão de obra e entrada nos mercados, e as companhias ocidentais fornecem tecnologia, experiência gerencial e financiamento.
- Os *consórcios* podem envolver duas ou mais organizações numa *joint venture*, geralmente mais centrada num empreendimento ou projeto específico. Entre os exemplos encontram-se grandes projetos de engenharia civil ou grandes empreendimentos da indústria aeroespacial, como o European Airbus. Os consórcios também podem se estabelecer entre organizações do setor publico nos quais os serviços (como o transporte público) ultrapassam fronteiras administrativas.
- As *redes* são arranjos menos formais nos quais as organizações recebem vantagens mútuas através do trabalho em colaboração sem necessitar de acordos de propriedade comum e contratos formais. Carlos Jarillo sugere que as características desses arranjos em rede baseiam-se na confiança na coordenação por meio da adaptação mútua das relações de trabalho, na confiança mútua e, geralmente, numa "organização central" que pode ter promovido a rede e mantém uma relação proativa em relação a ela.[5] Esses arranjos de rede podem existir entre concorrentes em indústrias altamente competitivas, nas quais alguma forma

de compartilhamento não seja absolutamente benéfica: na indústria da Fórmula 1, por exemplo, na qual o *know-how* de ponta tende a fluir entre as empresas.

Outros arranjos de aliança existem geralmente a partir de uma natureza contratual e não costumam envolver a propriedade:

- A *franquia* envolve uma situação em que o franqueado assume atividades específicas, como fabricação, distribuição ou vendas, enquanto o franqueador é responsável pela marca, *marketing* e possivelmente treinamento. Talvez os exemplos mais conhecidos sejam os da Coca-Cola e do McDonald's.
- O *licenciamento* é comum em segmentos baseados em ciência, no qual, por exemplo, o direito de fabricar um produto patenteado é garantido através do pagamento de uma taxa.
- Com a *subcontratação*, uma companhia decide subcontratar determinados serviços ou parte de um processo: por exemplo, cada vez mais nos serviços públicos a responsabilidade por remoção de lixo, serviços de limpeza e TI pode ser subcontratada (ou "terceirizada") de companhias privadas.

A Figura 9.2 mostra os fatores importantes que podem influenciar os tipos de aliança:

- A *velocidade da mudança de mercado* irá exigir movimento estratégicos rápidos. Nesse caso, arranjos em rede flexíveis podem ser mais apropriados do que uma *joint venture*, que levaria muito tempo para ser estabelecida.

	FORMAS DE RELAÇÃO		
FATORES DE INFLUÊNCIA	**Indefinidas (Mercado)** • Redes • Alianças oportunas	**Contratual** • Licenciamento • Franquia • Subcontratação	**Propriedade** • Consórcios • *Joint ventures*
O mercado • Velocidade de mudança do mercado	Mudança rápida	→	Mudança lenta
Recursos • Gerenciamento de ativos	Administrado separadamente por cada sócio	→	Administrado conjuntamente
• Ativos dos sócios	Baseia-se nos ativos da controladora	→	Ativos dedicados para a aliança
• Risco de perder ativos para o sócio	Alto risco	→	Baixo risco
Expectativas • Dividir o risco financeiro	Manter o risco	→	Diluir o risco
• Clima político	Clima desfavorável	→	Clima favorável

FIGURA 9.2 Tipos de aliança estratégica.

- O *gerenciamento de recursos e capacidades*. Se uma estratégia exige recursos separados e dedicados, então uma *joint venture* será apropriada. Por outro lado, se o propósito estratégico e as operações da aliança podem ser apoiados pelos recursos correntes dos parceiros, isso favorece uma relação contratual ou rede mais informal.
- As *expectativas e motivos* dos parceiros da aliança irão desempenhar um papel. Por exemplo, se os parceiros da aliança consideram a aliança um meio de distribuir seus riscos financeiros, isso irá favorecer arranjos mais formais, como as *joint ventures*.

Ingredientes de alianças bem-sucedidas[6]

Embora as organizações possam estabelecer uma aliança por uma ou mais das razões mostradas a seguir, os benefícios das alianças tendem a evoluir. A aliança pode ser estabelecida, por exemplo, para se recorrer a uma oportunidade tecnológica particularmente complexa e, no entanto, resultar em novas e inesperadas oportunidades. O sucesso das alianças depende assim de como elas são administradas e da forma como os parceiros promovem a evolução da parceria. Assim, os fatores de sucesso são resumidos nos três aspectos principais a seguir:

- *Propósito estratégico*. Um propósito estratégico claro deve ser útil para o início da aliança. Entretanto, os seus membros irão ter, bastante provavelmente, razões diferentes ou talvez incompatíveis para tomarem parte na aliança. Durante o desenvolvimento da aliança, é possível que as expectativas dos membros e os benefícios recebidos irão se desenvolver – até porque as alianças são frequentemente estabelecidas para lidar com os ambientes dinâmicos ou complexos. Se as expectativas de evolução permanecerem compatíveis ou convergirem, então é provável que a aliança irá continuar. Também é possível que a convergência possa resultar em arranjos de propriedade mais formais, como a fusão dos parceiros da aliança.
- As *expectativas e benefícios da aliança*. Similarmente, dado que as expectativas dos parceiros da aliança podem variar, é vital o gerenciamento dessas expectativas enquanto a aliança evolui. No nível mais básico, as expectativas não podem ser atendidas sem a boa vontade na troca de informações, incluindo informações sobre o desempenho, que normalmente não seriam trocadas entre organizações. Entretanto, além disso, dado que muitas alianças se estabelecem para aprendizagem e experimentação, a aceitação disso como benefícios próprios dos membros da aliança pode ser importante. Se um dos parceiros não é beneficiado e tenta impor uma estratégia "estática" sobre a aliança, isso também pode resultar em problemas.[7] Também há indicações de que as alianças que desenvolvem produtos e serviços baseados em conhecimento (diferentes de produtos físicos) tendem a comprometer mais os parceiros, uma vez que estes podem tornar-se mutualmente dependentes do conhecimento tácito compartilhado no desenvolvimento dos produtos e serviços.[8]
- A *administração dos relacionamentos da aliança*. O apoio da gerência sênior para a aliança é importante, pois as alianças exigem uma gama mais ampla de relacionamento para serem estabelecidas e mantidas.

Isso pode criar barreiras culturais e políticas que os gerentes seniores devem ajudar a superar. Consequentemente, sólidos relacionamentos interpessoais para alcançar a *compatibilidade no nível operacional* também são necessários. Em parceiras multipaíses, isso inclui a necessidade de transcender as diferenças de culturas nacionais. Por tal motivo, contudo, a pesquisa mostra que a confiança é o ingrediente de sucesso mais importante e a principal causa do fracasso é a sua falta. Mas a confiança tem dois elementos separados. A confiança pode ser *baseada em competência*, no sentido de que cada sócio confia que o outro tem recursos e competências para cumprir sua parte na aliança. A confiança também pode ser *baseada em caráter* e estar relacionada ao fato de os parceiros confiarem nos motivos do outro e acreditarem que são compatíveis em termos de atitudes ligadas a integridade, abertura, discernimento e consistência de comportamento. A mensagem, como um todo, é de que a qualidade dos relacionamento na aliança é o mais importante – na verdade, mais importante até do que os recursos físicos disponíveis.

Dessa forma, admite-se então que, embora talvez seja bastante útil assegurar que uma aliança tenha *metas, governança e arranjos organizacionais* claros quanto às atividades que perpassam ou unem os parceiros, também é importante manter a aliança flexível, de modo que ela possa *evoluir* e *mudar*.

9.3 AVALIAÇÃO DA ESTRATÉGIA

Critérios de sucesso são usados para avaliar a aplicabilidade das opções estratégicas

Os Capítulos 6 a 8 do livro apresentaram uma estrutura de escolhas estratégicas conforme o resumo da Figura 9.3. Esta seção do capítulo mostra como essas escolhas podem ser avaliadas através de perguntas sobre como algumas estratégias podem ser mais bem-sucedidas do que outras. Isso é feito nos termos dos três principais **critérios de sucesso** que podem ser usados para avaliar a aplicabilidade das opções estratégicas:

- A *adequação* mostra se uma estratégia aborda as questões principais relacionadas à *posição estratégica* da organização (como examinado nos Capítulos 2 a 5).
- A *aceitabilidade* está relacionada com os *resultados de desempenho* esperados (como *retorno* ou *risco*) de uma estratégia e o grau em que esses resultados estarão em linha com as *expectativas* dos *stakeholders*.
- A *viabilidade* indica se uma estratégia pode ser colocada em prática, ou seja, se estão presentes as capacidades para realizar a estratégia.

9.3.1 Adequação

A **adequação** diz se uma estratégia aborda as questões principais que foram identificadas na compreensão da posição estratégica da organização

A **adequação** diz se uma estratégia aborda as questões principais que foram identificadas na compreensão da posição estratégica da organização. Assim, relaciona-se com as *bases* totais da estratégia. Especificamente, isso requer uma avaliação do grau em que qualquer opção estratégica se ajustaria às futuras tendências e mudanças no *ambiente*, explorariam as *capacidades estratégicas* e seriam apropriadas no contexto das *expectativas e*

FIGURA 9.3 Opções estratégicas.

influência dos stakeholders e das *influências culturais*. Desse modo, os conceitos e estruturas discutidas anteriormente nos Capítulo 2 a 5 podem ser especialmente úteis na compreensão da adequação. Alguns exemplos são mostrados na Figura 9.4. Contudo, há um ponto importante para manter em mente. É bastante provável que vários assuntos importantes tenham surgido caso os conceitos e as ferramentas examinados nos Capítulos 2 a 5 tenham sido empregados. Portanto, é essencial que os assuntos realmente importantes sejam identificados dentre todos esses. Na verdade, uma habilidade decisiva do estrategista deve ser a de discernir as *principais questões estratégicas*. Avaliar a adequação de uma estratégia é extremamente difícil a menos que estas tenham sido identificadas.

As discussões sobre direções estratégicas nos Capítulos 6 a 8 anteriores e sobre métodos estratégicos na Seção 9.2 acima dizem respeito não apenas ao entendimento das direções e métodos "disponíveis" para a organização, mas também fornecem razões pelas quais cada um pode ser preferido. Assim, os exemplos nessas seções também mostram por que as estratégias podem ser consideradas como *apropriadas*. A Figura 9.5 resume esses pontos das seções anteriores e dá exemplos das razões pelas quais as direções ou métodos estratégicos podem ser considerados apropriados.

Pode haver opções "disponíveis" para uma organização que são mais ou menos apropriadas do que outras. Algumas ferramentas podem ser usadas para avaliar a adequação. A seguir, há estruturas úteis que podem ajudar na melhor compreensão da adequação relativa de diferentes opções estratégicas:

- *Classificação das opções estratégicas*. As opções são avaliadas comparando-as a fatores decisivos relativos à posição estratégica de uma or-

Conceito	Figuras Exemplos	Ajuda a entender	Estratégias apropriadas devem abordar (exemplos)
PESTEL	Ex. 2.1	Condutores principais do ambiente Mudanças na estrutura da indústria	Ciclos da indústria Convergência da indústria Grandes mudanças no ambiente
Cenários	Ex. 2.2	Grau de incerteza/risco Grau máximo do quanto as opções estratégicas são mutualmente excludentes	Necessidade de planos de contingência ou "ensaios de baixo custo"
Cinco forças	Fig. 2.2 Ex. 2.3	Atratividade da indústria Forças competitivas	Redução da intensidade competitiva Desenvolvimento de barreiras para novas empresas que entram
Grupos estratégicos	Ex. 2.5	Atratividade de grupos Barreiras de mobilidade Espaços estratégicos	Necessidade de se reposicionar para um grupo mais atraente ou para um espaço estratégico disponível
Competências essenciais	Fig. 3.1, 3.6 e 3.8	Padrões iniciais da indústria Bases de vantagem competitiva	Eliminar fraquezas Explorar forças
Cadeia de valor	Fig. 3.6, 3.7	Oportunidade de integração vertical ou terceirização	Grau da integração vertical ou da possível terceirização
Mapeamento dos *stakeholders*	Fig. 4.5 Ex. 4.4a, b	Poder e interesse dos *stakeholders*	Quais opções estratégicas têm possibilidade de atender os interesses de determinados *stakeholders*
Rede cultural	Fig. 5.7 Ex. 5.4	Os elos entre cultura organizacional e a estratégia corrente	As opções estratégicas mais alinhadas com a cultura predominante

FIGURA 9.4 Adequação das opções estratégicas em relação à posição estratégica.

ganização e uma contagem (ou classificação) estabelecida para cada opção. Veja o Exemplo 9.1.

- As *árvores de decisão* também podem ser usadas para avaliar as opções estratégicas comparando-as com uma lista de fatores decisivos. Nesse caso, as opções são "eliminadas" e outras, preferidas, surgem ao introduzirem-se progressivamente exigências que devem ser atendidas (como crescimento, investimento ou diversidade). Veja o Exemplo 9.2.
- *Cenários*. Aqui, as opções estratégicas são consideradas em relação a um leque de possíveis situações futuras. Isso é particularmente útil quando há um alto grau de incerteza (como examinado na Seção 2.2.2 – veja o Exemplo 2.2). As opções adequadas são aquelas que se ajustam a vários cenários, de modo que várias precisam ser "mantidas abertas", talvez na forma de planos de contingência. Ou pode ocorrer que uma das opção examinadas seja considerada apropriada para cenários diferentes.

	Por que esta opção seria apropriada em termos de:		
Opção estratégica	**Ambiente**	**Capacidade**	**Influências culturais e/ou dos *stakeholders***
Direções			
Consolidação	Sair de mercados em declínio Manter participação no mercado	Basear-se em forças através de investimento contínuo e inovação	Manter o que as organizações e seus *stakeholders* conhecem melhor
Penetração no mercado	Ganhar participação de mercado por vantagem	Explorar recursos e competências superiores	
Desenvolvimento de produto	Explorar conhecimento das necessidades do cliente	Explorar R&d	Minimizar o risco de alienar os *stakeholders* com interesses em preservar o *status quo* ou executar decisões que contrariem a cultura
Desenvolvimento de mercado	Mercados atuais saturados Novas oportunidades para: ampliação geográfica, entrada em novos segmentos ou novos usos	Explorar produtos e capacidades atuais	
Diversificação	Mercados atuais saturados ou em declínio	Explorar competências essenciais em novas arenas	Atender as necessidades dos *stakeholders* com expectativas de crescimento mais rápido Potencial, contudo, para choque cultural
Métodos			
Desenvolvimento orgânico	Parceiros ou aquisições não "disponíveis"	Desenvolvimento de capacidades próprias Desenvolvimento de aprendizado e competência	Facilidade cultural/ política
Fusão/aquisição	Velocidade Oferta/demanda Índices P/E	Adquirir competências Economias de escala	Retornos: crescimento ou valor da ação Potencial, contudo, para choque cultural
Desenvolvimento conjunto	Velocidade Norma da indústria Necessário para entrada no mercado	Competências complementares Aprendizado com os parceiros	Riscos diluídos Está na moda

FIGURA 9.5 Alguns exemplos de adequação.

Exemplo 9.1

Opções de classificação: Churchill Pottery

A classificação pode se basear numa análise SWOT ao se comparar as opções estratégicas com os principais fatores estratégicos da análise SWOT.

Nos anos 1990, a Churchill Pottery, sediada em Stoke-on-Trent, no Reino Unido, foi um dos assuntos de uma série da BBC, intitulada *Troubleshooter*, na qual as equipes gerenciais de várias empresas eram convidadas a examinar o desenvolvimento estratégico de suas organizações com Sir John Harvey-Jones (ex-presidente da ICI). Como muitas outras empresas de manufatura na época, a Churchill se encontrava sob pressão crescente de importados mais baratos nos seus mercados tradicionais e estava considerando se deveria mover-se "para cima" no mercado, lançando um novo leque de produtos voltado para um público específico. O exercício de classificação a seguir foi feito por um grupo de participantes de um programa gerencial que assistiu ao vídeo da Churchill Pottery.

Os resultados da classificação são interessantes. Primeiro, destacam a necessidade de fazer *alguma coisa*. Segundo, as mudanças radicais na estratégia – como entrar no varejo ou a diversificação – foram consideradas inadequadas. Elas não resolveriam o problema principal do negócio, não se ajustavam às capacidades da Churchill e não se ajustariam culturalmente. Assim, restava o desenvolvimento relacionado na linha de frente – como seria esperado numa empresa de manufatura tradicional como a Churchill. A escolha ia desde investimentos significativos em redução de custo até suporte a uma abordagem essencialmente do tipo "*commodity*" para o mercado (opções 2 e 5) ou um ataque de "valor agregado" nos segmentos superiores de mercado. A companhia decidiu por essa última opção e com razoável sucesso – provavelmente auxiliada por sua grande exposição na televisão através da série *Troubleshooter*.

Fonte: Baseado na série *Troubleshooter*, da BBC.

Questões

1 A opção 4 foi classificada acima das demais porque:

(a) tem o maior número de marcações favoráveis
(b) tem o menor de marcações desfavoráveis
(c) uma combinação das duas coisas
(d) outras razões

Justifique sua resposta.

2 Liste as principais forças e limitações de análise de classificação.

Exercício de classificação

	Principais fatores estratégicos						
Opções estratégicas	Propriedade da família	Fundos de investimento	Importados de preço baixo	Falta de habilidades de *marketing* de projeto	Baixa automação	Preferência do consumidor (projeto)	Classificação
1. Deixar como está	✓	?	✗	?	✗	✗	**C**
2. Consolidar-se em segmentos atuais (investimento/automação)	✓	✗	✓	?	✓	?	**B**
3. Expandir vendas para o exterior (Europa)	✗	✗	✗	✗	✗	?	**C**
4. Lançar linha para mercado de alto poder aquisitivo	✓	✓	✓	✗	?	✓	**A**
5. Expandir a produção de "marcas próprias" (para segmento de hotelaria/fornecimento de refeições)	✓	✓	✓	?	✗	?	**B**
6. Abrir lojas de varejo	✗	✗	?	✗	?	?	**C**
7. Diversificar	✗	✗	?	?	?	✓	**C**

✓ = favorável ✗ = desfavorável ? = incerto ou irrelevante
A = mais apropriada **B** = possível **C** = inviável

Exemplo 9.2

Uma árvore de decisão estratégica para uma firma de advocacia

Árvores de decisão estratégica avaliam opções futuras ao eliminar progressivamente alguns critérios à medida que outros são introduzidos na avaliação.

Um escritório de advocacia tinha a maior parte de seu trabalho relacionada a escrituras imobiliárias, setor em que os lucros tinham sido significativamente reduzidos. Portanto, a empresa gostaria de avaliar um leque de novas estratégias para o futuro. Usando uma árvore de decisão estratégica, a empresa conseguiu eliminar certas opções ao identificar alguns critérios importantes que os desenvolvimentos futuros deveriam incorporar, como crescimento, investimento (em premissas, sistemas de TI ou aquisições) e diversificação (por exemplo, para lei matrimonial, que, por sua vez, gera trabalho de escrituras imobiliárias à medida que as famílias se "reestruturam").

Uma análise da árvore de decisão revela que, se os sócios da empresa querem que o crescimento seja um aspecto importante das estratégias futuras, as opções 1-4 estão melhor classificadas do que as opções 5-8. Na segunda etapa, a necessidade de estratégias de investimento baixo classificaria as opções 3 e 4 acima da 1 e 2, e assim por diante.

Os sócios estavam cientes de que essa técnica tem limitações, pois a escolha de cada ramo de árvore tende a ser simplista. Responder "sim" ou "não" à diversificação não permite a ampla variedade de alternativas que poderia haver entre esses dois extremos – por exemplo, *adaptar o "estilo" de seus serviços de escrituras imobiliárias* (isso poderia ser uma variante importante da opção 6 ou 8). Porém, como ponto de partida para uma avaliação, a árvore de decisão fornece uma estrutura útil.

Questões

1 Tente reverter a sequência dos parâmetros da árvore (para diversificação, investimento e crescimento) e desenhe novamente a árvore de decisão. Ainda surgem as mesmas oito opções?

2 Acrescente um quarto parâmetro à árvore de decisão. Esse novo parâmetro é desenvolvido através de *métodos internos* ou de *aquisição*. Liste suas dezesseis opções na coluna da direita.

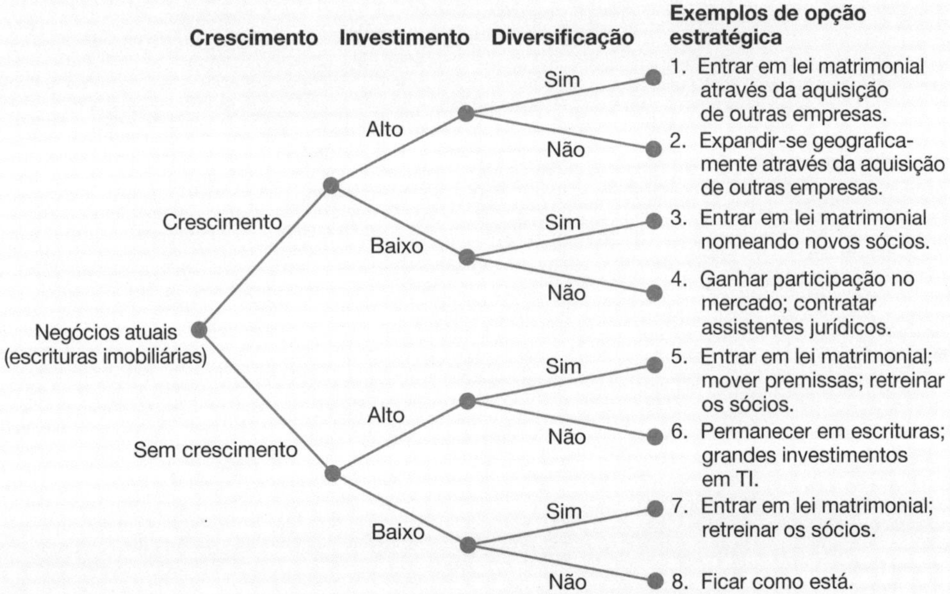

9.3.2 Aceitabilidade

A **aceitabilidade** está relacionada aos resultados esperados de desempenho de uma estratégia e o quanto isso atende às expectativas dos *stakeholders*

A **aceitabilidade** está relacionada aos resultados esperados de desempenho de uma estratégia. Esses resultados podem ser de três tipos: *retorno, risco* e *reações dos stakeholders*. A Figura 9.6 resume algumas estruturas que podem ser úteis para entender a aceitação de estratégias junto com algumas limitações de cada uma. Em geral, é importante usar mais de uma técnica para formar um quadro de aceitabilidade de uma determinada estratégia.

Retorno

Retornos são os benefícios que os *stakeholders* esperam receber de uma estratégia

Os **retornos** são os benefícios que os *stakeholders* esperam receber de uma estratégia. As avaliações dos retornos são uma maneira comum de gerentes de empresas avaliarem novos empreendimentos propostos ou grandes projetos. Assim, uma avaliação dos retornos financeiros e não financeiros que devem ser gerados por opções estratégicas específicas pode ser um critério importante de aceitabilidade de uma estratégia – pelo menos para alguns *stakeholders*. Há várias abordagens diferentes para se compreender o retorno. Esta seção analisa brevemente três dessas abordagens. É importante lembrar que não há padrões absolutos determinando o que constitui bom ou mau retorno. Isso varia de acordo com a indústria, o país e também entre os diferentes *stakeholders*. Também há discussões sobre quais medidas dão melhor avaliação de retorno, como será visto a seguir.

Critérios	Usados para entender	Exemplos	Limitações
Retorno			
Lucratividade	Retorno financeiro do investimento em grandes projetos	Retorno sobre capital Período de retorno Fluxo de caixa descontado (FCD)	Aplica-se a projetos distintos Somente custos/benefícios tangíveis
Custo-benefício	Custos/benefícios mais amplos (incluindo intangíveis)	Projetos de grande infraestrutura	Dificuldades de quantificação
Opções reais	Sequência de decisões	Análise de opções reais	Quantificação
Análise de valor para o acionista (AVA)	Impacto de novas estratégias no valor para o acionista	Fusões/aquisições Avaliação de novos empreendimentos	Detalhes técnicos geralmente difíceis
Risco			
Projeções de índices financeiros	Robustez da estratégia	Análise do ponto de equilíbrio Impacto em funcionamento e liquidez	
Análise de sensibilidade	Teste de suposições/ robustez	Análise "E se?"	Testa fatores separadamente
Reações dos *stakeholders*	Dimensão política da estratégia	Mapeamento dos *stakeholders*	Amplamente qualitativa

FIGURA 9.6 Alguns critérios para avaliar a aceitabilidade das opções estratégicas.

Análise financeira[9]

As análises financeiras tradicionais têm sido muito usadas para avaliar a aceitação das diferentes opções estratégicas. As três abordagens mais comumente usadas são:

- Prever o *retorno sobre o capital empregado (RSCE)* - ou ROI - (Return on Investiment) para um período específico depois que uma nova estratégia for implementada – por exemplo, uma RSCE de 15% a partir do ano 3. Isso é mostrado na Figura 9.7(a). O RSCE é a medida de poder de lucro dos recursos usados na implementação de uma opção estratégica específica.
- Estimar o *período de retorno*. Esse é o período de tempo necessário antes que o fluxo de caixa líquido para uma opção estratégica se torne positivo. No exemplo da Figura 9.7 (b), o período de retorno é de três anos e meio. O período de retorno é usado como critério financeiro quando uma injeção de capital significativa é necessária para suportar um novo empreendimento. O julgamento é saber se esse período de retorno é considerado muito longo e se a organização está preparada para esperar. Os períodos de retorno variam de acordo com a indústria. Projetos de infraestrutura pública, como construções de estradas, podem apresentar período de retorno que ultrapassam 50 anos.
- Calcular o *fluxo de caixa descontado (FCD)*. É uma técnica de investimento amplamente utilizada. Trata-se de uma extensão da análise do período de retorno. Uma vez que os fluxos de caixa líquidos sejam avaliado para cada ano da opção estratégica (veja a Figura 9.7(c)), eles são descontados. Isso reflete o fato de que os fundos gerados anteriormente têm mais valor do que o caixa gerado posteriormente. No exemplo, o custo de capital ou taxa de desconto de 10% (após taxação) reflete a taxa de retorno necessária para aqueles que fornecem o aporte financeiro para o empreendimento – acionistas e/ou concessores de empréstimo. O custo de capital de 10% *inclui* uma margem de inflação de cerca de 3% a 4%. Isso é referido como o "custo em dinheiro do capital". Por outro lado, o custo "real" do capital é de 6% a 7% após *incluir* ou *excluir* a inflação.

  O fluxo de caixa líquido projetado de £2 milhões no início do ano 2 é equivalente a receber £1,82 milhão agora (£2 milhões multiplicado por 0,91 ou 1/1,10). £1,82 milhão é chamado de *valor líquido atual* de recebimento de £2 milhões no fim do ano 1/começo do ano 2 a um custo de capital de 10%. Igualmente, o fluxo de caixa líquido de £5 milhões no fim do ano 2/começo do ano 3 possui um valor líquido atual de £4,13 milhões (£5 milhões multiplicado por 1/1,10 elevado ao quadrado). O *valor líquido atual (VLA)* do empreendimento como um todo é calculado ao se acrescentar todos os valores líquidos anuais sobre a vida antecipada do empreendimento. No exemplo, isso representa sete anos. O VLA resulta em £8,78 milhões. Admitido durante o período de valorização do dinheiro, o valor de £8,78 milhões será o fluxo de caixa extra que a opção estratégica irá gerar durante toda sua vida útil. É importante lembrar que a análise do FCD vale tanto quanto as previsões nas quais se baseia. Por exemplo, se o aumento do volume de venda em 3% ao ano se torna irrealista, o cálculo do FCD será demasiado otimista. A *taxa interna de retorno (TIR)* é a

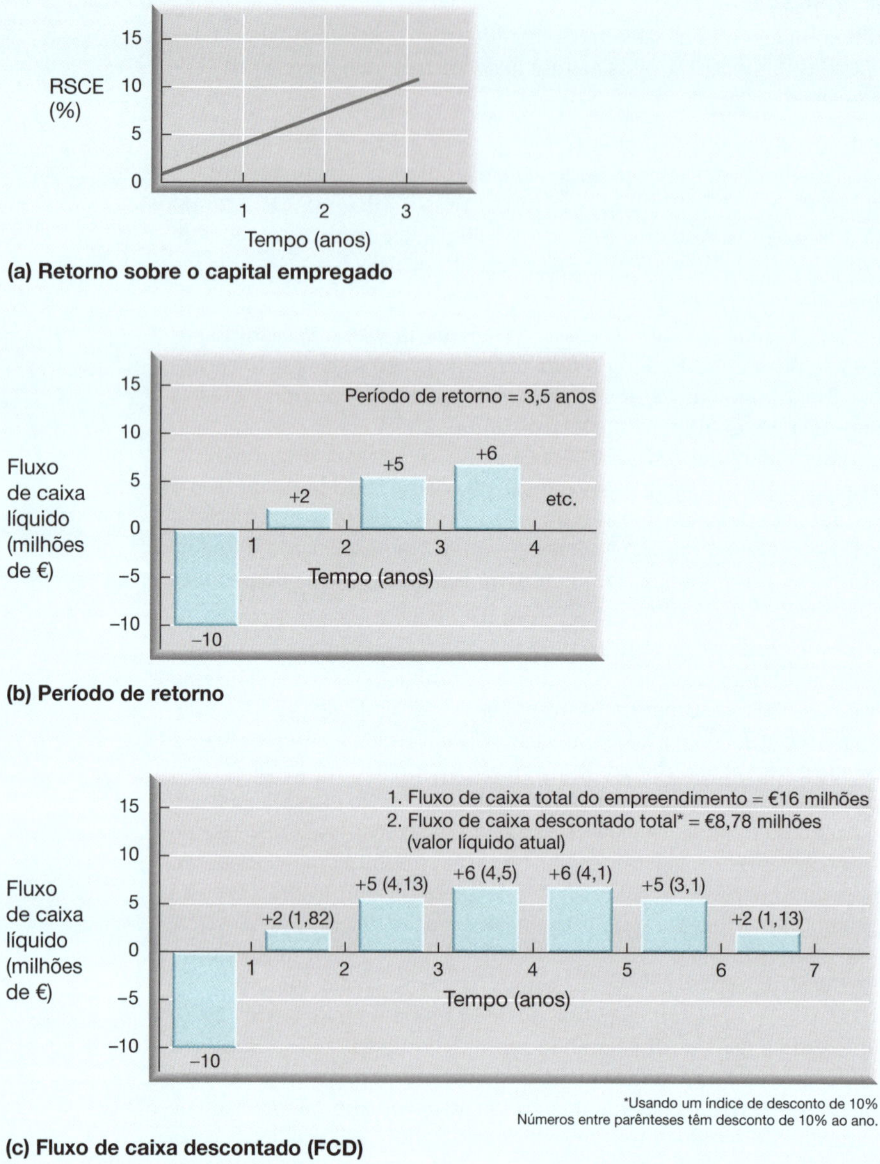

FIGURA 9.7 Avaliação da lucratividade.

taxa de retorno que produz um FCD igual a zero. Por exemplo, na Figura 9.7(c), um custo de capital ou uma taxa de desconto de cerca de 32% pode produzir um FCD igual a zero. Há também outras considerações sobre a análise financeira. Em particular, não ser mal-orientado pela ordem ou aparente meticulosidade das várias abordagens. A maioria foi desenvolvida com o fim de avaliar investimentos de capital e, assim, focar-se em projetos distintos em que os custos incrementais e entradas de caixa são facilmente previstos (por exemplo, um varejista que abre uma nova loja). Essas suposições não são necessariamente válidas em vários contextos estratégicos. A maneira precisa em que uma estratégia se desenvolve (e as consequências do fluxo de receita associado) tende a se tornar mais clara à medida que a implementação vai ocorrendo, e não em seu início. Os desenvolvimentos estratégicos e os fluxos de receita também não são fáceis de serem isolados das atividades correntes de negócios.

Além disso, as avaliações financeiras tendem a se aterem a custos e benefícios tangíveis diretos e não estabelecem a estratégia em seu contexto mais amplo. Por exemplo, um novo produto pode parecer não lucrativo considerado isoladamente, mas pode fazer sentido estratégico através da aceitabilidade de outros produtos no *portfolio* da empresa. Numa tentativa de superar alguns desses problemas, foram desenvolvidas outras abordagens de avaliação do retorno.

Custo-benefício

Em muitas situações, o lucro é uma interpretação muita restrita de retorno, especialmente quando benefícios intangíveis são uma consideração importante. Isso geralmente ocorre em grandes projetos de infraestrutura pública, como a construção de um aeroporto ou um projeto de construção de esgoto, como mostrado no Exemplo 9.3, ou em organizações como programas de inovação de longo prazo (por exemplo, indústria farmacêutica ou aeroespacial). O conceito de *custo-benefício* sugere que o valor do dinheiro pode ser posto em todos os custos e benefícios de uma estratégia, incluindo retornos tangíveis e intangíveis para outras pessoas e organizações além daquela que está "patrocinando" o projeto ou a estratégia.

Embora na prática a valorização monetária seja sempre difícil, ela pode ser feita e, apesar das dificuldades, a análise do custo-benefício é uma técnica valiosa se suas limitações forem entendidas. Seu principal benefício está em forçar os gerentes a serem explícitos quanto aos vários fatores que influenciam a escolha estratégica. Assim, mesmo se as pessoas discordarem do valor a ser atribuído a determinados custos ou benefício, pelo menos elas podem debater sobre bases comuns e comparar os méritos dos vários argumentos.

Risco

Outro aspecto da aceitabilidade é o *risco* que uma organização enfrenta ao adotar uma estratégia. O **risco** diz respeito à probabilidade e às consequências de falha de uma estratégia. Esse risco pode ser particularmente alto para organizações com importantes programas de inovação de longo prazo, ou nas quais existem altos níveis de incerteza sobre as principais questões no ambiente, ou mesmo nos casos de altos níveis de interesse público

Risco diz respeito à probabilidade e às consequências de falha de uma estratégia

Exemplo 9.3

Projeto de construção de sistema de esgoto

Investimento em itens de infraestrutura – como canos de esgoto – geralmente exigem uma apreciação cuidadosa dos custos e benefícios mais amplos do projeto.

As companhias de água do Reino Unido eram monopólios responsáveis pelo fornecimento de água e pelo sistema de esgoto. Uma de suas prioridades era o investimento em novos sistemas de esgoto a fim de atender os padrões legais cada vez mais exigentes. As empresas frequentemente usavam análises de custo-benefício para avaliar os projetos. A tabela abaixo mostra uma análise real.

Custo-benefício	£ milhões	£ milhões
Benefícios		
Benefícios do fator multiplicador/de ligação		0,9
Prevenção de enchentes		2,5
Interrupção de tráfego reduzida		7,2
Benefícios de recursos de uso		4,6
Benefícios de investimento		23,6
Estímulo de visitantes		4,0
Benefícios totais		42,8
Custos		
Custo de construção	18,2	
Menor: custo de mão de obra não especializada	(4,7)	
Custo de oportunidade da construção	(13,5)	
Valor líquido atual (VLA) real	29,3	
Taxa interna de retorno (TIR) real	15%	

Observação: as cifras recebem um desconto real de 5% ao longo de 40 anos.

Benefícios

Os benefícios são resultados principalmente da redução do uso de rios como destino dos sistemas de esgoto. Também há benefícios econômicos resultantes da construção. Os seguintes benefícios estão determinados na tabela:

- O benefício do fator multiplicador para a economia local a partir de um gasto maior com a mão de obra do projeto.
- O benefício de ligação para a economia local de compras de empresas locais, incluindo o efeito multiplicador desse gasto.
- Risco reduzido de inundação a partir de transbordamentos ou colapso de sistemas de esgoto antiquados – as probabilidades de transbordamento podem ser determinadas por meio dos registros históricos, e o custo dos danos do transbordamento, por meio da avaliação detalhada das propriedades sujeitas a risco.
- Redução de interrupção de tráfego por transbordamento e de fechamento de estradas para reparos em sistemas de esgoto antiquados – podem ser usadas estatísticas de atraso dos usuários, fluxos de tráfego em estradas afetas e frequências de fechamento antigas para determinar o ganho da redução.
- Aumento de valor de recurso dos rios (para transporte fluvial ou pesca, por exemplo) pode ser medido pela sondagem aos visitantes sobre o que consideram valioso ou pela constatação dos efeitos na demanda de custos imposta.
- Aumento dos valores de aluguel e aproveitamento de espaço pode ser medido pela consulta a fomentadores e pelos efeitos observados.
- Aumento do número de visitantes a instalações ribeirinhas resultantes da redução da poluição.

Custo de construção

Esse é o resultado líquido da mão de obra não especializada. Este uso não é um fardo para a economia e pode ser deduzido do custo de oportunidade.

Benefícios em rede

Após completar a difícil tarefa de determinar custos e benefícios, podem ser usadas técnicas de desconto padronizadas para calcular o valor líquido atual e a taxa interna de retorno. Em seguida, a análise pode ser feita para projetos convencionais.

Fonte: G. Owen, ex-membro da Sheffield Business School.

Questões

1 O que você acha da conveniência dos benefícios listados?

2 Qual a facilidade ou dificuldade em determinar os valores em dinheiro para esses benefícios?

em novos desenvolvimentos – como as sementes geneticamente modificadas. Avaliações de risco formal geralmente são incorporadas em planos de empresas bem como nas avaliações de investimentos de grandes projetos. Riscos importantes além daqueles com impacto financeiro imediato são incluídos como "risco para a corporação ou para a imagem da marca" ou "risco de perder uma oportunidade". Desenvolver uma boa compreensão da posição estratégica da organização (Capítulos 2 a 5 deste livro) é o cerne de uma boa avaliação de risco. Contudo, alguns dos conceitos a seguir podem ser usados para estabelecer os detalhes em uma avaliação de risco.

Índices financeiros

A projeção de como os principais índices financeiros podem mudar se uma estratégia for adotada pode dar informações úteis sobre o risco. Num nível mais amplo, uma avaliação de como a *estrutura de capital* da empresa mudaria é uma boa medida geral de risco. Por exemplo, estratégias que exijam aumento na dívida de longo prazo vão aumentar a alavancagem da companhia e, consequentemente, seu risco financeiro.

Uma consideração do impacto provável na *liquidez* (dinheiro disponível) da organização também é importante na avaliação do risco. Por exemplo, um pequeno varejista ansioso para crescer rapidamente pode ficar tentado a financiar os custos para abertura da loja atrasando o pagamento de fornecedores e aumentando o saque a descoberto nos bancos. O grau em que esse risco maior de liquidez reduzida ameaça a sobrevivência depende da possibilidade de credores ou bancos exigirem pagamentos da companhia – uma questão que evidentemente exige discernimento.

Análise de sensibilidade

A análise de sensibilidade – algumas vezes chamada de análise "E se?" – permite que cada suposição importante numa determinada estratégia seja questionada. Em particular, ela testa até que ponto o desempenho ou resultado (lucro, por exemplo) previsto é sensível a cada uma das suposições. Por exemplo, as principais suposições que sustentam uma estratégia podem ser que a demanda de mercado vai crescer 5% ao ano, ou que a empresa não vai sofrer greves, ou que certas máquinas caras vão operar a 90% da capacidade. A análise de sensibilidade pergunta qual seria o efeito no desempenho (neste caso, lucratividade) se, por exemplo, a demanda de mercado crescesse apenas 1% ou chegasse a 10% – algum desses exemplos alteraria a decisão de adotar essa determinada estratégia? Isso pode ajudar a desenvolver um quadro mais claro dos riscos de tomar determinadas decisões estratégicas e do grau de confiança que os gerentes podem ter em determinada decisão. O Exemplo 9.4 mostra como a análise de sensibilidade pode ser usada.

Reações dos stakeholders

A discussão do *mapeamento dos stakeholders* na Seção 4.4.1 mostrou como isso pode ser usado para compreender o contexto político e contemplar a agenda política numa organização. Contudo, o mapeamento pode ser útil também para entender as possíveis reações dos *stakeholders* às novas estratégias, a capacidade de administrar essas reações e, consequentemente, a aceitação da estratégia.

Exemplo 9.4

Análise de sensibilidade

A análise de sensibilidade é uma técnica útil para avaliar até que ponto o sucesso da estratégia preferida depende de suposições importantes que a sustentem.

Em 2007, a Dunshmore Chemical Company era uma empresa de produto único, que vendia num mercado maduro e relativamente estável. A companhia pretendia usar essa situação estabelecida como uma "vaca leiteira" para gerar fundos para um novo empreendimento com um produto relacionado. Estimativas mostravam que a empresa precisava gerar cerca de £ 4 milhões (R$ 11 milhões) em caixa (relativo a valores de 2007) entre 2008 e 2013 para que esse novo empreendimento fosse possível.

Embora o desempenho esperado da companhia fosse de um fluxo de caixa de £ 9,5 milhões durante esse período (o *caso de base*), a gerência estava preocupada em avaliar o provável impacto de três fatores decisivos:

- Possível aumento nos *custos de produção* (mão de obra, custos gerais e materiais), o que poderia perfazer até 3% ao ano, em termos reais.
- *Capacidade de produção*, que poderia ser reduzida em até 25% devido ao envelhecimento da fábrica e relações trabalhistas incertas.
- *Níveis de preços*, que poderiam ser afetados pela ameaça de entrada de um novo competidor importante. Isso poderia reduzir os preços em até 3% ao ano tem termos reais.

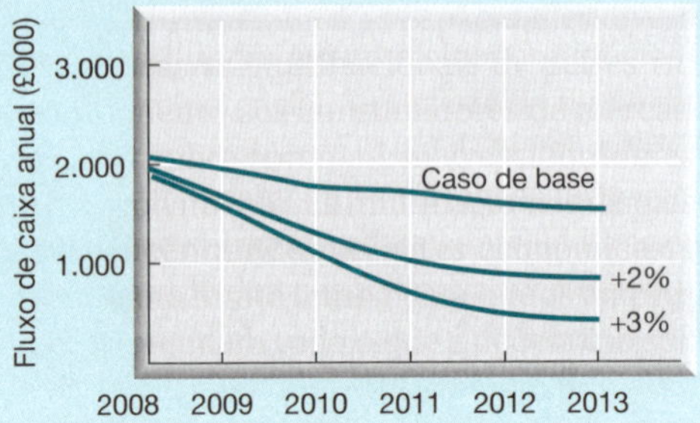

(a) Sensibilidade do fluxo de caixa às mudanças nos custos reais de produção

Decidiu-se usar a análise de sensibilidade para avaliar o possível impacto de cada um desses fatores na capacidade da empresa em gerar £ 4 milhões. Os resultados são apresentados no gráfico.

A partir dessa análise, a diretoria concluiu que sua meta de £ 4 milhões seria atingida com a utilização de capacidade a um nível de até 60%, o que era certamente possível. O aumento de 3% ao ano nos *custos de produção* ainda permitira à companhia atingir a meta de £ 4 milhões durante o período. Em contraste, uma *redução de preços* de 3% ano resultaria numa falta de £ 2 milhões.

Há muitas situações nas quais as reações dos *stakeholders* podem ser decisivas. Por exemplo:

- *Reestruturação financeira.* Uma nova estratégia pode exigir a reestruturação financeira de uma empresa – por exemplo, uma emissão de novas ações, o que poderia ser inaceitável para grupos poderosos de acionistas, pois isso dilui seu poder de voto.
- Uma *aquisição ou fusão* poderia ser inaceitável para sindicatos, governo ou alguns consumidores.
- Um *novo modelo de negócios* pode cortar canais (como varejistas), com o risco de uma reação violenta, que poderia ameaçar o sucesso da estratégia.
- A *terceirização* pode levar a perda de empregos e poderia enfrentar a oposição de sindicatos.

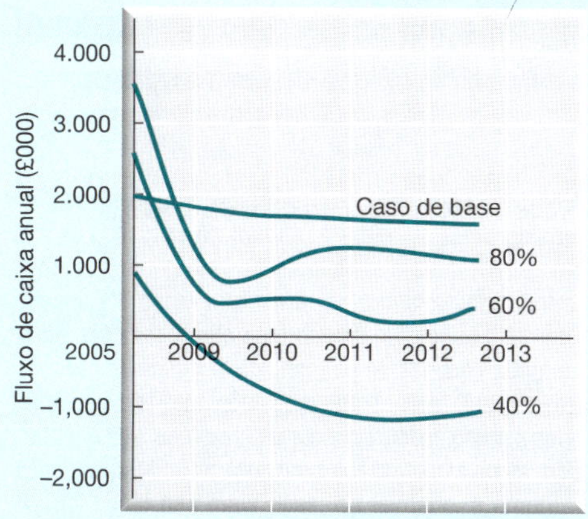

(b) Sensibilidade do fluxo de caixa às mudanças de utilização da fábrica

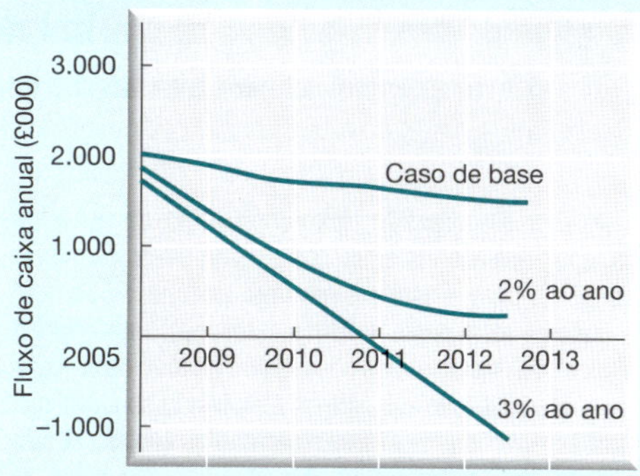

(c) Sensibilidade do fluxo de caixa às reduções no preço real

A diretoria concluiu, a partir da análise, que o principal fator capaz de afetar a ideia em questão era o provável impacto de nova concorrência e o grau em que ela conseguiria proteger os níveis de preço se essa concorrência surgisse. Desse modo, a gerência desenvolveu uma estratégia de *marketing* agressiva para deter a possível entrada de novas empresas.

Fonte: Os cálculos para o teste de sensibilidade utiliza programas de computador empregados no estudo de caso Doman, de Peter Jones (Sheffield Business School).

Questões

O que a companhia deve fazer se sua campanha de *marketing* não conseguir impedir uma erosão de preço real:

(a) Pressionar para obter maior volume/capacidade de vendas?
(b) Reduzir o custo unitário de produção?
(c) Alguma outra coisa?

9.3.3 Viabilidade

A **viabilidade** está relacionada ao fato de uma organização ter ou não recursos e competências para por em prática uma estratégia. Várias técnicas podem ser usadas para entender a viabilidade.

Viabilidade está relacionada ao fato de uma organização ter ou não recursos e competências para por em prática uma estratégia

Viabilidade financeira

Uma forma útil de avaliar a viabilidade financeira é a *análise e previsão do fluxo de caixa.*[10] Ela serve para tentar identificar o caixa que será necessário para qualquer estratégia e as prováveis fontes para esse caixa. Essas fontes são chamadas às vezes de *fontes de fundos* e são mostradas no Exemplo 9.5. Deve ser lembrado que a previsão do fluxo de caixa está sujeita a dificuldades e erros, como qualquer método de previsão. Contudo, ela deve destacar se a estratégia proposta é viável tanto em termos

Exemplo 9.5

Análise de fluxo de caixa: um exemplo aprofundado

Uma análise do fluxo de caixa pode ser usada para avaliar se a estratégia proposta é viável em termos financeiros. A análise é feita prevendo os fundos necessários – e suas prováveis fontes – para a estratégia.

A Kentlex plc (um varejista de produtos elétricos do Reino Unido) estava considerando adotar uma estratégia de expansão que, num futuro imediato, envolveria a abertura de novas lojas na República da Irlanda. Para avaliar a viabilidade financeira dessa proposta, além de estabelecer os fundos necessários e a maneira de obtê-los, a companhia decidiu fazer uma análise de fluxo de fundos.

Etapa 1: Identificação da entrada de caixa

Estimava-se que a abertura de novas lojas aumentaria a receita de vendas dos atuais £ 30 milhões (R$ 83 milhões) para £ 31,65 milhões (R$ 88 milhões) durante os próximos três anos. Esperava-se que isso gerasse fundos para as operações, totalizando £ 15 milhões durante o mesmo período.

Etapa 2: Identificação da saída de caixa

Haveria várias despesas associadas às novas lojas. Em primeiro lugar, a Kentex decidiu comprar as propriedades ao invés de alugá-las, de forma que haveria custos diretos de investimento de capital necessário para comprar e montar os estabelecimentos. Esse valor foi previsto em £13, 25 milhões. Além disso, haveria custos de capital de giro adicional para cobrir estoque, etc. Esse valor não foi calculado levando-se em conta cada elemento separadamente – por exemplo, aumento de estoque, aumento de credores –; ao contrário, as previsões foram baseadas num simples ajuste *pro rata*. No nível de vendas anterior de £30 milhões, o capital de giro exigido era de £10 milhões, de forma que o aumento esperado nas vendas de £1,65 milhão exigia um adicional de £0,55 milhão no capital de giro. As obrigações de impostos e os pagamentos de dividendos esperados foram estimados em £1,2 milhão e £0,5 milhão, respectivamente.

Etapa 3: Identificação e financiamento da diferença de caixa

Os cálculos mostraram uma falta de fundos no valor de £0,5 milhão. A empresa finalizou a previsão avaliando formas alternativas de cobrir essa diferença. Embora pudesse levantar fundos através da emissão de novas ações, ela decidiu pedir um empréstimo de curto prazo de £0,65 milhão. Deve-se observar que isso geraria pagamento de juros no valor de £0,15 milhão no período de três anos, levando-se em conta juros simples de 7,5% ao ano, e deixando assim um valor líquido de £0,5 milhão.

Entrada de caixa	Saída de caixa
Entrada de caixa de operações £15.000.000 Total £15.000.000	Despesas de capital £13.250.000 Capital de giro £550.000 Impostos £1.200.000 Subtotal £15.000.000 Dividendos £500.000 Total £15.500.000

Observação: a diferença entre a saída e a entrada totaliza £500.000.

Questões

1 Que partes dessa avaliação tendem a ter maior probabilidade de erro?

2 Quais são as implicações de sua resposta para a pergunta 1 na forma como a análise deveria ser apresentada aos responsáveis pelas decisões?

3 Como essa incerteza pode influenciar o gerenciamento da fase de implantação se a aprovação for obtida?

financeiros quanto em termos de disponibilidade e de *timing* para a requisição de novos fundos.

A viabilidade financeira também pode ser avaliada através de análise de ponto de equilíbrio,[11] uma técnica simples e bastante utilizada para avaliar a probabilidade de se atingir metas financeiras, como RSCE e de lucro. Ela também faz uma avaliação das várias estratégias, particularmente nos casos em que diferentes opções estratégicas exigem estruturas de custos muito diferentes.

Disposição de recursos

Embora a viabilidade financeira seja importante, pode-se conseguir um entendimento mais amplo da viabilidade ao se identificar os recursos e as competências necessárias para uma estratégia específica. Na verdade, a eficácia de uma estratégia geralmente depende da disponibilidade ou do provável desenvolvimento ou obtenção dessas capacidades. Por exemplo, a expansão geográfica no mercado doméstico pode depender decisivamente da experiência em *marketing* e distribuição, junto com a disponibilidade de caixa para financiar o aumento de estoque. Por outro lado, uma estratégia diferente para desenvolvimento de novos produtos a serem vendidos aos clientes atuais depende de habilidades de engenharia, capacidade do maquinário e reputação da companhia em relação à qualidade de novos produtos.

Uma avaliação da disposição de recursos pode ser usada para julgar (a) o grau em que as capacidades atuais de uma organização teriam de mudar para alcançar ou manter as exigências *básicas* de uma estratégica; e (b) se e como os recursos únicos e/ou competências essenciais podem ser desenvolvidos para sustentar a vantagem competitiva. A questão é saber se essas mudanças são *viáveis* em termos de escala, qualidade de recursos ou escala de tempo da mudança.

Estratégia em ação

A questão de viabilidade é levantada de modo mais geral por meio das questões discutidas no último capítulo deste livro. Nesse caso, trata-se não apenas de questões financeiras e de investimento de recursos, mas também se a estratégia considerada pode ser implementada em termos de:

- como uma dada estratégia pode ser posta em prática tendo em vista as necessidades de mudança estrutural da organização;
- quais os processos de gerenciamento (em termos de planejamento e sistemas de controle, por exemplo) necessários e o quão efetivos eles podem ser para se cumprir a estratégia;
- como as mudanças na estratégia podem ser administradas.

RESUMO

- Há três *métodos* principais de desenvolvimento de estratégias:
  - O *desenvolvimento orgânico* tem o principal benefício de estabelecer as capacidades estratégicas de uma organização. Entretanto, pode resultar superexploração de recursos e é provável que exija o desenvolvimento dessas capacidades.
  - As *fusões e aquisições* podem ter como vantagem a velocidade e a capacidade de adquirir competências não disponíveis internamente. Contudo, a reputação de eficiência das aquisições não é boa.
  - *Alianças* bem-sucedidas parecem ser aquelas em que os parceiros têm uma atitude positiva quanto à natureza de evolução da aliança e onde há confiança entre as partes.
- O sucesso ou fracasso das estratégias estará ligado a três *critérios de sucesso* principais:
  - A *adequação* indica se uma estratégia atende à posição estratégica da organização, como examinado nos Capítulos 6 a 9 deste livro. Trata-se da *base* de uma estratégia.
  - A *aceitabilidade* de uma estratégia está relacionada a três questões: o *retorno* esperado de uma estratégia, o nível de *risco* e a provável *reação dos stakeholders*.
  - A *viabilidade* mostra se uma organização pode ou não obter as capacidades para empregar a estratégia.

Leituras básicas recomendadas

- Um livro abrangente sobre fusões e aquisições é o de P. Gaughan, Mergers, *Acquisitons and Corporate Restructuring*, 4ª edição, Wiley, 2007.
- Uma obra útil sobre alianças estratégicas é a de J. Child, *Cooperative strategy*, Oxford University Press, 2005.
- Outro livro que explora as técnicas de avaliação da estratégia de modo mais completo é o de V. Ambrosini com G. Johnson e K. Scholes (eds), *Exploring Techniques of Analysis and Evaluation in Strategic Management*, Prentice Hall, 1998.

Referências

1. Veja J. F. Mognetti, *Organic Growth: Cost-effective Business Expansion from Within*, Wiley, 2002.
2. Veja também J. Dyer, P. Kake e H. Singh, "How to make strategic alliances work", *Sloan Management Review*, vol. 42, no. 4 (2001), p. 37-43.
3. Essa definição é baseada na explicação sobre alianças de infraestrutura de ul-Haq. Veja R. ul-Haq, *Alliances and Co-Evolution: Insights from the Banking Sector*, Plagrave, 2005, p. 6-9.

4. Para uma discussão mais aprofundada sobre o papel das alianças e *joint ventures* em exploração *versus* espoliação, veja W. Kummerle, "Home base and knowledge management in international ventures", *Journal of Business Venturing*, 17, no. 2 (2002), p. 99-122.
5. Essas características são baseadas em J. Carlos Jarillo, "On Strategic Networks", *Strategic Management Journal*, vol. 9, no. 1 (1988), p. 31-41.
6. Veja Y. Doz e G. Hamel, *Alliance Advantage: The art of creating value through partnering*, Harvard Business School Press, 1998; T. Pietras e C. Stormer, "Making strategic alliances work", *Business and Economic Review*, vol. 47, no. 4 (2001), p. 9-12; N. Kaplan e J. Hurd, "Realising the promise of partnerships", *Journal of Business Strategy*, vol. 23, no. 3 (2002), p. 38-42; A. Parkhe, "Interfirm diversity in global alliances", Business Horizons, vol. 44, no. 6 (2001); R. ul-Haq (referência 3, acima); I. Hipkin e P. Naude "Developing Effective Alliance Partnershi", *Long Range Planning*, vol. 39 (2006), p. 51-69; A. Inkpen, "Learning and Knowledge Acquisition Through International Strategic Alliances", *Academy of Management Executive*, vol. 2, no. 4 (1998), p. 69-80; e "Learning through joint ventures: a framework of knowledge acquisition", *Journal of Management Studies*, vol. 37, no. 7 (2000), p. 1019-1045.
7. Veja I. Hipkin e P. Naude (referência 6).
8. Inkpen em *Academy of Management Executive* (referência 6).
9. Textos mais ortodoxos sobre finanças e contabilidade explicam de modo mais detalhado as análises financeiras resumidas aqui. Por exemplo, veja G. Arnold, *Corporate Financial Management*, 3ª edição, FT/Prentice Hall, 2005, capítulo 4.
10. Veja G. Arnold, *Corporate Financial Management*, 3ª edição, FT/Prentice Hall, 2005, capítulo 3, p. 108.
11. A análise de ponto de equilíbrio é vista em vários textos de responsabilidade final. Veja, por exemplo, G. Arnold (referência 10), p. 223.

STUDO DE CASO

A Tesco é a dona do mundo?

Em 2006, a Tesco, a mais bem-sucedida rede de supermercados do Reino Unido (com cerca de 30% de participação no mercado) anunciou mais uma quebra de recorde. Ao longo dos quatro anos anteriores, a organização tinha quase dobrado as vendas do grupo (excluindo-se impostos sobre vendas) e os lucros, atingindo £ 39 bilhões e £ 2,28 bilhões, respectivamente. As "estatísticas do grupo" mostravam uma imagem das razões desse crescimento: o número de lojas havia triplicado para 2.672 e o número de empregados havia crescido cerca de 60%, chegando a 273 mil. De forma significativa, as vendas para o restante da Europa haviam crescido de 9% para 13% das vendas do grupo e as vendas no mercado asiático representavam 11% das vendas do grupo (subindo da marca de 6% do ano 2002). A empresa também havia diversificado sua linha de produtos significativamente desde 2002 – atingindo o setor de produtos não alimentares e serviços de varejo.

Sem surpresas, o relatório anual de 2006 foi bastante "exitoso", e o presidente, David Reid, resumiu os resultados da empresa e as perspectivas para o futuro:

Reino Unido
Nosso desempenho de vendas nos negócios centrais do Reino Unido tem sido sólido e temos investido em todos os setores de oferta ao consumidor.

Internacional
O setor internacional tem crescido bastante em vendas comparáveis, lucros e retornos. Nosso maior programa já feito de desenvolvimento de novas lojas entregou 500.000 m² de área de vendas, como mais 600.000 m² planejados no ano atual.

O **setor de produtos não alimentares** novamente mostrou grande crescimento, com as vendas no Reino Unido subindo cerca de 13%, mesmo com a situação de cautela do consumo dos clientes. Nossas áreas estabelecidas como as de saúde e beleza (mais 10%) foram bem e departamentos mais novos, como de produtos eletrônicos (34% de crescimento) e vestuário (16% de crescimento) tiveram desempenho especialmente sólido.

Os **serviços de varejo** também tiveram um bom ano, com a tesco.com atingindo resultados recordes. O desempenho da Tesco Personal Finance (TPF) foi bom no disputado setor de finanças pessoais, além de bom crescimento em telecomunicações.

O relatório ia além explicando de modo mais detalhado exatamente como cada uma das principais partes do negócio estava mudando e se desenvolvendo:

Photo: Richard Jones/Rex Features

Negócios principais do Reino Unido

"dando aos consumidores o que eles quere, 24 horas por dia, 7 dias por semana"

Linhas
Todos são bem-vindos à Tesco, por isso apreciamos que nossos clientes tenham preferências e exigências diferentes. Trabalhamos duro para dar a nossos clientes um grande sortimento das melhores marcas, uma boa linha de produtos Tesco – da linha *Finest* até a linha *Value* – e uma variedade de novas ideias para alimentar a família.

Em vez de oferecer uma linha padronizada de produtos em todas as lojas, fazemos um grande esforço para adequar nossa oferta aos consumidores locais. Por exemplo, nossa nova loja *Extra*, em Slough, Berkshire, oferece mais de 900 produtos asiáticos especiais, desde novas refeições prontas do tipo vegetariano e Halal até vários tipos de arroz embalado e até mesmo DVDs de Bollywood.

Formatos
Os formatos de nossas lojas são feitos para atender às diferentes necessidades de nossos clientes onde quer que vivam e qualquer que seja o modo como vão às compras – em grandes ou pequenas lojas, ou mesmo pela Internet. A Tesco *Express* leva ótima comida e preços baixos até o coração da vizinhança... A *Metro* oferece a conveniência da Tesco em centros urbanos onde as pessoas vivem e trabalham. Na Tesco *Superstores* os clientes podem achar tudo de que precisam para suas compras semanais e nas nossas lojas *Extra* os clientes podem não apenas encontrar toda nossa linha de alimentos e conveniências, mas também um grande linha de artigos não alimentares. A loja exclusiva de artigos não alimentares *Homeplus* foi testada em 2005.

PRODUTOS NÃO ALIMENTARES

"oferecendo grande qualidade, variedade, preço e serviço"

Mais e mais pessoas escolhem comprar não apenas seus itens domésticos essenciais mas também mercadorias mais caras na Tesco, desde roupas até aparelhos de TV e geladeiras, e desde artigos esportivos a brinquedos. Essas pessoas apreciam a conveniência de conseguir fazer todas as compras no mesmo lugar em nossas lojas *Extra*.

Forneceremos produtos que sejam comuns em todos os países (Reino Unido, Irlanda e Europa Central) como um grupo. Cada país terá a responsabilidade de identificar as necessidades locais de seus clientes e providenciar aqueles produtos dos fornecedores adequados em seus respectivos países.

SERVIÇOS DE VAREJO

"simplificando as compras pela Internet"

A **tesco.com** é o mais bem-sucedido serviço *on-line* de compras em supermercado do mundo. O que é incrível a respeito de nosso negócio na Internet é a diversidade de clientes que o utilizam, desde atarefadas famílias urbanas até pessoas em comunidades rurais. Isso também tem permitido a muitas pessoas com necessidades especiais comprar de modo adequado pela primeira vez.

DVDs na sua porta
Até agora, 60.000 clientes nosso serviços de aluguel de DVDs, tendo acesso aos 30.000 títulos disponíveis através de nosso serviço *on-line*.

Energia
Estamos fazendo com que dezenas de milhares de consumidores economizem em suas contas de gás e eletricidade (em comparação com preços dos diferentes fornecedores). Esse serviço é completamente abrangente, completamente independente e completamente imparcial.

Entrando em forma *on-line*
As dietas eletrônicas ajudam os consumidores a adequar apropriadamente seus regimes alimentares, levando em conta o tipo de vida, as preferências gastronômicas e as recomendações de saúde.

"serviços financeiros simplificados"

A **Tesco Personal Finance** atualmente oferece 21 produtos e serviços financeiros, de empréstimos e poupanças a cartões de crédito e seguro. Somos a terceira maior seguradora *on-line* de carros da Inglaterra, como mais de 1,4 milhão de apólices de seguro de carro em vigor.

Estamos sempre tentando melhorar nossa oferta para clientes e atualmente oferecemos a oportunidade de adquirir cheques de viagem em nossas lojas, com quiosques disponíveis em sete estabelecimentos. Também fazemos a compra de ações *premium* de modo muito mais conveniente para os clientes (através) da parceria com a National Savings & Investments (NS&I).

A **Tesco Mobile** é uma rede virtual formada como uma *joint venture* com a (operadora de telefonia móvel) O2.

Internacional

Com exceção da Irlanda (91 lojas), a expansão internacional da empresa tem se dado no Leste Europeu (272 lojas) e na Ásia (450 lojas). A companhia planejou entrar no mercado norte-americano em 2007, com formato local completamente novo para o consumidor norte-americano, pensado a partir da loja *Express*. O mais interessante foi o modo que cada desenvolvimento refletia mais as condições do mercado local do que o trabalho para um modelo de entrada padronizado. Alguns dos detalhes do relatório anual de 2006 estão no quadro.

O que se pode esperar?

Apesar da imagem otimista, nem todos estavam convencidos de que a Tesco já era uma grande participante mundial. A comparação óbvia era com a maior rede de varejo do mundo, a empresa norte-americana Wal-Mart, cujo movimento de vendas de US$ 312 bilhões era mais de quatro vezes o da Tesco. Embora as vendas do Wal-Mart nos EUA não apresentassem crescimento, a empresa tinha presença em cerca de setenta países, com 2.285 lojas fora dos EUA – quase o triplo da "área de cobertura" internacional da Tesco. Também foi decisivo o fato de o Wal-Mart ter vencido a corrida para entrar na Índia, no outono de 2006, deixando a Tesco com dificuldades para encontrar um parceiro local adequado – o que é crucial naquele mercado.

A pesquisa de mercado com consumidores do Reino Unido também mostrou questões sobre as quais a empresa deveria refletir. Particularmente, embora a Tesco tenha atraído uma variedade grande de consumidores entre grupos demográficos e etários, havia evidências de que o mercado estava se fragmentando. A lealdade dos clientes da Tesco parecia estar declinando. Numa análise por idade das marcas preferidas pelas pessoas,[1] a Tesco e outros varejistas consagrados se saíram bem entre as pessoas na faixa dos 55 anos de idade, mas nem mesmo figuraram entre as dez marcas preferidas dos jovens entre 14 e 24 anos de idade.

Contudo, o CEO da Tesco, Sir Terry Leahy, tinha certeza da "fórmula" da empresa para o sucesso:

"A Tesco trata de fazer a experiência de compras melhor para os clientes e construímos nosso sucesso e nosso crescimento ao escutar o que os clientes têm a dizer."

Nota

1. Pesquisa de Milward Brown, publicada por Carlos Grande, *Financial Times*, 19 de dezembro de 2006.

Fonte: Tesco Annual Report 2006, em www.tesco.com

Lojas internacionais da Tesco em 2006

China (39 lojas)
Começamos a acelerar nosso programa de expansão para além do delta do rio Yangtse e temos equipes trabalhando para desenvolver nossa rede em Pequim, Shenzhen e Cantão. Também investimos em capacidade, levando os sistemas e o *know-how* Tesco para a empresa, concentrando-nos particularmente em aprimorar o *design* das lojas, sua cadeia de fornecimento e seu reabastecimento.

Japão (111 lojas)
No Japão, operamos supermercados que oferecem descontos, geralmente com cerca de 300 m^2. Abrimos nossa primeira loja de teste *Express* em abril de 2006.

Malásia (13 lojas)
Estamos experimentando o formato *Express* na Malásia com três lojas, situadas principalmente na área ao redor de Kuala Lumpur. Também abrimos nossa primeira loja *Value*, um estabelecimento de 300 m^2 em Banting. Ao oferecer uma linha adaptada de hipermercado numa loja menor em que é mais barato comprar, também conseguimos levar uma oferta de varejo moderna para uma comunidade que não seria capaz de sustentar um hipermercado.

Coreia do Sul (52 lojas)
Abrimos oito novos hipermercados na Coreia do Sul este ano, incluindo três do tipo compacto. Já adaptamos nosso modelo *Express* no país, o que nos permitiu focar nos produtos-chave que os consumidores desejam poder comprar, perto dos locais em que vivem e trabalham.

Taiwan (6 lojas)
(Fizemos) um acordo com o Carrefour... (que) fez com que saíssemos de Taiwan com um impacto financeiro mínimo, permitindo que concentrássemos investimentos na Europa Central e em outras empresas da Ásia.

Tailândia (219 lojas)
(Através do) lançamento do nosso formato *Talad*, adaptamos nossa oferta a consumidores que estão acostumados a comprar em mercados locais. Atualmente temos uma dezena dessas lojas, que têm entre 4.500 e 7.500 linhas de produtos em cerca de 900 m^2 de loja.

República Tcheca (35 lojas)
Temos acelerado o programa de desenvolvimento de novas lojas, aumentando em 20% nossa área de vendas durante o ano, com oito novos hipermercados compactos. (Além disso) abrimos a primeira loja de 900 m^2 do grupo... (o que) permite levar as ofertas da Tesco para cidades menores, com uma linha de cerca de 2.700 produtos adaptada para a localidade.

Hungria (87 lojas)
Os consumidores estão enfrentando o mais desafiador ambiente econômico e de varejo na Hungria, o que impediu nosso crescimento, mas mesmo assim tivemos sólidos progressos. Nossos clientes têm se beneficiado de preços mais baixos nas lojas e nos novos postos de gasolina, barateando significativamente os custos de encher o tanque.

Polônia (105 lojas)
Os consumidores adoram a conveniência de nossas lojas de formato pequeno com várias das vantagens dos hipermercados e mais perto dos lugares em que vivem e trabalham.

República da Irlanda (91 lojas)
Continuamos a investir na baixa de preços para nossos clientes irlandeses... Também estamos nos concentrando na ampliação da linha de produtos. Com a linha *Finest* tornando-se mais popular, aumentamos o número de linhas em áreas como queijos, refeições prontas e vinho.

Eslováquia (37 lojas)
Alinhada com nossos negócios na Europa Central, a Tesco da Eslováquia apresentou uma garantia de preço para cinquenta itens todos os dias, garantindo que não seremos superados por qualquer competidor local. Nosso programa de novas lojas atualmente tem o apoio do crescimento do nosso formato de hipermercado compacto.

Turquia (8 lojas)
Na Turquia, nossa marca Kipa teve um desempenho muito sólido... Lançamos com sucesso a marca *Kipa Value* na Turquia, como mais de 400 produtos até agora e planejamos aumentar a linha no próximo ano.

Questões

1. Usando a Figura 7.2 no Capítulo 7, identifique as direções estratégicas que a Tesco tem seguido desde sua origem como rede de varejo com sede no Reino Unido.
2. Identifique as direções estratégicas "disponíveis" para a empresa no futuro e avalie a adequação relativa de cada uma das opções, classificando-as (use o Exemplo 9.1 como referência).
3. Para cada uma das quatro principais direções estratégicas de sua classificação, compare os méritos relativos do desenvolvimento orgânico, da aquisição ou da aliança estratégica.
4. Complete sua avaliação das opções que agora parecem mais adequadas aplicando os critérios de aceitabilidade e viabilidade (veja as Seções 9.3.2 e 9.3.3, respectivamente).

10

A Estratégia em Ação

RESULTADO DE APRENDIZAGEM

Após a leitura deste capítulo, você será capaz de:

- Analisar os principais tipos de estruturas organizacionais em termos de pontos fortes e fracos.
- Reconhecer como os processos organizacionais (como sistemas de planejamento e metas de desempenho) precisam ser planejados para se adequarem às circunstâncias nas quais as estratégias são adotadas (como em relação ao tamanho da organização, ao tipo de produto/serviço e à natureza dos mercados).
- Avaliar o impacto dos *papéis* e dos *estilos* de gerenciamento dos agentes de mudança.
- Avaliar o valor dos diferentes *níveis* de mudança estratégica.

Photo: © SuperStock/Alamy

10.1 INTRODUÇÃO

O Capítulo 1 explicou que a gestão estratégica pode ser encarada como tendo três elementos principais: a compreensão da *posição estratégica* de uma organização, as *escolhas estratégicas* para o futuro e da administração da *estratégia* em ação (veja a Figura 1.3). Uma vez que este livro trata de fundamentos da estratégia, seu foco recai nos dois primeiros elementos: posição e escolha. Mas mesmo a estratégia mais bem escolhida não tem qualquer valor a menos que possa ser posta em ação. Embora este livro não enfatize tanto as questões de gerenciamento da estratégia em ação, este capítulo irá se dedicar a três assuntos-chave (veja a Figura 10.1):

- Os tipos de *estrutura* organizacional que irão ajustar as estratégias da melhor maneira. Por exemplo, se o pessoal deve ser gerenciado em funções de negócio (finanças, recursos humanos, etc.) ou em divisões de produto ou mercado (como regiões geográficas).
- Os *processos organizacionais* têm de adotar a estratégia escolhida em qualquer estrutura. Por exemplo, supervisão do trabalho, processos de planejamento e metas de desempenho.
- O *gerenciamento da mudança estratégica*, levantando questões como liderança, poder e política, e táticas de gestão.

Outras questões sobre a estratégia em ação – como processos de desenvolvimento da estratégia, estratégias de recursos e a prática da estratégia – são tratadas com mais profundidade em *Explorando a Estratégia Corporativa*[1].

FIGURA 10.1 A estratégia em ação.

10.2 ESTRUTURAS

Os gerentes geralmente descrevem sua organização por meio de um organograma, mapeando a estrutura formal da organização. Esses gráficos estruturais definem os "níveis" e os papéis numa organização. Eles são importantes para os gerentes pois descrevem quem é responsável pelo quê. Mas as estruturas formais são importantes por mais dois motivos. O primeiro é que as linhas de informação estrutural moldam os padrões de troca de comunicação e conhecimento: as pessoas tendem a não conversar com outras pessoas que estão muito acima ou muito abaixo na hierarquia ou em diferentes partes da organização. Em segundo lugar, os tipos de posições estruturais de nível superior sugerem os tipos de habilidades necessárias para fazer a organização avançar. Por exemplo, uma estrutura com especialistas em função (como marketing ou finanças) no topo indica a maior importância das disciplinas funcionais especializadas em relação a experiência em negócios em geral. Resumidamente, as estruturas formais podem revelar muito sobre o papel do conhecimento e das habilidades numa organização. As estruturas podem assim ser bastante debatidas (veja o Exemplo 10.1).

Esta seção examina três tipos estruturais básicos: funcional, multidivisional e matricial.[2] De forma geral, as primeiras duas tendem a enfatizar uma dimensão estrutural em relação a outra, de especialidades funcionais ou de unidades de negócios. A estrutura matricial, ao contrário, tende a misturar as dimensões estruturais de modo mais uniforme, tentando dar, por exemplo, ao produto e às unidades geográficas o mesmo peso. Contudo, nenhuma dessas estruturas representa uma solução universal aos desafios de colocar a estratégia em ação. Na verdade, a estrutura certa depende dos tipos específicos de desafios que cada organização enfrenta.

10.2.1 A estrutura funcional

Uma vez que uma organização se desenvolve para além do nível básico de tamanho e complexidade, as responsabilidades devem começar a ser divididas. Um tipo fundamental de estrutura é a **estrutura funcional**, que divide as responsabilidades de acordo com os papéis básicos da organização, como produção, pesquisa e vendas. Essa estrutura geralmente é encontrada em empresas menores, ou naquelas com linhas de produtos mais determinadas. Além disso, dentro de uma estrutura multidivisional (veja a seguir), as próprias divisões podem ser repartidas em departamentos funcionais (veja a Figura 10.3, mais adiante).

A **estrutura funcional** é baseada nos papéis básicos assumidos pela organização, como produção, finanças e contabilidade, *marketing*, recursos humanos e pesquisa e desenvolvimento

A Figura 10.2 também resume as vantagens e desvantagens potenciais de uma estrutura funcional. Há vantagens que proporcionam aos gerentes seniores envolvimento direto em operações e permitem maior controle operacional desde a alta gerência. A estrutura funcional dá uma definição clara dos papéis e tarefas, aumentando a responsabilidade. Os departamentos funcionais também fornecem concentração de habilidades, fomentando assim o desenvolvimento do conhecimento em áreas de especialidades funcionais.

Exemplo 10.1

Volkswagen: um caso de centralização

Um novo CEO introduz uma estrutura mais centralizada na gigante multimarcas.

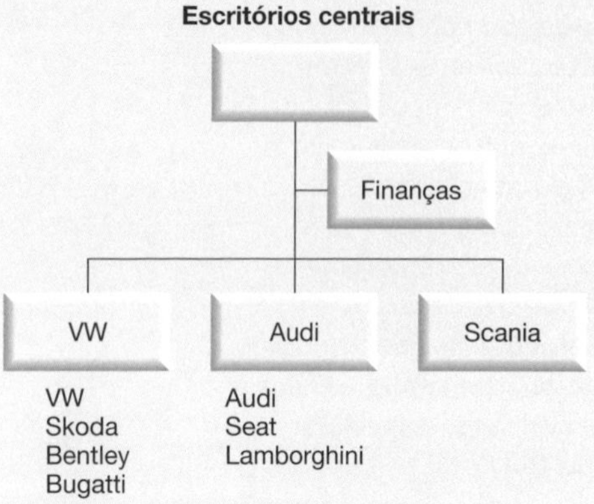

QUADRO 1 Vokswagen, novembro de 2006 (simplificado).

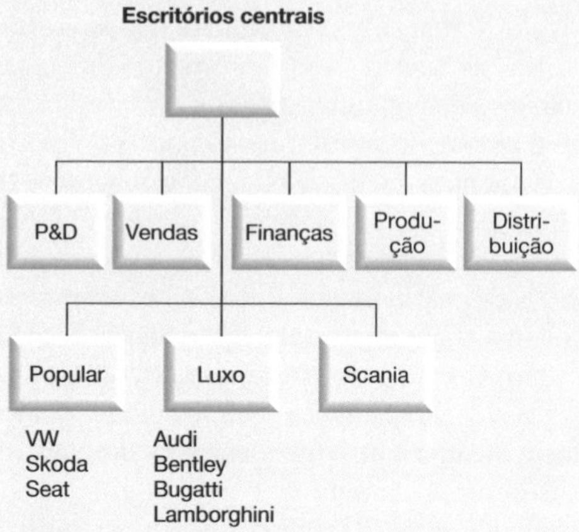

QUADRO 2 Volkswagen, janeiro de 2007 (simplificado).

Em 2007, após a montadora Porsche estabelecer uma ação de controle e a instalação de um novo CEO, a fabricante de carros alemã Volkswagen anunciou uma grande reorganização. Durante os últimos anos, a Volkswagen havia sido organizada em dois grupos de marcas sob os rótulos Volkswagen e Audi (veja o Quadro 1), com habilidades técnicas e de *marketing* agrupadas em torno de marcas específicas em cada um dos dois rótulos. A empresa foi então reorganizada em dois grupos principais, uma grupo para o mercado popular (VW, Skoda e SEAT) e um grupo para o mercado de luxo (Audi, Bentley, Bugatti e Lamborghini). A Volkswagen também tinha uma grande participação na empresa de caminhões Scania. O companhia seria mais centralizada, com novas responsabilidades corporativas para produção, vendas, distribuição e P&D (veja o Quadro 2). O novo CEO, Martin Winterkorn, também iria atuar como chefe de P&D e seria diretamente responsável pelo grupo de marcas da VW.

A meta anunciada dessa estrutura mais centralizada era aumentar as sinergias entre as várias marcas. A P&D mais centralizada ajudaria a assegurar o compartilhamento de motores e componentes, e a centralização da produção iria ajudar a otimização do uso da fábrica em toda a empresa. O diretor que estava de saída do grupo Volkswagen tinha outra visão. Ele afirmou que, para assegurar a integração funcional e a motivação, as habilidades precisavam se identificar profundamente com as marcas específicas. De acordo com ele, a nova estrutura imitava a estrutura centralizada da Porsche, que, no entanto, era uma empresa muito menor, com apenas uma marca principal. O porta-voz da Porsche respondeu lembrando que a Porsche era a empresa de carros mais lucrativa do mundo, enquanto a Volkswagen era uma das últimas nesse quesito.

Questões

1 Com que tipo de estrutura o velho formato descentralizado era mais parecido e de que tipo de estrutura a Volkswagen está se aproximando?

2 Quais os prós e os contras que você percebe na nova estrutura da Wolkswagen?

Vantagens

- CEO em contato com todas as operações
- Reduz/simplifica os mecanismos de controle
- Definição clara de responsabilidades
- Especialistas nos níveis gerenciais sênior e médio

Desvantagens

- Gerentes seniores sobrecarregados com questões de rotina
- Gerentes seniores negligenciam as questões de rotina
- Dificuldades ao lidar com a diversidade
- A coordenação entre departamentos é difícil
- Falha na adaptação

FIGURA 10.2 Uma estrutura funcional.

Entretanto, também há desvantagens, que surgem especialmente quando a organização torna-se maior ou mais diversificada. Talvez a maior preocupação num mundo de rápidas transformações seja que os gerentes seniores concentram-se em suas responsabilidades funcionais, ficando sobrecarregados com operações de rotina e muito preocupados com interesses funcionais estreitos. Como resultado, eles consideram difícil até mesmo ter uma visão estratégica da organização como um todo ou administrar rapidamente responsabilidades coordenadas. Assim, as organizações funcionais podem se tornar inflexíveis. Os departamentos funcionais separados tendem também a olhar apenas para dentro – os chamados "nichos funcionais" –, tornando difícil a integração do conhecimento de diferentes especialistas funcionais. Por fim, por serem centralizadas em torno de funções específicas, as estruturas funcionais não são boas para a diversidade de produtos ou geográfica. Por exemplo, um departamento central de *marketing* pode tentar impor uma abordagem invariável de publicidade, desprezando as necessidades distintas das várias UENs da organização pelo mundo.

10.2.2 A estrutura multidivisional

Uma **estrutura multidivisional** é formada por divisões separadas com base em áreas de produtos, serviços ou geográficas (veja a Figura 10.3). A divisão geralmente é uma tentativa de superar os problemas que as estruturas formais têm para lidar com a diversidade mencionada acima.[3] Cada divisão pode responder por exigências específicas de sua estratégia de produto/mercado, usando seu próprio conjunto de departamentos funcionais. Existe uma situação similar em muitos serviços públicos, nos quais a organiza-

Uma **estrutura multidivisional** é formada por divisões separadas com base em áreas de produtos, serviços ou geográficas

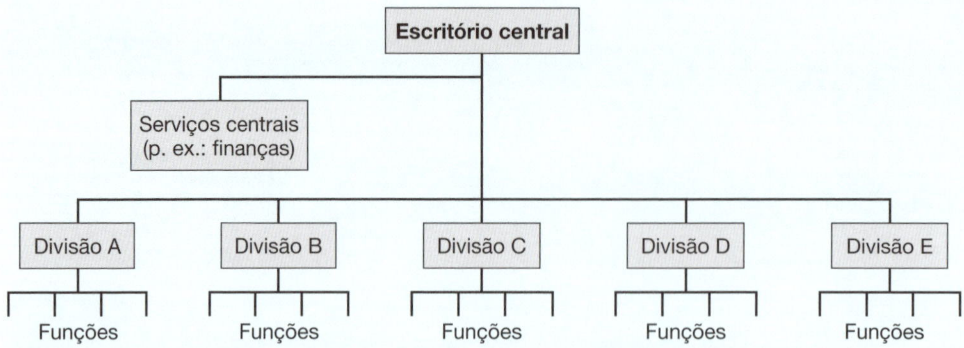

Vantagens

- Flexibilidade (agrega ou vende divisões)
- Controle por desempenho
- Propriedade da estratégia
- Especialização de competências
- Treinamento em visão estratégica

Desvantagens

- Duplicação das funções centrais e divisionais
- Fragmentação e não cooperação
- Perigo de perda de controle central

FIGURA 10.3 **Uma estrutura multidivisional.**

ção é estruturada em torno de *departamentos de serviço*, como recreação, serviços sociais e educação.

Há diversas vantagens potenciais nas estruturas divisionais. Elas são flexíveis, no sentido de que a organização pode acrescentar, fechar ou fundir divisões de acordo com as circunstâncias. Como unidades de negócios autônomas, é possível controlar divisões à distância por meio do monitoramento do desempenho do negócio. Os gerentes divisionais têm maior controle pessoal sobre suas próprias estratégias divisionais. As divisões geográficas – por exemplo, uma divisão europeia ou uma divisão norte-americana – oferecem meios de gerenciamento internacional. Pode haver benefícios de especialização numa divisão, permitindo que as competências se desenvolvam com um foco mais claro sobre um grupo de produtos, tecnologia ou grupo de consumidores mais específicos. A responsabilidade de gestão para toda uma empresa divisional é um bom treinamento para a formação da visão estratégica de gerentes que esperam alcançar uma posição principal na direção da organização.

Entretanto, as estruturas divisionais também apresentam desvantagens dos três tipos principais. Primeiramente, as divisões podem se tornar muito autossuficientes, de forma que serão, *na prática*, negócios independentes, duplicando, no entanto, as funções e custos do centro corporativo da empresa. Assim, pode fazer mais sentido dividir a empresa em negócios independentes, e divisões desse tipo têm se tornado bastante comuns. Em segundo lugar, a estrutura divisional tende a se interpor no caminho da cooperação e do conhecimento compartilhado entre as unidades de negócios – as divisões podem literalmente se dividir. A experiência é fragmentada e as metas de desempenho divisional oferecem poucos incentivos para colaboração com outras divisões. Por fim, as divisões podem se tornar muito autônomas, especialmente quando as *joint ventures* e as parcerias diluem a propriedade. Nesses casos, as multidivisionais se transformam em companhias de *holding*, em que o centro corporativos efetivamente "mantém" (*holds*) os vários negócios, num sentindo amplamente financeiro, exercendo pouco controle e agregando muito pouco valor. A Figura 10.3 resume essas potenciais vantagens e desvantagens de uma estrutura multidivisional.

As companhias multidivisionais grandes e complexas oferecem uma segunda camada de subdivisões dentro de suas divisões principais. Tratar as unidades de negócios estratégicas como divisões dentro de uma divisão maior reduz o número de unidades com as quais o centro corporativo precisa lidar diretamente. As subdivisões podem também auxiliar as organizações complexas a reagir a pressões contraditórias. Por exemplo, uma organização pode ter subdivisões geográficas dentro de um conjunto global de divisões de produto.

10.2.3 A estrutura matricial

Uma **estrutura matricial** é uma combinação de estruturas que pode tomar a forma de divisões de produto e geográfica, ou estruturas funcionais e divisionais operando conjuntamente

A **estrutura matricial** combina diferentes dimensões estruturais simultaneamente. Por exemplo, divisões de produto e territórios geográficos ou divisões de produtos e especializações funcionais. A Figura 10.4 dá exemplos desse tipo de estrutura.

As estruturas matriciais têm muitas vantagens. Elas são efetivas no gerenciamento de conhecimento porque permitem que áreas de conhecimento separadas sejam integradas entre as fronteiras da organização. Particularmente nas organizações de serviços profissionais, a organização matricial pode ser útil para aplicar determinadas especializações de conhecimento a diferentes segmentos de mercado ou geográficos. Por exemplo, para atender a um cliente particular, uma empresa de consultoria pode atrair pessoal de grupos com especialidades de conhecimento específicas (estratégia ou planejamento de organização, por exemplo) e outros agrupados de acordo com mercados específicos (setores da indústria ou regiões geográficas). A Figura 10.4(b) mostra como uma escola pode combinar o conhecimento separado de especialistas no assunto para criar programa de estudo feitos de modo diferente para grupos de várias idades. As organizações matriciais são flexíveis porque permitem que diferentes dimensões da organização sejam misturadas conjuntamente. Elas são particularmente atrativas para organizações que operam globalmente, por causa de sua possível combinação de dimensões locais e globais. Por exemplo, uma companhia global pode preferir divisões definidas geograficamente como unidades operacionais para comercialização local (devido a seu conhecimento especializado dos clientes locais). Mas ao mesmo tempo ela ainda pode querer divisões de produtos globais, responsáveis pela coordenação mundial de desenvolvimento e fabricação de produtos, aproveitando as economias de escala e a especialização. Em algumas organizações, uma estrutura matricial é criada para apoiar projetos específicos e é "abandonada" quando o projeto acaba. Essas *estruturas de projeto* são comuns em engenharia civil, administração de eventos e em partes dos serviços públicos.

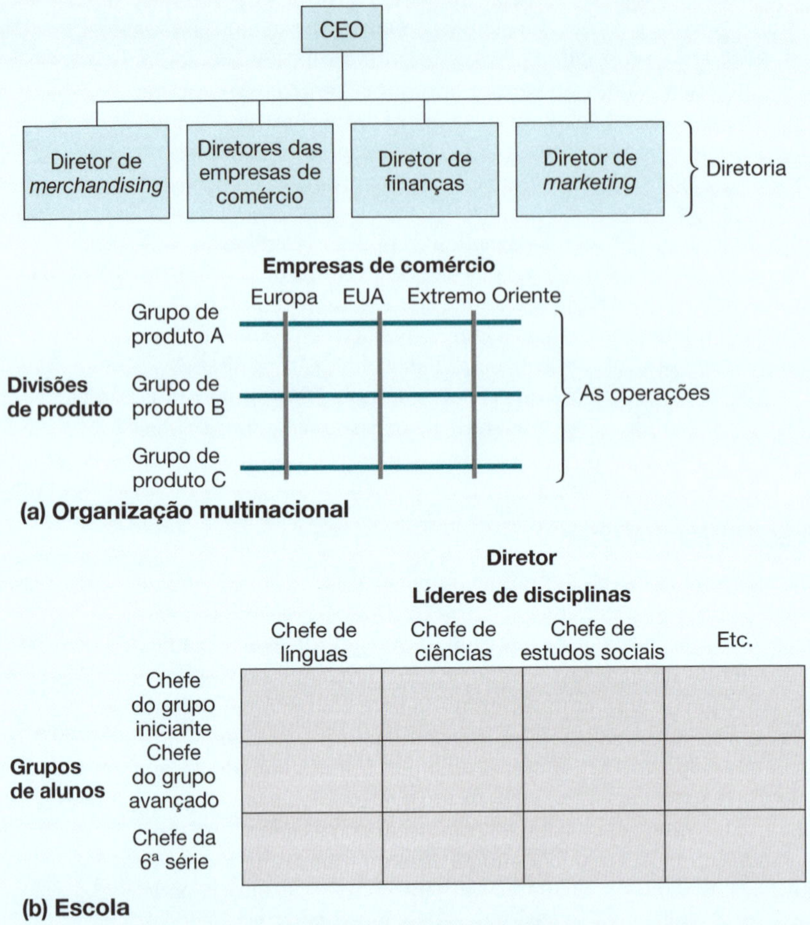

Vantagens

- Conhecimento integrado
- Flexibilidade
- Permite dimensões duplas

Desvantagens

- Demora em tomar decisões
- Falta de clareza sobre responsabilidades de trabalho e tarefas
- Falta de clareza sobre responsabilidades de custos e lucros
- Alto grau de conflitos

FIGURA 10.4 Dois exemplos de estrutura matriciais.

Porém, como a estrutura matricial substitui as linhas formais de autoridade por relações (matriz cruzada), isso geralmente traz problemas. Particularmente, costuma levar *mais tempo para se tomar decisões* devido à barganha entre os gerentes das diferentes dimensões. Também pode haver conflito porque funcionários têm de responder para gerentes de duas dimensões estruturais. Em resumo, as organizações matriciais são difíceis de controlar.

Como em qualquer estrutura, mas especialmente na estrutura matricial, a questão crítica na prática é a forma como ela é operada (ou seja, os processos e relações). O principal ingrediente numa estrutura matricial bem-sucedida pode ser o fato de os gerentes seniores serem bons para sustentar relações colaborativas (na matriz) e lidar com a desordem e a ambiguidade que pode haver. É por essa razão que Bartlett e Ghoshal descrevem a matriz como algo que envolve um "estado de espírito" tanto quanto uma estrutura formal.

10.3 PROCESSOS ORGANIZACIONAIS

A estrutura é o principal ingrediente ao colocar a estratégia em ação. Mas dentro de qualquer estrutura, o que faz a organização funcionar são os processos organizacionais formais e informais. Esses processos podem ser imaginados como controles das operações da organização e, assim, podem ajudar ou prejudicar a tradução da estratégia em ação.

Os processos de controle podem ser subdivididos em duas partes. Primeiro, eles enfatizam o controle sobre as entradas ou controle sobre os resultados. Os processos de controle das entradas dizem respeito aos *recursos* consumidos na estratégia, especialmente recursos financeiros e comprometimento humano. Os processos de controle de resultado têm como foco assegurar *resultados* satisfatórios, como, por exemplo, o cumprimento de metas ou a conquista da competitividade no mercado. A segunda subdivisão é entre controles diretos e indiretos. Controles diretos envolvem *supervisão próxima* ou monitoramento. Controles indiretos são mais *flexíveis*, estabelecendo as condições através das quais os comportamentos desejados são atingidos semiautomaticamente.

As organizações normalmente usam uma mescla desses processos de controle, mas alguns dominam os demais, dependendo dos desafios estratégicos. Como veremos, medidas de entrada exigem que os controladores tenham altos níveis de conhecimento sobre o que o controlado deve fazer. Em muitas organizações de conhecimento intensivo, especialmente naquelas que geram inovação e mudança, os controladores raramente têm conhecimento completo sobre o que seus funcionários especialistas estão fazendo, e se baseiam mais em controle de resultados. Eles podem pelo menos saber quando uma unidade atingiu suas metas de receita ou lucratividade. O controle direto se baseia muito na presença física do gerente, embora atualmente a vigilância através da tecnologia de informações possa substituir essa presença. Por essa razão, organizações globais podem usar controles indiretos para suas subsidiárias geograficamente dispersas. Por outro lado, processos de controle direto podem ser muito efetivos para pequenas organizações presentes num único local.

10.3.1 Supervisão direta

Supervisão direta é o controle direto das decisões estratégicas tomadas por uma ou algumas pessoas

A **supervisão direta** é o controle direto das decisões estratégicas tomadas por uma ou algumas pessoas, geralmente focado no esforço empreendido pelos funcionários. É um processo dominante em pequenas organizações, mas também pode existir em organizações maiores, em que ocorre pouca mudança e onde a complexidade dos negócios não é tão grande, permitindo que um pequeno número de gerentes controle a estratégia *em detalhes* a partir do centro. Isso geralmente acontece em empresas familiares e em partes do setor público com histórico de envolvimento político direto (normalmente quando um único partido político é dominante há um longo período).

A supervisão direta exige que os controladores entendam totalmente o que resulta dos trabalhos que supervisionam. Eles devem estar aptos a corrigir erros, sem, no entanto, impedir experimentos inovadores. A supervisão direta é mais fácil num único local, embora o monitoramente a longa distância por meios eletrônicos (de estratégias de comércio bancário, por exemplo) seja atualmente possível. A supervisão direta também pode ser efetiva durante uma *crise*, quando o controle autocrático através da supervisão direta pode ser necessário para alcançar resultados rápidos. Gerentes de reviravoltas costumam ter estilo autocrático.

10.3.2 Processos de planejamento

Processos de planejamento planejam e controlam a alocação de recursos e monitoram sua utilização

Os **processos de planejamento** são controles administrativos arquetípicos, em que a implementação bem-sucedida da estratégia é alcançada através de processos que planejam e controlam a alocação de recursos e monitoram sua utilização. O foco recai no controle das entradas da organização, particularmente as financeiras. Um plano deve cobrir todas as partes da organização e mostrar claramente, em termos financeiros, o nível de recursos alocados para cada área (sejam funções, divisões ou unidades de negócios). Ele também deve mostrar os modos detalhados pelos quais os recursos foram empregados. Isso geralmente toma a forma de um *orçamento*. Por exemplo, a função de *marketing* pode ter alocado €5 milhões, mas terá de mostrar como essa quantia foi gasta - por exemplo, a proporção de gastos em pessoal, publicidade, exibições e assim por diante. Esses itens de custos serão então monitorados regularmente para medir o gasto real em relação ao planejado.

Um ponto forte desta abordagem planejada de controle é a capacidade de monitorar a implementação da estratégia. O modo detalhado pelo qual o planejamento pode dar suporte à estratégia varia:

- O planejamento pode ser alcançado pela *padronização dos processos de trabalho* (como recursos de produtos ou serviços). Algumas vezes esses processos de trabalho são sujeitos a estruturas rigorosas de avaliação e inspeção - por exemplo, para atender a padrões de qualidade auferidos (como ISSO 9000). Em várias organizações de serviços essa "rotinização" foi alcançada por meio de sistemas de TI responsáveis pela substituição de entrega de serviço e significativas reduções de custos. Isso pode proporcionar vantagem competitiva quando as organizações estiverem em posição de preços baixos com produtos ou serviços do tipo *commodity*. Por exemplo, o custo das transações em *internet banking* é mínimo em relação a transações feitas através de agências.
- Os *sistemas de planejamento de recursos empresariais (ERP - entreprise resources planning)*[5], fornecidos por especialistas em *software* como SAP

ou Oracle, usam TI sofisticada para obter o controle do tipo de planejamento. Esses sistemas visam a integração de todas as operações da empresa, incluindo recursos humanos, finanças, operações, distribuição, etc. Isso começou com o uso dos sistemas EPOS (*electronic point of sale*) em lojas, que faziam a ligação com o controle de estoque. Outras vantagens podem ser obtidas se esses sistemas puderem se expandir de modo mais amplo no sistema de valor além das fronteiras da organização para as cadeias de fornecimento e distribuição – por exemplo, em pedidos automáticos de fornecimento para evitar a falta de estoque. As operações de comércio eletrônico estão levando mais além a capacidade de integração. O Exemplo 10.2 mostra um exemplo de planejamento de recurso empresarial.

- As abordagens de planejamento centralizadas geralmente usam uma *fórmula* para controlar a alocação de recursos numa organização. Nos serviços públicos, por exemplo, os orçamentos podem ser alocados de acordo com uma base *per capita* (de acordo com o número de pacientes por médico, por exemplo).

Os processos de planejamento funcionam melhor em condições simples e estáveis, em que um orçamento ou uma fórmula podem ser aplicados de maneira uniforme a todas as unidades na organização e onde as suposições provavelmente irão durar por todo o período do orçamento ou fórmula. Onde há diversidade nas necessidades das unidades de negócios, orçamentos e fórmulas padronizados podem conferir vantagens a algumas unidades em detrimento de outras. Desse modo, discute-se no Reino Unido que o governo não deva mais tratar todos os hospitais e universidade do mesmo modo: cada unidade tem seus próprios desafios e oportunidades. Os orçamentos e as fórmulas também podem ser inflexíveis quando a mudança das circunstâncias contraria as suposições originais. As organizações podem ser penalizadas injustamente por mudanças adversas das circunstâncias, ou terem recursos negados para reagir a oportunidades não previstas no orçamento original.

Por causa dos perigos de falta de sensibilidade em relação às diversas necessidades na organização, geralmente é útil envolver aqueles que estão mais diretamente ligados ao planejamento *bottom-up*. No planejamento "*bottom-up*", as unidades locais de negócios na "base" (*bottom*) da organização propõem planos iniciais que vão até "a parte de cima" (*up*), chegando aos escritórios gerais corporativos. O papel dos escritórios centrais corporativos é determinar normas para esses planos iniciais e examiná-los quando chegam. Os planos propostos iniciais geralmente são incompatíveis com os planos de outras unidades e com as expectativas e capacidades de recursos do escritório central. As incompatibilidades são resolvidas por meio de processos de *reconciliação*, geralmente envolvendo trocas e revisões de algumas normas originais do escritório central. Algumas vezes, há várias repetições dessas propostas, vários exames dos processos e assim por diante. Embora possa levar em conta as necessidades das unidades de negócios de um modo melhor do que o simples planejamento central, o planejamento *bottom-up* pode consumir bastante tempo e esforço político.

Exemplo 10.2

Sistema Enterprise Resource Planning (ERP) na Bharat Petroleum

Os sistemas ERP estiveram no núcleo da transformação estratégica da Bharat Petroleum quando a empresa se preparava para a privatização da indústria petrolífera indiana

A Bharat Petroleum é uma das três principais refinarias e distribuidoras de petróleo da Índia. A empresa possui 4.584 postos de gasolina, cerca de 1.000 revendedores de querosene e 1.828 distribuidores de gás liquefeito de petróleo (GLP) espalhados pelo vasto território da Índia. Em face da desregulamentação de seus mercados e de uma possível privatização parcial, a Bharat Petroleum iniciou a integração da empresa através da implementação de um sistema SAP R/3 ERP. O objetivo era obter controle sobre as operações da companhia através de melhores informações em áreas como estoque e envio de produtos, tudo para dar mais suporte a serviços a clientes e satisfação do consumidor. O novo sistema deveria cobrir 200 locais e incluía um vasto leque de processos, desde contabilidade e finanças até administração de pessoal, gerenciamento de qualidade, manutenção, gerenciamento de fábrica e vendas. O diretor financeiro projetou uma economia de custos de £5 milhões (R$ 14 milhões) por ano.

A implementação do sistema ERP não foi concebida simplesmente como um projeto de sistemas de informação. Baseou-se numa reestruturação prévia da companhia em torno de seis novas unidades de negócios estratégicos. A implementação do ERP em si foi chamada de projeto ENTRANS, sigla para Enterprise Transformation. O líder da equipe de projeto não era um especialista em sistema de informações, mas um profissional de recursos humanos. Apenas dez membros da equipe de sessenta pessoas eram da área de sistemas de informações. Um grupo de orientação do projeto, que se encontrava pelo menos um vez por mês, supervisionava todo o processo, com os diretores das seis unidades estratégicas e representantes das áreas de finanças, recursos humanos e tecnologia da informação. O diretor de TI na Bharat Petroleum comentou que "uma característica única da implementação de ERP na Bharat Petroleum é que, desde sua concepção, foi uma iniciativa comercial. Nós (TI) só fizemos o papel catalisador necessário".

A implementação foi feita com a assistência da PriceWaterhouseCoopers, 24 consultores da SAP, uma equipe de setenta consultores internos qualificados pela SAP e seis técnicos dedicados à mudança em tempo integral. Todos os usuários foram envolvidos em treinamento, focados em melhorar o "aprendizado organizacional" e nos Programas de Liderança Visionária e Planejamento. O presidente da Bharat Petroleum declarou que não haveria redução de mão de obra como resultado direto do ERP, ainda que os custos mais baixos de pessoal fossem incluídos nos benefícios.

A implementação foi programada para 24 meses, com pilotos selecionados cuidadosamente com base na proximidade da equipe de projeto (sediada em Mumbai), importância dos processos envolvidos e disponibilidade da empresa e de TI. Muitos problemas iniciais de desenvolvimento foram detectados. Os processos informais nem sempre se incorporavam totalmente ao novo sistema de SAP, com consequências desagradáveis. Porém, os gerentes das fábricas achavam que a formalização dos processos ERP acabaria contribuindo muito para aumentar a disciplina entre os funcionários. No ano seguinte à finalização da implementação, a Bharat Petroleum atingiu um crescimento de vendas de 24%. A SAP classificou como superior o processo de implementação do ERP na empresa.

Fonte: A. Teltumbde, A. Tripathy e A. Sahu, "Bharat Petroleum Corporation Limited", *Vikalpa*, vol. 27, no. 3 (2002), p. 45-58.

Questões

1 Qual a importância da implementação do ERP não ter sido liderada por um especialista em sistemas de informações?

2 Que possíveis riscos pode haver na formalização e inserção de processos empresariais detalhados num sistema ERP?

3 O que uma empresa como a Bharat Petroleum poderia fazer com a grande equipe de consultores internos e técnicos especializados depois que o projeto de implementação fosse completado?

10.3.3 Processos culturais

Com rápidas mudanças, complexidades cada vez maiores e a necessidade de explorar conhecimento, a motivação dos empregados é cada vez mais importante para o desempenho. Sob essas pressões, promover o autocontrole e a motivação pessoal pode ser um meio efetivo de controle, influenciando a qualidade da participação do empregado sem intervenção direta. Muitos trabalhadores têm naturalmente um alto grau de autocontrole e motivação que pode ajudar a assegurar tipos adequados de desempenho para a estratégia: músicos ou médicos, por exemplo, com grande comprometimento em relação a seu ofício ou a padrões profissionais. Entretanto, os padrões do ofício ou da profissão também podem se desviar do que a estratégia da organização pede, e alguns trabalhadores irão esquivar-se do dever de algum modo. Nesse caso, os gerentes podem usar os processos culturais para obter os tipos adequados de desempenho.

Os **processos culturais** estão relacionados à cultura organizacional e à *padronização de normas* (como discutido no Capítulo 5). O controle é indireto e internalizado à medida que os funcionários se tornam parte da cultura. O controle é exercido nas informações recebidas dos funcionários, pois a cultura define normas apropriadas de esforço e iniciativa. Três processos são particularmente importantes na formação de culturas adequadas: *recrutamento*, a seleção da equipe adequada em primeiro lugar; *socialização*, a integração da nova equipe através do treinamento, indução e programas de aconselhamento, por exemplo, mas também através de influências informais como a das pessoas que servem como exemplo; e *recompensa*, em outras palavras, o reconhecimento do comportamento adequado por meio de pagamento, promoção ou processos simbólicos (elogio público, por exemplo). Esses processos culturais geralmente encontram tipos sutis de resistência dos empregados – por exemplo, cinismo e falta de vontade, e uma vez instituídas se tornam difíceis de mudar enquanto a estratégia se desenvolve. As organizações têm muitos processos culturais que não estão submetidos ao controle gerencial formal, como a pressão de grupos de colegas que não reagem às estratégias organizacionais.

Os **processos culturais** estão relacionados à cultura organizacional e à *padronização de normas*

Contudo, os processos culturais são especialmente importantes em organizações que enfrentam ambientes complexos e dinâmicos. Algumas vezes esses processos culturais positivos acontecem sem intervenção deliberada da gerência. As culturas colaborativas podem estimular as "comunidades de prática", em que especialistas dentro ou mesmo fora da organização compartilham seu conhecimento para gerar soluções inovadoras para os problemas por iniciativa própria. Essas comunidades informais e espontâneas vão desde engenheiros de fotocopiadoras da Xerox que trocam informações sobre problemas e soluções durante as reuniões no café de manhã até redes de programadores que dão suporte ao desenvolvimento de "*softwares* gratuitos" na Internet.

10.3.4 Processos de metas de desempenho

As **metas de desempenho** concentram-se nos *resultados* de uma organização (ou de parte de uma organização), como qualidade de produtos, re-

Metas de desempenho concentram-se nos *resultados* de uma organização (ou parte de uma organização), como qualidade de produtos, receitas ou lucros

ceitas ou lucros. Essas metas são geralmente conhecidas como Principais Indicadores de Desempenho (PIDs). O desempenho de uma organização é julgado, interna ou externamente, por sua capacidade de atender a essas metas. Porém, dentro de fronteiras especificadas, a organização permanece livre para decidir como atingir as metas. Essa técnica pode ser particularmente apropriada em certas situações:

- *Dentro de grandes empresas*, os centros corporativos podem escolher metas de desempenho para controlar suas unidades de negócios sem se envolver nos detalhes de como elas serão atingidas. Essas metas normalmente são passadas em cascata para a organização como metas específicas para subunidades, departamentos e até pessoas.
- Em *mercados regulados*, como os serviços públicos privatizados no Reino Unido e em outros locais, os reguladores apontados pelo governo exercem cada vez mais controle através de *indicadores de desempenho* (IDs) negociados, como níveis de serviço ou de qualidade, como meio de assegurar o desempenho "competitivo".
- Nos *serviços públicos*, nos quais o controle da entrada de recursos era a abordagem historicamente dominante, os governos estão tentando direcionar os processos de controle para produção (como qualidade de serviços) e, mais importante, para resultados (por exemplo, índices de mortalidade de pacientes na assistência médica).

Muitos gestores acham difícil desenvolver um conjunto útil de metas. Uma razão para isso é que qualquer conjunto de indicadores está sujeito a dar apenas uma visão parcial do quadro completo. Além disso, alguns indicadores importantes (como satisfação do cliente) tendem a ser negligenciados porque são difíceis de medir, deixando o foco em dados mais facilmente disponíveis, como indicadores financeiros. Na última década, a técnica do *balanced scorecard* tem sido cada vez mais usada como forma de ampliar o escopo dos indicadores de desempenho[6]. O ***balanced scorecard*** combina medidas qualitativas e quantitativas, reconhece as expectativas dos diferentes *stakeholders* e relaciona uma avaliação de desempenho à escolha da estratégia (como mostrado na Figura 10.5). É importante destacar que o desempenho não está ligado apenas a resultados de curto prazo, mas também à forma através da qual os processos são gerenciados – por exemplo, os processos de inovação e aprendizado, que são decisivos para o sucesso a longo prazo.

O ***balanced scorecard*** combina medidas qualitativas e quantitativas, reconhece as expectativas dos diferentes *stakeholders* e relaciona uma avaliação de desempenho à escolha da estratégia

A Figura 10.5 é um exemplo de um *balanced scorecard* para uma pequena empresa iniciante, que fornece ferramentas padrão e equipamentos leves para o setor de engenharia. A perspectiva financeira do proprietário-gerente era simplesmente a de sobreviver durante o período inicial, exigindo um fluxo de caixa positivo (depois dos investimentos iniciais da fábrica, estoque e instalações). A estratégia era competir em serviços a clientes para entrega inicial e suporte de manutenção. Isso exigiria competências essenciais para processar e manter a programação, sustentadas pelos sistema de TI da empresa. Essas competências essenciais estavam abertas à imitação, por isso a capacidade de melhorar continuamente esse padrão de serviços era vital para o sucesso.

Perspectiva financeira	
FCS*	**Medidas**
Sobrevivência	Fluxo de caixa

Perspectiva dos clientes	
FCS*	**Medidas**
Serviços a clientes (produtos padrão)	• Prazo de entrega • Tempo de resposta da manutenção

Perspectiva interna	
FCS*	**Medidas**
Desenvolvimento de sistemas de TI • Características • Custo	Desempenho por £ investida (comparado aos competidores)

Perspectiva de inovação e aprendizado	
FCS*	**Medidas**
Liderança de serviços	• Velocidade para o mercado (novos padrões) • Velocidade de imitação (robustez)

*FCS = fatores críticos de sucesso

FIGURA 10.5 ***Balanced scorecard*: um exemplo.**

10.3.5 Processos de mercado

Os **processos de mercado** (ou *mercados internos*) podem ser assumidos pelas organizações para o controle interno de atividades[7]. Nesse caso, os processos de mercado geralmente envolvem algum sistema formalizado de "contrato" para recursos ou insumos de outras partes de uma organização e para fornecimento de resultados para outras partes de uma organização. O controle se concentra na produção, por exemplo, receita obtida em competição bem-sucedida por um contrato. O controle é indireto: em vez de aceitar metas de desempenho detalhadas e determinadas externamente, as unidades precisam simplesmente manter-se em mercados internos competitivos.

Processos de mercado envolvem algum sistema formalizado de "contrato" para recursos

Os mercados internos podem ser usados de várias formas. Pode haver *oferta competitiva*, talvez através da criação de um banco de investimento interno no centro coorporativo para suporte a novas iniciativas. Além disso, pode-se estabelecer uma relação cliente-fornecedor entre um departamento de serviço central, como treinamento ou TI, e as unidades operacionais. Geralmente esses mercados internos são sujeitos a regulamentação considerável. Por exemplo, o centro corporativo pode estabelecer regras para *preços de transferência* entre as unidades de negócios internas para evitar preços espoliativos, ou insistir em *acordos em nível de serviço* para assegurar serviços apropriados por parte de um fornecedor interno essencial, como TI, para as várias unidades que dependem desse serviço.

Os mercados internos funcionam bem onde a complexidade ou a mudança rápida tornam impraticáveis os controles diretos detalhados ou de entrada. Mas eles também podem criar problemas. Primeiramente, podem aumentar a barganha entre as unidades, consumindo tempo gerencial importante. Em segundo lugar, podem criar uma nova burocracia monitorando todas as transferências internas de recursos entre as unidades. Terceiro, um uso excessivamente zeloso dos mecanismos de mercado pode gerar concorrência não funcional e contratação legalística, destruindo culturas de colaboração e relacionamento. Essas reclamações foram feitas contra os mercados internos e os semiautônomos hospitais de fundações, introduzidos no Serviço Nacional de Saúde do Reino Unido. Por outro lado, seus proponentes alegam que esses processo de mercado liberam um serviço de saúde tradicionalmente centralizado demais para inovar e responder a necessidades locais, enquanto a disciplina do mercado mantém o controle geral.

10.4 GERENCIANDO A MUDANÇA ESTRATÉGICA

Esta seção do capítulo trata do papel que as pessoas desempenham no gerenciamento da mudança estratégica e como elas o fazem. A seção inicia considerando os *papéis* na mudança estratégica desempenhados por líderes estratégicos, gerentes intermediários e a influência de pessoal externo, como consultores e *stakeholders* externos. Em seguida, examina os diferentes estilos de gerenciamento da mudança e as *alavancas* para gerenciar a mudança.

10.4.1 Papéis na gestão da mudança

Um **agente de mudança** é a pessoa ou o grupo que implementa a mudança estratégica numa organização

Quando se trata de considerar a mudança estratégica, geralmente há ênfase exagerada nas pessoas que estão no topo da organização. É importante pensar na *agência da mudança* de forma mais ampla. Um **agente de mudança** é a pessoa ou o grupo que ajuda a efetivar a mudança estratégica numa organização. Por exemplo, o criador de uma estratégia pode ou não ser o agente de mudança. Ele pode precisar usar outras pessoas para liderar as mudanças na estratégia. Pode ser também que um gerente intermediário seja o agente de mudança num determinado contexto; ou talvez sejam os consultores, trabalhando em conjunto com os gerentes de dentro da organização.

Liderança estratégica

A **liderança** é o processo de influenciar uma organização (ou um grupo dentro da organização) em seus esforços para atingir um objetivo ou uma meta

O gerenciamento da mudança, entretanto, está geralmente ligado ao papel de um líder estratégico.[8] Porém, a **liderança** é ainda mais amplamente o processo de influenciar uma organização (ou um grupo dentro da organização) em seus esforços para atingir um objetivo ou uma meta. Assim, um líder não é necessariamente alguém no topo da organização, mas sim alguém que está em posição de exercer influência.

Os líderes geralmente são classificados de duas maneiras:

- *Líderes carismáticos*, que estão mais preocupados em construir uma visão para a organização e em energizar as pessoas para atingir essa visão. As evidências sugerem que esses líderes têm um impacto particularmente benéfico no desempenho quando as pessoas que trabalham para eles veem a organização enfrentado situações de incerteza.

- *Líderes instrumentais ou transacionais*, que se concentram mais em elaborar sistemas e controlar as atividades da organização.

Porém, o que é idealmente requerido é a capacidade de ajustar o estilo de liderança estratégica ao contexto, e há evidências[9] que mostram que os líderes estratégicos mais bem-sucedidos são capazes disso. Na verdade, em relação ao gerenciamento da mudança, seria problemático se os líderes não pudessem fazê-lo. Afinal, algumas abordagens dizem mais respeito a criar a estratégia, ou também podem se dedicar mais ao controle do que ao gerenciamento da mudança, e também pode haver abordagens de mudança que não se encaixam às necessidades específicas de um contexto particular de mudança.

O provável, entretanto, é que aqueles no topo da organização serão vistos pelos outros – e não apenas pelos que lá trabalham, mas também pelos *stakeholders* e por observadores externos – como intimamente associados aos programas de mudança estratégica que ocorrerem. Assim, eles terão mais peso simbólico no processo de mudança.

Gerentes intermediários

Uma abordagem de cima para baixo para administrar a estratégia e a mudança estratégica considera os gerentes intermediários como implementadores da estratégia. Entretanto, eles desempenham vários papéis em relação à gestão estratégica.[10] No contexto de gerenciamento da mudança estratégica, há cinco papéis que eles representam:

- O *papel de implementação e controle*. Nesse caso, eles são, na verdade, os implementadores dos planos da alta gerência ao assegurar que os recursos estão alocados e são controlados adequadamente, monitorando o desempenho e o comportamento da equipe, e, quando necessário, explicando a estratégia para aqueles que se reportam a eles.
- *"Tradução" da estratégia*. A alta gerência pode estabelecer uma direção estratégica, mas a forma como ela é interpretada em contextos específicos (uma zona de uma multinacional ou um departamento funcional, por exemplo) pode, intencionalmente ou não, ser deixada para gerentes intermediários. Para evitar a interpretação errônea da estratégia pretendida, é vital que os gerentes intermediários a entendam e sintam-se donos dela.
- *Reinterpretação e ajuste* das respostas estratégicas à medida que os fatos se desenrolam (por exemplo, em termos de relações com clientes, fornecedores, funcionários, etc.). Este é um papel vital no qual os gerentes intermediários apresentam uma qualificação singular, já que estão em contato diário com esses aspectos da organização e seu ambiente.
- Uma *ponte de relevância* vital entre a alta gerência e os membros da organização nos níveis mais baixos. Eles estão em posição de traduzir as iniciativas de mudança em mensagem localmente relevante.
- *Consultores* para gerentes de nível mais alto em relação a possíveis bloqueios organizacionais e exigências para a mudança.

Na oportunidade da mudança estratégica, os gerentes intermediários estão num papel-chave de "mediação" entre os que tentam dirigir a partir do topo e os de nível operacional. Vários pesquisadores apontam que, nesse papel, o modo como "traduzem" a estratégia de baixo para cima e falam sobre ela e a explicam para os outros se torna tremendamente importante.

Pessoal externo

Embora os gerentes na organização desempenhem papéis importantes, o pessoal "externo" também pode ser decisivo. Entre eles, pode-se citar:

- Um *novo CEO* de fora da organização pode ser apresentado numa empresa para aumentar a capacidade de mudança. Isso acontece especialmente em situações de reviravolta. O CEO muda o contexto da mudança ao trazer uma nova perspectiva para a organização, que não é atingida por questões do passado ou pelas rotinas enraizadas que podem impedir a mudança estratégica.
- *Novo gerenciamento de fora da organização* também pode aumentar a diversidade de ideias, ajudar a superar barreiras culturais para mudar e ampliar a experiência e a capacidade para mudança. Porém, a sua influência bem-sucedida dependerá da quantidade de *apoio visível* explícito que tiverem do CEO. Sem esse tipo de apoio, eles podem não ter a autoridade e a influência necessárias.
- Os *consultores* geralmente são usados para ajudar a formular a estratégia ou para planejar o processo de mudança. Também são cada vez mais usados como facilitadores dos processos de mudança: por exemplo, como planejadores (com capacidade de coordenação) de projeto para programas de mudança, como facilitadores de equipes de projeto trabalhando na mudança, ou em oficinas de estratégia usadas para desenvolver a estratégia e para planejar os meios da mudança estratégica. O valor dos consultores é triplo: em primeiro lugar, eles não possuem a bagagem cultural da organização e assim podem trazer uma visão fria do processo; em segundo lugar, podem, desse modo, fazer perguntas e empreender análises que desafiam os modos consagrados de ver e fazer as coisas; por último, eles representam a importância do processo de mudança, nem que seja por seus pagamentos vultosos.
- *Outros stakeholders* podem ser decisivos na mudança. Por exemplo, o governo, investidores, consumidores, fornecedores e analistas de negócios têm o potencial de atuar como agentes de mudança nas organizações.

10.4.2 Estilos de gerenciamento da mudança

Quem quer que seja o agente de mudança, precisa considerar o estilo de gerenciamento adotado. Os diferentes estilos devem ser mais ou menos apropriados de acordo com contexto. Esses estilos estão resumidos na Figura 10.6.[11]

A **educação** envolve a explicação das razões e dos meios relativos à mudança estratégica

- A **educação** envolve a explicação das razões e dos meios relativos à mudança estratégica. Isso pode ser apropriado quando o problema de

Estilo	Meio/contexto	Benefícios	Problemas	Circunstâncias da efetivação
Educação	Grupos de instruções assumem a internalização da lógica estratégica e confiança da alta gerência	Superar a falta de informação (ou informações erradas)	Exige muito tempo Direção ou progresso podem não ser claros	Mudança incremental ou mudança transformacional horizontal de longo prazo
Colaboração	Envolvimento na criação da agenda estratégica e/ou na solução de questões estratégicas por parte de forças-tarefa ou grupo	Propriedade crescente de uma decisão ou processo Pode melhorar a qualidade das decisões	Exige muito tempo Soluções/resultados dentro do paradigma existente	
Intervenção	Agente de mudança retém coordenação/controle; delega elementos de mudança	Processo é guiado/controlado, mas ocorre envolvimento	Risco percebido de manipulação	Mudança incremental ou transformacional sem crise
Direção	Uso de autoridade para estabelecer direções e formas de mudança	Clareza e rapidez	Risco de falta de aceitação e estratégia mal concebida	Mudança transformacional
Coerção/decreto	Uso explícito de poder através de decreto	Pode ser bem-sucedido em crises ou estados de confusão	Poucas chances de sucesso a não ser nas crises	Crise, mudança transformacional rápida ou mudança nas culturas autocráticas estabelecidas

FIGURA 10.6 Estilos de gestão da mudança estratégica.

gerenciar a mudança acontece por informações errôneas ou falta de informações e se houver tempo suficiente para convencer as pessoas da necessidade da mudança. Contudo, há problemas nesse caso. Acreditar que argumentos razoáveis numa discussão de cima para baixo irão sobrepujar o resultado de, talvez, anos de suposições enraizadas sobre o que "realmente importa" pode ser ingenuidade. A mudança pode ser mais efetiva se aqueles afetados por ela estiverem envolvidos em seu desenvolvimento e planejamento.

- A **participação** no processo de mudança é o envolvimento daqueles afetados pela mudança estratégica na agenda da mudança; por exemplo, na identificação das questões estratégicas, no processo de tomadas de decisão estratégica, no estabelecimento de prioridades, no planejamento da mudança estratégica ou na configuração dos planos de ação. Esse envolvimento pode impulsionar uma atitude mais positiva para a mudança; as pessoas percebem as restrições que a organização enfrenta como menos significativas e se sentem mais donas da decisão ou do processo de mudança (e mais comprometidas com isso). Isso pode ser, então, um modo de estabelecer boa vontade e capacidade para mudança. Porém, há o risco inevitável de que as soluções venham a ser encontradas no interior da própria cultura;

A **participação** no processo de mudança é o envolvimento daqueles afetados pela mudança estratégica na agenda da mudança por isso, quem quer que adote essa abordagem pode precisar manter a capacidade de intervir no processo.

A **intervenção** é a coordenação exercida em processos de mudança por parte de um agente de mudança que delega elementos deste processo

- A **intervenção** é a coordenação exercida em processos de mudança por parte de um agente de mudança que delega *elementos* deste processo. Por exemplo, pode ser que determinados estágios da mudança, como geração de ideias, coleta de dados, planejamento detalhado, desenvolvimento de base para mudança ou identificação de fatores críticos de sucesso sejam delegados para equipes de projeto ou forças-tarefa. Essas equipes podem não assumir responsabilidade total pelo processo de mudança, mas se tornam envolvidas com ele e veem seu trabalho sendo construído com essa finalidade. O agente da mudança mantém responsabilidade pela mudança, assegura o monitoramento do progresso e garante que a mudança de fato ocorra. Uma vantagem aqui é que a intervenção envolve membros da organização não apenas para gerar ideias, mas também na *implementação parcial* das soluções, fazendo surgir comprometimento com a mudança.

A **direção** é o uso de autoridade gerencial pessoal para estabelecer uma clara estratégia futura e determinar como a mudança vai ocorrer

- A **direção** envolve o uso de autoridade gerencial pessoal para estabelecer uma clara estratégia futura e determinar como a mudança vai ocorrer. Isso é o gerenciamento de cima para baixo da mudança estratégica associado a uma visão ou objetivo estratégicos claros e também pode ser acompanhado por clareza similar sobres os tipos de fatores decisivos de sucesso e prioridades.

A **coerção** é a imposição da mudança ou a edição de decretos sobre a mudança

- A **coerção** é o estilo de direção em sua forma mais extrema. É a imposição da mudança ou a edição de decretos sobre a mudança. Representa um uso explícito do poder e pode ser necessário se a organização estiver enfrentando uma crise, por exemplo.

Há algumas observações gerais que podem ser feitas sobre a adequação desses diferentes estilos em diferentes conceitos:

- *Diferentes estilos para etapas diferentes.* Os estilos de gerenciamento podem ser diferentes de acordo com as etapas do processo de mudança. Uma direção clara pode ser vital para motivar um desejo ou criar uma *disposição* para mudança; a participação ou a intervenção podem ser mais úteis para obter um comprometimento mais amplo em toda a organização e desenvolver *capacidades* para identificar bloqueios à mudança e planejar e implementar programas de ação específicos.
- *Tempo e escopo.* Os estilos participativos são mais apropriados para mudança incremental dentro das organizações, mas, onde se exige mudança transformacional, as técnicas diretivas podem ser mais apropriadas. Também é importante observar que, mesmo que a alta gerência considere que está adotando estilos participativos, seus subordinados podem encará-los como diretivos e, na verdade, receber muito bem essa direção.
- *Poder.* Em organizações com *estruturas de poder hierárquicas*, o estilo diretivo pode ser algo típico e pode ser difícil fugir disso – no mínimo porque as pessoas esperam que seja assim. Por outro lado, em *estruturas de poder mais "achatadas"* (ou uma organização do tipo de adhocracia, rede ou organização de aprendizado), pode ser que a colaboração e a participação sejam comuns e desejáveis.

- *Tipos de personalidade.* Diferentes estilos se ajustam a diferentes tipos de personalidade dos gerentes. Contudo, essas observações sugerem que aqueles com maior capacidade de administrar a mudança podem ter *capacidade* de adotar diferentes estilos em diferentes circunstâncias.
- *Estilos de gerenciamento da mudança não são mutuamente excludentes.* Por exemplo, a direção clara sobre a visão geral pode auxiliar uma abordagem mais colaborativa do desenvolvimento estratégico mais detalhado. A educação e a comunicação podem ser apropriadas para alguns *stakeholders*, como instituições financeiras; a participação pode ser apropriada para grupos em partes da organização onde haja necessidade de gerar *capacidade* e *disposição*; se houver partes da organização nas quais a mudança precisa ocorrer rapidamente, a *ocasião* pode exigir um estilo mais diretivo.

O Exemplo 10.3 mostra como os CEOs podem usar os diferentes estilos em diferentes contextos.

10.4.3 Alavancas para o gerenciamento da mudança

Um dos maiores desafios para atingir a mudança estratégica pode ser a necessidade de mudar atitudes existentes há muito tempo ou suposições dadas como certas – os paradigmas (veja a Seção 5.3.5). Isso pode ser difícil, uma vez que suposições há muito assumidas podem ser bastante resistentes à mudança. Há diferentes modos de tentar realizar esse desafio:

- A análise estratégica, usando os tipos de ferramenta deste livro, pode servir para o desafio e assim mudar o paradigma.
- O planejamento do cenário (veja a Seção 2.2.2) é igualmente defendido como modo de superar diferenças pessoais e suposições culturais ao fazer com as pessoas considerem diferentes futuros possíveis e as implicações para suas organizações.[12]
- Também se argumenta que as suposições das pessoas precisam ser desafiadas por meio de sua exposição e encorajando-as a questionar e desafiar umas as outras.[13] A ideia é tornar visíveis essas suposições e assim mais facilmente questionadas.

Mudando processos e rotinas operacionais

No final, as estratégias são implementadas por meio de processos e rotinas cotidianos das operações da organização. Assim, há uma necessidade de *planejamento da mudança operacional*: a identificação das principais mudanças nas rotinas da organização. De fato, a mudança estratégica precisa ser considerada em termos de reengenharia dos processos organizacionais.[14] Isso pode ser outro modo pelo qual as suposições tomadas como óbvias são desafiadas, uma vez que pode surtir o efeito de fazer as pessoas questionarem e desafiarem as crenças profundamente enraizadas e as suposições da organização. A lição geral é que as mudanças nas rotinas podem parecer algo prosaico, mas possuem um impacto significativo.

Exemplo 10.3

Estilos de liderança para gerenciar a mudança

Executivos de sucesso têm diferentes estilos de liderança.

Não improvise

Sempre fui um bom ouvinte e sou o primeiro a admitir que não tenho todas as respostas. Por isso, costumo escutar. Mas logo após escutar, o segundo movimento é apertar o gatilho. Tenho todos os dados e isso é o que vamos fazer agora. As pessoas precisam que uma decisão seja conclusiva. Se você ouve e depois improvisa, as pessoas ficam confusas, e isso não é liderança efetiva.

Terry Lundgren, CEO da Federated Department Stores (entrevistado por Matthew Boyle, na *Fortune*, 12 de dezembro de 2005, vol. 152, no. 12, p. 126-127)

Oriente mas não mime

Minha abordagem de liderança é proporcionar aspirações e depois obter grandes feitos... comunicar as prioridades de forma clara, simples e frequente... até um grande grau, nossos líderes de divisão definem o próprio futuro. Faço o papel do orientador: mas orientar não é mimar. Espero que nossos gerentes façam escolhas... para ajudar os gerentes a fazer escolhas estratégicas, os líderes devem às vezes desafiar profundamente as suposições consagradas... Ser um exemplo é vital... Sei que devo estar preparado para momentos da verdade que mostrem meu comprometimento para a organização.

Allan. G. Laffley, CEO da Procter & Gamble (em *Leadership Excellence*, novembro de 2006, vol. 23, no. 11, p. 9-10)

Seja dedicado

Sir Terry Leahy, da Tesco, supervisionou uma das maiores transformações do varejo no mundo. Ainda assim, ele é "irresistivelmente comum... Sua fala é séria e direta. Ele não é um *showman*... você não está diante de uma presença avassaladora... Ele fala apenas sobre a Tesco... é como encontrar um líder religioso que recita fielmente um credo". E estrategicamente: "Ele é uma combinação do muito esperto – sempre olhando para além do horizonte – e do muito simples... Você apresenta um problema e ele o pega e trabalha até resolvê-lo. Seus parceiros de trabalho o respeitam por sua capacidade de tomar decisões, mas ele não age por capricho... Tudo é analisado, separado, discutido e novamente reunido... Ele se cerca de gerentes seniores que o acompanham e ao grupo por anos. Ele está no comando, mas também é um colega". Ele também gosta de conversar com as pessoas e de ouvi-las nas lojas: "O que faz de Leahy alguém diferente é o comprometimento extraordinário com que conversa com o pessoal júnior e absorve suas opiniões e a atenção que dedica aos clientes".

Chris Balckhurst, "Sir Terry Leahy", *Management Today*, fevereiro de 2004, p. 32.

Baseie-se nos principais influenciadores

William Bratton foi o comissário de polícia de Nova York responsável pela campanha Tolerância Zero que reduziu o crime na cidade. Bratton acredita que, uma vez que "as crenças e energias de uma massa crítica de pessoas estejam engajadas, a conversão para outra ideia vai se espalhar como uma epidemia, resultando numa mudança fundamental muito rapidamente". Ele coloca os principais agentes frente a frente com problemas operacionais detalhados, de forma que não possam fugir da realidade. Ele os coloca "sob um holofote". Por exemplo, ele reúne policiais seniores e, com apenas dois dias de antecedência, exige que resolvam questões dos colegas seniores sobre o desempenho policial daquele distrito e como elas contribuem para a estratégia geral. O objetivo é introduzir uma "cultura de desempenho", para permitir que o sucesso seja aplaudido, mas também deixar claro que desempenho ruim não é tolerado.

W. C. Kim e R. Mauborgne, "Tipping point leadership", *Harvard Business Review*, abril de 2003, p. 60-69

Questões

1. Quais os benefícios e problemas de cada estilo de liderança? Em quais circunstâncias?
2. Apenas alguns *stakeholders* são mencionados especificamente nos exemplos. Isso significa que o estilo deveria ser o mesmo para todos os *stakeholders* da organização?

Poder e processos políticos[15]

A Seção 4.4.1 discutiu a importância de se compreender o contexto político dentro e em torno da organização. Também há a necessidade de examinar a implementação da estratégia dentro desse contexto "político". Isso também pode ser importante porque, para efetivar a mudança, pode ser necessário apoio poderoso de um indivíduo ou grupo – um CEO, um membro poderoso da diretoria ou um grupo ou indivíduo externo com influência. A Figura 10.9 mostra alguns mecanismos associados ao gerenciamento da mudança a partir de uma perspectiva política.

- *Adquirir recursos* ou ser identificado com áreas de recurso ou áreas de especialização importantes. Em particular, a capacidade de retirar ou alocar esses recursos pode ser uma ferramenta valiosa para superar a resistência ou persuadir os outros a aceitarem a mudança ou gerar a disposição para isso.

	Mecanismos				
Áreas de atividade	**Recursos**	**Elites**	**Subsistemas**	**Simbólicos**	**Principais problemas**
Construção da base de poder	Controle de recursos Aquisição de/ identificação com especialização Aquisição de recursos adicionais	Patrocinado por uma elite Associação com uma elite	Construção de aliança Formação de equipes	Baseada em legitimação	Tempo necessário para formação Dualidade percebida de ideais Percebido como ameaça pelas elites existentes
Superação de resistência	Retirada de recursos Uso de contrainteligência	Separação ou divisão de elites Associação com agente de mudança Associação com estranho respeitado	Promover o impulso para a mudança Patrocínio/ recompensa dos agentes da mudança	Atacar ou remover a legitimação Promover confusão, conflito e questionamento	Atacar de uma base de poder muito fraca Potencialmente destrutivo; necessita de reconstrução rápida
Obtenção da concordância	Ceder recursos	Remoção de elites resistentes Necessidade de "mudança de herói" visível	Implementação parcial e colaboração Implantação de "discípulos" Jovens empreendedores	Aplauso/ recompensa Reafirmação Confirmação simbólica	Converter toda a organização Retroceder

FIGURA 10.7 Mecanismos políticos nas organizações.

- *Associação com grupos de stakeholders poderosos (elites)* ou com seus apoiadores pode ajudar a formar uma base de poder. Similarmente, a associação com um agente de mudança respeitado ou visivelmente bem-sucedido pode ajudar o gerente a superar a resistência à mudança. Ou um agente de mudança que enfrenta resistências pode procurar e conquistar alguém que seja altamente respeitado dentro desse mesmo grupo resistente à mudança. A identidade dessas pessoas pode variar - desde indivíduos poderosos em altas posições a todas as camadas de resistência, talvez na forma de executivos seniores em funções ou serviços ameaçados.
- *Formar alianças e redes* de contatos e simpatizantes pode ser importante para superar a resistência de grupos mais poderosos. Tentar convencer toda a organização a aceitar a mudança é difícil, mas provavelmente haverá partes da organização ou pessoas que serão mais favoráveis à mudança do que outras, de quem o agente de mudança pode conseguir apoio. Ele pode tentar marginalizar os que são resistentes à mudança. Contudo, o perigo é que grupos poderosos na organização considerem a formação dessa equipe, ou de atos de marginalização, como uma ameaça ao seu próprio poder, e isso pode levar a mais resistência à mudança. Uma análise de poder e interesse usando o mapeamento dos *stakeholders* (Seção 4.4.1) pode assim ser útil para identificar as bases de alianças e as possíveis resistências.

Entretanto, os aspectos políticos da mudança de gerenciamento também são potencialmente perigosos. A Figura 10.7 resume alguns tipos de problema. Para superar a resistência, o maior problema pode ser a falta de poder para tanto. Tentar alterar o *status quo* pode se tornar tão destrutivo e tomar tanto tempo que a organização não conseguirá se recuperar. Se for necessário realizar o processo, a implementação de um novo conjunto de crenças e de uma nova estratégia é vital e deve ser feita rapidamente. Além disso, como já foi identificado, obter o comprometimento, ao implementar a mudança, de alguns executivos seniores é uma coisa: outra bastante diferente é convencer o corpo da organização a aceitar uma mudança significativa.

Táticas de mudança

Também há algumas táticas de mudança mais específicas que podem ser empregadas para facilitar o processo.

Sincronia

A importância da sincronia é sempre negligenciada ao se pensar sobre a mudança estratégica. Mas é vital escolher o momento oportuno para promover taticamente a mudança. Por exemplo:

- *Basear-se na crise real ou percebida* é especialmente útil quanto maior for o grau de mudança necessário. Se os membros da organização perceberem um risco mais alto na manutenção do *status quo* do que na mudança, eles irão mudar. Na verdade, afirma-se que alguns CEOs costumam exagerar os problemas para atingir uma crise percebida e assim galvanizar a mudança. Por exemplo, a ameaça de uma aquisição pode ser usada como catalisador para a mudança estratégica.

- Pode haver *janelas de oportunidade* nos processos de mudança. A chegada de um novo CEO, o lançamento de um novo produto bem-sucedido ou a chegada de uma grande ameaça competitiva no cenário podem representar oportunidades para mudanças mais significativas do que seriam normalmente. Uma vez que a mudança traz nervosismo, também pode ser importante escolher a ocasião para realizá-la e evitar medo e excitação desnecessários. Por exemplo, se houver a necessidade da demissão de executivos, é melhor fazer isso antes do que durante o programa de mudança. Assim, o programa de mudança pode ser visto como uma melhoria em potencial para o futuro em vez de ser percebido como a causa dessas demissões.
- *A sinalização simbólica de estruturas de tempo* pode ser importante. Os agentes de mudança devem evitar mensagens conflitantes sobre a sincronia da mudança. Por exemplo, se acham que é necessária uma mudança rápida, devem evitar a manutenção de procedimentos e sinais que sugiram horizontes de longo prazo, como manter os mesmos procedimentos de controle e procedimento de recompensa ou rotinas.

Vitórias de curto prazo visíveis

Um programa de mudança estratégica irá exigir muitas ações e tarefas detalhadas. É importante que algumas delas sejam vistas rapidamente. Isso pode significar, por exemplo, uma cadeia de varejo que desenvolve rapidamente o conceito de uma nova loja e demonstra seu sucesso no mercado; a eliminação efetiva de velhos métodos de trabalho e a demonstração de métodos melhores; a aceleração de demissões ao eliminar comitês e introduzir responsabilidades de trabalho claramente definidas; e assim por diante. Por si só, esses aspectos de uma nova estratégia podem não ser especialmente significativos, mas podem ser indicadores visíveis de uma nova abordagem associada à estratégia. A demonstração dessas vitórias pode galvanizar o comprometimento com a estratégia.

Uma razão para a impossibilidade de mudança é não ter recursos disponíveis para fazer isso. Isso pode ser superado se for possível identificar as "áreas quentes" nas quais focar recursos e esforços. Por exemplo, William Bratton, conhecido responsável pela política de Tolerância Zero da polícia de Nova York, começou o processo concentrando recursos e esforços em crimes relacionados a narcóticos. Embora fossem violações associadas a 50-70% do total de crimes, a polícia de Nova York alocava apenas 5% dos recurso para combatê-las. O sucesso dessa área levou ao lançamento de políticas em outras áreas e à obtenção de recursos para tanto.

RESUMO

- Há vários *tipos estruturais* (tais como funcional, divisional e matricial). Cada tipo estrutural tem seus próprios pontos fortes e fracos e reagem de modo diferente aos desafios do contexto específico de uma organização.
- Há uma gama de diferentes *processos organizacionais* para facilitar a implementação da estratégia. Esses processos podem se concentrar nas entradas ou nos resultados e serem diretos ou indiretos.
- Há uma gama de agentes de mudança, incluindo líderes, gerentes intermediários e membros externos.
- Os agentes de mudança podem precisar adotar diferentes *estilos* de gerenciamento da mudança, de acordo com os diferentes contextos.
- As *alavancas para gerenciar a mudança estratégica* precisam ser consideradas em termos do tipo de mudança e do contexto da mudança. Essas alavancas incluem mudar os *processos operacionais* e as *rotinas*, a importância dos *processos políticos* e outras *táticas* de mudança.

Leituras básicas recomendadas

- A melhor obra avulsa sobre processos de estruturação e de gerenciamento é a de R. Daft, *Organisation Theory and Design*, 9ª edição, South-Western, 2006.
- Questões de gerenciamento da mudança são bem examinadas no livro que acompanha este texto: J. Balogun, V. Hope Hailey, *Exploring Strategy Change*, Prentice Hall, 3ª edição, 2008.

Referências

1. G. Johnson, K. Scholes e R. Whittington, *Exploring Corporate Strategy*, 8ª edição (2008), Pearson.
2. Um bom exame dos velhos e novos tipos pode ser encontrado em G. Friesen, "Organisation design for the 21st century", *Consulting to Management - C2M*, vol. 16, no. 3 (2005), p. 32-51.
3. Esta visão de divisão como resposta à diversidade foi originalmente levantada por A. D. Chandler, *Strategy and Structure*, MIT Press, 1962. Veja R. Whittington e M. Mayer, *The European Corporation: Strategy, Structure and Social Science*, Oxford University Press, 2000, para um resumo do argumento de Chandler e o sucesso das organizações divisionais na Europa contemporânea.
4. Para um exame da experiência atual com estruturas matriciais, veja S. Thomas e L. D'Annunzio, "Challenges and strategies of matrix organisations: top-level and mid-level managers' perspectives", *Human Resources Planning*, vol. 29, no. 1 (2005), p. 39-48.
5. Para quem deseja saber mais sobre ERP: P. Binngi, M. Sharma e J. Godia, "Critical issues affecting na ERP implementation", *Information Systems Management*, vol. 16, no. 3 (1999), p. 7-14; T. Grossman e J. Walsh, "Avoiding the pitfalls of ERP system implementation", *Information System Management*, vol. 21, no. 2 (2004), p. 38-42.

6. Veja R. Kaplan e D. Norton, "The balaced scorecard: mesures that drive performance", *Harvard Business Review*, vol. 70, no. 1 (1992), p. 71-79; para um desenvolvimento recente, veja R. Kaplan e D. Norton, "Having troubel with your strategy? Then map it", *Harvard Business Review*, vol. 78, no. 5 (2000), p. 167-176; e R. Kaplan e D. Norton, *Alignment: How to Apply the Balanced Scorecard to Strategy*, Harvard Business School Press, 2006.

7. Empresas como a Royal Dutch Shell têm feito experiências com mercados internos para estimular a inovação. Veja G. Hamel, "Bringing Silicon Valley inside", *Harvard Business Review*, vol. 77, no. 5 (1999), p. 70-84. Para uma discussão sobre os desafios do mercado interno, veja A. Vining, "Internal market failure", *Journal of Management Studies*, vol. 40, no. 2 (2003), p. 431-457.

8. De fato, John Kotter define a liderança como o gerenciamento da mudança; veja J. Kotter, "What Leaders Really Do", *Harvard Business Review*, p. 85-96, dezembro de 2001.

9. A discussão sobre as diferentes abordagens dos líderes estratégicos e as evidências sobre a eficácia da adoção das diversas abordagens pode ser encontrada em D. Goleman, "Leadership that gets results", *Harvard Business Review*, vol. 78. no. 2 (março-abril de 2002), p. 78-90; e C. M. Farkas e S. Wetlaufer, "The ways chief executive officers lead", *Harvard Business Review*, vol. 74, no. 3 (maio-junho de 1996), p. 110-112.

10. Veja S. Floyd e W. Wooldridge, *The Strategic Middle Manager: How to create and sustain competitive advantage*, Jossey-Bass, 1996.

11. Diferentes autores explicam de maneiras distintas os estilos de mudança. Esta seção é baseada nas tipologias usadas por J. Balogun e V. Hope Hailey, *Exploring Strategy Change*, Prentice Hall, 3ª edição, 2007, seção 2.4, p. 31-36; e D. Dunphy e D. Stace, "The strategic management of corporate change", *Human Relations*, vol. 46, no. 8 (1993), p. 905-920. Para uma estrutura alternativa, veja R. Caldwell, "Models fo change agency: a fourfold classfication", *British Journal of Management*, vol. 14, no. 2 (2003), p. 131-142.

12. Para uma discussão do contexto psicológico, vícios de pensamento e o impacto disso para os gerentes quanto ao modo que pensam no futuro, veja K. van der Heijden, R. Bradfield, G. Burt, G. Cairns e G. Wright, *The Sixth Sense: Accelerating organisational learning with scenarios*, John Wiley, 2002, capítulo 2.

13. Para um exemplo dessa abordagem, veja J. M. Mezias, P. Grinyer e W. D. Guth, "Changing collective cognition: a process model for strategica change", *Long Range Planning*, vol. 34, no. 1 (2001), p. 71-95. Também para uma abordagem sistemática da elaboração da estratégia e da mudança baseada em debate público, veja F. Ackermann e C. Éden com I. Brown, *The Practice of Making Strategy*, Sage, 2005.

14. Veja M. Hammer e J. Champy, *Reengineering the Corporation. A manifesto for business revolution*, Harper Collins, 2004.

15. Esta discussão é baseada em observações do papel das atividades políticas em organizações feitas especialmente por M. Mintzberg, *Power in and around organisations*, Prentice Hall, 1983; e J. Pfeiffer, *Power in Organisations*, Pitman, 1981. Contudo, talvez o livro mais interessante sobre gerenciamento político continue sendo o trabalho do século XVI de Niccolo Machiavelli, *The Prince* (disponível pela Penguin Book, 2003). Também é a base do livro de gerenciamento de Gerald Griffin, *Machiavelli on Management: Planning and winning the corporate power game*, Praeger, 1991.

NHS Direct – o portal para a saúde

Alex Murdock

O Serviço Nacional de Saúde (National Health Service – NHS) do Reino Unido é uma das maiores organizações do setor público do mundo. É o maior empregador do Reino Unido. Fazer grandes transformações numa organização desse tipo é algo desafiador e, quase sempre, decepcionantemente lento. O estudo de caso trata do modo como as questões envolvendo recursos podem garantir ou frustrar o sucesso da estratégia.

"O NHS Direct tem sido um ótimo exemplo da modernização do Serviço Nacional de Saúde, baseado nas necessidades dos pacientes. Em cinco anos, partiu de um pequeno experimento para se tornar uma serviço de saúde único"

(Material de anúncio de emprego do NHS Direct)

Em maio de 2006, o jornal *Guardian* noticiou que o NHS Direct, o serviço de saúde por telefone conduzido por enfermeiras na Inglaterra e no País de Gales, planejava demitir mais de 1.000 empregados numa ampla reestruturação de marcas e objetivos de negócios. A empresa iria fechar 12 *call centers* na Inglaterra e demitir mais de ¼ do pessoal para reverter um *deficit* previsto de £15 milhões (€22 milhões) para 2006-07.[1]

Cerca de um mês depois, a Audit Scotland, a organização responsável pela auditoria do NHS 24, o equivalente escocês do NHS Direct, relatou de modo positivo a maneira pela qual o NHS 24 na Escócia havia inaugurado mais *call centers* locais e sinalizou estar considerando a possibilidade de o serviço contratar mais pessoal para suas operações.

O NHS Direct e seu equivalente escocês, o NHS 24, prestava ajuda e aconselhava as pessoas em questões médicas por telefone. Também tinha serviços baseados na Internet e cobria serviços de emergência fora de hora. O modelo original de ajuda telefônica tinha sido ampliado consideravelmente.

A cada mês, o NHS Direct e o NHS Direct Online atendiam, cada um, mais de 500.000 telefonemas e visitas *on-line*, respectivamente. Isso provavelmente fazia das duas empresas o maior serviço de saúde eletrônico do mundo. Foi agregada a sua provisão a empresa Digital TV, que já possuía 500.000 contatos por mês.[2] Assim, o serviço cresceu em tamanho e em complexidade.

Embora houvesse diferenças na operação e na governança do NHS Direct e do NHS 24, o serviço precisava funcionar em nível nacional no que diz respeito a políticas, redes, sistemas, desempenho e planejamento. O governo o considerava uma "marca" nacional que contribuía para o desenvolvimento do NHS.

O lançamento do NHS Direct[3]

O NHS Direct representava o primeiro passo num processo que tentava reconfigurar radicalmente os serviços de assistência média e informações sobre assistência médica.Garantia oportunidades e desafios. O governo do Reino Unido esperava que a NHS Direct se tornasse um portal 24 horas por dia, 7 dias por semana, bastante utilizado e bem-conceituado pelas pessoas em suas casa.

Os *call centers* empregavam enfermeiras com experiência em hospitais e centros comunitários. Cerca de 60% das enfermeiras trabalhava meio período para o serviço – geralmente combinando isso com trabalho em outro setor do NHS. A provisão de horário flexível e, num caso, de uma creche, também teve resultado positivo no recrutamento do pessoal. Uma estrutura de competência nacional tinha sido desenvolvida, junto com uma rotação planejada de funcionários entre *call centers* e centros clínicos.

O NHS Direct tinha o suporte de uma tecnologia considerável, incluindo um amplo uso de *software* de diagnóstico, que levava as enfermeiras de serviço a fazer determinadas perguntas a quem ligava e a sugerir possíveis diagnósticos e recomendar ações adequadas.

O NHS e o NHS Direct: tamanho, finanças e projeções de crescimento

O Serviço Nacional de Saúde (National Health Service – NHS) do Reino Unido é uma das maiores organizações do setor público da Europa. Em setembro de 2004, havia mais de 1,3 milhão de funcionários no NHS Hospital and Community Health Services. As estatística do tamanho e do pessoal são mostrados no Apêndice 1.

Este caso foi preparado por Alex Murdock, da South Bank University. Seu objetivo é servir de base para discussão em aula, e não como ilustração de boa ou má prática de gerenciamento.

O primeiro-ministro Gordon Brown indicou no orçamento de 2006 a quantia de £ 96 bilhões como gasto do NHS, tornando-o a segunda maior área de gasto do governo, atrás apenas da previdência social. Além disso, o gasto planejado do NHS para 2007-2008 é de £ 100 bilhões (veja o Quadro 1).

Assim, a proporção do PIB gasto no NHS irá se tornar a maior dentre todos os países europeus.

Em 2001, o estudo de uma universidade avaliou o custo de uma chamada para o NHS Direct e calculou o impacto da utilização subsequente dos outros serviços. Esse estudo sugeria que o NHS Direct economizava cerca de 45% de seus custos de administração através da redução do uso de outros serviços (veja o Quadro 2).

NHS Direct: implementação e relações de serviço

A implementação do NHS Direct foi considerada bem-sucedida. O Public Accounts Committee Report (relatório do órgão de fiscalização da Câmara dos Comuns) informou que:

> "O NHS Direct estabeleceu-se rapidamente como o maior provedor mundial de atendimento de saúde por telefone e está se tornando popular junto ao público. A empresa tem um bom registro de segurança, com poucos fatos adversos em seu histórico. Os departamentos devem examinar quais lições mais amplas poderiam aprender com o lançamento desse serviço significativo e inovador"
>
> (40º relatório da Public Accounts Committee of House of Comons, 'NHS Direct in England', 2002)

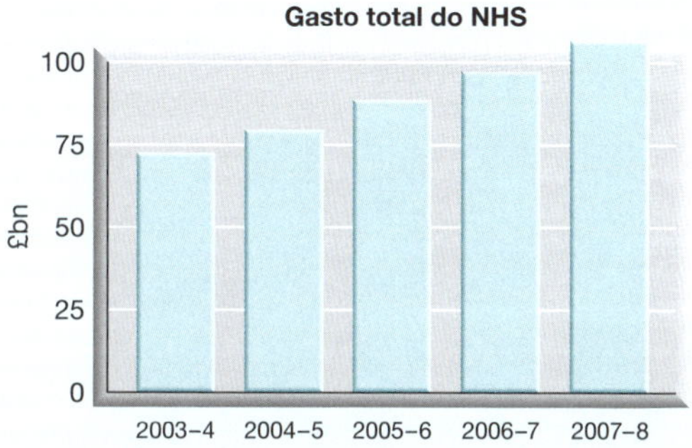

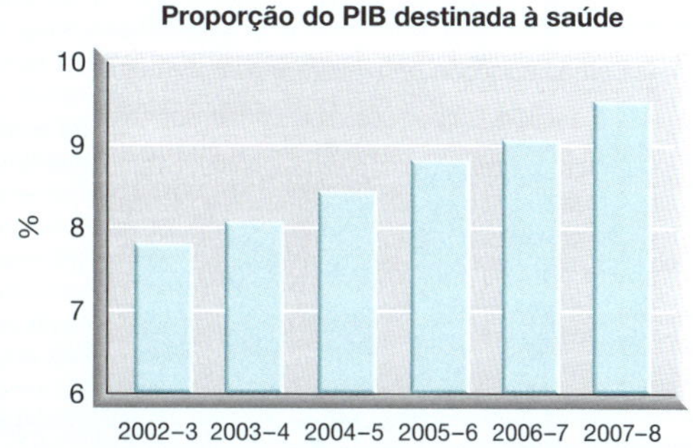

Quadro 1 **Projeção do gasto do NHS e sua fatia do produto interno bruto (PIB)**

Fonte: Adaptado das fontes de HM Treasury, divulgado em 'NHS Five Year Spending Plans 2003–2008' in *The Guardian*, 26 April 2002 (and October 2003). Copyright Guardian News and Media Ltd, 2002.

	Custo sem ligação para o NHS Direct (£)	Custo incluindo ligação para o NHS Direct (£)	Uso sem aconselhamento do NHS Direct (%)	Uso com aconselhamento do NHS Direct (%)
Autoatendimento		15,11	17	35
Contato com clínico geral em expediente	15,70	30,81	29	19
Contato com clínico geral fora de expediente (urgente)	22,66	37,77	22	15
Atendimento de emergência no hospital	64,66	80,77	3	3
Viagens de ambulância	141,54	156,65	8	8

Quadro 2 **NHS Direct (Inglaterra): custo e utilização de diversos serviços de primeiros socorros, 2001**

Fonte: A partir do Audit Office Report, 'NHS Direct in England', January 2002, HC 505.

A importância da relação com outros aspectos da NHS e serviços relacionados é mostrada no Quadro 3, que mostra como o NHS Direct funcionava como um portal.

A percepção original de que o NHS Direct teria uma impacto significativo na redução de demandas por clínico geral (médico da família), acidentes e emergências em hospital e serviços de ambulância não foi totalmente realizada.

Porém, o Public Accounts Committee notou o desafio da integração do serviço com outros serviços do NHS. Ele alertou o Departamento de Saúde para estabelecer uma direção estratégica clara para o serviço a fim de evitar que ele se tornasse uma vítima do próprio sucesso, tentando fazer várias coisas ao mesmo tempo. Os clientes ficavam na linha por muito tempo e o serviço precisava melhorar tanto sua capacidade quanto sua competência técnica.

A Autoridade Especial de Saúde do NHS Direct trabalhou com Fundos de Atendimento Primário à Saúde para assegurar que fossem prestados serviços localmente relevantes.

Na Escócia, o serviço se desenvolveu de outro modo. Um nome diferente foi adotado: NHS24. Isso podia ser percebido como um novo processo do governo do Reino Unido para desenvolver uma "marca" para o serviço. O serviço foi integrado nas provisões existentes usando vários locais. O serviço na Escócia se desenvolveu em colaboração estreita com agências de saúde e médicos, embora fosse frequentemente liderado por enfermeiras em muitos lugares.

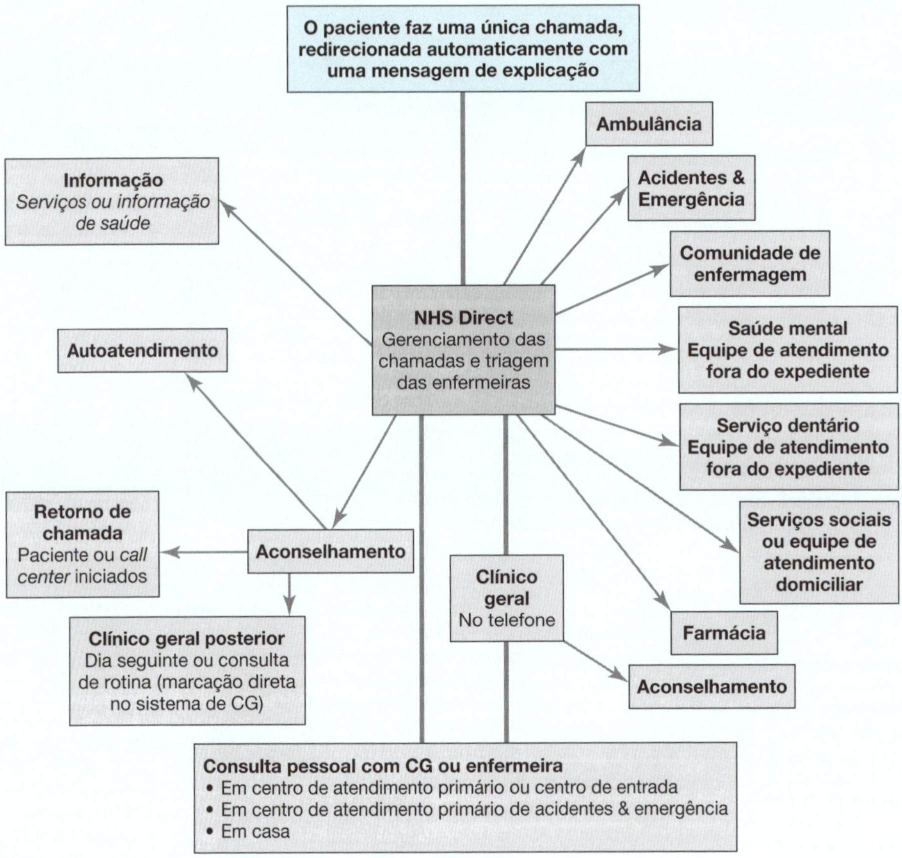

Quadro 3 O portal de serviços NHS.

Fonte: 40º relatório da Public Accounts Committee of House of Comons, 'NHS Direct in England', 2002

NHS Direct Online

O crescimento dos serviços baseados na Internet foi especialmente significativo. Isso pode ser associado ao aumento do uso da Internet e ao crescimento do acesso caseiro à rede no Reino Unido.

A NHS Direct Online forma um elemento do novo National Knowledge Service, do NHS. É voltado inicialmente ao público em geral, enquanto a National Electronic Library for Health é voltada para profissionais de saúde.

Os usuários dos serviços *on-line* não são necessariamente os mesmos usuários do NHS Direct. É provável que o serviço possa atingir um usuário mais sofisticado e com maior conhecimento de TI. É bastante provável (embora o NHS Direct não forneça nenhum dado) que o grupo de usuários inclua profissionais de saúde.

O NHS Direct também desenvolveu uma presença pela TV digital, que espera atingir mais de seis milhões de lares. Esse serviço foi lançado em dezembro de 2006.

A extensão do serviço

O Reino Unido é uma sociedade multicultural e multilíngue. O NHS Direct (pelo menos na Inglaterra) demonstrou capacidade de alcançar usuários cujo primeiro idioma não seja o inglês através da criação de serviços especializados de idiomas, concentrando-se nas línguas mais usadas. No País de Gales, o serviço é prestado em galês, embora a utilização real dessa instalação seja relativamente limitada, respondendo por cerca de 1,5% do total das chamadas.

A experiência dos últimos anos com alarmes de saúde teve um impacto local e nacional no NHS Direct. A empresa considera que seu papel atual é ser uma fonte de informações, aconselhamento e tranquilização. O serviço tem um papel determinado, respondendo a alertas de saúde e possíveis epidemias, e a organização principal identifica o problema e também fornece informações para a população preocupada.

O desenvolvimento adicional do NHS Direct

O desenvolvimento do NHS Direct na Inglaterra e no País de Gales foi associado à sensível redução de pessoal nos anos 2005-2006. Isso levantou algumas preocupações quanto à capacidade do serviço à luz de restrições de gasto que estavam de forma geral afetando o NHS. Houve uma redução de 13% no total de enfermeiras-conselheiras no NHS Direct em 2006.

Entretanto, o sucesso levou o Departamento de Saúde a projetar um programa ambicioso para expansão do serviço. Esse plano visava o aumento da capacidade para atender 1,3 milhão de chamadas por mês (na Inglaterra) até o início de 2007.

Um exame do serviço na Inglaterra, feito pelo National Audit Office, também enfocava a necessidade de lidar com três áreas importantes:

- Capacidade – atender às novas demandas, o serviço teria que desenvolver novas estratégias de RH, desenvolver redes para lidar com variações na demanda entre os centros e ser capaz de fornecer uma justificativa para financiamento adicional.
- Segurança – manter ou até mesmo melhorar o atual histórico de segurança mesmo com a expansão do serviço.

O futuro?

A reorganização contínua dos serviços de saúde no Reino Unido terá impacto no NHS Direct e no NHS 24. A tendência tecnológica na Inglaterra e no País de Gales com o desenvolvimento de mais provisões *on-line* está bem estabelecida. Entretanto, a Escócia tem colocado mais ênfase em provisões locais e evitado o atraso na resposta a solicitações por telefone.

À medida que o serviço se expande para novas áreas, como odontologia, gerenciamento das observações do paciente e cobertura dos serviços de emergência, prova-se cada vez mais complicado a garantia do conjunto de rápidos e seguros serviços de saúde integrados, de acordo com importantes relatos do governo. O ambiente tecnológico cada vez mais complexo e dinâmico no qual isso acontece nem sempre contribui para a consolidação e a reflexão. Na Escócia, o plano de conexão eletrônica dos registros dos pacientes, estabelecendo acesso mais amplo para a equipe médica (e para alguns profissionais do NHS) já provou ser um obstáculo.

O aviso emitido por um gerente e citado num artigo de 2003 da revista *Primary Care* revelou-se profético:

> A NHS Direct atingiu um crescimento de 20% na capacidade com o mesmo número de funcionários. E há mais por vir. Mas sendo um serviço telefônico, a demanda está presente e é atual. Quando temos capacidade, prestamos um bom serviço, mas, se não houver essa capacidade, então você pode rapidamente ultrapassar os limites, e isso será um desafio.
>
> (*Primary Care*, junho de 2003)

Notas:

1. O NHS questiona os dados do *Guardian.*
2. *Fonte*: NHS Direct Annual Reporte and Accounts, 2006.
3. O autor agradece a J. Munro *et. al.*, "Evalution on NHS Direct first wave sites", março de 2000, como fonte de informações.
4. *Fontes: The Scotsman*, 6 de outubro de 2005.
5. Consulte Audit Scotland em http://www.audit-scotland.gov.uk/publications/pdf/auditreports/05h12asg.pdf

Questões

1 Consultando o Quadro 3, quais estruturas e processos de gerenciamento são necessários para gerenciar a relação entre o NHS Direct e o NHS como um todo?

2 Quais as principais questões sobre gerenciamento da mudança no NHS Direct? Liste-as por categoria: papéis, estilos e alavancas para mudança.

Apêndice 1 Tamanho e tendências da equipe NHS: mudanças no pessoal do NHS, 1999-2004

Aumento da equipe

	Setembro de 1999	Setembro de 2004	Aumento desde o plano NHS[1]
Equipe principal, dividida em:	926.200	1.1196.600	193.400 (21%)
Todos os médicos (excluindo temporários)	94.000	117.000	23.100 (25%)
Enfermeiras (incluindo parteiras e equipe de visita médica)	329.600	397.500	67.900 (21%)
Equipe das ambulâncias	14.800	17.300	2.500 (17%)
Equipe científica, terapêutica e técnica	102.400	128.900	26.500 (26%)
Apoio para equipe clínica	296.600	368.300	71.700 (24%)
Outros[2]	88.800	90.600	1.800 (2,1%)
Apoio de infraestrutura NHS[3]	171.200	211.500	40.300 24%)
Total da equipe de trabalho NHS	1.097.400	1.331.100	233.700 (21%)

Aumento no número de treinamentos

	1999/2000	2004/2005	Aumento desde o plano NHS[1]
Entrada de residentes	3.970	6.290[4]	2.320 (58%)
Equipes de treinamento de enfermeiras e parteiras	18.710	25.020	6.310 (34%)

1. Mudou desde que o planejamento do NHS toma por base os dados anuais mais recente antes de julho de 2000, comparados com a última posição anual
2. Inclui equipe de trabalho (além de enfermeiras) e outros além de médicos.
3. Inclui funções centrais, propriedades e imóveis, além de gerentes e gerentes seniores.
4. A informação sobre o número de residentes de julho de 2005 ainda não havia sido confirmada.

Fonte: Chief Executive's report to the NHS, dezembro de 2005.

Glossário

Uma **abertura estratégica** é uma oportunidade no ambiente competitivo que não está sendo completamente explorada pelos competidores. (p. 73)

Aceitabilidade está relacionada aos resultados esperados de desempenho de uma estratégia e o quanto isso atende às expectativas dos *stakeholders*. (p. 268)

Adequação diz se uma estratégia aborda as questões principais que foram identificadas na compreensão da posição estratégica da organização. (p. 262)

Um **agente de mudança** é a pessoa ou o grupo que implementa a mudança estratégica numa organização. (p. 298)

Uma **aliança estratégica** é a situação em que duas ou mais organizações compartilham recursos e atividades para adotar uma estratégia. (p. 258)

Uma **aquisição** é a situação em que uma organização toma posse de outra organização. (p. 255)

Atividades de apoio ajudam a melhorar a eficácia ou eficiência das atividades primárias. (p. 97)

As **atividades primárias** são diretamente ligadas à criação ou à disponibilização de um produto ou serviço. (p. 96)

O ***balanced scorecard*** combina medidas qualitativas e quantitativas, reconhece as expectativas dos diferentes *stakeholders* e relaciona uma avaliação de desempenho à escolha da estratégia. (p. 296)

Barreiras de entrada são fatores que precisam ser superados pelos novas empresas que entram, se desejarem competir com êxito. (p. 52)

Cachorros são unidades de negócios com baixa participação em mercados estáticos ou em declínio. (p. 215)

Uma **cadeia de valor** descreve as categorias de atividades no interior e no entorno de uma organização, as quais, juntas, criam um produto ou um serviço. (p. 96)

Capacidade estratégica são os recursos e as competências necessárias para que uma organização sobreviva e prospere. (p. 83)

Capacidades dinâmicas são as capacidades de uma organização para renovar e recriar suas capacidades estratégicas a fim de atender as necessidades dos ambientes em mudança. (p. 95)

Capacidades iniciais são aquelas essenciais a uma organização para atender as exigências necessárias para competir em determinado mercado. (p. 84)

Cenários compõem visões detalhadas e plausíveis de como o ambiente de negócios de uma organização pode se desenvolver no futuro de acordo com os principais indicadores de mudança que apresentem um grande nível de incerteza. (p. 48)

A **coerção** é a imposição da mudança ou a edição de decretos sobre a mudança. (p. 302)

Competências são as habilidades e capacidades por meio das quais os recursos são disponibilizados de forma eficaz por meio das atividades e dos processos de uma organização. (p. 84)

Competências essenciais são as habilidades e capacidades pelas quais os recursos são disponibilizados por meio das atividades e dos processos de uma organização, como alcançar a vantagem competitiva de modo que esta não possa ser imitada ou copiada por outros. (p. 86)

Complementares são produtos ou serviços pelos quais os clientes se dispõem a pagar mais se estiverem associados ao produto complementar do que se estiverem avulsos. (p. 60)

Compradores são os clientes imediatos da organização, e não necessariamente os consumidores finais. (p. 55)

Consolidação acontece quando as organizações se concentram de modo defensivo em seus mercados atuais com seus produtos atuais. (p. 197)

O **consumidor estratégico** é aquele para quem a estratégia é inicialmente planejada por possuir influência mais decisiva sobre quais produtos ou serviços são adquiridos. (p. 70)

Controladora corporativa se refere aos níveis de gerenciamento acima das unidades de negócios e, desse modo, sem interação direta com compradores e concorrentes. (p. 194)

Convergência se dá quando empresas anteriormente separadas começam a se sobrepor em termos de atividades, tecnologias, produtos e consumidores. (p. 60)

Critérios de sucesso são usados para avaliar a aplicabilidade das opções estratégicas. (p. 262)

A **cultura organizacional** são "os *pressupostos* e as *crenças* básicas partilhadas por membros de uma organização, que operam de forma inconsciente e definem, de um modo tomado como óbvio, a visão que uma organização tem de si e de seu ambiente". (p. 150)

Uma **declaração de missão** visa dar clareza a empregados e *stakeholders* quanto ao propósito geral e *raison d'être* da organização. (p. 134)

Uma **declaração de visão** diz respeito ao que a organização deseja se tornar. (p. 135)

O **desenvolvimento de mercado** envolve a oferta de produtos existentes para novos mercados. (p. 199)

O **desenvolvimento de produto** se dá quando a organização entrega produtos novos ou modificados para mercados já existentes. (p. 198)

Desenvolvimento orgânico é a situação em que as estratégias são desenvolvidas com base nas próprias capacidades da organização. (p. 255)

Desvio estratégico é a tendência de desenvolvimento incremental a partir das influências históricas e culturais, que, no entanto, não consegue acompanhar as mudanças do ambiente. (p. 144)

O **Diamante de Porter** sugere que há razões inerentes pelas quais algumas nações são mais competitivas do que outras e que explicam porque algumas indústrias no interior dessas nações são mais competitivas do que outras. (p. 233)

Uma estratégia de **diferenciação definida** busca fornecer benefícios altamente percebidos de produtos/serviços, justificando um preço substancialmente diferente, quase sempre para um segmento seleto de mercado (ou nicho). (p. 178)

O **dilema global-local** está relacionado ao grau em que os produtos ou serviços podem ser padronizados entre as fronteiras nacionais ou precisam ser adaptados para atender as exigências de mercados nacionais específicos. (p. 236)

A **direção** é o uso de autoridade gerencial pessoal para estabelecer uma clara estratégia futura e determinar como a mudança vai ocorrer. (p. 302)

Diversificação é definida como uma estratégia que afasta a organização de seus mercados e produtos já existentes. (p. 200)

Diversificação não relacionada é o desenvolvimento de produtos ou serviços além das capacidades e da rede valores atuais. (p. 206)

Diversificação relacionada é o desenvolvimento corporativo além dos produtos e mercados atuais, mas dentro das capacidades ou da rede de valor das organizações. (p. 204)

A **educação** envolve a explicação das razões e dos meios relativos à mudança estratégica. (p. 300)

Escolhas estratégicas envolvem os fundamentos básicos da estratégia futura para unidades de negócio e níveis corporativos, bem como as opções para aperfeiçoamento de estratégias em termos de direções e de métodos de desenvolvimento. (p. 37)

Estratégia é a *orientação* e o *alcance* de uma organização a *longo prazo*, que conquista *vantagens* num *ambiente* inconstante por meio da configuração de *recursos* e *competências* com o intuito de atender às expectativas dos *stakeholders*. (p. 25)

Uma **estratégia de diferenciação** procura fornecer produtos ou serviços que ofereçam benefícios diferentes daqueles dos concorrentes e que sejam bastante valorizados pelos clientes. (p. 175)

Uma **estratégia de preço baixo** busca alcançar um preço mais baixo do que os concorrentes e, ainda assim, manter benefícios de produtos ou serviços percebidos de maneira similar em relação aos outros competidores. (p. 174)

Estratégia em ação significa assegurar que as estratégias escolhidas sejam de fato colocadas em prática. (p. 36)

Estratégia em nível corporativo diz respeito ao alcance total de uma organização e a como o valor será determinado o valor das diferentes divisões (unidades de negócios) da organização. (p. 27)

Estratégia em nível de negócios refere-se a como competir de forma bem-sucedida num mercado específico. (p. 29)

Uma **estratégia híbrida** procura simultaneamente obter diferenciação e preço baixo em relação aos concorrentes. (p. 177)

Estratégias operacionais versam sobre como as divisões que compõem uma organização realmente executam as estratégias em nível corporativo – e de negócios – em termos de recursos, processos e pessoal. (p. 30)

Uma **estratégia "sem enfeites"** é aquela que combina preço baixo com benefícios de produto/serviço pouco percebidos e foco num segmento de mercado sensível a preços. (p. 174)

Uma **estrela** é uma unidade de negócios que tem alta participação em um mercado em crescimento. (p. 215)

A **estrutura das cinco forças** ajuda a identificar a atratividade de uma indústria ou setor em termos de forças competitivas. (p. 52)

Uma **estrutura funcional** é baseada nos papéis básicos assumidos pela organização, como produção, finanças e contabilidade, *marketing*, recursos humanos e pesquisa e desenvolvimento. (p. 285)

Uma **estrutura matricial** é uma combinação de estruturas que pode tomar a forma de divisões de produto e geográfica, ou estruturas funcionais e divisionais operando conjuntamente. (p. 289)

Uma **estrutura multidivisional** é formada por divisões separadas com base em áreas de produtos, serviços ou geográficas. (p. 287)

A **estrutura PESTEL** dispõe as influências do ambiente em seis categorias principais: política, econômica, social, tecnológicas, ambiental e legal. (p. 47)

Expansão internacional escalonada: as empresas usam inicialmente modos de entrada que lhes permitem maximizar a aquisição de conhecimento ao mesmo tempo em que minimizam a exposição de seus ativos. (p. 245)

Fatores críticos de sucesso (CSFs – *critical success factors*) são aquelas características do produto particularmente valorizadas por um grupo de consumidores e, assim, indicam no que a organização deve sobressair-se para superar a competição. (p. 71)

As **fontes de lucros** são os diversos níveis de lucro disponíveis nas diferentes partes da rede de valor. (p. 100)

Fornecedores proveem o que for necessário para a fabricação de produtos ou prestação de serviços, o que inclui força de trabalho e fontes de financiamento. (p. 56)

Uma **fusão** é uma decisão de comum acordo para a posse conjunta entre organizações. (p. 255)

Gestão estratégica inclui compreensão *da posição estratégica* da organização, as *escolhas estratégicas* para o futuro e o gerenciamento *da estratégia em ação*. (p. 34)

Governança corporativa trata das estruturas e dos sistemas de controle pelos quais os gerentes são tomados como responsáveis por aqueles que detêm um interesse legítimo numa organização. (p. 112)

Grupos estratégicos são organizações no seio de uma indústria ou de um setor com características similares, seguindo estratégias parecidas ou competindo em bases semelhantes. (p. 64)

Uma **indústria** é um grupo de empresas que fabricam o mesmo produto ou serviço principal. (p. 52)

A **integração a jusante** é o desenvolvimento de atividades relacionadas aos resultados da empresa. (p. 204)

A **integração a montante** é o desenvolvimento de atividades relacionadas com os dados de entrada ligados aos negócios atuais da empresa. (p. 204)

A **integração horizontal** é o desenvolvimento de atividades que complementam as atividades atuais. (p. 205)

Integração vertical é a integração a montante ou a jusante em atividades adjacentes na rede de valor. (p. 204)

A **intervenção** é a coordenação exercida em processos de mudança por parte de um agente de mudança que delega elementos deste processo. (p. 302)

A **liderança** é o processo de influenciar uma organização (ou um grupo dentro da organização) em seus esforços para atingir um objetivo ou uma meta. (p. 298)

***Lock-in* estratégico** ocorre quando uma organização atinge uma posição exclusiva em sua indústria e se torna um padrão da indústria. (p. 182)

O **mapeamento dos *stakeholders*** identifica as expectativas e o poder dos *stakeholders* e auxilia no entendimento das prioridades da política pertinente. (p. 129)

A **matriz de política direcional** posiciona as unidades de negócio segundo (a) a atratividade do mercado relevante no qual elas operam e (b) a força competitiva da UEN naquele mercado. (p. 216)

Metas de desempenho concentram-se nos *resultados* de uma organização (ou parte de uma organização), como qualidade de produtos, receitas ou lucros. (p. 295)

O **método estratégico** envolve os *meios* pelos quais uma estratégia pode ser adotada. (p. 254)

Objetivos são as declarações de resultados específicos a serem alcançados. (p. 135)

Um **paradigma** é o conjunto de pressupostos comuns e tomados como óbvios numa organização. (p. 153)

A **participação** no processo de mudança é o envolvimento daqueles afetados pela mudança estratégica na agenda da mudança. (p. 301)

Penetração no mercado acontece quando as organizações aumentam sua participação no mercado. (p. 196)

Um **ponto de interrogação** (ou criança-problema) é uma unidade de negócios num mercado em crescimento, mas sem alta participação no mercado. (p. 215)

A **posição estratégica** significa identificar o impacto causado pelo ambiente externo, pela capacidade estratégica de uma organização (recursos e competências) e pelas expectativas e influências dos *stakeholders* na estratégia. (p. 36)

Os **principais indicadores de mudança** são fatores ambientais propensos a ter um grande impacto sobre o sucesso ou fracasso da estratégia. (p. 48)

Os **processos culturais** estão relacionados à cultura organizacional e à *padronização de normas*. (p. 295)

Processos de mercado envolvem algum sistema formalizado de "contrato" para recursos. (p. 297)

Processos de planejamento planejam e controlam a alocação de recursos e monitoram sua utilização. (p. 292)

Recursos exclusivos são aqueles que sustentam decisivamente a vantagem competitiva e que outros não podem imitar ou obter. (p. 85)

Recursos intangíveis são bens não físicos, como informação, reputação e conhecimento. (p. 83)

Recursos tangíveis são os bens físicos de uma organização, como máquinas, pessoal e finanças. (p. 83)

A **rede cultural** mostra as manifestações comportamentais, físicas e simbólicas de uma cultura que informa e é informada por pressupostos tomados como óbvios, ou paradigmas, de uma organização. (p. 156)

A **rede de valor** é o conjunto de elos interorganizacionais e de relacionamentos necessários para criar um produto ou um serviço. (p. 99)

A **responsabilidade social corporativa** diz respeito aos modos por meio dos quais uma organização supera as obrigações mínimas com os *stakeholders* especificadas a partir de regulamentação. (p. 122)

Retornos são os benefícios que os *stakeholders* esperam receber de uma estratégia. (p. 268)

Risco diz respeito à probabilidade e às consequências de falha de uma estratégia. (p. 271)

Os **rituais** são atividades ou eventos que enfatizam, ressaltam ou reforçam o que é especialmente importante naquela cultura. (p. 157)

Rivais competitivos são organizações com produtos e serviços similares do mesmo grupo de consumo. (p. 57)

As **rotinas** são "o modo como fazemos as coisas por aqui" cotidianamente. (p. 157)

Um **segmento de mercado** é um grupo de clientes que possui necessidades semelhantes que são diferentes das necessidades dos clientes de outras áreas do mercado. (p. 68)

Os **símbolos** são objetos, eventos, atos ou pessoas que carregam, mantêm ou criam significado além e acima de seu propósito funcional. (p. 157)

A **sinergia** se refere a benefícios obtidos quando as atividades ou os ativos se complementam e seu efeito conjunto é maior do que a soma das partes. (p. 201)

Stakeholders são aqueles indivíduos ou grupos que dependem de uma organização para realizar suas próprias metas e de quem, por sua vez, a organização depende. (p. 112)

A **substituição** diminui a demanda por uma determinada "classe" de produtos, quando o consumidor migra entre as alternativas. (p. 54)

Supervisão direta é o controle direto das decisões estratégicas tomadas por uma ou algumas pessoas. (p. 291)

SWOT resume as questões principais do ambiente de negócios e da capacidade estratégica de uma organização com mais chances de causar impacto no desenvolvimento estratégico. (p. 103)

Terceirização global: adquirir serviços e componentes de fornecedores mais apropriados em todo o mundo, independentemente de sua localização. (p. 235)

Uma **unidade estratégica de negócios** é uma divisão de uma organização para a qual há um mercado externo diferenciado para produtos ou serviços, o qual é diferente para outra unidade estratégica de negócios. (p. 30)

Uma **vaca leiteira** é uma unidade de negócios com alta participação em um mercado maduro. (p. 215)

Viabilidade está relacionada ao fato de uma organização ter ou não recursos e competências para por em prática uma estratégia. (p. 275)

A estratégia da **visão baseada em recursos**: a vantagem competitiva e o desempenho superior de uma organização são explicados pela qualidade distintiva de suas capacidades. (p. 82)

Agradecimentos

Agradecemos a todos listados abaixo pela permissão para reproduzir material protegido por direitos autorais:

Exemplo 2.2 Figura adaptada de *The Future of BioSciences: Four Scenarios for 2020 and Their Implications for Human Healthcare*, co-editado por Paul J.H. Schoemaker e Michael S. Tomczyk, Mack Center for Technological Innovation and DSI, 2006 (Schoemaker, P.J.H. and Tomcyzk, M.S. 2006); Figura 2.2 adaptada de *Competitive Strategy: Techniques for Analyzing Industries and Competitors*, The Free Press, a Division of Simon & Schuster Adult Publishing Group (Porter, M.E. 1980); Figura 2.7 adaptada de *Charting your company's future from Harvard Business Review*, Vol. 80, No. 6, reimpresso com permissão de *Harvard Business Review* (Kim, C. and Mauborgne, R. 2002); Capítulo 2 Estudo de Caso, Tabelas 1 e 2 de www.brewersofeurope.org, reimpressas com permissão de The Brewers of Europe; Capítulo 2 Estudo de Caso, Tabela 3 do Euromonitor International, *The World Brewing Industry*, reimpressa com permissão de Euromonitor International; Figuras 3.5 e 3.6 de *Competitive Advantage: Creating and Sustaining Superior Performance*, The Free Press, a Division of Simon & Schuster Adult Publishing Group (Porter, M.E. 1985); Figura 4.2 adaptada de David-Pitt Watson, Hermes; Capítulo 4 Estudo de Caso, reprodução de http://joinred.com/manifesto.asp reproduzida com permissão de (RED); Exemplo 5.3 cortesia de Anne McCann; Figura 5.5 adaptada de *Turnaround: Managerial Recipes for Strategic Success*, pub. Associated Business Press, reimpressa com permissão de Peter H. Grinyer and J.-C. Spender (Grinyer, P.H. and Spender, J.-C. 1979); Figura 6.3 de "Strategies to fight low-cost rivals" em *Harvard Business Review*, Vol. 84, Issue 12, December 2006, reimpressa com permissão de *Harvard Business Review* (Kumar, N. 2006); Figura 7.2 adaptada de *Corporate Strategy*, pub. Penguin, reimpressa com permissão de Ansoff Family Trust (Ansoff, H. 1988); Exemplo 7.4, Figura 1 reproduzida com permissão de Dow Jones & Company, Inc., de www.bigcharts.com, 2007; permissão concedida através de Copyright Clearance Center, Inc.; Figura 7.5 adaptada de *Corporate Level Strategy*, Copyright © 1994 John Wiley & Sons, Inc., reimpressa com permissão de John Wiley & Sons, Inc. (Goold, M. et al. 1994); Capítulo 7 Referência, p. 197 Figura de *The New Corporate Strategy*, Copyright © 1988, reimpressa com permissão de John Wiley & Sons, Inc. e de Ansoff Family Trust (Ansoff, H. 1988); Figura 8.2 adaptada de *Total Global Strategy II*, reimpressa com permissão de Pearson Education, Inc. (Yip, G.S. 2003); Figura 8.3 adaptada de Michael E. Porter, *The Competitive Advantage of Nations*, 1990, Palgrave Macmillan, reproduzida com permissão de Palgrave Macmillan and The Free Press, a Division of Simon & Schuster Adult Publishing Group (Porter, M.E. 1990); Figura 8.4 adaptada de "Changing patterns of international competition" em *California Management Review*, Vol. 28, No. 2, com permissão de The Regents of the University of California (Porter, M.E. 1986); Figura 8.5 adaptada de "Global gamesmanship" em *Harvard Business Review*, May 2003, reimpressa com permissão de *Harvard Business Review* (Macmillan, I. et al. 2003); Capítulo 8 Estudo de Caso, Figura 1 reproduzida com permissão de Dow Jones & Company, Inc., de www.bigcharts.com, 11 October 2006; permissão concedida através de Copyright Clearance Center, Inc.; Capítulo 10 Estudo de caso, Figura 1 de "NHS five year spending plans 2003–2008" em *The Guardian*, 26 April 2002, Copyright Guardian News & Media Ltd. 2002; Capítulo 10 Estudo de caso, Tabela 1 de *Chief Executive's report to the NHS*: December 2005, reproduzida nos termos de Click-Use Licence (Department of Health 2005); Capítulo 10 Estudo de Caso, Figura 2 de *NHS Direct in England*, 40th Report of the Public Accounts Committee of the

House of Commons (2002), material com direitos autorais Crown é reproduzido com permissão de Controller of HMSO e de Queen's Printer for Scotland.

Fotografia: AB Electrolux, p. 20; actionplus sports images, p. 59; Alamy Ltd., p. 23, p. 54, p. 89, p. 231 e p. 261; BAA Aviation Photo Library, p. 147; Britain on View, p. 121; Corbis, p. 86; Dynamic Graphics, Inc., p. 171; Getty Images, p. 142; PA Photos, p. 118, p. 168 e p. 228, © PA Photos; Rex Features Ltd., p. 199 e p. 258; Still Pictures Ltd., p. 203; VIEW Pictures Ltd., p. 1.

Agradecemos a todos aqueles listados abaixo pela permissão para reproduzir os textos correspondentes:

Exemplo 1.2 transcrito de Kingston University Plan, 2006–2010, www.kingston.ac.uk, reimpresso com permissão de Kingston University; Capítulo 1 Estudo de Caso, transcrições de Electrolux *Annual Report* 2005 e www.electrolux.com reimpressos com permissão de AB Electrolux; Exemplo 2.4 atualizados a partir de "Global influences on the public sector" em *Exploring Public Sector Strategy* editado por G. Johnson e K. Scholes, pub. FT/Prentice Hall, reimpresso com permissão de D.J. Eppink and S. de Waal (Eppink, D.J. and de Waal, S. 2001); Exemplo 3.1 transcrição© *Freeport-McMoRan Copper and Gold, Inc. Annual Report 2006.* Todos os direitos reservados; Exemplo 3.1 transcrito de *Royal Opera House Annual Review 2005/6*, reimpresso com permissão de Royal Opera House; Exemplo 4.4 "The Metropolitan Police mission and values statements", reimpresso com permissão de Metropolitan Police Service; Exemplo 4.4 "Villeroy & Boch vision and values statements", reimpresso com permissão de Villeroy & Boch AG; Capítulo 4 Estudo de Caso, transcrito de http://joinred.com/blogspot.com/ reimpresso com permissão de (PRODUCT) RED; Capítulo 4 Estudo de Caso, transcrições de "Mind the Gap – with this attack on globalization" em *The Times*, 24 October, © Gerard Baker/NI Syndication Ltd., 24.10.06 (Baker, G. 2006); Exemplo 5.1 adaptado de "Why smart executives fail: four case histories of how people learn the wrong lessons from history" em *Business History*, Vol. 48, No. 2, reimpresso com permissão da editora Taylor and Francis Ltd., http://www.tandf.co.uk/journals e Sydney Finkelstein (Finkelstein, S. 2006); Exemplo 5.2 transcriçõe se "When in China..." em *Management Today*, May, Haymarket Business Publications Ltd. (Slater, D. 2006); Exemplo 6.4 transcrições de Response from the AHRC to the Lambert Review of Business-University Collaboration, http://www.ahrc.ac.uk, reimpresso com permissão de Arts and Humanities Research Council (AHRC 2003); Exemplo 7.3 transcrições de *Annual Report 2002* reimpresso com permissão de Berkshire Hathaway, Inc. e Warren E. Buffett; Capítulo 9 Estudo de Caso, transcrições de *Tesco Annual Report 2006*, www.tesco.com, reimpresso com permissão de Tesco Stores Ltd.

Em alguns casos não conseguimos descobrir os detentores dos direitos autorais e agradeceríamos por qualquer informação que nos permitisse fazê-lo.

Índice de Nomes

Índice